抗日战争档案汇编

吉林省档案馆藏
日伪奴役与镇压劳工档案汇编

3

吉林省档案馆 编

中華書局

本册目录

二、日伪在东北劳工统制的实施（续）

二、日伪在东北劳工统制的实施（续）

伪满劳工协会理事长重藤千秋关于送交一九四〇年七月出入伪满劳工统计月报致伪满治安部警务司长、民生部劳务司长等的函（一九四〇年十月一日）

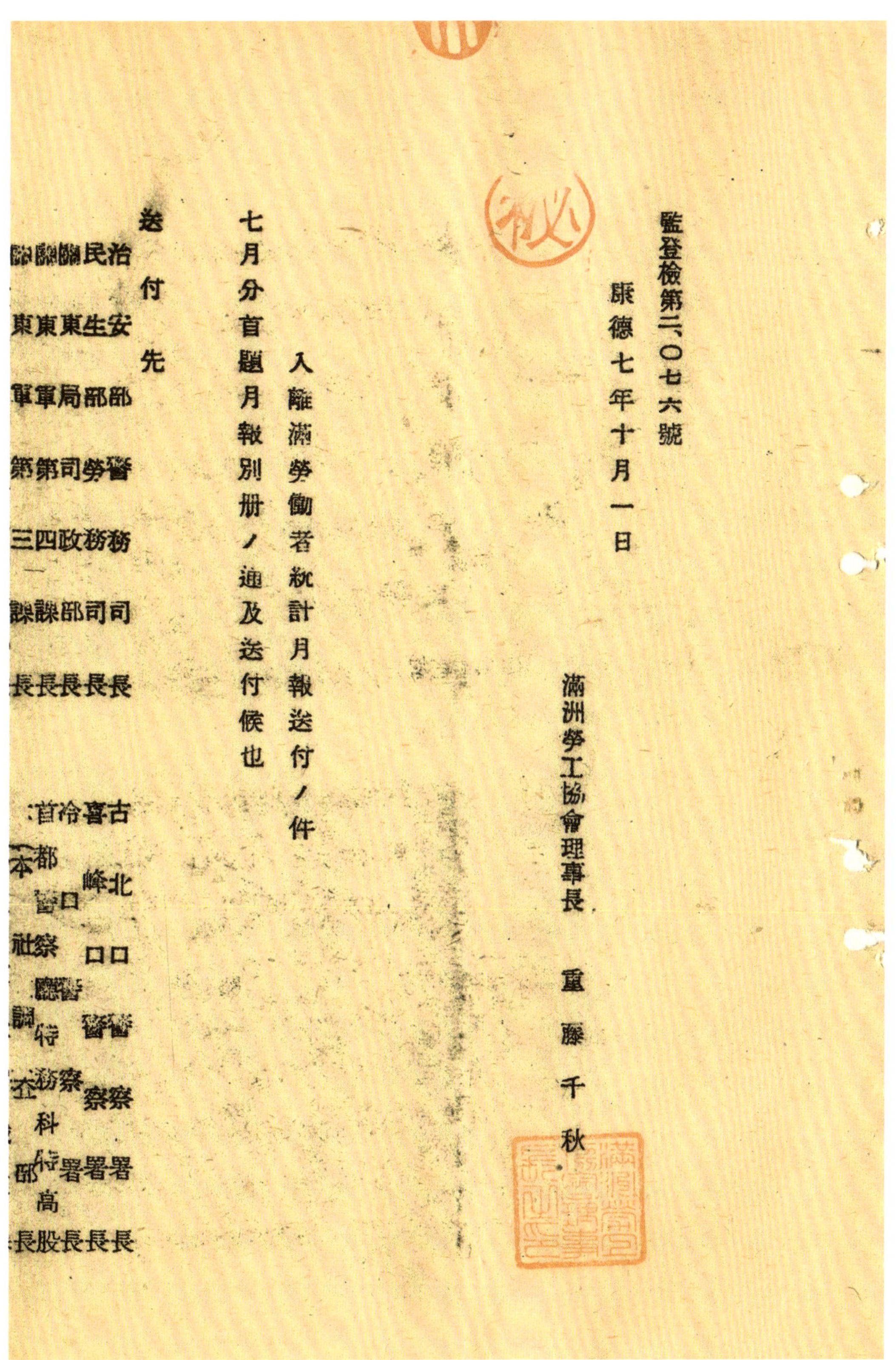

監登検第二〇七六號

康德七年十月一日

滿洲勞工協會理事長　重藤千秋

入離滿勞働者統計月報送付ノ件

七月分首題月報別册ノ通及送付候也

送付先

治安部警務司長

民生部勞務司長

關東局司政部長

關東軍第四課長

關東軍第三課長

古北口警察署長

喜峰口警察署長

冷口警察署長

首都警察廳特務科特高股長

（本社調査部長

53

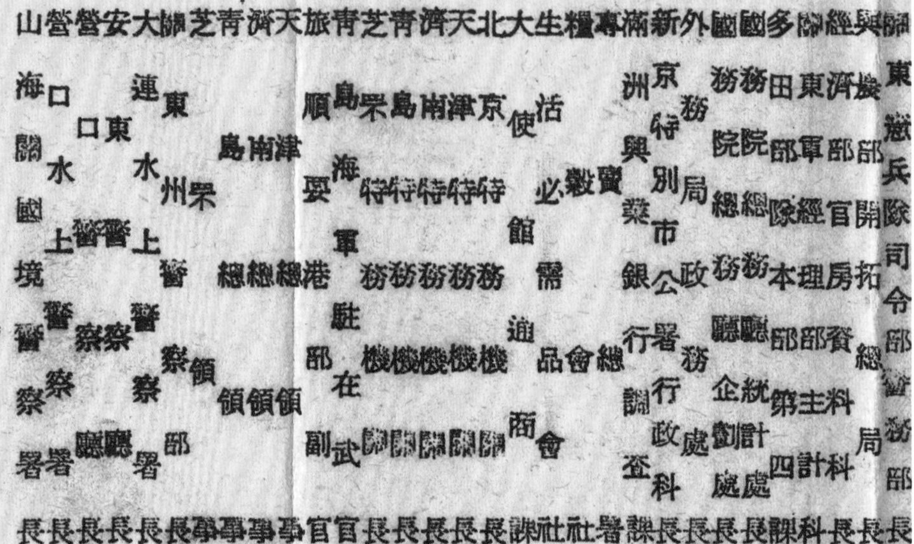

關東憲兵隊司令部警務部長
興農部開拓總局長
經濟部官房資料科長
關東軍經理部主計科
多田部隊本部第四課
國務院總務廳統計處長
國務院總務廳企劃處長
外務局政務處長
新京特別市公署行政科長
滿洲興業銀行調査課
專賣總署
糧穀會社
生活必需品會社
大使館通商課
北京特務機關長
天津特務機關長
濟南特務機關長
青島特務機關長
芝罘特務機關長
青島海軍駐在武官
旅順要港部副官
天津總領事
濟南總領事
青島總領事
芝罘領事
關東州警察部長
大連水上警察署長
安東警察廳長
營口警察廳長
營口水上警察署長
山海關國境警察署長

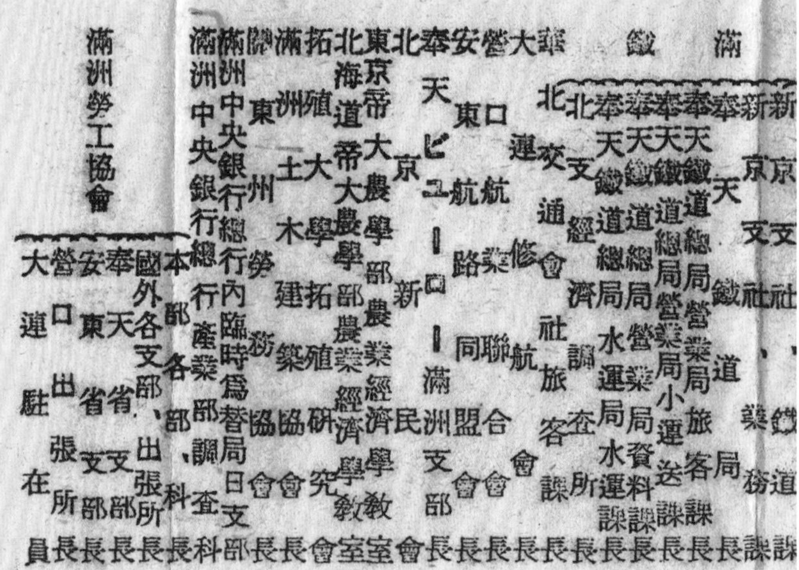

滿鐵
新京支社・鐵道課
新京支社・業務課
奉天鐵道局長
奉天鐵道總局營業局旅客課長
奉天鐵道總局營業局小運送課長
奉天鐵道總局營業局資料課長
奉天鐵道總局水運局水運課長
北支經濟調査所長

華北交通會社旅客課長
大連修航會長
營口航業聯合會長
安東航路同盟會長
奉天ビューロー滿洲支部長
北京新民會
東京帝大農學部農業經濟學教室
北海道帝大農學部農業經濟學教室
拓殖大學拓殖研究會
滿洲土木建築協會長
關東州勞務協會長
滿洲中央銀行總行內臨時爲替局日支部
滿洲中央銀行總行產業部調査科

滿洲勞工協會
本部各部、科長
國外各支部、出張所長
奉天省支部長
安東省支部長
營口出張所長
大連駐在員

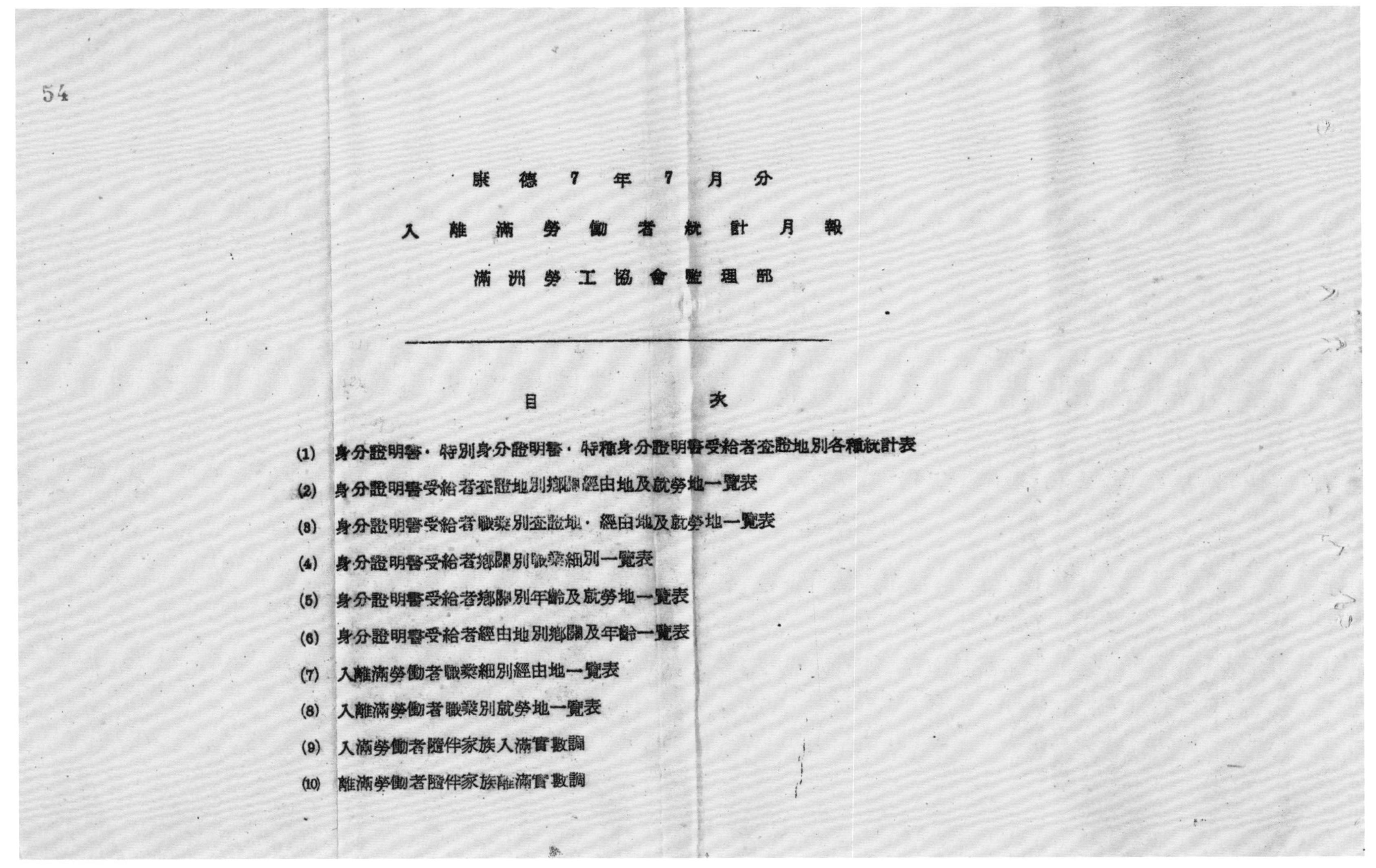

54

康德7年7月分

入離滿勞働者統計月報

滿洲勞工協會監理部

目　次

55

(1) 身分證明書・特別身分證明書・特種身分證明書受給者査證地別各種統計表

康德7年7月分

査證地別			天津	済南	北京	山海關	青島	芝罘	龍口	威海衛	安東	古北口	喜峰口	冷口	月計	前年同月比較増減	本年累計
身分證明書	來所者		15.812	5.071	5.842	10.679	6.382	8.561	8.785	2.077		628	16	76	58.379	10.029	1.104.902
	拒否		86		10	63	10		2						171	(-) 443	10.344
	受付		15.726	5.071	5.832	10.616	6.322	8.561	8.783	2.077		628	16	76	58.208	10.472	1.094.558
	不合格		89	11		1		4	3			4			62	(-) 159	2.526
	受給者	單獨	12.897	4.081	4.750	8.456	5.168	7.026	2.922	1.082		562	15	68	47.927	2.882	987.879
		家族同伴者	2.790	979	582	2.159	1.154	1.531	858	95		62	1	8	10.219	7.740	104.153
		計	15.687	5.060	5.332	10.615	6.322	8.557	3.780	2.077		624	16	76	58.146	10.681	1.092.032
	隨伴家族	男	943	565	236	694	625	975	597	48		36	1	4	4.724	3.436	64.929
		女	4.235	1.574	910	2.099	1.938	3.060	1.868	130		95	3	9	15.921	12.231	164.678
		計	5.178	2.139	1.146	2.793	2.563	4.035	2.465	178		131	4	13	20.645	15.717	229.607
特別身分證明書	受給者	月計	171		21	30	8	81	4	31		25	9	1	381	70	
		本年累計	1.265		233	344	98	848	37	251		172	218	54			3.520
	返納者	月計	159		35	31	9	49		50		22	17	4	376	146	
		本年累計	972		189	314	81	666	19	238		146	212	44			2.870
	失効者	月計	31		5	1	2	8	2			1		1	51	22	
		本年累計	160		26	7	10	126	14	3		6	3	9			364
特種身分證明書	受給者	月計	42			51						1	24	1	119	15	
		本年累計	2.065			102		1.634				256	531	15			4.603

(2)身分證明書受給者查證地別。鄉關。經由地及就勞地一覽表

康德　7年　7月分

查證地別		天津	濟南	北京	山海關	青島	芝罘	龍口	威海衛	安東	古北口	喜峰口	冷口	月計	前年同月比較增減	本年累計
鄉關別	河北省	10.612	28	4204	9963	75	20	3	1		540	16	73	25.535	5.540	483.616
	山東省	4968	4915	504	593	6.137	8.530	3.777	2.076		73		3	31.576	7.081	567.380
	山西省	27		337	10	3	3				3			383	26	7302
	河南省	41	14	281	28	2					7			373	(-) 147	28.733
	江蘇省	25	50	2	16	46	1							140	(-)1271	1.889
	浙江省	1		2	2	49	3							57	(-) 158	392
	安徽省	5	53	1	1	1								61	(-) 402	2.197
	廣東省														(-) 10	7
	湖北省					9								9	(-) 13	63
	福建省			1										1	(-) 4	5
	察哈爾省	7			2						1			10	2	408
	其ノ他	1												1	(-) 18	40
經由地別	大連	881	772	57		6.322	6.982	3.047	2.077					20.138	3215	329.057
	營口	342	34					738						1.109	(-)6228	44.139
	安東	17					1.575							1592	82	12.057
	山海關	14417	4247	4.898	10.615									34.172	13.800	689.774
	古北口	30	7	382							624			1.043	(-) 20	14.563
	喜峰口											16		16	(-) 111	845
	冷口												76	76	(-) 107	1.597
就勞地別	關東州	877	121	61	27	2.134	3.860	570	1.626					9276	2.954	120.265
	奉天省	8.547	1.670	3.106	6.204	2.076	1.534	966	182		218			24.503	10.625	346.447
	吉林省	2.278	1.088	353	1270	598	275	380	48				1	6.236	1.540	130.807
	濱江省	1.653	907	960	596	442	586	1.283	51		5		1	6.444	776	105.928
	龍江省	589	259	172	211	68	56	104	7		1			1467	577	25.113
	安東省	159	47	11	17	209	1.365	84	119					2.311	475	29240
	三江省	125	74	20	53	41	62	181	11		82			649	(-) 881	34408
	黑河省	51	2		9	10	15	13						100	(-)1637	22.532
	錦州省	591	92	83	1.517	20	20	20	4					2353	466	460.627
	熱河省	90	14	379	586	1	1				283	12	70	1936	(-) 126	52239
	興安各省	129	9	369	164	6	19	34			80		1	461	(-) 317	19.902
	間島省	107	29	287	26	82	70	36	4					361	(-) 129	21.579
	通化省	71	103	23	74	246	169	45	17			4		752	(-)1128	43.064
	牡丹江省	148	99	39	72	110	146	112	11					737	(-)1649	54.926
	東安省	134	509	1	157	232	62	10	2					1.106	(-) 542	41.904
	北安省	138	37	50	132	47	17	32			1			454	(-) 531	22.952
月計		15.687	5.060	5.332	10.615	6.322	8.557	3.780	2.077		624	16	76	58.146		
前年同月比較		2.028	1423	3.976	533	(-) 615	1.919	127	1.697	(-) 9	(-) 230	(-) 111	(-) 107		10.631	
本年累計		455.948	156.494	51.828	142.718	103.491	105.785	43.894	19.027		10.105	845	1.597			1092.082

57

(3) 身分證明書受給者職業別。查證地。經由地及就勞地一覽表

康德7年7月分

職業別		農業	林業	漁業	鑛業	商業	土木業	建築業	製造業	運交業	雜役	月計
查證地別	天津	4461	15	22	499	340	818	954	4.330	1222	3.026	15.687
	濟南	2.304	8		810	255	119	74	867	197	426	5.060
	北京	539	1		99	1497	70	218	2.546	109	253	5.332
	山海關	749	49	89	453	2.095	168	274	2.550	474	2.864	10.615
	青島	1.315		24	1.130	181	143	175	1.045	931	1.378	6.822
	芝罘	244			97	2.738	173	442	2.237	659	1.993	8.557
	龍口	78			30	1.581	7	160	749	84	1.001	3.780
	威海衛	35			2	234		331	534	503	548	2.077
	安東											
	古北口	77			298	88	4	35	76	25	26	624
	喜峰口	7				5				3	1	16
	冷口	8				42		3	10		13	76
經由地別	大連	1.753	3	28	1.906	4.102	326	921	4.139	2282	4.678	20138
	營口	101		14	51	382	15	40	226	61	269	1.109
	安東	80			1	854	27	100	558	92	380	1.592
	山海關	7.733	70	43	1.162	4.846	1.125	1.4[illegible]	9.787	1.786	6.221	34.172
	古北口	135			298	353	8	43	214	33	57	1.043
	喜峰口	7				5				3	1	16
	冷口	8				42		3	10		13	76
就勞地別	關東州	423	3	15	9	2.148	192	541	1.799	1.710	2.436	9276
	奉天省	3.704	43	23	1.813	3.673	509	966	7.853	1251	4.668	24.503
	吉林省	1.887	15	2	163	825	224	324	1241	369	1.186	6.236
	濱江省	1.555	2	5	4	1266	69	253	1.675	323	1292	6.444
	龍江省	627	2	2	2	208	29	40	257	56	244	1467
	安東省	205				485	29	129	716	181	566	2.311
	三江省	123			101	165	10	26	75	22	127	649
	黑河省	15			5	18	46	1	3		12	100
	錦州省	214	2	38	253	337	126	129	682	133	439	2.353
	熱河省	145			4	326	9	49	261	34	108	936
	興安各省	142	3			103	20	13	68	18	94	461
	間島省	85	2		91	49	3	13	53	14	51	361
	通化省	334	1		77	94	23	27	51	32	118	752
	牡丹江省	211			31	138	40	39	104	46	138	787
	東安省	9			865	16	166	1	12	3	34	1.106
	北安省	138				95	6	5	84	15	111	454
月計		9.817	73	85	3418	9.986	1.501	2.556	14.934	4207	11.019	58146
前年同月比較		5.752	(-) 12	60	(-) 3.956	4498	(-) 5.478	405	5.800	537	3.025	10.631
本年累計		149.683	704	1423	99.324	73.544	302416	90.977	187.144	64.985	121.832	1092.032

(4)身分證明書受給者，鄉關別，職業細別一覽表

康德7年7月分

鄉關別		河北省	山東省	山西省	河南省	江蘇省	浙江省	安徽省	廣東省	湖北省	福建省	察哈爾省	其ノ他	月計	本年累計
農牧林業	農耕	3.241	6.499	7	21	14						1		9.783	148.944
	養蠶業														
	畜產業	14	20											84	739
	林業	54	19											73	704
	計	3.309	6.538	7	21	14						1		9890	150.387
漁業	漁業	59	26											85	1.423
鑛業	金屬鑛業	155	124		1	1								281	12.567
	非金屬鑛業	982	1.954	10	34	88		53		1				3.122	86.156
	採鹽	10	5											15	601
	計	1.147	2.083	10	35	89		53		1				3.418	99324
工業	窯業土石加工	503	639	12	7	1								1.162	48.297
	金屬工業	18	47		2									67	444
	機械器具製造裝置	1.273	1.342	29	15									2.664	36.101
	運搬用具製造	98	94	1		1								194	1.420
	精巧工業	116	35	1		3								155	1.184
	化學工業	104	139	8										251	2.786
	纖維工業	1.241	2.124	24	9		2							8.404	29016
	被服身裝品製造	1.300	730	19	1	3	5	2		1		5		2.060	17.360
	紙印刷工業	254	157	3										[illegible]	8456
	皮革骨羽毛品製造	323	161	1	1	2								988	6.137
	木竹草藁製品製造	992	590	3	12									1.302	14.398
	食料品類製造	697	471	54	1		18							1.241	12.805
	土木業	795	677	12	18	2						2		1.501	802.416
	建築業	1.257	1.202	7										2.556	90.077
	電氣瓦斯水道	65	40											105	1.279
	其他ノ工業	250	171	5	105	2		1					1	625	7.471
	計	9791	8.709	184	256	14	25	3		1		7	1	18.991	599.537
商業	商業從事	3.647	3.703	113	24	3	1				1	1		7.493	58.306
	金融保險業	57	1	1										59	396
	待客業從事	788	1.532	27	26	4				7				2.384	19342
	計	4.492	5.236	141	50	7	1			7	1	1		9936	73.544
運交業	通信		2											2	27
	運輸	1.848	2.844	6		3	3					1		4.205	64.958
	計	1.848	2.846	6		3	3					1		4.207	64.985
其ノ他	家事使用人	2.374	2.137		1	1		1						4.514	56.544
	其ノ他	3.015	4.001	35	10	12	28	4						7.105	65.288
	計	5.339	6.133	35	11	13	28	5						11.619	121.832
月計		25.535	31.576	383	373	140	57	61		9	1	10	1	58.146	1092.032

59

(5) 身分證明書受給者郷關別。年齡及就勞地一覽表

康德7年7月分

郷關別		河北省	山東省	山西省	河南省	江蘇省	浙江省	安徽省	廣東省	湖北省	福建省	察哈爾省	其ノ他	月計
年齡別	十九歳以下	2.647	4.634	71	62	23	27	9						7.473
	二十歳以上	8.553	10.328	118	115	42	16	24		4		5		19.303
	三十歳以上	7.591	8.454	116	109	32	8	11		4		2	1	16.328
	四十歳以上	3.938	4.664	51	56	29	3	14				2		8.757
	五十歳以上	2.024	2.490	25	26	10	2	3		1	1	1		4.583
	六十歳以上	782	1.008	2	5	4	1							1.802
就勞地別	關東州	611	8.651	2	6	2	3					1		9.276
	奉天省	14.932	9.059	255	171	61	15	4		1		4	1	24.503
	吉林省	2.919	3.215	29	42	4	24	1		2				6.236
	濱江省	2.311	4.045	27	40	6	9	1		4	1			6.444
	龍江省	504	915	23	20	3	2							1.467
	安東省	131	2.176	2	2									2.311
	三江省	189	443	3	11			1		2				649
	黒河省	36	61		1	2								100
	錦州省	1.924	414	5	2	5	1					2		2.353
	熱河省	821	85	5	22	1		1				1		936
	興安各省	295	146	9	8	1	2							461
	間島省	109	245	2	3	2								361
	通化省	122	587		11	1		31						752
	牡丹江省	149	584	2	2									737
	東安省	247	761	6	17	51		22				2		1.106
	北安省	235	189	13	15	1	1							454
月計		25.535	31.576	383	378	140	57	61		9	1	10	1	58.146

（6）身分證明書受給者經由地別○鄕關○年齡及就勞地一覽表

康德7年7月分

經由地別		大連	營口	安東	山海關	古北口	喜峰口	冷口	月計
鄕關別	河北省	624	340	15	23.633	887	16	73	25.588
	山東省	19.3[illegible]7	[illegible]65	1.577	8.758	116		3	31.576
	山西省	9	1		363	10			383
	河南省	21			325	27			373
	江蘇省	94	3		42	1			140
	浙江省	53			4				57
	安徽省	23			37	1			61
	廣東省								
	湖北省	9							9
	福建省				1				1
	察哈爾省	1			8	1			10
	其ノ他				1				1
年齡別	十九歲以下	3.460	200	291	3.396	117	1	8	7.473
	二十歲以上	6.735	331	446	11.374	291	2	24	19.203
	三十歲以上	5.072	249	409	10.251	320	6	21	16.328
	四十歲以上	2.783	166	221	5.387	184	5	11	8.757
	五十歲以上	1.463	119	143	2.746	101	1	5	4.578
	六十歲以上	620	44	82	1.018	30	1	7	1.802
就勞地別	關東州	9.[illegible]	1	2	64				9.276
	奉天省	[illegible]	722	24	10.022	218			24.503
	吉林省	1.[illegible]	63	1	4.978			1	6.236
	濱江省	2.[illegible]39	144	2	4.103	5		1	6.44[illegible]
	龍江省	207	31	1	1.227	1			1.467
	安東省	540	27	1.538	206				2.311
	三江省	262	31	3	271	82			649
	黑河省	37	1		62				100
	錦州省	57	7		2.281	5		3	2.353
	熱河省	2			169	683	12	70	936
	興安各省	58	3		353	48		1	461
	間島省	190		2	169				361
	通化省	453	9	17	269		4		752
	牡丹江省	360	17	2	358				737
	東安省	811			295				1.106
	北安省	89	7		357	1			454
月計		20.188	1.109	1.592	34.172	1.043	16	76	58.146

入離滿勞働者職業別經由地別[illegible]表

康德7年7月分

職業別		大連 入滿	大連 離滿	營口 入滿	營口 離滿	安東 入滿	安東 離滿	山海關 入滿	山海關 離滿	古北口 入滿	古北口 離滿	喜峰口 入滿	喜峰口 離滿	冷口 入滿	冷口 離滿	月計 入滿	月計 離滿	本年累計 入滿	本年累計 離滿
農牧林業	農耕	1864	1585	108	240	74	172	7463	8724	135	24	7		8	1	9659	10746	144702	36781
	蠶業		1				1										2	8	15
	畜產業	5	2					25	51	7	3					37	56	772	310
	林業	2	8				8	68	118							70	134	695	924
	計	1871	1596	108	240	72	181	7581	8893	142	37	7		8	1	9766	10988	146177	38030
漁業	漁業	26	19					36	46							62	67	1400	406
鑛業	金屬鑛業	41	2					160	53	1	4					222	58	10541	563
	非金屬鑛業	1912	186	6	25	1		993	2267	297						3209	1618	88318	7606
	採鹽	3	9					10								14	9	631	65
	計	1956	167	6	25	1		1186	1450	248	4					3445	1685	94490	8234
工業	窯業土石加工	147	186	42	43	8	27	983	1465	13	21					1196	1735	42250	6382
	金屬工業	16	51				1	34	100							50	152	459	373
	機械器具製造裝備	698	443	10	40	18	15	1898	1935	71	38			4		2604	2516	84481	10209
	運搬用具製造	76	81		2	5	2	96	38	2						179	78	1334	282
	精巧工業	20	19		2	1	2	130	78	3						144	102	1165	417
	化學工業	115	185		13	7	9	12[illegible]	307	3						245	864	2660	1899
	纖維工業	1517	315	64	39	405	432	1956	1158	10						8451	2455	28874	9676
	被服身裝品製造	594	330	8	5	34	12	1864	1664	11					1	2008	2035	17245	7898
	紙印刷工業	133	36	3		15	12	266	38	1						412	148	3334	750
	皮革骨羽毛品製造	107	34	1		11	6	868	398	7					1	994	441	5985	2077
	木竹藁蔓品製造	406	138	34	27	33	21	1022	1527	26	15			1		1603	1778	28130	5655
	食料品類製造	356	320	28	14	15	68	831	804	40	12			8	1	1275	1134	12284	4839
	土木業	346	465	16	419	24	65	1122	2761	7	12					1566	3740	284881	33349
	建築業	946	1108	47	81	102	288	1518	3189	45	22			8		2555	4628	88987	17138
	電氣瓦斯水道	17	13	1	2			75	118							91	138	1287	428
	其他ノ工業	142	57	9	16	4	2	426	361	18	17			2		598	753	7687	3885
	計	5688	4184	268	706	687	1011	13117	13184	254	144			13	2	18972	22182	555498	104757
商業	商業從事	3014	6447	293	387	217	571	3768	3229	109	71	4	1	41	3	7554	10289	53297	68539
	金融保險業	1					1	[illegible]	77							57	78	409	649
	待客業從事	907	528	22	[illegible]	15	21	662	192	44	14	1		1		1879	785	12681	4582
	計	3922	6975	315	397	232	593	4731	3193	248	85	5	1	42	3	9490	11152	66387	73820
交通業	通信	1	14						1							2	15	58	76
	運輸	2275	2141	50	78	91	56	1662	2688	83	18	3				4109	4916	68506	21006
	計	2276	2155	50	78	91	56	1652	2684	83	13	3				4111	4931	68564	21082
其ノ他	家事使用人	2223	193	31	61	291	89	2488	2202		3			13	5	4988	2569	59818	11097
	其ノ他	3035	3875	253	218	120	259	3306	4022	67	23	1				7157	8472	65419	36593
	計	5258	4068	279	279	431	358	6044	6807	67	24	1		13	5	12140	11041	125237	47690
合計		20947	19[illegible]24	1016	1630	1566	2109	33528	38673	1036	297	13	1	76	12	57988	61996		
本年累計		326854	121[illegible]12	43183	6276	11808	5228	654409	157817	14115	3332	845	81	1598	128			1052748	294019

(8)入離滿勞働者職業別・就勞地一覽表

康德7年7月分

	職業別	農業	林業	漁業	鑛業	商業	土木業	建築業	製造業	運交業	雑役	月計	前年同月比較	本年累計
入滿者目的就勞地	關東州	443	3	14	15	2.024	195	552	1.820	1.697	2.626	9.339	3.232	118.864
	奉天省	3.634	43	8	1.858	3.541	520	950	7.796	1.165	4.723	24.238	10.138	335.947
	吉林省	1.913	11	2	167	806	190	324	1.234	373	1.219	6.239	1.728	126.755
	濱江省	1.482	2	5	8	1.277	66	246	1.663	323	1.364	6.436	580	102.791
	龍江省	613	3	2	1	210	26	44	249	55	239	1.442	541	24.438
	安東省	206				286	25	183	726	172	687	2.305	486	28.654
	三江省	105			97	169	10	24	73	27	125	630	(–) 506	33.209
	黑河省	17			5	18	83	2	3	1	14	143	(–) 1.484	20.060
	錦州省	209	2	31	309	331	120	125	661	129	444	2.361	441	57.863
	熱河省	146			3	302	8	52	250	33	116	910	(–) 55	11.854
	興安各省	153	3			107	26	11	67	18	102	487	(–) 177	17.874
	間島省	89	2		58	43	3	12	55	15	55	332	(–) 41	20.244
	通化省	343	1		109	78	24	29	54	37	124	799	(–) 771	40.367
	牡丹江省	199			29	122	44	42	105	47	156	744	(–) 1.548	52.766
	東安省	6			786	13	206	3	12	3	36	1.065	(–) 402	38.293
	北安省	138				93	20	6	83	16	110	466	(–) 584	22.769
	月計	9.696	70	62	3.445	9.490	1.566	2.555	14.851	4.111	12.140	57.986		
	前年同月比較	5.486	(–) 12	37	(–) 3.177	4.113	(–) 5.022	445	5.599	603	3.506		11.578	
	本年累計	145.482	695	1.400	94.490	66.387	284.881	88.987	181.625	63.564	125.237			1.052.748
離滿者滯滿就勞地	關東州	983		16	38	3.500	363	657	1.403	1.976	2.912	11.848	9.870	75.405
	奉天省	4.369	22	18	760	3.200	1.796	2.027	8.940	1.570	4.055	24.757	21.712	100.428
	吉林省	2.156	34		110	935	501	808	1.745	601	1.401	8.286	7.406	29.608
	濱江省	1.369	22	3	19	1.488	185	339	1.514	349	1.009	6.297	5.602	27.686
	龍江省	763	1		12	137	68	61	374	53	270	1.739	1.601	5.154
	安東省	228	9		4	762	115	314	765	81	421	2.699	2.423	9.904
	三江省	68	15		212	192	43	28	67	31	156	812	743	4.024
	黑河省	7	1		1	36	10	3	5		12	75	68	871
	錦州省	285	4	30	256	247	251	228	472	87	315	2.175	1.425	11.602
	熱河省	54				132	9	28	153	17	53	446	188	4.433
	興安各省	126	1		11	76	18	14	48	8	50	352	241	2.257
	間島省	43	3		38	37	35	10	24	16	29	235	218	2.138
	通化省	130	4		155	136	148	29	61	36	64	763	703	8.204
	牡丹江省	119	15		8	164	147	79	176	92	235	1.035	954	9.280
	東安省	8			55	31	27	2	10	1	9	143	133	1.329
	北安省	96	3		6	79	24	6	57	13	50	334	271	1.751
	月計	10.804	134	67	1.685	11.152	3.740	4.628	13.814	4.931	11.041	61.996		
	前年同月比較	10.020	108	49	1.435	10.024	3.221	4.125	11.163	4.287	9.121		53.553	
	本年累計	37.106	924	406	8.234	73.820	33.349	17.138	54.270	21.082	47.690			294.019

63

(9) 入滿勞働者隨伴家族入滿實數調

康德7年7月分

入滿地	性別＼查證地	天津	濟南	北京	山海關	青島	芝罘	營口	威海衛	安東	古北口	喜峰口	冷口	月計	本年累計
大連	男	68	67	2		675	329	810	40					1.986	27.279
	女	203	182	8		2.024	981	2.474	111					5.983	80.287
	計	266	249	10		2.699	1.310	3.284	151					7.969	107.566
營口	男	73						270						343	3.497
	女	289						829						1.118	6.958
	計	362						1.099						1.461	9.455
安東	男						300							300	1.738
	女						830							830	5.503
	計						1.130							1.130	7.241
山海關	男				2.215									2.215	20.557
	女				8.230									8.230	49.549
	計				10.445									10.445	70.106
古北口	男			4							36			40	984
	女	3		32							95			130	2.069
	計	3		36							131			170	3.053
喜峰口	男											1		1	80
	女											3		3	162
	計											4		4	242
冷口	男												4	4	100
	女												9	9	197
	計												13	13	297
月計	男	136	67	6	2.215	675	629	1.080	40		36	1	4	4.889	
	女	492	182	40	8.230	2.024	1.811	3.303	111		95	3	9	16.300	
	計	628	249	46	10.445	2.699	2.440	4.388	151		131	4	13	21.189	
本年累計	男	4.083	1.142	340	18.266	10.686	8.992	7.258	1.409		879	80	100		53.235
	女	14.626	3.036	947	41.804	29.043	26.359	21.179	5.566		1.806	162	197		144.725
	計	18.709	4.178	1.287	60.070	39.729	35.351	28.437	6.975		2.685	242	297		197.960

[illegible] 離滿勞働者隨伴家族離滿實數調

康德 7 年 7 月分

離滿地＼歸還地＼經路別	性別	陸路：山海關	古北口	喜峰口	冷口	計	海路：天津	塘沽	青島	芝罘	龍口	威海衛	上海	計	月計	本年累計
大連	男						194		225	278	147	52		896	896	5.308
	女						798		936	1.491	760	877		4.862	4.862	28.878
	計						992		1.161	1.769	907	929		5.758	5.758	34.1[illegible]
營口	男						17				22			39	39	104
	女						50				68			118	118	3[illegible]
	計						67				90			157	157	502
安東	男									5				5	5	12
	女						3			179				182	182	657
	計						3			184				187	187	669
山海關	男	1.045				1.045									1.045	5.181
	女	1.606				1.606									1.606	8.199
	計	2.651				2.651									2.651	13.380
古北口	男		7			7									7	5[illegible]
	女		14			14									14	95
	計		21			2[illegible]									21	15[illegible]
喜峰口	男															
	女															
	計															
冷口	男															
	女															
	計															
月計	男	1.045	7			1.052	211		225	283	169	52		940	1.992	
	女	1.606	14			1.620	851		936	1.670	828	877		5.162	6.782	
	計	2.651	21			2.672	1.062		1.161	1.953	997	929		6.102	8.774	
本年累計	男	5.181	58			5.239	1.214		1.188	1.707	1.051	253	11	5.424		10.663
	女	8.199	95			8.294	5.443	10	4.971	10.093	5.479	3.901	36	29.933		38.227
	計	13.380	153			13.533	6.657	10	6.159	11.800	6.530	4.154	47	35.357		48.890

伪满劳工协会理事长近藤安吉关于送交一九四〇年九月出入伪满劳工统计月报致伪满治安部警务司长、民生部劳务司长等的函（一九四〇年十一月二十一日）

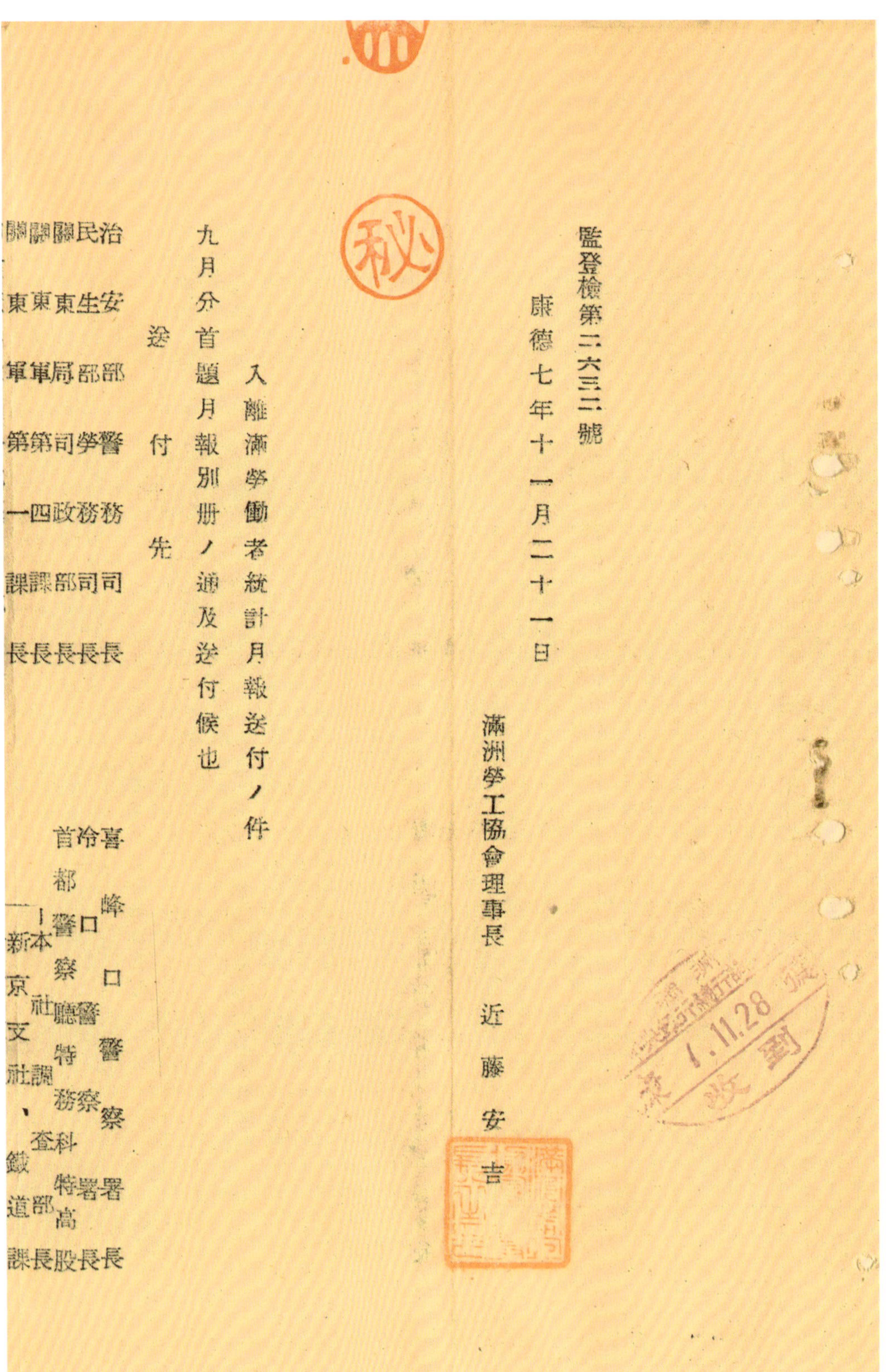

監登檢第二六三二號

康德七年十一月二十一日

滿洲勞工協會理事長 近藤安吉

入離滿勞働者統計月報送付ノ件

九月分首題月報別冊ノ通及送付候也

送付先

治安部警務司長
民生部勞務司長
關東局司政部長
關東軍第四課長
關東軍第一課長

喜峰口警察署長
冷口警察署長
首都警察廳特務科特高股長
一、本社調查部長
一、新京支社、鐵道課長

41

40

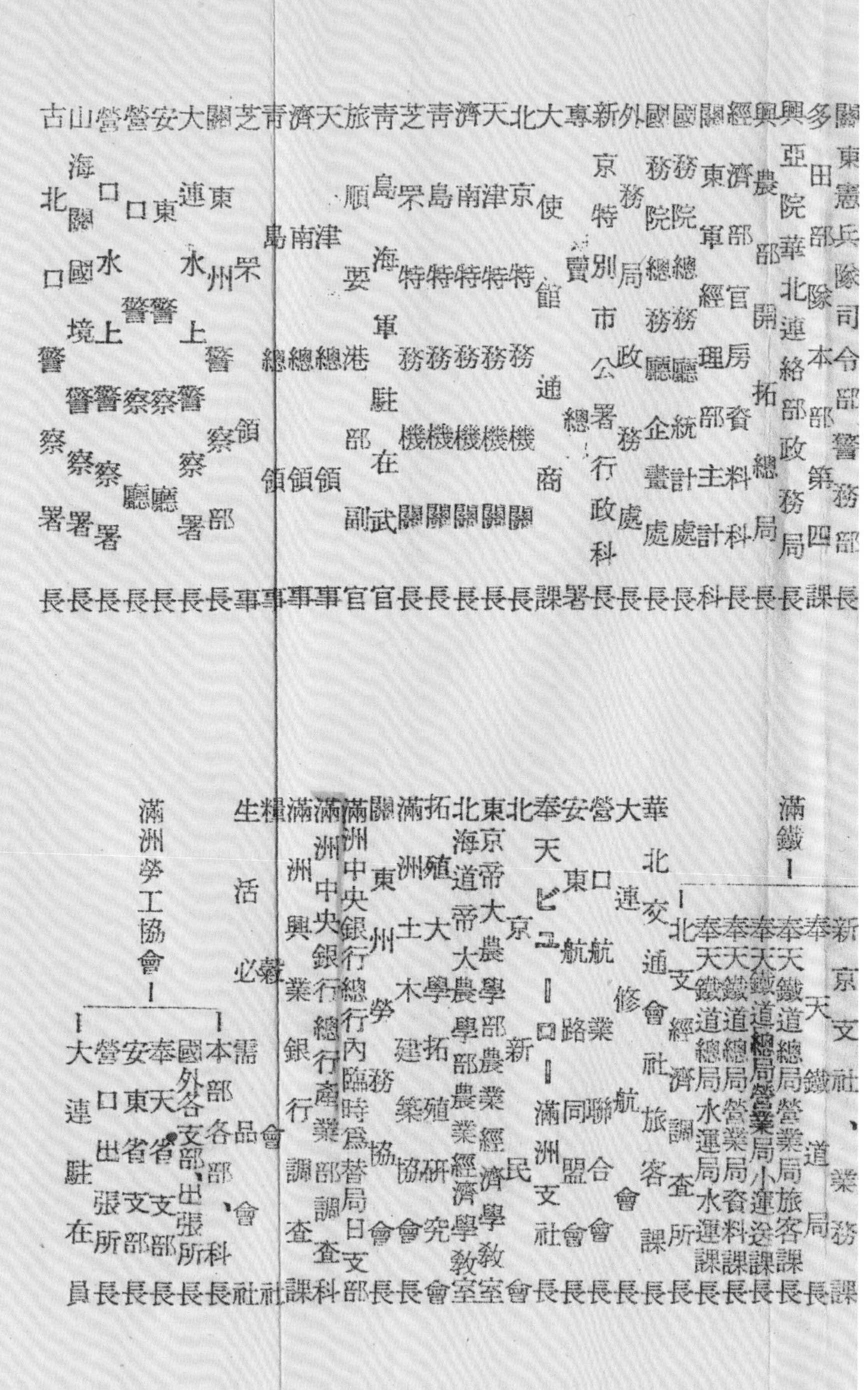
關東憲兵隊司令部警務部長
多田部隊本部第四課長
興亞院華北連絡部政務局長
興農部開拓總局長
經濟部官房資料科長
關東軍經理部主計科
國務院總務廳統計處長
國務院總務廳企畫處長
外務局政務處長
新京特別市公署行政科長
專賣總署
大使館通商課
北京特務機關長
天津特務機關長
濟南特務機關長
青島特務機關長
芝罘特務機關長
青島海軍駐在武官
旅順要港部副官
天津總領事
濟南總領事
青島總領事
芝罘領事
關東州警察部長
大連水上警察署長
安東警察廳長
營口警察廳長
營口水上警察署長
山海關國境警察署長
古北口警察署長

滿鐵
新京支社、業務課長
奉天鐵道局長
奉天鐵道總局營業局旅客課長
奉天鐵道總局營業局小運送課長
奉天鐵道總局營業局資料課長
奉天鐵道總局水運局水運課長
北支經濟調查所長
華北交通會社旅客課長
大連修航會長
營口航業聯合會長
安東航路同盟會長
奉天ビューローー滿洲支社長
北京新民會
東京帝大農學部農業經濟學教室
北海道帝大農學部農業經濟學教室
拓殖大學拓殖研究會
滿洲土木建築協會長
關東州勞務協會長
滿洲中央銀行總行內臨時爲替局日支部
滿洲中央銀行總行產業部調查科
滿洲興業銀行調查課
糧穀會社
生活必需品會社

滿洲勞工協會
本部各部、科長
國外各支部、出張所長
奉天省支部長
安東省支部長
營口出張所長
大連駐在員

附：伪满劳工协会监理部编制的出入伪满劳工统计月报（一九四〇年九月）

42

康德7年9月分

入離滿勞動者統計月報

滿洲勞工協會監理部

目次

(1) 身分證明書、特別身分證明書、特種身分證明書受給者査證地別各種統計表

康德7年9月分

査證地別			天津	濟南	北京	山海關	青島	芝罘	龍口	威海衛	安東	古北口	喜峰口	冷口	月計	前年同月比較增減	本年累計
身分證明書	來所者		8746	3500	3593	10268	6948	6102	1901	1269		197	105	55	42684	(-) 8002	1192454
	拒否		91		27	165	9								292	(-) 161	11043
	受付		8655	3500	3566	10103	6939	6102	1901	1269		197	105	55	42392	(-) 7841	1181411
	不合格			28	13	3	7	28	3	2					84	(-) 108	2698
	受給者	單獨	7239	2907	3142	7473	4780	5052	1580	1184		175	105	54	33691	(-) 12208	1058672
		家族同伴者	1416	565	411	2627	2152	1022	318	83		22		1	8617	4475	120041
		計	8655	3472	3553	10100	6932	6074	1898	1267		197	105	55	42308	(-) 7733	1178713
	隨伴家族	男	449	334	208	1249	1839	758	209	36		9		1	5092	2721	73840
		女	2183	886	564	2844	3902	1924	583	122		28			13036	6083	188321
		計	2632	1220	772	4093	5741	2682	792	158		37		1	18128	8804	262161
特別身分證明書	受給者	月計	166		38	33	12	87	7	31		40	1	4	419	196	
		本年累計	1577		311	401	122	1013	54	303		244	223	59			4307
	返納者	月計	126		28	29	9	64	6	27		36	4	3	332	141	
		本年累計	1238		238	372	99	806	29	279		206	218	48			3533
	失効者	月計	26		8			8	5	3		3			53	[illegible]	
		本年累計	213		41	7	14	151	20	8		9	4	9			476
特種身分證明書	受給者	月計						12							12	145	
		本年累計	2079			113		1661				259	531	15			4658

44

(2) 身分證明書受給者查證地別，鄉關，經由地及就勞地一覽表

康德 7 年 9 月分

查證地別		天津	濟南	北京	山海關	青島	芝罘	龍口	威海衛	安東	古北口	喜峰口	冷口	月計	前年同月比較增減	本年累計
鄉關別	河北省	3.422	67	2.603	9.421	18	15		1		192	104	55	18.898	(−) 8.175	521.824
	山東省	2.198	3.190	393	568	6.796	6.052	1.398	1.265		5	1		22.226	(−) 2.767	613.521
	山西省	20		197	15									232	(−) 855	7.790
	河南省	80	7	404	65	5								541	(−) 76	29.663
	江蘇省	34	156	2	19	85	2							298	(−) 520	2.536
	浙江省				2	13	2							17	(−) 275	442
	安徽省	7	52	4	6	2	1		1					73	(−) 62	2.371
	廣東省				1									1	(−) 3	8
	湖北省	1				13	2							16	9	91
	福建省														(−) 1	9
	察哈爾省	2			2									4	(−) 4	415
	其ノ他	1			1									2	(−) 4	43
經由地別	大連	350	415	23		6.932	5.130	1.624	1.267					15.741	(−) 7.935	362.973
	營口	137	1	6				274						418	(−) 898	45.232
	安東	4		1			944							949	(−) 1.286	14.106
	山海關	8.158	3.054	3.246	10.100									24.558	2.432	738.022
	古北口	6	2	277							197			482	(−) 66	15.719
	喜峰口											105		105	20	979
	冷口												55	55		1.682
就勞地別	關東州	366	74	32	22	2.017	3.391	358	953					7.213	(−) 1.847	136.455
	奉天省	5.433	1.185	1.740	6.055	1.919	709	453	113		60	1	2	17.673	205	381.831
	吉林省	977	486	265	931	713	141	113	19					3.645	(−) 936	138.483
	濱江省	702	526	366	431	421	268	624	33		1		4	3.376	(−) 1.916	113.329
	龍江省	174	105	63	124	130	26	57	2					681	(−) 11	26.526
	安東省	73	34	14	8	274	1.053	51	85					1.592	(−) 861	32.529
	三江省	70	57	28	43	77	36	99	8					418	(−) 707	35.270
	黑河省	2	5		11	13	5	26						62	15	22.647
	錦州省	410	219	647	2.052	26	11	6	3		2		4	3.380	(−) 1.058	66.900
	熱河省	50	5	257	75		1	1			126	104	42	661	(−) 161	13.711
	興安各省	48	27	48	150	8	16	20			8		2	327	(−) 356	20.423
	間島省	27	3	11	11	60	62	11	8					193	(−) 365	22.009
	通化省	191	389	24	41	959	252	10	8					1.874	1.059	46.081
	牡丹江省	63	25	17	53	143	65	43	26				1	436	(−) 173	55.855
	東安省	5	251	3	35	109	28	9	8					448	(−) 455	43.159
	北安省	64	81	38	58	63	10	14	1					329	(−) 191	23.505
月計		8.655	3.472	3.553	10.100	6.932	6.074	1.898	1.257		197	105	55	42.308		
前年同月比較		5.198	(−) 1.248	(−) 383	(−) 5.177	(−) 1.599	(−) 3.460	(−) 1.466	577		(−) 195	20			(−) 7.738	
本年累計		473.167	163.190	59.032	162.788	116.722	119.376	48.781	21.986		11.010	979	1.682			1.178.713

(9)身分證明書發給者職業別。查證地。經由地及就勞地一覽表

康德7年9月分

職業別		農業	林業	漁業	鑛業	商業	土木業	建築業	製造業	交運業	雜役	月計
查證地別	天津	1.398	6	6	819	272	334	480	2.628	654	2.058	8.655
	濟南	1.011	2		1.061	190	80	64	572	123	369	3.472
	北京	173			637	905	22	100	1.559	39	118	3.553
	山海關	643	108	43	1.127	2.080	105	250	3.155	344	2.245	10.100
	青島	2.738	3	18	662	159	94	147	898	858	1.355	6.932
	芝罘	291	7		166	2.226	62	248	1.247	549	1.278	6.074
	龍口	20	1		7	667	3	57	623	82	438	1.898
	威海衛	15		1		17	1	123	310	520	280	1.267
	安東											
	古北口	34			62	32	3	18	27	10	11	197
	喜峰口				65	1		6		4	29	105
	冷口	1	2			22		1	12		17	55
經由地別	大連	3.014	10	23	1.167	2.741	162	524	2.881	2.028	3.191	15.741
	營口	28		1	1	99	2	9	133	38	107	418
	安東	110	1		1	258	11	61	240	64	203	949
	山海關	3.125	116	44	3.310	3.289	525	869	7.623	1.034	4.623	24.553
	古北口	46			62	161	4	24	142	15	28	482
	喜峰口				65	1		6		4	29	105
	冷口	1	2			22		1	12		17	55
就勞地別	關東州	336		7	11	1.707	104	316	1.402	1.523	1.807	7.213
	奉天省	2.131	86	29	1.785	2.346	305	627	6.016	849	3.499	17.673
	吉林省	1.019	7		92	480	74	168	843	213	749	3.645
	濱江省	605	11	2	4	628	29	111	1.070	184	732	3.376
	龍江省	265	1	3		122	6	10	143	23	108	681
	安東省	210			1	372	13	89	394	153	360	1.592
	三江省	113	5		7	106	11	16	68	17	75	418
	黑河省	24			5	17	1	2	3	4	6	62
	錦州省	174	8	27	1.636	263	60	84	627	107	394	3.380
	熱河省	55			70	206	4	32	172	20	102	661
	興安各省	102			10	80	1	7	70	8	49	327
	間島省	60	2		6	39	1	7	24	10	44	193
	通化省	998	4		605	55	14	10	54	23	111	1.874
	牡丹江省	151	5		1	76	11	11	69	33	79	436
	東安省	18			371	11		1	9	6	32	448
	北安省	63			2	63	70	3	67	10	51	329
月計		6.324	129	68	4.606	6.571	704	1.494	11.031	3.183	8.198	42.308
前年同月比較		3.084	14	36	(–) 5.136	(–) 594	(–) 2.958	(–) 1.096	2.038	(–) 2.143	(–) 978	(–) 7.738
本年累計		161.160	989	1.556	108.306	87.105	304.206	94.261	210.685	71.907	138.538	1.178.713

(4)身分證明書受給者・鄉關別・職業細別一覽表

康德7年9月分

鄉關別		河北省	山東省	山西省	河南省	江蘇省	浙江省	安徽省	廣東省	湖北省	福建省	察哈爾省	其ノ他	月計	本年累計
農牧林業	農耕	1.266	4.971	3	21	25		4						6.290	160.355
	蚕蠶業	1												1	1
	畜産業	19	14											33	804
	林業	110	17		2									129	989
	計	1.396	5.002	3	23	25		4						6.453	162.149
漁業	漁業	43	25											68	1.556
鑛業	金屬鑛業	152	150	2	3	4		2		1				314	13.156
	非金屬礦業	2.046	1.847	23	94	215	1	59	1			2	1	4.289	94.529
	採鹽	1	2											3	611
	計	2.199	1.999	25	97	219	1	61	1	1		2	1	4.606	108.306
工業	窯業土石加工	227	280	1	14									522	44.388
	金屬工業	2	10											12	481
	機械器具製造裝置	934	728	13	3									1.678	39.651
	運搬用具製業	67	59			1								127	1.731
	精巧工業	126	42	3										171	1.532
	化學工業	123	110	4	1	1								239	3.293
	纖維工業	994	1.149	6	3	1	1							2.154	33.741
	被服身裝品製造	1.146	611	8	1	2	1	3						1.772	21.900
	紙印刷工業	212	139		1									352	4.217
	皮革骨羽毛品製造	872	102	4	1							1		980	8.019
	木竹草藁等品製造	784	479	2	15	2								1.282	27.015
	食料品類製造	631	386	48	2	3	5							1.075	[illegible]
	土木業	374	314	2	10	3		1						704	304.206
	建築業	727	757	3	5	2								1.494	94.261
	電氣瓦斯水道	52	32											84	1.438
	其ノ他ノ工業	160	124	3	295		1							583	8.545
	計	7.431	5.322	97	351	15	8	4				1		13.229	609.152
商業	商業從事	2.232	2.111	90	28	1	1					1		4.464	62.700
	金融保險業	51	1											52	473
	待客業從事	707	1.302	9	22	2				13				2.055	23.932
	計	2.990	3.414	99	50	3	1			13		1		6.571	87.105
運交業	通信	2	1											3	32
	運輸	815	2.342	2		20		1						3.180	71.875
	計	817	2.343	2		20		1						3.183	71.907
其ノ他	家事使用人	1.240	986		4	1		1						2.232	61.289
	其ノ他	2.782	3.185	6	16	15	7	2		2			1	5.966	77.249
	計	4.022	4.121	6	20	16	7	3		2			1	8.198	133.538
月計		18.898	22.226	232	541	298	17	73	1	16		4	2	42.308	1.178.713

(5)身分證明書受給者鄉關別、年齡及就勞地一覽表

康德7年9月分

鄉關地		河北省	山東省	山西省	河南省	江蘇省	浙江省	安徽省	廣東省	湖北省	福建省	察哈爾省	其ノ他	月計
年齡別	十九歲以下	1.448	2.513	25	69	53	1	7		2				4.113
	二十歲以上	6.177	7.069	63	153	88	5	26		8		2	2	13.598
	三十歲以上	5.828	6.416	88	204	77	5	22	1	5		1		12.647
	四十歲以上	3.351	3.721	41	89	57	3	14		1		1		7.278
	五十歲以上	1.514	1.800	13	22	19	2	3						3.373
	六十歲以上	585	707	2	4	4	1	1						1.304
就勞地別	關東州	225	6.942	1	11	23	4	1		6				7.213
	奉天省	11.448	5.728	136	285	107	6	13	1	2		1	1	17.673
	吉林省	1.778	1.793	12	47	9	3	2		1				3.645
	濱江省	1.127	2.178	22	36	2	1	3		6		1		3.376
	龍江省	218	422	15	24	2								681
	安東省	60	1.529		3									1.592
	三江省	82	313	6	17									418
	黑河省	8	50		3			1						62
	錦州省	2.688	564	16	70	33	2	5				1	1	3.380
	熱河省	591	32	3	34		1							661
	興安各省	199	102	11	8	7								327
	間島省	34	149	2	8									193
	通化省	186	1.619		17	21		30				1		1874
	牡丹江省	93	332	7	3					1				436
	東安省	41	290		6	93		18						448
	北安省	125	183	1	19	1								329
月計		18.898	22.226	232	541	298	17	73	1	16		4	2	42.308

48

(6)身分證明書受給者經由地別、鄉關、年齡及就勞地一覽表

康德7年9月分

經由地別		大連	營口	安東	山海關	古北口	喜峰口	冷口	計
鄉關別	河北省	220	102	5	17.994	418	104	55	18.898
	山東省	15.278	311	944	5.674	18	1		22.226
	山西省	1			218	13			232
	河南省	10	5		493	33			541
	江蘇省	180			118				298
	浙江省	15			2				17
	安徽省	22			51				73
	廣東省				1				1
	湖北省	15			1				16
	福建省								
	察哈爾省				4				4
	其ノ他				2				2
年齡別	十九歲以下	1.958	48	129	1.883	52	36	7	4.113
	二十歲以上	5.084	99	244	7.975	150	22	19	13.593
	三十歲以上	4.364	109	241	7.745	150	22	16	12.647
	四十歲以上	2.562	82	206	4.319	83	18	8	7.278
	五十歲以上	1.259	54	77	1.937	34	7	5	3.373
	六十歲以上	514	26	52	699	13			1.304
就勞地別	關東州	7.158			55				7.213
	奉天省	3.114	305	4	14.187	60	1	2	17.673
	吉林省	978	9	3	2.655				3.645
	濱江省	1.296	50		2025	1		4	3.376
	龍江省	206	10		465				681
	安東省	555	8	906	123				1.592
	三江省	213	14		191				418
	黑河省	44	2		16				62
	錦州省	43	6		3.325	2		4	3.380
	熱河省	2			125	388	104	42	661
	興安各省	37	7		250	31		2	327
	間島省	138	1	2	52				193
	通化省	1.196	2	31	645				1.874
	牡丹江省	274		3	158			1	436
	東安省	402	1		45				448
	北安省	85	3		241				329
月計		15.741	418	949	24.558	482	105	55	42.308

9. 49

(7) 入離滿勞働者職業細別經由地一覽表

康德七年九月分

職業別	入離滿經由地／入離滿別	大連 入滿	大連 離滿	營口 入滿	營口 離滿	安東 入滿	安東 離滿	山海關 入滿	山海關 離滿	古北口 入滿	古北口 離滿	喜峰口 入滿	喜峰口 離滿	冷口 入滿	冷口 離滿	月計 入滿	月計 離滿	本年累計 入滿	本年累計 離滿
農牧林業	農耕	2727	2870	81	238	99	168	3088	11018	83	76		4	1	1	5978	14875	155633	59888
	養蠶業							1								1		10	16
	畜産業	3	4					14	14	17	21					34	39	845	331
	林業	9	35		2		7	115	420					2		123	464	974	1664
	計	2739	2900	81	240	99	175	3218	11452	49	97		4	3	1	6189	14878	157367	61949
漁業	漁業	24	50	1				43	119							68	169	1523	875
鑛業	金屬鑛業	96	13					145	30	4	4	65				310	53	11157	686
	非金屬鑛業	111	467		57	1	8	2818	2290	58	2					3987	2822	90383	12417
	製鹽	2	16					1								3	16	641	132
	計	1218	502		57	1	6	2959	2320	62	6	65				4800	2891	102681	13285
工業	窯業土石加工	87	755	73	204	1	81	395	2214	20	22			1		577	3277	48480	11848
	金屬工業		66					11	120		1					11	187	506	642
	機械器具製造裝置	488	1037		29	7	24	1137	3180	33	51					1665	4871	37889	17113
	運搬用具製造	44	4			8	2	72	104							122	155	1625	547
	精巧工業	33	7			2	4	181	131	3	6					172	216	1498	704
	化學工業	108	29		11	2	8	189	256	1				1		251	569	3159	2718
	纖維工業	857	1740	10	64	150	442	1175	1608	3	11			1		2196	3925	32954	15731
	被服身装品製造	519	727		15	26	36	1265	8015	7	11					1817	8804	21190	18706
	紙印刷工業	148	170	8	5	6	15	212	97	3	2					372	293	4094	1181
	皮革骨羽毛品製造	46	153			8	16	907	562	6	6					962	737	7816	3001
	木竹草蔓類品製造	334	547	22	39	7	17	872	2035	15	10			4	4	1254	3252	25671	10475
	食料品類製造	290	463	4	68	13	60	740	1176	21	17			5	1	1079	1781	14567	7504
	土木業	175	1133	2	288	10	170	509	4206	4	13					700	5860	286601	44657
	建築業	567	3452	23	109	54	245	892	5327	24	15	6		1		1567	9147	92250	80100
	電氣瓦斯水道	16	41		12	1		57	191							74	244	1384	781
	其他ノ工業	105	313	16	205		13	427	1436	14	30					562	1995	8742	6068
	計	3821	11127	153	1048	288	1133	8941	28318	154	195	6		13	5	13381	39825	583426	16627
商業	商業從事	1742	13206	89	939	128	784	2433	8436	119	121	1	2	21	8	4545	13496	62116	97014
	金融保險業	2	1				2	49	70							51	73	484	779
	接客業從事	601	1082		18	11	40	782	182	27	23			1	1	1422	1295	15853	6824
	計	2351	14283	89	957	140	826	3269	8633	146	144	1	2	22	9	6018	19864	78453	104617
交通業	通信		40					2								2	40	62	134
	運輸	2148	3281	39	214	55	78	1085	4321	13	17	4	1			3294	7912	70212	83547
	計	2148	3321	39	214	55	78	1087	4321	13	17	4	1			3296	7952	70274	83681
其ノ他	家事使用人	1437	850	82	239	190	62	1261	3813		5	1		16	1	2937	4970	65799	18602
	其ノ他	2497	8323	76	482	89	337	3307	7393	28	35	28		1	1	6026	16571	77087	62260
	計	3934	9173	108	721	279	399	4568	11206	28	40	29		17	2	8963	21541	142886	80865
合計		16.230	41320	426	3237	362	2616	24035	59424	452	499	105	7	55	17	42165	107120		
本年累計		359696	138752	44170	11642	18740	10845	70.090	250.677	15251	4198	979	38	1884	149			1188.610	461301

56

10.

(8) 入離滿勞働者職業別 就勞地一覽表

康德7年9月分

	職業別	農業	林業	漁業	鑛業	商業	土木業	建築業	製造業	運交業	雜役	月計	前年同月比較	本年累計
入滿者目的就勞地	關東州	321		10	9	1.381	113	855	1.535	1.612	2.320	7.656	(−) 623	134.769
	奉天省	2.031	35	27	1.777	2282	296	657	5.994	379	3569	17597	2.043	370.308
	吉林省	932	7		94	476	76	174	374	205	763	3651	(−) 356	134.175
	濱江省	597	10	3	5	615	34	119	1.065	193	779	3420	(−) 1.167	110.095
	龍江省	263	1			122	5	13	136	22	109	671	(−) 11	25.312
	安東省	185			1	264	12	82	378	152	464	1.538	(−) 336	31.804
	三江省	119	5		2	107	10	9	60	17	79	408	(−) 446	34.037
	黑河省	22	1		6	18	1	2	3	3	7	63	(−) 113	20.173
	錦州省	172	9	28	1.370	260	58	87	622	104	388	3093	(−) 713	63600
	熱河省	57			70	196	4	32	158	18	98	633	(−) 171	13115
	興安各省	109			1	73	3	6	66	7	50	315	(−) 177	18.470
	間島省	58	2		28	36	3	6	23	10	46	207	(−) 351	20.657
	通化省	889	1		597	49	7	12	58	27	184	1.774	1.135	43172
	牡丹江省	136	5		1	69	11	10	68	33	87	420	(−) 164	53666
	東安省	13			342	10	1	1	9	6	23	405	(−) 439	39.456
	北安省	59			2	60	66	2	65	8	47	309	(−) 137	23300
	月計	6.013	126	63	4.300	6.018	700	1.567	11.114	3296	8.963	42.165		
	前年仝月比較	3365	43	33	(−) 4.297	(−) 377	(−) 1.826	(−) 522	2.579	(−) 1.634	(−) 445		(−) 3081	
	本年累計	156.393	974	1.523	102.681	78.453	286.601	92.250	204.575	70.274	142.886			1136.610
離滿者滯滿就勞地	關東州	1.612	2	29	91	6.630	818	1.576	2.912	2.906	6021	22.597	17.448	110.302
	奉天省	4396	95	56	1.104	4.876	1.902	2.728	10.743	2.148	6.333	34.426	28.625	157.044
	吉林省	2.985	120	3	274	1.560	979	1.783	3092	1.117	2.762	14.675	13405	51.129
	濱江省	2.588	34	6	44	3038	409	1.221	3561	326	2.566	14.343	12.915	48.523
	龍江省	340	3		19	266	105	180	558	93	476	2.540	2.288	8.860
	安東省	295	10	1	11	1.081	216	351	1.029	135	588	3717	2.946	16.383
	三江省	216	42		437	654	167	178	324	180	634	2.832	2.542	8.115
	黑河省	35	18		22	155	26	20	40	29	36	431	381	1.616
	錦州省	398	9	63	448	299	393	524	1.213	187	592	4.131	3048	18197
	熱河省	108	2		23	212	18	25	230	20	107	745	296	5.703
	興安各省	189	1	2	34	194	25	47	116	31	186	325	360	3463
	間島省	112	2		85	77	67	28	74	45	80	570	525	3024
	通化省	168	10		145	215	220	110	241	40	188	1.337	1.197	10.326
	牡丹江省	315	38	2	44	433	354	317	542	162	722	2.929	2.673	13899
	東安省	12	1		108	61	67	15	36	1	20	321	316	1.323
	北安省	145	22	2	2	113	94	44	112	37	130	701	622	2.894
	月計	14.414	464	169	2391	19.864	5.860	9147	24.818	7.952	21.541	107.120		
	前年仝月比較	12.630	426	150	2274	13220	4.986	8430	21.570	6.855	19.346		89.887	
	本年累計	60.285	1.664	675	13235	104.617	44.657	30.100	91.522	33681	80.865			461.301

(9) 入滿勞働者隨伴家族入滿實數調

康德7年9月分

入滿地	性別	天津	濟南	北京	山海關	青島	芝罘	龍口	威海衛	安東	古北口	喜峰口	冷口	月計	本年累計
大連	男	38	38	1		1.669	253	169	21					2.189	30.733
	女	119	60	1		3.628	717	444	105					5.069	88.879
	計	157	98	2		5.292	970	613	126					7.258	119.612
營口	男	45						109						154	2.864
	女	151						309						460	8.056
	計	196						418						614	10.920
安東	男						330							330	2.331
	女						785							785	6.951
	計						1.115							1.115	9.282
山海關	男	430	261	193	1.249									2133	24.353
	女	2044	720	561	2844	5								6.174	60.727
	計	2474	981	754	4.093	5								8.307	85.080
古北口	男	1		6							9			16	1.020
	女	6		27							28			61	2.192
	計	7		33							37			77	3.212
喜峰口	男														80
	女														162
	計														242
冷口	男												1	1	103
	女														200
	計												1	1	303
月計	男	514	299	200	1.249	1.669	583	278	21		9		1	4.823	
	女	2320	780	589	2844	3.628	1.502	753	105		28			12549	
	計	2834	1.079	789	4.093	5.297	2085	1.031	126		37		1	17.372	
本年累計	男	4.981	1.772	722	20.457	13.074	10.069	7.885	1.444		897	80	103		61.484
	女	18.833	4.687	2142	46.835	34.487	29.201	23.003	5.749		1.868	162	200		167.167
	計	23.814	6.459	2864	67.292	47.561	39.270	30.888	7.193		2765	242	303		228.651

(10) 離滿勞働者隨伴家族離滿實數調

康德7年9月分

離滿地	性別	陸路 山海關	古北口	喜峰口	冷口	計	海路 天津	塘沽	青島	芝罘	龍口	威海衛	上海	計	月計	本年累計
大連	男						338		345	806	480	114		2033	2033	8.458
	女						1.445		1.372	4.001	2097	1.781	6	10.702	10.702	45.456
	計						1.783		1.717	4.807	2527	1.895	6	12735	12735	53.909
營口	男						49				98			147	147	300
	女						225				240			465	465	10.24
	計						274				338			612	612	1.324
安東	男									4				4	4	22
	女						17			395				412	412	1.365
	計						17			399				416	416	1.387
山海關	男	1.390				1.390									1.390	7.368
	女	2197				2197									2197	11.674
	計	3.587				3.587									3.587	19.042
古北口	男		12			12									12	80
	女		28			28									28	152
	計		40			40									40	232
喜峰口	男															
	女															
	計															
冷口	男															
	女				2	2									2	2
	計				2	2									2	2
月計	男	1.390	12			1.402	387		345	810	528	114		2184	3.586	
	女	2197	28		2	2227	1.687		1.372	4396	2337	1.781	6	11.579	13.806	
	計	3.587	40		2	3.629	2074		1.717	5206	2865	1.895	6	13.768	17.392	
本年累計	男	7.368	80			7.448	1.819		1.812	2906	1.786	441	11	8.775		16.223
	女	11.674	152		2	11.828	8.091	10	7.402	16.887	8.877	6.536	42	47.845		59.673
	計	19.042	232		2	19.276	9.910	10	9.214	19.793	10.663	6.977	53	56.620		75896

伪满劳工协会理事长近藤安吉关于送交一九四〇年十月出入伪满劳工统计月报致伪满治安部警务司长、民生部劳务司长等的函（一九四〇年十二月二十日）

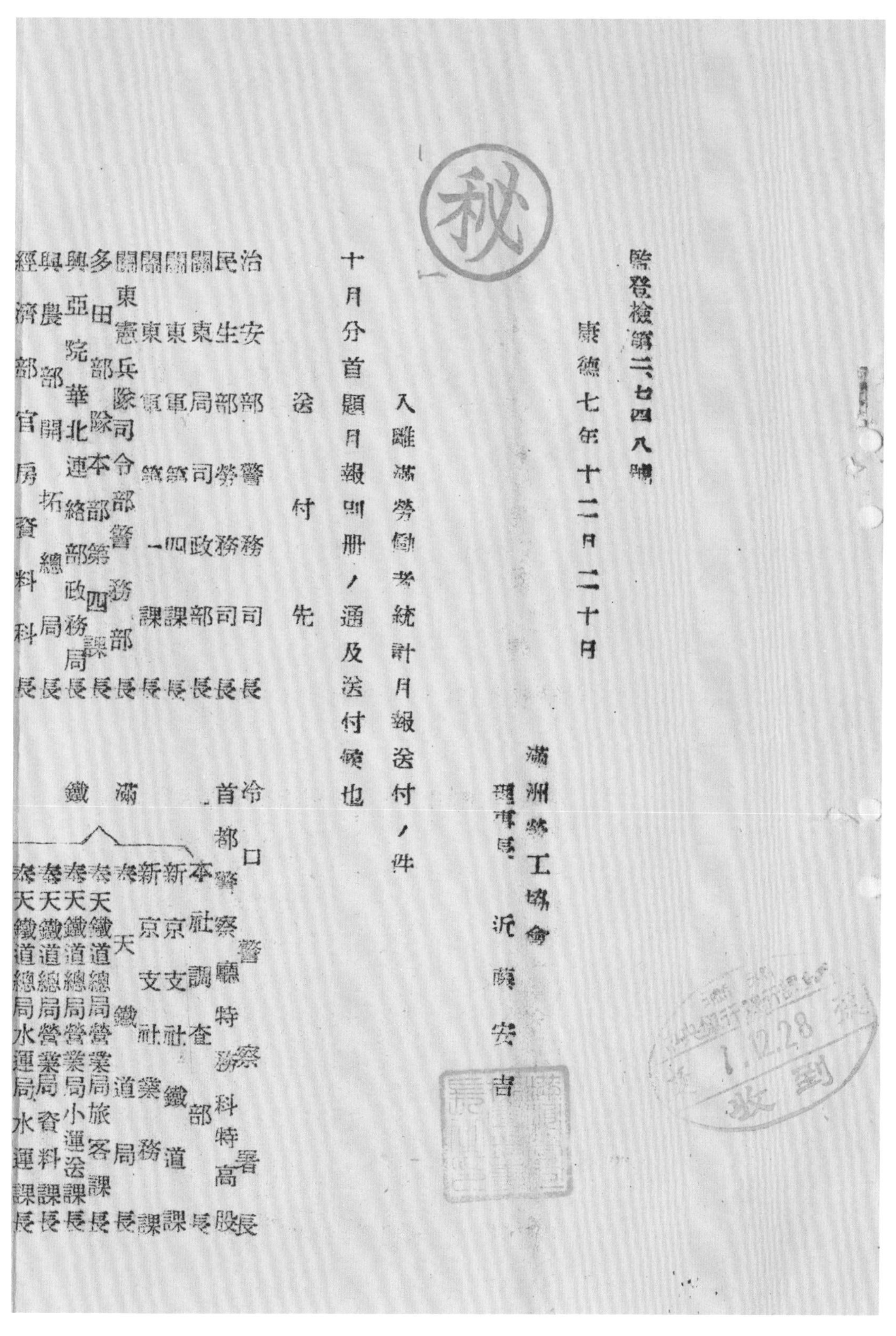

秘

臨登検第三、七四八號

康德七年十二月二十日

滿洲勞工協會

理事長　近藤安吉

入離滿勞働者統計月報送付ノ件

十月分首題月報別冊ノ通及送付候也

送付先

治安部警務司長
民生部勞務司長
關東局司政部長
關東軍第一課長
關東軍第四課長
關東憲兵隊司令部警務部長
多田部隊本部第四課長
興亞院華北連絡部政務局長
興農部開拓總局長
經濟部官房資料科長
冷口警察署長
首都警察廳特務科特高股長
滿鐵
本社調查部長
新京支社鐵道課
新京支社業務課
奉天鐵道局長
奉天鐵道總局營業局旅客課長
奉天鐵道總局營業局小運送課長
奉天鐵道總局營業局資料課長
奉天鐵道總局水運局水運課長

27

關東軍經理部主計科
國務院總務廳統計處長
國務院總務廳企劃處長
外務局政務處長
新京特別市公署行政科長
專賣總署
大使館通商課
北京特務機關長
天津特務機關長
濟南特務機關長
芝罘特務機關長
青島關部隊
青島海軍根據地隊司令部
旅順要港部副官
天津總領事
濟南總領事
青島總領事
芝罘領事
關東州警察部長
大連水上警察署長
安東警察廳長
營口警察廳長
營口水上警察署長
山海關國境警察署長
古北口警察署長
喜峰口警察署長

「北支經濟調査所長
北支開發會社企劃部企劃課長
華北交通會社旅客課長
大連修航會長
營口航業聯合會長
安東航路同盟會長
奉天ビユーロー滿洲支部長
北京新民會
東京帝大農學部農業經濟學教室
北海道帝大農學部農業經濟學教室
拓殖大學拓殖研究會
滿洲土木建築協會調查班
關東州勞務協會長
滿洲中央銀行總行內臨時爲替局日支部
滿洲中央銀行總行產業部調查科
滿洲興業銀行調查課
糧穀會社
生活必需品會社

滿洲勞工協會
本部各部科長
國外各支部、出張所長
新京特別市支部長
奉天省支部長
安東省支部長
營口出張所長
大連駐在員

附：伪满劳工协会监理部编制的出入伪满劳工统计月报（一九四〇年十月）

28

1.

康德7年10月分

入離滿勞働者統計月報

滿洲勞工協會監理部

目　次

29

(1) 身分證明書，特別身分證明書，特種身分證明書受給者査證地別各種統計表

康德7年10月分

査證地別		天津	済南	北京	山海關	青島	芝罘	龍口	威海衛	安東	古北口	喜峰口	冷口	月計	前年同月比較增減	本年累計
身分證明書	來所者	10.626	4.622	3.531	14.896	8.262	5.857	2.059	802		426	16	88	51.185	(-) 14.992	1.243.639
	一見拒否	58		50	68	70		1						247	(-) 356	11.290
	受付	10.568	4.622	3.481	14.828	8.192	5.857	2.058	802		426	16	88	50.938	(-) 14.636	1.232.349
	検査不合格	169	9	13	5	38	19		3		1			257	60	2.955
	制限拒否	1.422		153	488	46	38							2.147	2.147	2.147
	受給者 單獨	7.375	3.591	2.922	10.406	5.604	4.762	1.705	737		369	16	85	37.572	(-) 21.539	1.096.244
	受給者 家族同伴者	1.602	1.022	393	3.929	2.504	1.038	353	62		56		3	10.962	4.696	131.003
	受給者 計	8.977	4.613	3.315	14.335	8.108	5.800	2.058	799		425	16	88	48.534	(-) 16.843	1.227.247
	隨伴家族 男	691	691	167	1.513	1.997	737	165	31		30		1	6.023	1.938	79.863
	隨伴家族 女	2.471	1.809	549	3.962	4.539	1.904	647	87		80		3	16.051	5.493	204.372
	隨伴家族 計	3.162	2.500	716	5.475	6.536	2.641	812	118		110		4	22.074	7.431	284.235
特別身分證明書	受給者 月計	254		36	40	16	99	5	16		45	2	3	516	216	
	受給者 本年累計	1.831		347	441	138	1.112	59	319		289	225	62			4.823
	返納者 月計	153		32	27	13	72	2	18		35	2	2	356	137	
	返納者 本年累計	1.391		270	399	112	878	81	297		241	220	50			3.889
	失効者 月計	31		6	1		11	1	3		2		1	56	39	
	失効者 本年累計	244		47	8	14	162	21	11		11	4	10			532
特種身分證明書	受給者 月計	3					1				8	3	1	16	(-) 258	
	受給者 本年累計	2.082			113		1.862				267	534	16			4.674
備考	制限拒否ハ總テ商業勞働者ナリ															

(2) 身分證明書受給者查證地別，鄉關，經由地及就勞地一覽表

康德7年10月分

	查證地別	天津	濟南	北京	山海關	青島	芝罘	龍口	威海衛	安東	古北口	喜峰口	冷口	月計	前年同月比較增減	本年累計
鄉關別	河北省	6.545	69	2308	13.485	30	6	1			896	16	88	22.944	(-)11.708	544768
	山東省	2.338	4444	317	748	7.936	5.789	2.057	799		19			24447	(-)3.612	687.968
	山西省	14		336	27						2			379	(-)604	8.169
	河南省	41	10	337	47	7					6			448	(-)413	30.111
	江蘇省	26	77	13	13	63					1			193	(-)212	2.729
	浙江省	2				21	3							26	(-)172	468
	安徽省	7	13	2	10	23	2							57	(-)143	2.428
	廣東省														(-)3	8
	湖北省	1		1		28								30	22	121
	福建省			1										1		10
	察哈爾省	3			5						1			9	7	424
	其ノ他														(-)5	43
經由地別	大連	676	546	15		8.108	4871	1.775	799					16.790	(-)1457	379.763
	營口	111						283						394	(-)962	45626
	安東						929							929	(-)1.239	15035
	山海關	8.172	4068	3.019	14335									29.589	(-)11.115	767.611
	古北口	18	2	281							425			728	(-)1.987	16.447
	喜峰口											16		16	(-)55	995
	冷口												88	88	(-)28	1.770
就勞地別	關東州	678	149	21	15	2.078	3.535	393	633					7.502	(-)1.437	143.957
	奉天省	5302	1.872	1.547	9.232	3.013	617	571	64		224	1		22.443	(-)3.321	404274
	吉林省	1.138	586	230	1.485	762	91	170	16		2			4480	(-)3.624	142.963
	濱江省	748	590	317	528	462	183	537	20				5	3.390	(-)3.129	116.719
	龍江省	217	96	92	156	147	17	54	3		1		1	784	(-)546	27.310
	安東省	48	31	11	11	806	1.057	69	44					1.577	(-)1.072	34106
	三江省	61	96	21	35	69	25	104	1				1	413	(-)258	35683
	黑河省	4	4		16	15	3	13						55	(-)15	22.702
	錦州省	420	329	699	2.171	57	7	3	3		1		1	3.691	(-)1.190	70.591
	熱河省	38	10	259	66						190	15	78	656	(-)383	14367
	興安各省	72	74	46	239	10	12	16			7			476	(-)173	20.899
	間島省	31	138	11	28	181	23	5	7					424	42	22.433
	通化省	83	301	11	63	672	141	28	6					1.305	(-)391	47.380
	牡丹江省	56	65	17	56	193	43	70	1				1	501	(-)670	56.850
	東安省	10	203		134	88	38	7	1					481	(-)2.410	43.640
	北安省	71	69	33	100	55	9	18					1	356	(-)486	23.861
月計		8.977	4613	3.315	14335	8.108	5800	2.058	799		425	16	88	48.584		
前年同月比較		(-)5862	(-)1.288	(-)1.367	(-)5305	3.831	(-)3.791	(-)1.855	75	(-)1	(-)697	(-)55	(-)28		(-)16.843	
本年累計		482.144	167.803	62.347	177.123	124830	125173	50.889	22785		11.435	995	1.770			1.227.247

31

4

(8)身分證明書受給者職業別。査證地。經由地及就勞地一覽表

康德7年10月分

職業別		農業	林業	漁業	鑛業	商業	土木業	建築業	製造業	運交業	雜役	月計
査證地別	天津	1.661	15	5	414	151	871	693	8.141	946	1.580	8.977
	濟南	1.765	6		1.198	195	40	78	684	236	411	4.613
	北京	146	1		636	806	47	98	1.402	52	127	3.315
	山海關	955	174	30	1.225	2.008	116	338	4.933	885	4.171	14.335
	青島	2.894	12	13	1.032	117	94	202	1.285	1.044	1.415	8.108
	芝罘	282	2		94	1.958	32	198	1.470	520	1.249	5.800
	龍口	29	4		5	649	1	64	744	107	455	2.058
	威海衞	11				24	1	80	209	288	186	799
	安東											
	古北口	29			222	47	3	26	50	29	19	425
	喜峰口					3			10	2	1	16
	冷口	3				35		1	20		29	88
經由地別	大連	3.186	18	15	1.536	2.512	133	536	3.513	2.119	3.222	16.790
	營口	21	2	2		77	3	7	145	26	111	394
	安東	151				179	15	49	320	57	158	929
	山海關	4.354	194	31	3.066	3.017	547	1.142	9.784	1.373	6.081	29.589
	古北口	60			224	165	7	43	156	32	41	728
	喜峰口					3			10	2	1	16
	冷口	3				35		1	20		29	88
就勞地別	關東州	362		2	18	1.642	99	326	1.652	1.607	1.799	7.502
	奉天省	3.195	187	22	2.280	3.126	365	792	7.920	1.015	4.591	22.443
	吉林省	1.230	15		69	458	59	212	1.173	301	963	4.480
	濱江省	695	12	1		501	36	123	1.111	230	681	3.390
	龍江省	292			1	101	7	16	192	44	131	784
	安東省	271			2	257	16	77	504	136	314	1.577
	三江省	92	3		46	112	3	5	74	19	59	413
	黑河省	17	6			5		1	10	3	13	55
	錦州省	215	20	22	1.474	286	72	136	776	118	572	3.691
	熱河省	69	1		2	198	7	44	206	34	100	656
	興安各省	96	4	1	84	91	4	9	83	8	96	476
	間島省	101	5		204	23	5	8	18	11	49	424
	通化省	811	3		231	58	15	10	52	25	105	1.305
	牡丹江省	199	2			74	13	13	79	41	80	501
	東安省	14			420	8	1	2	9	5	22	481
	北安省	116	6			58	3	4	89	12	68	356
月計		7.775	214	48	4826	5.988	705	1.778	13.948	3.609	9.643	48.534
前年同月比較		3.855	37	17	(-) 8.798	(-) 2.673	(-) 2.407	(-) 181	1.587	(-) 3.710	(-) 4.570	(-) 16.843
本年累計		168.935	1.208	1.604	118.132	93.093	304.911	96.039	224.633	75.516	148.181	1.227.247

5

(ㄆ) 身分證明書受給者籍貫別。職業細別一覽表

康德7年10月分

籍貫	別	河北省	山東省	山西省	河南省	江蘇省	浙江省	安徽省	廣東省	湖北省	福建省	察哈爾省	其ノ他	月計	本年累計
農牧林業	農耕	1.551	6.129	1	20	19		3				2		7.725	168.080
	養蠶業														1
	畜產業	24	26											50	854
	林業	182	31		1									214	1.203
	計	1.757	6.186	1	21	19		3				2		7.989	170.138
漁業	漁業	34	14											48	1.604
鑛業	金屬鑛業	38	71		2									111	13.277
	非金屬鑛業	1.951	2.433	33	88	145	1	45		1	1	3		4.701	99.230
	採鹽	8	6											14	625
	計	1.997	2.510	33	90	145	1	45		1	1	3		4.826	113.132
工業	窯業土石加工	243	259	1	2	2								507	44.895
	金屬工業	7	13											20	501
	機械器具製造裝置	1.382	971	20	4									2.377	42.028
	運搬用具製造	95	80	1										176	1.907
	精巧工業	143	36				3							182	1.714
	化學工業	199	148	11										358	3.651
	纖維工業	1.130	1.555	14	10	1	1							2.711	36.452
	被服身裝品製造	1.485	684	3	1	4	1	1						2.179	24.079
	紙印刷工業	262	160	1			2							425	4.642
	皮革骨羽毛品製造	1.205	114		2							1		1.322	9.341
	木竹草蔓等品製造	1.018	428	12	14	3								1.475	28.490
	食料品類製造	998	481	83	1	1	11	1				1		1.577	16.311
	土木業	441	248	2	12	2								705	304.911
	建築業	983	790	2	1	1		1						1.778	96.039
	電氣瓦斯水道	59	38	1										98	1.536
	其ノ他ノ工業	187	115	2	237									541	9.086
	計	9.837	6.120	153	284	14	18	3				2		16431	625.583
商業	商業從事	1.850	1.807	159	31	1		1				1		3.850	66.550
	金融保險業	18		1										19	492
	待客業從事	862	1.211	15	12	1				18				2.119	26.051
	計	2.730	3.018	175	43	2		1		18		1		5.988	98.093
運交業	通信		1											1	33
	運輸	1.056	2.542	4	2	3	1							3.608	75.483
	計	1.056	2.543	4	2	3	1							3.609	75.516
其ノ他	家事使用人	2.823	975	1	3	1	1	4				1		3.809	65.098
	其ノ他	2.710	3.081	12	5	9	5	1		11				5.834	83.083
	計	5.533	4056	13	8	10	6	5		11		1		9.643	148.181
月計		22.944	24.447	379	448	193	26	57		30	1	9		48.534	1.227.247

33

(5)身分證明書交[illegible]別 年齡及就勞地[illegible]一覽表　康德7年10月分

3

鄉	別	河北省	山東省	山西省	河南省	江蘇省	浙江省	安徽省	廣東省	湖北省	福建省	察哈爾省	其ノ他	月計
年齡別	十九歲以下	1.945	2.755	84	58	21	[illegible]	6		4		2		4832
	二十歲以上	[illegible]499	7.731	124	[illegible]27	5[illegible]	10	[illegible]5		15	1	3		15.581
	三十歲以上	68[illegible]	6.944	136	152	66	6	28		8		4		14214
	四十歲以上	3.352	4.115	57	84	34	8	9		1				8.155
	五十歲以上	1.931	2.[illegible]	24	20	18		8		1				4084
	六十歲以上	842	860	4	7	8		1		1				1.718
就勞地別	關東州	424	7.053		[illegible]	8	6			7		1		7502
	奉天省	14.323	7.598	201	204	70	6	31		4		6		22.443
	吉林省	2.351	2.046	80	[illegible]0	[illegible]	2			2				4480
	濱江省	1.166	2.108	42	42	10	4	2		16				3.890
	龍江省	286	457	12	26	1	[illegible]							784
	安東省	46	1.525	2	2	1	1							1.577
	三江省	64	325	13	10			[illegible]						413
	黑河省	17	36				2							55
	錦州省	2.879	676	25	42	60		[illegible]		1	1	1		3.691
	熱河省	581	34	13	27	1								656
	興安各省	294	151	21	6	2		1				1		476
	間島省	58	339	4	7	8	2	6						424
	通化省	103	1.183	4	10	7		1						1.305
	牡丹江省	88	402	4	5	1[illegible]	1							501
	東安省	114	332	3	8	15		9						481
	北安省	150	182	8	16									356
月計		22.944	2[illegible]	379	448	19[illegible]	26	[illegible]7		30	1	9		48.534

(6)身分證明書受給者經由地別・鄉關・年齡及就勞地一覽表

7　　　　　　　　　　　　　　　　康德7年10月分

經由地別		大連	營口	安東	山海關	古北口	喜峰口	冷口	月計
鄉關別	河北省	440	90		21.676	634	16	88	22.944
	山東省	16166	304	929	7006	42			24447
	山西省				359	20			379
	河南省	10			408	30			448
	江蘇省	85			107	1			193
	浙江省	25			1				26
	安徽省	34			23				57
	廣東省								
	湖北省	29			1				30
	福建省				1				1
	察哈爾省	1			7	1			9
	其ノ他								
年齡別	十九歲以下	2.073	59	121	2.505	66	4	4	4832
	二十歲以上	5.473	110	238	9.535	199	6	23	15.584
	三十歲以上	4599	98	235	9.022	221	5	31	14211
	四十歲以上	2.704	60	177	5.046	151		17	8.155
	五十歲以上	1.383	49	96	2.432	67	1	6	4034
	六十歲以上	558	18	62	1.049	24		7	1.718
就勞地別	關東州	7450			52				7502
	奉天省	4197	308		17713	224	1		22.443
	吉林省	1.027	18		3.433	2			4480
	濱江省	1.176	30	1	2.178			5	3.390
	龍江省	212	9		561	1		1	784
	安東省	574	11	899	92	1			1.577
	三江省	215	5	1	191			1	413
	黑河省	31			24				55
	錦州省	69	4		3.610	7		1	3.691
	熱河省				98	465	15	78	656
	興安各省	86			362	28			476
	間島省	215		1	208				424
	通化省	819	4	26	456				1.305
	牡丹江省	301	5	1	193			1	501
	東安省	335			146				481
	北安省	88			272			1	356
月計		16790	394	929	29.589	728	16	88	48.534

35

8

(7) 入離滿勞働者職業細別、經由地一覽表

康德7年10月分

職業別 \ 入離滿別 \ 入離滿經由地		大連		營口		安東		山海關		古北口		喜峰口		冷口		月計		本年累計	
		入滿	離滿	入滿	離滿	入滿	離滿	入滿	離滿	入滿	離滿	入滿	離滿	入滿	離滿	入滿	離滿	入滿	離滿
農牧林業	農耕	2.601	1.847	20	59	107	163	4029	5.074	34	55		1	3	2	6.794	7.201	162332	67.089
	養蠶業	1	4													1	4	11	20
	畜産業							7	11	14	24					21	35	866	416
	林業	12	27		3		18	197	313							209	361	1.183	2025
	計	2.614	1.878	20	62	107	181	4.233	5.898	48	79		1	3	2	7.025	7.601	164392	69550
漁業	漁業	17	12	2				31	39							50	51	1.573	726
鑛業	金屬鑛業	32	63		1		1	105	37	1	1					138	103	11.295	789
	非金屬鑛業	1.070	343		27		3	2.746	1.865	223	1					4.039	2.239	94.922	14.656
	採鹽	5	13					9								14	13	655	145
	計	1.107	419		28		4	2.860	1.902	224	2					4.191	2.355	106.872	15.590
工業	窯業土石加工	84	996	8	42		152	386	3.038	10	50					488	4.278	43.968	15.626
	金屬工業		9					18	113							18	127	524	769
	機械器具製造裝置	461	390	10	11	10	31	1.769	2120	37	107					2.287	2.659	40.176	19.775
	運搬用具製造	63	11		2	1		94	73	4	1					162	87	1.787	634
	精巧工業	39	29	3			3	125	56	2	3			1		170	91	1.668	795
	化學工業	93	104	6	3	2	7	231	104		2					332	220	3491	2.938
	纖維工業	853	623	30	16	157	252	1.221	818	12	17					2.273	1.726	35.227	17.457
	被服身裝品製造	522	216	11	2	21	13	1.495	1.820	14	13			3		2.066	2.064	23.256	15.770
	紙印刷工業	124	53	3		9	13	257	56	2	3					395	125	4.489	1.306
	皮革骨羽毛品製造	62	42	3		2	15	1.217	313	5	5			1	1	1.290	376	2.106	3.377
	木竹草藁等品製造	280	222	36	10	17	48	1.042	1.554	27	9	10		5	1	1.417	1844	27.088	12319
	食料品類製造	298	202	7	6	4	41	1.133	705	21	13			7		1.470	967	16.027	8.471
	土木業	85	402	3	83	8	173	526	11.711	6	12					628	12.381	237.229	57.038
	建築業	460	946	9	25	36	258	1.092	2.399	41	24			1		1.639	3.652	93.889	33.752
	電氣瓦斯水道	24	14					75	92							99	106	1.483	887
	其他ノ工業	87	98	21	15	2	9	406	1.301	24	22			3		548	1.445	9.285	7.513
	計	3535	4.357	150	215	269	1.015	11.087	26278	205	281	10		21	2	15.277	32.148	598703	198.427
商業	商業從事	1474	5.543	72	158	86	630	2020	2.937	138	110	3	2	35	4	3.828	9.384	55.944	106398
	金融保險業		3					18	77	1						19	80	503	859
	待客業從事	506	415		21	6	38	912	142	26	24				1	1.450	641	17.303	7.465
	計	1.980	5.961	72	179	92	668	2950	3.156	165	134	3	2	35	5	5.297	10.105	83.750	114722
交通業	通信	2	6													2	6	64	140
	運輸	1.777	2141	28	39	41	89	1.295	2109	33	28	2				3.176	4406	73.388	37.95[illegible]
	計	1.779	2.147	28	39	41	89	1.295	2.109	33	28	2				3.178	4412	73.452	38.09[illegible]
其ノ他	家事使用人	1.277	252	32	68	115	79	2788	1.905	3	11			27	8	4.242	2.328	70.041	20.92[illegible]
	其ノ他	2.134	2.571	81	158	63	306	3.198	4020	41	38	1	3	2		5.520	7.096	82.607	69.85[illegible]
	計	3.411	2823	113	226	178	385	5.986	5925	44	49	1	3	29	8	9.762	9.419	152.648	9028[illegible]
合計		14443	17.597	385	749	687	2342	28.442	44.807	719	573	16	6	88	17	44.780	66.091		
本年累計		374.139	201.349	44.555	12.391	14427	13.187	729.532	295.484	15.970	4.771	995	44	1.772	166			1181.390	527.39[illegible]

(8) 入離滿勞働者職業別・就勞地一覽表

康德7年10月分

	職業別	農業	林業	漁業	鑛業	商業	土木業	建築業	製造業	交通業	雜役	月計	前年同月比較	本年累計
入滿者目的就勞地	關東州	340		2	11	1.258	68	285	1.523	1.361	2.040	6.888	(-)1.782	141.657
	奉天省	2801	139	23	2072	2.034	316	744	7.414	945	4.507	20.995	(-)5.142	391.303
	吉林省	1.083	15		65	442	55	195	1.086	280	930	4.151	(-)3.897	138.327
	濱江省	610	8	1		457	37	114	1.024	193	668	3.112	(-)3.737	113.207
	龍江省	258		1		90	8	14	194	36	126	727	(-) 614	26.539
	安東省	212			2	155	8	61	381	109	351	1.279	(-)1.079	33.083
	三江省	88	3		21	100	4	9	75	19	57	376	(-) 465	34.413
	黑河省	21	5			4	1	1	11	3	12	58	1	20.231
	錦州省	199	20	22	1.395	279	71	132	771	109	559	3.557	(-)1.633	67.157
	熱河省	57	1		3	186	7	42	210	35	104	645	(-) 350	13.760
	興安各省	89	4		50	94	6	9	80	8	98	438	(-) 328	18.908
	間島省	87	5		96	21	6	5	21	10	47	298	(-) 111	20.955
	通化省	693	3		150	45	19	7	54	24	101	1.096	(-) 377	44.268
	牡丹江省	150	1		1	69	16	15	69	36	72	429	(-) 730	54.095
	東安省	29			325	6	2	2	11	2	22	399	(-) 364	39.855
	北安省	[illegible]9	5	1		57	4	4	86	8	68	332	(-) 455	23.632
	月計	6.816	209	50	4.191	5.297	628	1.639	13.01[illegible]	3.178	9.762	44.780		
	前年同月比較	1.778	25	21	(-)2.473	(-)2.770	(-)3.226	(-)381	952	(-)3.151	(-)1.838		(-)21.063	
	本年累計	163.209	1.183	1.573	106.872	83.750	287.229	93.889	217.585	73.452	152.648			1181.390
離滿者滯滿就勞地	關東州	980	1	9	53	3.096	288	403	1.075	1.965	1.877	9.697	1.989	119.999
	奉天省	2.336	60	9	988	2.692	2.195	1.424	6.216	1.197	3.399	20.517	12.511	177.561
	吉林省	1.117	103		149	692	535	485	1.724	355	1.058	6.218	3.797	57.347
	濱江省	1.040	42		23	1.259	758	305	1.891	296	814	6.428	3.312	54.951
	龍江省	390	8	1	4	161	70	45	273	37	207	1.191	727	10.051
	安東省	225	14		11	824	192	288	750	125	446	2.875	1.832	19.258
	三江省	114	44		196	242	2.243	37	226	48	367	3.517	2.558	11.632
	黑河省	50	7		59	59	2.775	74	438	15	35	3.512	3.104	5.128
	錦州省	239	6	31	843	278	600	264	1.630	163	346	3.900	2.275	22.097
	熱河省	78	1		9	209	21	32	329	27	95	801	176	6.504
	興安各省	149	3	1	24	88	257	21	59	16	53	671	429	4.134
	間島省	47	4		38	43	151	33	60	12	41	429	304	3.458
	通化省	154	26		211	82	225	62	221	18	67	1.066	873	11.392
	牡丹江省	193	33		159	237	317	134	619	115	514	2.321	1.703	16.220
	東安省	14	3		81	48	781	16	87	7	26	1.068	1.001	2.886
	北安省	114	11		7	95	1.022	29	517	16	74	1.885	1.707	4.779
	月計	7.240	361	51	23.55	10.105	12381	3.652	16115	4.412	9.419	66.091		
	前年同月比較	3.914	271	37	1.379	(-) 385	11.160	2517	10.362	2.972	6071		38.298	
	本年累計	67.525	2025	726	15.590	114.722	57.038	33.752	107.637	38.098	90.284			527.392

38

10

(9) 入滿勞働者隨伴家族入滿實數調

康德7年10月分

査證地／性別／入滿地		天津	濟南	北京	山海關	青島	芝罘	龍口	威海衛	安東	古北口	喜峰口	冷口	月計	本年累計
大連	男	54	14			1.367	244	147	27					1.858	32.586
	女	171	57	5		3.329	626	458	97					4.748	93.622
	計	225	71	5		4.696	870	605	124					6.596	126.208
營口	男	46						74						120	2.984
	女	156						253						409	8.465
	計	202						327						529	11.449
安東	男						800							800	2.631
	女						717							717	7.668
	計						1.017							1.017	10.299
山海關	男	603	568	165	1.513									2.844	27.197
	女	2.357	1.378	516	3.962									8.213	68.940
	計	2.960	1.941	681	5.475									11.057	96.137
古北口	男			6							80			86	1.056
	女	2	1	28							80			111	2.303
	計	2	1	34							110			147	3.359
喜峰口	男														80
	女														162
	計														242
冷口	男												1	1	104
	女												3	3	203
	計												4	4	307
月計	男	703	577	171	1.513	1.367	544	221	27		80		1	5.154	
	女	2.686	1.436	549	3.962	3.329	1.343	711	97		80		3	14.196	
	計	3.389	2.013	720	5.475	4.696	1.887	932	124		110		4	19.350	
本年累計	男	5.684	2.349	893	21.970	14441	10.613	8.106	1.471		927	80	104		66.638
	女	21.519	6.123	2.691	50.797	37.816	30.544	23.714	5.846		1.948	162	203		181.368
	計	27.203	8.472	3.584	72.767	52.257	41.157	31.820	7.317		2.875	242	307		248.001

11

⑽ 離滿勞働者隨伴家族離滿實數調

康德7年10月分

經路別 歸還地 離滿地 隨伴別		陸路					海路								月計	本年累計
		山海關	古北口	喜峰口	冷口	計	天津	塘沽	青島	芝罘	龍口	威海衛	上海	計		
大連	男						155		259	383	245	99		1.141	1.141	9.594
	女						817		1.069	1.829	1.058	865		5.638	5.638	51.094
	計						972		1.328	2.212	1.303	964		6.779	6.779	60.688
營口	男						10				14			24	24	324
	女						39				46			85	85	1.109
	計						49				60			109	109	1.433
安東	男						2			3				5	5	27
	女						22			282				304	304	1.669
	計						24			285				309	309	1.696
山海關	男	1.387				1.387									1.387	8.755
	女	2.287				2.287									2.287	13.961
	計	3.674				3.674									3.674	22.716
古北口	男		17			17									17	97
	女		41			41									41	198
	計		58			58									58	290
喜峰口	男															
	女															
	計															
冷口	男															
	女															2
	計															2
月計	男	1.387	17			1.404	167		259	386	259	99		1.170	2.574	
	女	2.287	41			2.328	878		1.069	2.111	1.104	865		6.027	8.355	
	計	3.674	58			3.732	1.045		1.328	2.497	1.363	964		7.197	10.929	
本年累計	男	8.755	97			8.852	1.986		2.071	2.292	3.045	540	11	9.945		18.797
	女	13.961	198		2	14.156	8.969	10	8.471	19.998	8.981	7.401	42	53.872		68.028
	計	22.716	290		2	23.008	10.955	10	10.542	22.290	12.026	7.941	53	63.817		86.825

伪满劳工协会理事长近藤安吉关于送交一九四〇年十一月出入伪满劳工统计月报致伪满治安部警务司长、民生部劳务司长等的函（一九四一年一月十七日）

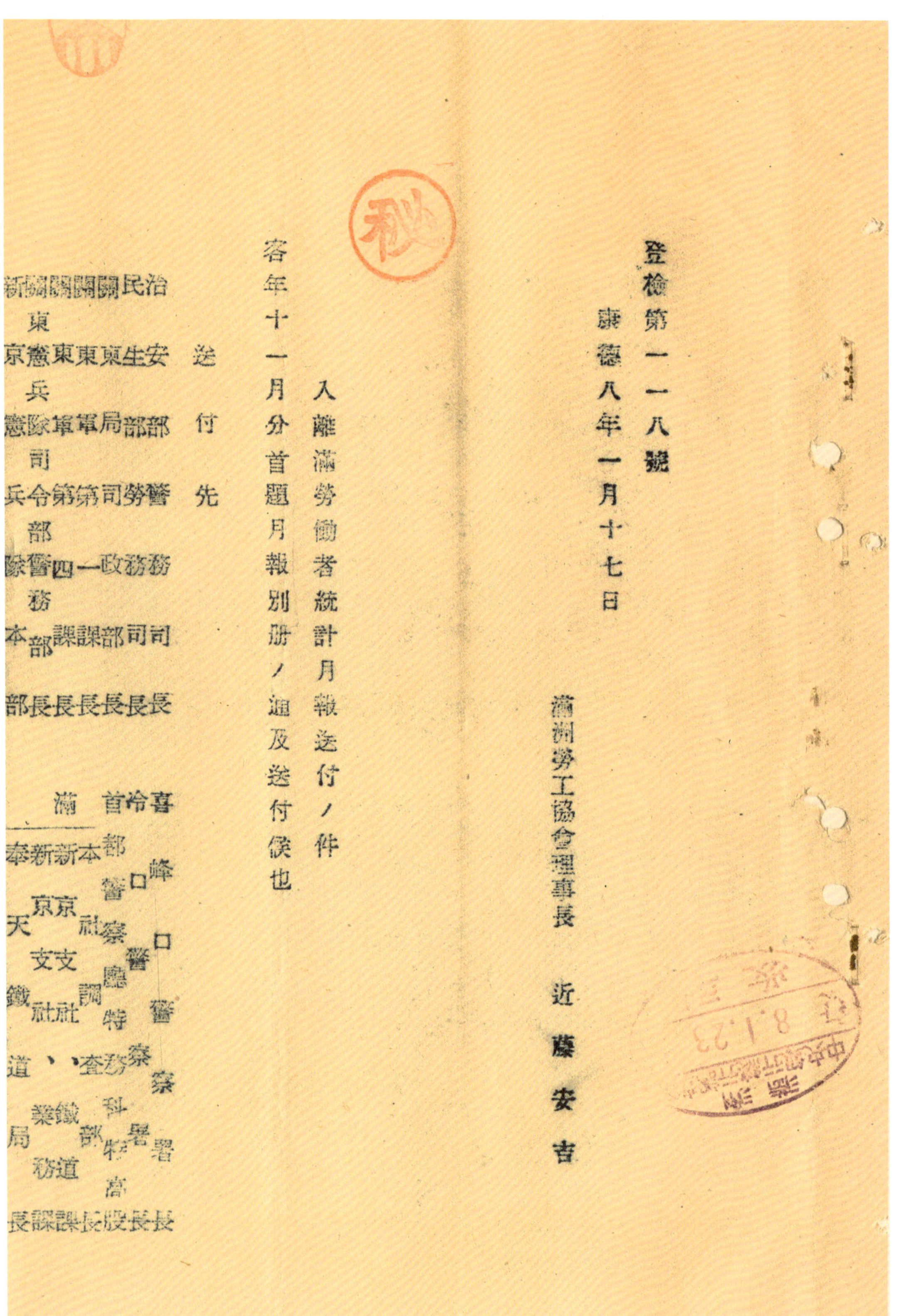

登檢第一一八號

康德八年一月十七日

滿洲勞工協會理事長　近藤安吉

入離滿勞働者統計月報送付ノ件

客年十一月分首題月報別册ノ通及送付候也

送付先

治安部警務司長
民生部勞務司長
關東局司政部長
關東軍第一課長
關東軍第四課長
關東憲兵隊司令部警務部長
新京憲兵隊本部長
喜峰口警察署長
冷口警察署長
首都警察廳特務科特高股長

滿
本社調査部長
新京支社、鐵道課長
新京支社、業務課長
奉天鐵道局長

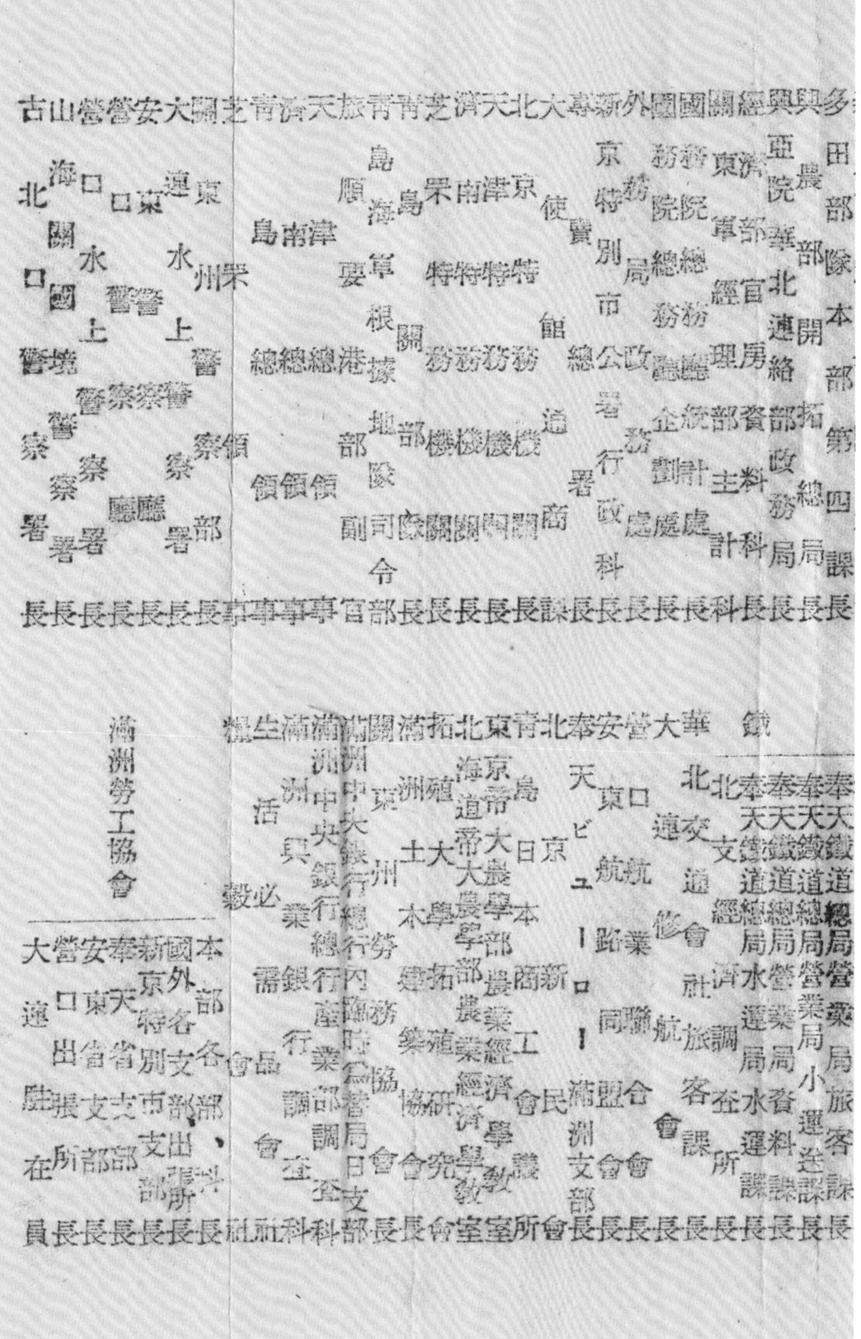
15

多田部隊本部第四課長
與農部開拓總局長
興亞院華北連絡部政務局長
經濟部官房資料科長
關東軍經理部主計科
國務院總務廳統計處長
國務院總務廳企劃處長
外務局務處長
新京特別市公署行政科長
專賣總署長
大使館通商課
北京特務機關長
天津特務機關長
濟南特務機關長
芝罘特務機關長
青島關部隊長
青島海軍根據地隊司令部
旅順要港部副官
天津總領事
濟南總領事
青島總領事
芝罘領事
關東州警察部長
大連水上警察署長
安東警察廳長
營口警察廳長
營口水上警察署長
山海關國境警察署長
古北口警察署長

鐵
奉天鐵道總局營業局旅客課長
奉天鐵道總局營業局小運送課長
奉天鐵道總局營業局資料課長
奉天鐵道總局水運局水運課長
北支經濟調查所長
華北交通會社旅客課長
大連修航會長
營口航業聯合會長
安東航路同盟會長
奉天ビユーロー滿洲支部長
北京新民會
青島日本商工會議所
東京帝大農學部農業經濟學教室
北海道帝大農學部農業經濟學教室
拓殖大學拓殖研究會
滿洲土木建築協會長
關東州勞務協會長
滿洲中央銀行總行內臨時爲替局日支部
滿洲中央銀行總行產業部調查科
滿洲興業銀行調查科
生活必需品會社
糧穀會社

滿洲勞工協會

本部各部、科長
國外各支部出張所長
新京特別市支部長
奉天省支部長
安東省支部長
營口出張所長
大連駐在員

附：伪满劳工协会监理部编制的出入伪满劳工统计月报（一九四〇年十一月）

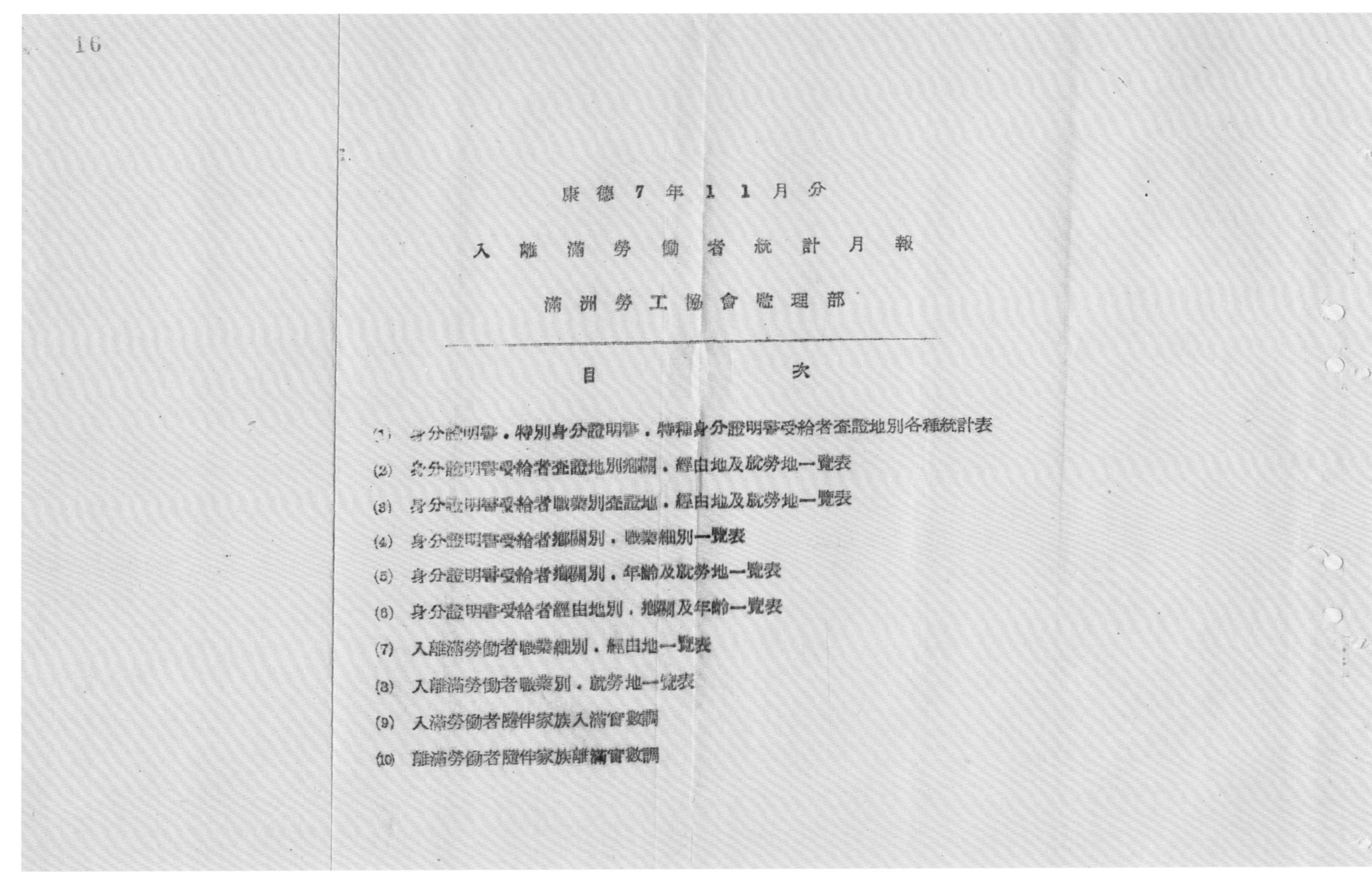

16

康德7年11月分

入離滿勞働者統計月報

滿洲勞工協會監理部

目　　次

(1) 身分證明書．特別身分證明書．特種身分證明書受給者査證地別各種統計表
(2) 身分證明書受給者査證地別籍關．經由地及就勞地一覽表
(3) 身分證明書受給者職業別査證地．經由地及就勞地一覽表
(4) 身分證明書受給者籍關別．職業細別一覽表
(5) 身分證明書受給者籍關別．年齡及就勞地一覽表
(6) 身分證明書受給者經由地別．籍關及年齡一覽表
(7) 入離滿勞働者職業細別．經由地一覽表
(8) 入離滿勞働者職業別．就勞地一覽表
(9) 入滿勞働者隨伴家族入滿者數調
(10) 離滿勞働者隨伴家族離滿者數調

(1) 身分證明書、特別身分證明書、特種身分證明書受給者查證地別各種統計表

康德7年11月分

查證地別			天津	濟南	北京	山海關	青島	芝罘	龍口	威海衛	安東	古北口	喜峰口	冷口	月計	前年同月比較增減	本年累計
身分證明書	來所者		17062	6.541	4.564	21879	10.667	9.719	3.676	1473		930	11	88	76610	331	1.320.249
	一見拒否		544		16	847	16		10						1433	763	12.723
	受附		16518	6.541	4.548	21032	10651	9.719	3.666	1473		930	11	88	75,177	(—) 432	1307526
	檢查不合格		886	25	385	8	20	187		3					1.514	1435	4489
	制限拒否		1.175	20	973		57	206				11			2442		4.589
	受給者	單獨	12.108	4.974	2.689	15.965	7.749	7.618	3.184	1373		337	11	87	56.595	(—) 11497	1.152.839
		家族同伴者	2.349	1522	501	5059	2825	1.708	482	97		82		1	14.626	7.188	145.639
		計	14457	6496	3.190	21.024	10.574	9.326	3.666	1470		919	11	88	71.221	(—) 4309	1298468
	隨伴家族	男	928	1.140	250	1667	2.168	1.348	269	47		43	1	2	7861	3278	87.724
		女	3.701	2.514	719	5.363	4.977	3.162	335	172		114	3	3	21.563	9190	285.935
		計	4629	3654	969	7030	7.143	4.510	1.104	219		157	4	5	29424	12468	313.659
特別身分證明書	受給者	月計	351		58	33	160	149	10	14		46	6	1	823	554	
		本年累計	2.182		400	474	298	1261	69	333		335	231	63			5.646
	返納者	月計	346		27	38	129	103	7	13		40	2	2	607	337	
		本年累計	1.639		297	437	241	981	41	310		281	222	52			4.501
	失效者	月計	38		10		17	20				4		1	90	64	
		本年累計	279		57	8	31	132	21	11		15	4	11			619
特種身分證明書	受給者	月計	3									2			5	(—) 120	
		本年累計	2.085			113		1.362				369	534	16			4.679
備考	制限拒否ハ凡テ商業勞働者ナリ																

18

3

(3) 身分證明書受給者查證地別、鄉關、經由地及就勞地一覽表

康德7年11月分

查證地別		天津	濟南	北京	山海關	青島	芝罘	龍口	威海衛	安東	古北口	喜峰口	冷口	月計	前年同月比較增減	本年累計
鄉關別	河北省	10347	53	2,194	20033	23	12	1			808	11	87	35554	(-) 1375	578232
	山東省	3316	6336	124	388	10014	9309	3665	1489		78			35098	(-) 1394	573656
	山西省	34		434	39						4			501	(-) 437	8570
	河南省	141	17	436	64	17					37		1	703	(-) 532	30314
	江蘇省	47	74	2	15	145	3		1		3			289	137	3018
	浙江省	11				19	2							32	(-) 15	500
	安徽省	55	16		2	342					3			418	348	2846
	廣東省														(-) 11	8
	湖北省					12								12	6	133
	福建省															10
	察哈爾省	6			3						3			12	6	436
	其ノ他	1				1								2	(-) 2	45
經由地別	大連	980	566	36		10574	5851	3374	1470					35541	(-) 1196	405394
	營口	74						392						466	(-) 737	46093
	安東	4					575							579	(-) 536	15714
	山海關	13383	5220	2,924	31024									43351	(-) 903	810962
	古北口	16	10	340							918			1185	(-) 733	17332
	喜峰口											11		11	(-) 191	1896
	冷口												38	38	(-) 23	1853
就勞地別	關東州	990	327	28	11	3335	5978	715	1079					12418	30	156375
	奉天省	8932	2,737	1,747	13332	3,753	1,072	380	170		832		17	33973	6167	438253
	吉林省	1664	331	300	2,167	379	213	309	30					6396	(-) 1805	149359
	濱江省	1156	369	501	323	478	364	1055	27				3	5375	(-) 1800	121995
	龍江省	342	235	99	277	37	37	88	3		1			1169	(-) 157	28479
	安東省	84	70	7	19	310	1086	96	92					1769	(-) 773	35868
	三江省	55	78	26	30	58	33	154	9					448	(-) 702	36131
	黑河省	9	3		8	26	9	35						81	(-) 4	23723
	錦州省	744	434	102	2886	114	13	10	3		2		2	4300	(-) 1015	7489[illegible]
	熱河省	68	17	235	99		1	1			267	9	53	750	(-) 472	15117
	興安各省	105	47	37	337	32	15	25	3		17	2	3	613	(-) 459	21512
	間島省	43	211	8	72	333	57	19	19					751	(-) 33	23184
	通化省	70	395	33	90	309	243	35	15					1578	(-) 746	49064
	牡丹江省	91	57	15	83	131	85	126	13					645	(-) 733	57201
	東安省	9	138	1	93	113	77	8	2					409	(-) 1494	44139
	北安省	105	52	59	141	37	30	20	3					457	(-) 306	26318
月計		14457	6403	3190	31024	16574	9326	3666	1476		918	11	38	71281		
前年同月比較		(-) 6391	(-) 886	(-) 1437	3329	3135	(-) 940	(-) 1003	286		(-) 595	(-) 101	(-) 19		(-) 4302	
本年累計		496601	174299	65,537	198,147	135404	134502	54505	14255		12354	1005	1850			1298468

44

(8) 身分證明書受給者職業別・查證地・經由地及就勞地一覽表

康德7年11月分

	職業別	農業	林業	漁業	鑛業	商業	土木業	建築業	製造業	運交業	雜役	月計
查證地別	天津	2507	11	5	1366	187	487	1065	5110	1738	1981	14457
	濟南	2521	5		1841	234	51	66	1055	261	462	6496
	北京	266	4		86	395	42	148	2049	77	123	3190
	山海關	1491	347	50	1080	1648	200	322	7453	680	7808	21024
	青島	3254	12	10	1816	91	194	353	1688	1525	1631	10574
	芝罘	571	10	2	126	971	63	418	3364	1385	2418	9326
	龍口	55	1		15	774	1	168	1597	224	831	3666
	威海衞	40				26		152	402	522	328	1470
	安東											
	古北口	40			589	90	2	20	123	31	24	919
	喜峰口	1				4			3	1	2	11
	冷口	5	2		3	2	15	1	14	1	45	88
經由地別	大連	3955	23	14	2308	1773	280	1129	6967	3916	5176	25541
	營口	32			2	68	1	12	182	34	185	466
	安東	128			3	49	4	38	253	70	134	679
	山海關	6551	367	53	4016	2389	751	1507	15175	2337	10105	43251
	古北口	79			590	137	7	26	264	36	46	1185
	喜峰口	1				4			3	1	2	11
	冷口	5	2		3	2	15	1	14	1	45	88
就勞地別	關東州	675		13	28	896	211	710	8697	3008	3180	12418
	奉天省	4312	264	12	4353	1704	519	1198	12103	1889	7624	33078
	吉林省	1662	28		131	423	76	229	1848	493	1511	6396
	濱江省	1074	20		5	457	38	178	2088	392	1024	5276
	龍江省	449	4	1		97	13	20	303	44	238	1169
	安東省	360	2		4	120	9	86	605	195	321	1762
	三江省	88	2		56	111	1	12	88	22	68	448
	黑河省	18	7		1	20		3	16	10	6	81
	錦州省	366	52	41	1066	175	161	138	1182	151	961	4300
	熱河省	106			4	149	7	27	271	42	144	750
	興安各省	183	1		24	62		7	166	26	144	613
	間島省	174	2		426	26	3	25	31	16	48	751
	通化省	923			380	44	8	25	104	37	157	1678
	牡丹江省	229	5		3	64	9	38	144	44	109	645
	東安省	13			439	15	3	1	13	8	12	498
	北安省	119	5		2	59		16	137	28	96	457
月計		10751	392	67	6922	4422	1058	2713	22858	6395	15648	71221
前年同月比較		3526	167	48	(-) 10596	(-) 4583	(-) 557	744	9723	(-) 2858	72	(-) 4309
本年累計		179686	1595	1671	120054	97515	305969	98752	247491	81911	163824	1298468

20

5.

(4) 身分證明書受給者・鄉關別・職業細別一覽表

康德7年11月分

鄉關別		河北省	山東省	山西省	河南省	江蘇省	浙江省	安徽省	廣東省	湖北省	福建省	察哈爾省	其ノ他	月計	本年累計
農牧林業	農耕	2549	8096	7	27	84		1						10714	178794
	養蠶業														1
	畜産業	18	19											87	891
	林業	349	31	1	11									392	1595
	計	2916	8146	8	88	84		1						11143	181281
漁業	漁業	58	14											67	1671
鑛業	金屬鑛業	188	298	8	4	4	2	2						446	18728
	非金屬礦業	2270	8415	21	179	194		368				6	2	6455	105685
	採鹽	5	16											21	646
	計	2408	8724	29	183	198	2	370				6	2	6922	120054
工業	窯業土石加工	368	416	4	4	3								795	45690
	金屬工業	6	25											31	532
	機械器具製造修繕	1914	1476	22	6	1								3419	45447
	運搬用具製造	136	137											273	2180
	精巧工業	176	104	1	1									282	1996
	化學工業	294	409	19										722	4378
	纖維工業	1909	2268	84	4	8	7							4225	40677
	被服身裝品製造	2878	1510	9		8	1	8						3909	27988
	紙印刷工業	527	381	1	2									911	5558
	皮革骨羽毛品製造	1501	165	2	1							1		1670	11011
	木竹草蔓等品製造	1825	929	10	8	10						1		2783	31273
	食料品類製造	1689	1062	148		8	18	2						2862	19178
	土木業	560	484	1	10	1		2						1058	305969
	建築業	1320	1380	10	2	1								2713	98752
	電氣瓦斯水道	69	85									1		105	1641
	其他ノ工業	252	227	6	386									871	9957
	計	14874	11008	262	424	30	21	7				3		26629	652212
商業	商業從事	1005	687	131	25			1						1829	68379
	金融保險業	9												9	501
	待客業從事	1058	1476	28	10	2				10				2584	28635
	計	2072	2143	159	35	3		1		10				4422	97515
運交業	通信	1												1	34
	運輸	1835	4528	11	9	7	1					2		6394	81877
	計	1836	4529	11	9	7	1					2		6395	81911
其ノ他	家事使用人	5370	1719	8	2									7099	72197
	其ノ他	4025	4415	24	12	18	8	89		2		1		8544	91627
	計	9395	6134	32	14	18	8	89		2		1		15643	163824
月計		33554	35698	501	703	289	32	418		12		12	2	71221	1298468

6

(5) 身分證明書受給者鄉謀別・年齡及就業地一覽表

康德7年11月分

鄉謀別		河北省	山東省	山西省	河南省	江蘇省	浙江省	安徽省	廣東省	湖北省	福建省	察哈爾省	其ノ他	月計
年齡別	十九歲以下	3.294	4.308	58	119	80	1	87		2		1		7.900
	二十歲以上	10.875	11.397	149	285	108	16	186		5		9	1	22.931
	三十歲以上	9.741	9.538	164	203	76	5	73		5		1	1	19.812
	四十歲以上	5.645	6.006	77	109	56	8	80						11.981
	五十歲以上	2.774	3.151	46	30	18	2	38				1		6.050
	六十歲以上	1.225	1.298	7	7	6		4						2.547
就業地別	關東州	549	11.835		12	18	1			2		1		12.418
	奉天省	22.009	10.708	805	377	165	11	896				5	2	33.978
	吉林省	3.396	2.857	42	69	16	10	2		3		1		6.396
	濱江省	1.875	3.260	65	59	6	5			6				5.276
	龍江省	445	676	19	25	1	3							1.169
	安東省	77	1.681	1	2					1				1.762
	三江省	58	366	10	14									448
	黑河省	12	68	1										81
	錦州省	3.402	799	10	31	53		4				1		4.300
	熱河省	662	50	12	23							3		750
	興安各省	409	178	12	9	4		1						613
	間島省	94	628	4	11	6		8						751
	通化省	132	1.506		24	7	2	7						1.678
	牡丹江省	128	508	5	4									645
	東安省	87	394	1	7	9						1		499
	北安省	219	184	14	36	4								457
月計		33.554	35.698	501	703	289	32	418		12		12	2	71.221

22

7

(6)身分證明書受給者經由地別◦鄉關◦年齡及就勞地一覽表

康德7年11月分

經由地別		大連	營口	安東	山海關	古北口	喜峰口	冷口	月計
鄉關別	河北省	556	41	6	31.842	1.011	11	87	33.554
	山東省	24.421	424	673	10.077	103			35.698
	山西省				480	21			501
	河南省	29	1		629	43		1	703
	江蘇省	156			131	2			289
	浙江省	22			10				32
	安徽省	343			73	2			418
	廣東省								
	湖北省	12							12
	福建省								
	察哈爾省	1			8	3			12
	其ノ他	1			1				2
年齡別	十九歲以下	3.362	67	91	4.216	145	1	18	7.900
	二十歲以上	8.431	149	168	13.745	397	3	38	22.931
	三十歲以上	6.488	101	177	12.688	346	3	9	19.812
	四十歲以上	4.070	61	129	7.495	206	3	17	11.981
	五十歲以上	2.208	63	79	3.626	70	1	3	6.050
	六十歲以上	982	25	35	1.481	21		3	2.547
就勞地別	關東州	12.367			51				12.418
	奉天省	5.781	367	1	27.180	632		17	33.978
	吉林省	1.407	29	1	4.959				6.396
	濱江省	1.899	27		3.347			3	5.276
	龍江省	206	9		953	1			1.169
	安東省	918	8	662	174				1.762
	三江省	290	7		151				448
	黑河省	55	3		23				81
	錦州省	136	5		4.155	2		2	4.300
	熱河省	2			150	526	9	63	750
	興安各省	88	1		495	24	2	3	613
	間島省	423			328				751
	通化省	1.083	3	15	577				1.678
	牡丹江省	395	4		246				645
	東安省	389			110				499
	北安省	97	3		357				457
月計		25.541	466	679	43.251	1.185	11	88	71.221

(7) 入離滿勞働者職業細別，經由地一覽表

康德7年11月分

職業別		大連 入滿	大連 離滿	營口 入滿	營口 離滿	安東 入滿	安東 離滿	山海關 入滿	山海關 離滿	古北口 入滿	古北口 離滿	喜峯口 入滿	喜峯口 離滿	冷口 入滿	冷口 離滿	月計 入滿	月計 離滿	本年累計 入滿	本年累計 離滿
農牧林業	農耕	4587	3.568	28	62	166	94	6.402	8.225	61	52	1	1	5	1	11.200	12.008	173.532	79.092
	養蠶業		1														1	11	21
	畜産業	4						33	7	10	22					47	29	913	445
	林業	24	26		1		14	368	436					2		394	477	1.577	2.502
	計	4565	3.595	28	63	166	108	6.803	8.668	71	74	1	1	7	1	11.641	12.510	176.033	82.060
漁業	漁業	20	31					53	282							73	233	1.646	989
鑛業	金屬鑛業	111	35					249	82		2			3		363	69	11.558	858
	非金屬鑛業	2.300	262	4	31	8		3.313	2.144	602						6.222	2.437	101.145	17.093
	採鹽	11	107					7	9							18	116	673	261
	計	2.422	404	4	31	8		3.569	2.185	602	2			3		6.603	2.622	113.475	18.212
工業	窯業土石加工	163	1.610	9	24		241	605	4.320	5	115					732	6.310	43.750	21.936
	金屬工業	4	57					20	113							24	170	548	933
	機械器具製造業	852	474	38	13	8	23	2.369	2.653	51	198					3.318	3.361	43.494	23.136
	運搬用具製造	124	17			5		128	94	4						261	111	2.048	745
	精巧工業	103	12				3	178	93	3	1	1				285	109	1.953	904
	化學工業	360	123	9	4	13	3	324	150	3						709	280	4.200	3.216
	纖維工業	1.955	1.036	51	16	223	174	2.129	1.475	9	4	1				4.368	2.705	39.595	20.162
	被服身裝品製造	1.379	803	7	5	25	7	2.370	2.703	7	14			1		3.789	3.032	27.045	18.802
	紙印刷工業	344	120	5	2	9	3	493	131	7	3					858	259	5.347	1.565
	皮革骨羽毛品製造	102	47	4	2	7	8	1.493	833	7	4					1.613	894	10.719	4.271
	木竹草蔓等品製造	733	557	31	13	25	12	1.339	1.710	30	15			5	5	2.663	2.312	29.751	14.631
	食料品類製造	850	244	13	5	13	23	1.379	922	25	14	1		8	2	2.789	1.210	18.836	9.682
	土木業	302	2.473	1	2.310	9	149	758	54.961	6	23			15		1.091	60.916	288.320	117.956
	建築業	1.133	2.360	12	20	49	317	1.440	6.257	25	28			1		2.660	9.982	96.549	48.734
	電氣瓦斯水道	21	27					73	120		1					94	148	1.577	1.035
	其ノ他ノ工業	167	152	8	3	3	2	585	1.500	26	10					789	1.672	10.074	9.18[illegible]
	計	8.592	11.512	188	2.422	389	965	16.683	78.035	208	430	3		30	7	26.093	93.471	624.796	291.89[illegible]
商業	商業從事	477	6.837	65	170	4	245	1.257	2.720	170	93	2	3	2	4	1.977	10.072	67.921	116.470
	金融保險業							9	57							9	57	512	91[illegible]
	待客業從事	573	414	6	19	8	16	1.139	80	23	18	2				1.756	547	19.059	8.01[illegible]
	計	1.050	7.251	71	189	12	261	2.405	2.857	193	111	4	3	2	4	8.742	10.676	87.492	125.39[illegible]
交通業	通信	1	11				1	1								2	12	66	152
	運輸	4094	1.892	36	33	82	101	2.233	3.143	35	18	1	1	1	1	6.482	5.189	79.870	43.14[illegible]
	計	4095	1.903	36	33	82	102	2.234	3.143	35	18	1	1	1	1	6.484	5.201	79.936	43.29[illegible]
其ノ他	家事使用人	2.299	351	55	57	116	23	5044	3.055	2	8	2		41	3	7.559	3.497	77.600	24.423
	其ノ他	3.811	4024	87	116	102	179	4998	5.083	43	39			4	3	9.045	10.044	91.652	79.403
	計	6.110	4.375	142	173	218	202	10.042	8.738	45	47	2		45	6	16.604	13.541	169.252	103.825
合計		26.854	29.171	469	2.911	870	1.688	41.789	108.858	1.159	682	11	5	88	19	71.240	138.284		
本年累計		400.993	230.520	45.024	15.302	15.297	14.825	771.321	399.342	17.129	5.453	1.006	491	1.860	185			1.252.630	665.376

24

9

(C) 入離満労働者職業別，就労地一覧表

康徳7年11月分

職業別		農業	林業	漁業	鑛業	商業	土木業	建築業	製造業	運交業	雑役	月計	前年同月比較	本年累計
入満者目的就労地	關東州	715		16	29	381	225	701	3.656	3.129	3.881	12.688	576	154290
	奉天省	4475	268	15	4213	1.665	548	1.140	11.868	1.845	7.680	33.707	6.727	425010
	吉林省	1.744	28		136	411	91	225	1.775	480	1.559	6.440	(−) 1.791	144767
	濱江省	1.072	25		6	418	89	188	2.011	393	1.076	5213	(−) 1.752	118420
	龍江省	461	4	1		98	13	20	284	47	238	1.166	(−) 160	27.705
	安東省	410	2		6	50	15	99	736	212	450	1.980	(−) 840	35068
	三江省	91	2		82	114	8	8	94	23	70	487	(−) 464	34900
	黒河省	15	7		1	17	1	8	15	10	10	79	(−) 4	20.310
	錦州省	377	51	41	955	176	127	145	1.152	151	985	4140	(−) 732	71.297
	熱河省	96	1		5	210	6	26	186	41	142	718	(−) 476	14473
	興安各省	175	2		44	64	4	10	152	22	146	619	(−) 417	19.527
	間島省	171	2		395	28	4	25	30	16	52	718	(−) 50	21.673
	通化省	1.034			318	39	12	39	100	87	179	1.738	(−) 446	46006
	牡丹江省	274	2		8	65	14	33	139	55	113	697	(−) 632	54792
	東安省	13			409	14	4	1	9	8	11	464	(−) 1.068	40.319
	北安省	124	5		1	57		12	135	21	91	446	(−) 289	24078
	月計	11.247	384	73	6.608	3.742	1.091	2.660	22.332	6.484	16.604	71.240		
	前年同月比較	4299	175	25	(−) 9.110	(−) 3.878	(−) 596	690	9.103	(−) 2.479	(−) 42		(−) 1.818	
	本年累計	174456	1.577	1.646	113475	87.492	288.320	96.549	289.927	73.936	169.252			1.252.630
離満者滞満就労地	關東州	1.994	1	16	133	3.901	1.151	1.177	1.711	1.642	2.881	14607	4789	184606
	奉天省	3.818	101	48	1.016	2.754	7.678	8.421	9.768	1.553	5046	35208	21.552	212.764
	吉林省	1.907	186	1	136	704	4564	1.718	2.235	602	1.518	13.616	9.838	70.963
	濱江省	1.490	66	4	15	1.409	3.308	659	2.057	521	1.169	10.698	5406	65649
	龍江省	533	5	10		106	1.507	189	321	59	296	3.026	1.435	13077
	安東省	248	13	1	8	505	1.005	412	829	186	292	3.499	1.825	22.757
	三江省	141	36	1	161	255	8.235	182	376	99	415	9.901	8.615	21.533
	黒河省	32	15		13	46	5246	43	174	13	42	5624	5231	10.752
	錦州省	417	20	179	353	248	1.088	562	1.621	173	549	5208	2.682	27.305
	熱河省	102			6	155	35	31	473	26	85	913	34	7.417
	興安各省	460	6	1	23	76	4017	123	148	23	117	4989	4004	9.123
	間島省	140	5		35	68	3.288	192	184	37	75	3.924	1.892	7.377
	通化省	252	22		240	76	3.476	77	488	38	100	4769	3.836	16.161
	牡丹江省	287	32	1	83	278	7.888	815	694	180	567	10.875	8.197	27.095
	東安省	34		1	446	33	4468	242	1.039	11	178	6.452	6.260	9.388
	北安省	178	19		4	62	3.917	144	510	35	111	4980	3.387	9.759
	月計	12.033	477	263	2.622	10.676	60.916	9.982	22.578	5291	18.541	138.384		
	前年同月比較	6.775	365	142	1.483	(−) 1.142	48.037	6.268	14195	3.081	9.329		88.488	
	本年累計	79.558	2.502	989	18.212	125398	117.954	48.734	180.210	48.294	103.825			665676

10　　(9) 入滿勞働者隨伴家族入滿實數調　　康德7年11月分

入滿地 / 性別 / 査證地		天津	済南	北京	山海關	青島	芝罘	龍口	威海衛	安東	古北口	喜峰口	冷口	月計	本年累計
大連	男	87	80	1		2429	968	225	31					3.821	36.407
	女	312	212	5		5.508	2.860	655	167					9.219	102841
	計	399	292	6		7.937	3.828	880	198					13.040	139.248
營口	男	29						47						76	3.060
	女	79						196						275	8.740
	計	108						243						351	11.800
安東	男	3					360							363	2.994
	女	2					781							783	8.451
	計	5					1.141							1.146	11445
山海關	男	843	994	239	1.667									3.743	30.940
	女	3.363	2.169	683	5.363									11.578	80.518
	計	4.206	3.163	922	7.030									15.321	111.458
古北口	男	2		10							43			55	1.111
	女	2		32							114			148	2.454
	計	4		42							157			203	3.565
喜峰口	男											1		1	81
	女											3		3	165
	計											4		4	246
冷口	男												2	2	106
	女												3	3	206
	計												5	5	312
月計	男	964	1.074	250	1.667	2429	1.328	272	31		43	1	2	8.061	
	女	3.758	2381	720	5.363	5.508	3.641	851	167		114	3	3	22.009	
	計	4.722	3.455	970	7.030	7.937	4.469	1.123	198		157	4	5	30.070	
本年累計	男	6.648	3.423	1.143	23.637	13.870	11.941	8.378	1.502		970	81	106		74.699
	女	25.277	8.504	3.411	56.160	46.324	33.685	24.555	6.018		2.062	165	206		203.372
	計	31.925	11.927	4.554	79.797	60.194	45.626	32.948	7.515		3.032	246	312		278.071

26

11

(10) 離滿勞働者隨伴家族離滿實數調

康德7年11月分

離滿地	性別	陸路 山海關	古北口	喜峰口	冷口	計	海路 天津	塘沽	青島	芝罘	龍口	威海衛	上海	計	月計	本年累計
大連	男						208		204	486	246	88	18	1.190	1.190	10.784
	女						848		1.129	2.184	1.205	777	72	6215	6.215	57.309
	計						1.051		1.333	2620	1.451	865	85	7.405	7.405	68.093
營口	男						10				13			23	23	347
	女						54				54			108	108	1.217
	計						64				67			131	131	1.564
安東	男															27
	女						5			127				132	132	1.801
	計						5			127				132	132	1.828
山海關	男	1.426				1.426									1.426	10.181
	女	2400				2.400									2.400	16.361
	計	3.826				3.826									3.826	26.542
古北口	男		8			8									8	105
	女		9			9									9	202
	計		17			17									17	307
喜峰口	男															
	女															
	計															
冷口	男															
	女															2
	計															2
月計	男	1.426	8			1.489	213		204	436	259	88	18	1.218	2.647	
	女	2400	9			2499	107		1.129	2311	[illegible]	777	72	6.455	8.864	
	計	3.826	17			3.848	1.120		1.383	2767	1.518	855	85	7.658	11.511	
本年累計	男	10.181	105			10.286	2199		2275	3.728	[illegible]	628	24	11.158		21.444
	女	16.361	202		2	16.565	9.876	10	9.600	21.809	11.240	8.178	114	60.327		76.892
	計	26.542	307		2	26851	12075	10	11.875	25.037	13.544	8.806	138	71.485		98.336

伪满劳工协会理事长近藤安吉关于送交一九四〇年十二月出入伪满劳工统计月报致伪满民生部劳务司长、治安部警务司长等的函（一九四一年二月二十二日）

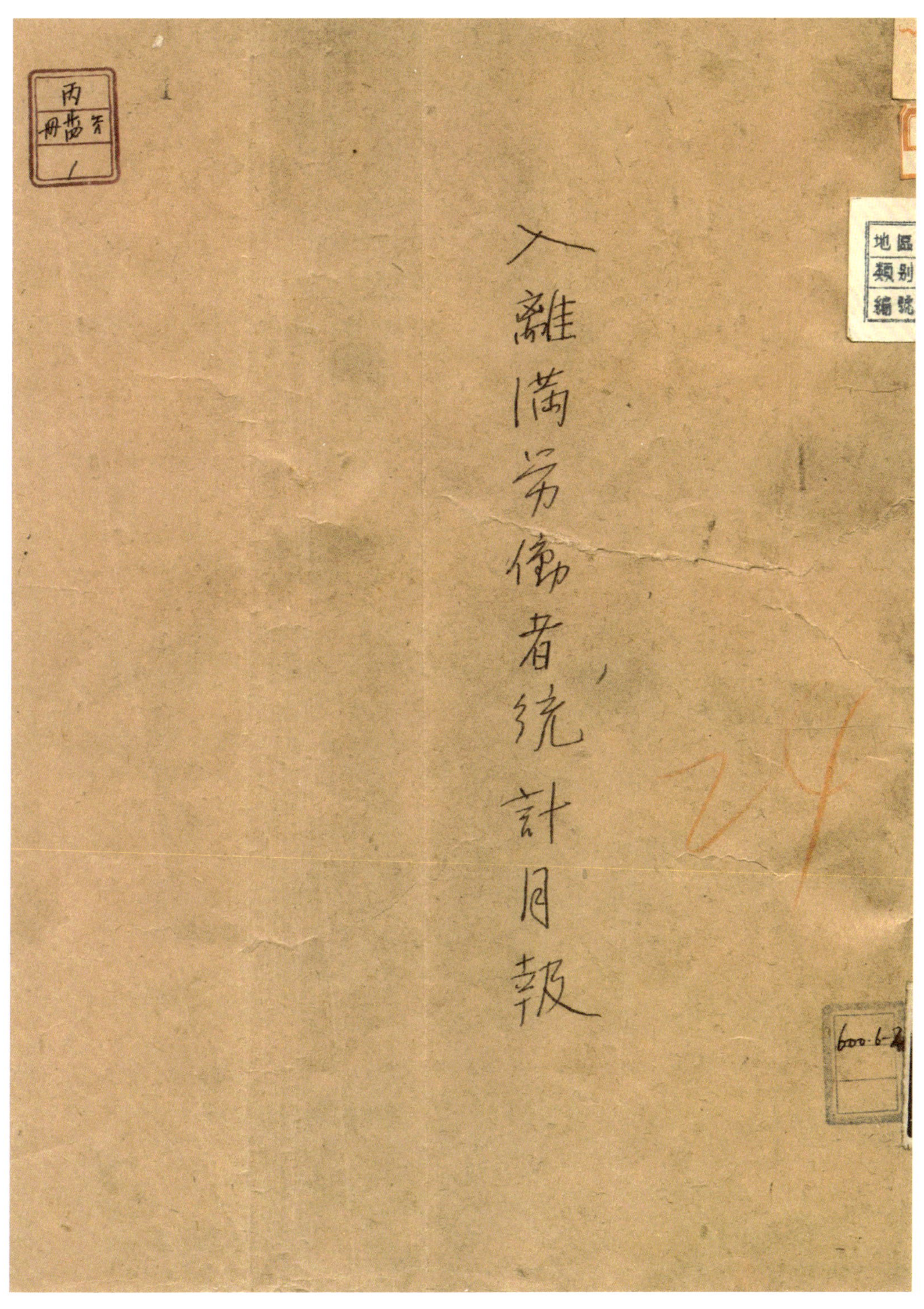

入離滿勞働者統計月報

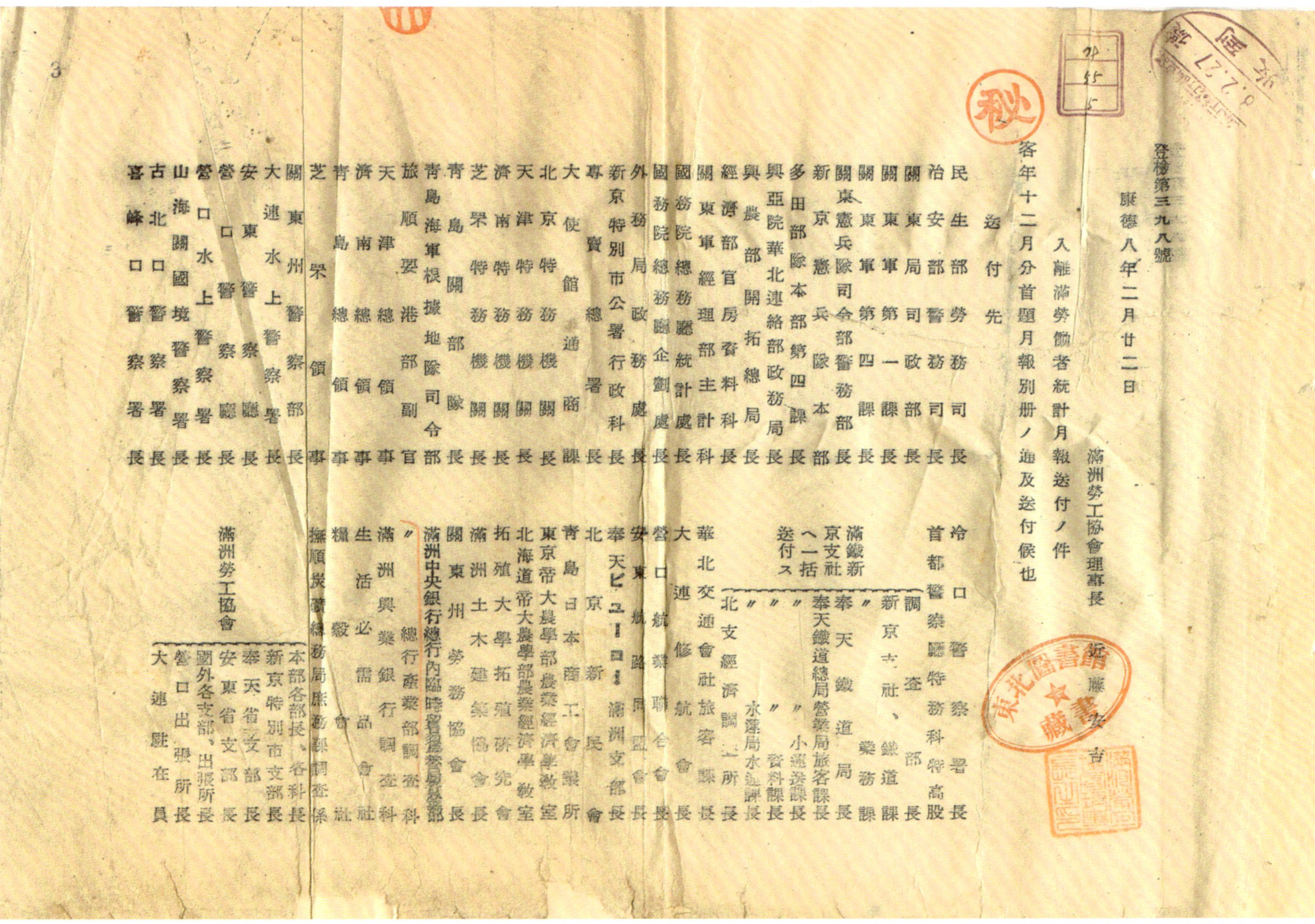

3

登務第三九八號

康德八年二月廿二日

滿洲勞工協會理事長

入離滿勞働者統計月報送付ノ件

客年十二月分首題月報別册ノ通及送付候也

送付先

民生部勞務司長
治安部警務司長
關東局司政部長
關東軍第一課長
關東軍第四課長
關東憲兵隊司令部警務部長
新京憲兵隊本部
多田部隊本部第四課長
興亞院華北連絡部政務局長
興農部開拓總局長
經濟部官房資料科長
關東軍經理部主計科
國務院總務廳統計處長
國務院總務廳企劃處長
外務局政務處長
新京特別市公署行政科長
專賣總署長
大使館通商課
北京特務機關長
天津特務機關長
濟南特務機關長
芝罘特務機關長
青島部隊長
青島海軍根據地隊司令部
旅順要港部副官
天津總領事
濟南總領事
青島總領事
芝罘領事
關東州警察部長
大連水上警察署長
安東警察廳長
營口警察廳長
營口水上警察署長
山海關國境警察署長
古北口警察署長
喜峰口警察署長
冷口警察署長
首都警察廳特務科特高股長

滿鐵新京支社ヘ一括送付ス

調查部長
新京支社、鐵道課
〃 業務課
奉天鐵道局長
奉天鐵道總局營業局旅客課長
〃 〃 小運送課長
〃 〃 資料課長
〃 水運局水運課長
北支經濟調查所長

華北交通會社旅客課長
大連修航會長
營口航業聯合會長
安東航路同盟會長
奉天ビユーロー滿洲支部長
北京新民會
青島日本商工會議所
東京帝大農學部農業經濟學教室
北海道帝大農學部農業經濟學教室
拓殖大學拓殖研究會
滿洲土木建築協會長
關東州勞務協會長
滿洲中央銀行總行内臨時[illegible]部
〃 總行產業部調查科
滿洲興業銀行調查科
生活必需品會社
糧穀會社
撫順炭礦總務局庶務課調查係

滿洲勞工協會

本部各部長、各科長
新京特別市支部長
奉天省支部長
安東省支部長
國外各支部、出張所長
營口出張所長
大連駐在員

4

康德7年12月分

入離滿勞働者統計月報

滿洲勞工協會監理部

目次

(1) 身分證明書・特別身分證明書・特種身分證明書受給者查證地別各種統計表

康德7年12月分

查證地別		天津	済南	北京	山海關	青島	芝罘	龍口	威海衛	安東	古北口	喜峰口	冷口	月計	前年同月比較増減	本年累計
身分證明書	來所	19.580	5.989	2.214	18.182	9.932	8.828	3.112	1.717		766	18	73	70.851	12.588	1.390.600
	一見拒否	238		12	219	7		5						481	50	12.524
	受付	19.342	5.989	2.202	17.918	9.925	8.828	3.107	1.717		766	18	73	69.870	12.488	1.378.076
	不合格	939	21	269	7	8	281		2					1.477	1.856	5.946
	制限拒否	1.208	10	242	451	58	181	29			24	2		2.155	2.158	7424
	受給者 單獨	15.149	4.662	1.462	14.502	7.559	7138	2.767	1.608		695	9	72	55.818	4.449	1.208.457
	受給者 家族同伴者	2.046	1.296	229	2.958	2.800	1.328	811	107		47	2	1	10.620	4.523	156.249
	受給者 計	17195	5.958	1.691	17455	9859	8461	3.078	1.715		742	11	73	66.288	3.972	1.364.706
	隨伴家族 男	776	998	69	1.204	1.715	987	156	48		84	2	1	5.990	2.514	93.714
	隨伴家族 女	2.879	2.207	337	3.569	3.897	2.089	507	151		70	2	2	15.710	6.098	241.645
	隨伴家族 計	3.655	3.205	406	4.778	5.612	3.076	668	199		104	4	8	21.700	3.612	335.359
特別身分證明書	受給者 月計	307		12	52	19	198	12	13		47	7	7	669	306	
	受給者 本年累計	2.489		412	526	179	1.454	81	346		382	238	70			6177
	返納者 月計	272		37	44	16	144	6	16		47	7	3	592	318	
	返納者 本年累計	1.911		384	482	145	1.125	47	326		328	229	55			4.982
	失効者 月計	65		12	5	1	28	3	2		5			116	91	
	失効者 本年累計	344		69	13	18	205	24	13		20	4	11			721
特種身分證明書受給者	月計	9									3		4	21	(一) 50	
	本年累計	2.094			118		1.662				277	584	20			4.700

訂正

(1) 10月分山海關ノ特別證返納27ヲ28ニ・仝累計399ヲ400ニ訂正

(2) 11月分山海關ノ一見拒否847ヲ167ニ・受付21.082ヲ21.712ニ訂正シ・制限拒否欄ニ680ヲ記入ス

(3) 11月分青島ノ特別證受給者月計160ヲ22ニ・累計298ヲ160ニ・返納月計129ヲ17ニ・累計24ヲ129ニ・失效月計177ヲ8ニ・仝累計31ヲ17ニ夫々訂正ス隨ツテ月計前年同月比較増減及本年累計欄ヲモ可然訂正ス

(2) 身分證明書受給者査證地別・郷關・經由地及就勞地一覽表

康德7年12月分

	査證地別	天津	濟南	北京	山海關	青島	芝罘	龍口	威海衛	安東	古北口	喜峰口	冷口	月計	前年同月比較增減	本年累計
郷關別	河北省	11.567	40	1.283	16.860	[illegible]	9	7	1		656	11	73	30.006	3.538	608.328
	山東省	4.698	5.555	151	995	9.276	8.451	3.071	1.711		33			33.946	5.533	707.612
	山西省	176	1	190	23						12			402	(−) 300	9.072
	河南省	612	116	113	49	22			1		30			943	(−) 216	81.757
	江蘇省	65	205	3	21	248	1		2		3			548	463	3.566
	浙江省	3				20								23	(−) 1	523
	安徽省	60	41		3	229					1			334	(−) 71	3.180
	廣東省															8
	湖北省	2				15								17	17	150
	福建省														(−) 2	10
	察哈爾省	10			4						2			16	8	452
	其ノ他	2		1										3	(−) 2	48
經由地	大連	1.514	667	8		9.859	8.461	3.078	1.715					25.302	4.791	430.606
	營口														(−) 19	46.092
	安東															15.714
	山海關	15.662	5.287	1.525	17.455									39.929	5.255	850.791
	古北口	19	4	158							742			923	(−) 978	13.555
	喜峰口											11		11	(−) 67	1.017
	冷口												73	78	(−) 15	1.981
就勞地別	關東州	1.444	283	11	10	3.071	6.208	778	1.275					13.029	4.278	169.404
	奉天省	8.399	2.331	388	11.104	3.571	898	635	197		542	1	1	22068	6.864	467.820
	吉林省	1.536	632	103	1.847	379	180	233	38					5.499	32	154.858
	濱江省	1.172	839	288	598	801	820	1.012	56		1			4.382	(−) 92	126.877
	龍江省	331	142	41	109	120	26	38	1				1	949	(−) 120	29.428
	安東省	87	77	5	18	235	354	75	76					927	58	36.795
	三江省	94	47	6	22	81	22	111	11					844	(−) 730	36.475
	黒河省	4	5		3	16	10	18						56	3	22.889
	錦州省	1.470	321	155	2.772	59	10	10	3		3			4.805	(−) 524	70.696
	熱河省	75	7	155	160	1			1		190	9	69	667	(−) 485	15.784
	興安各省	314	26	9	297	9	10	14	2		6	1	2	590	41	22.202
	間島省	48	227	8	125	361	74	18	28					379	18	24.068
	通化省	224	547	6	57	618	218	24	15					1.704	18	50.768
	牡丹江省	1.254	47	7	61	173	74	101	16					1.788	326	58.784
	東安省	23	392		1	181	65	4						666	(−) 431	44.805
	北安省	118	56	15	84	38	12	16	1					840	(−) 279	24.658
月計		17195	5.958	1.691	17.455	9.859	8.461	3.078	1.715		742	11	73	66.288		
前年同月比較		385	(−) 1.119	(−) 1.298	4.840	3.468	2.806	178	954		(−) 1.072	(−) 64	(−) 15		8.972	
本年累計		513.796	180.257	67.228	215.602	145.268	142.968	57.583	25.970		13.096	1.017	1.931			1.364.706

(8)身分證明書受給者職業別・查證地・經由地及就勞地一覽表

康德7年12月分

	職業別	農業	林業	漁業	鑛業	商業	土木業	建築業	製造業	運交業	雜役	月計
查證地別	天津	2.122	6	1	1.898	122	1.948	1.384	5.634	2.366	1714	17.105
	濟南	2.605	6		1.706	168	88	65	803	325	247	5.958
	北京	128		1	292	104	15	58	1.004	88	51	1.691
	山海關	1.866	215	73	1.129	660	287	348	6.048	561	6.828	17455
	青島	2.980	1	16	1.747	28	184	349	1.780	1.358	1.466	9.859
	芝罘	359	2	8	198	997	43	480	2.700	1.886	2.293	8.461
	龍口	44			12	284	9	213	1.467	812	787	3.078
	威海衞	84				1		224	882	623	451	1.715
	安東											
	古北口	13			502	54		6	101	28	38	742
	喜峰口	8							3			11
	冷口	8				1			13		51	78
經由地別	大連	8.648	8	19	2.479	1.277	215	1.890	6.613	4.506	5.152	25.802
	營口											
	安東											
	山海關	5.970	227	75	4.503	1.021	2.207	1.726	18.071	2.459	8.670	39929
	古北口	38			502	65	2	11	280	32	48	928
	喜峰口	8							3			11
	冷口	8				1			13		51	78
就勞地別	關東州	758		8	23	856	149	955	3.456	3.636	3.198	13.029
	奉天省	3.968	157	31	3.697	704	567	1.288	10.509	1.964	6.383	29.068
	吉林省	1.404	14	1	78	175	82	316	1.656	422	1.351	5.499
	濱江省	1.101	12		1	222	41	216	1.942	408	939	4.882
	龍江省	392	4	2		40	10	29	248	65	159	949
	安東省	190	1	2		48	8	48	328	103	199	927
	三江省	58	1		17	21	4	12	106	49	76	344
	黑河省	15	1		3	6		2	11	4	14	56
	錦州省	398	35	54	1.733	100	162	135	1.086	153	949	4.805
	熱河省	74	1		6	73	2	16	279	35	181	667
	興安各省	170	1	1	1	29	214	11	112	23	128	690
	間島省	140			556	13	5	26	53	26	60	879
	通化省	701	1		741	26	7	22	61	44	101	1.704
	牡丹江省	188	1		1	25	1.169	42	155	45	112	1.738
	東安省	18			627	6			7	6	7	856
	北安省	107	1			20	4	9	121	14	64	340
月計		9.667	280	94	7.484	2.864	2.424	3.127	19.980	6.997	18921	66.288
前年同月比較		2.975	157	68	(-) 8.665	(-) 8.714	708	1.484	11.184	848	4.007	8.972
本年累計		189.358	1.825	1.765	127588	99.879	808.893	101.879	267.421	88.908	177745	1.864.706
備考												

(4) 身分證明書受給者，鄉關別，職業細別一覽表

康德7年12月分

鄉關別		河北省	山東省	山西省	河南省	江蘇省	浙江省	安徽省	廣東省	湖北省	綏遠省	察哈爾省	其ノ他	月計	本年累計
農牧林業	農耕	2.095	7.446	6	40	39		1						9.627	188.621
	蠶業														1
	畜產業	13	26		1									40	981
	林業	209	17		4									280	1.825
	計	2.317	7.489	6	45	39		1						9.897	191.178
漁業	漁業	75	19											94	1.765
鑛業	金屬鑛業	132	631	1	10	7		3						784	14.507
	非金屬鑛業	2.651	2.924	60	371	396	1	277		1		10	2	6.693	112.378
	採鹽	3	4											7	658
	計	2.786	3.559	61	381	403	1	280		1		10	2	7.484	127.588
工業	窯業土石加工	382	609	7	12	1								1.011	46.701
	金屬工業	14	21											35	567
	機械器具製造裝置	1.628	1.103	26	9	2				1				2.769	48.216
	運搬用具製造	164	141	1										306	2.436
	精巧工業	156	102	2										260	2.256
	化學工業	222	294	7										523	4.896
	纖維工業	1.656	1.804	20	5	1	6	1						3.493	44.170
	被服身裝品製造	2.054	1.368	22	3	5	3							3.455	81.448
	紙印刷工業	409	346	10	2	1	1							769	6.322
	皮革骨羽毛品製造	1.335	181	6		1						1		1.524	12.585
	木竹草藁等品製造	1.335	1.060	13	5	1						1		2.415	33.688
	食料品類製造	1.322	989	85	6	7	4							2.413	21.586
	土木業	1.454	843	15	71	17	1	19				4		2.424	308.393
	建築業	1.488	1.613	15	9	1		1						3.127	101.879
	電氣瓦斯水道	78	40	1										114	1.755
	其ノ他ノ工業	278	215	10	340									843	10.300
	計	13.970	10.729	240	462	87	15	21		1		6		25.481	677.698
商業	商業從事	375	235	40	9					1				690	69.069
	金融保險業	2												2	503
	待客業從事	451	1.197	18	3	4				4				1.672	30.307
	計	828	1.462	58	12	4				5				2.364	99.879
運交業	通信	1	1											2	36
	運輸	1.966	4.969	9	15	80	2	4						6.995	88.872
	計	1.967	4.970	9	15	80	2	4						6.997	88.908
其ノ他	家事使用人	4.371	1.395	4	2	1		1		1				5.775	77.972
	其ノ他	3.692	4.323	29	23	84	5	27		9			1	8.146	99.773
	計	8.063	5.718	33	28	85	5	28		10			1	13.921	177.745
月計		30.004	33.946	402	948	548	23	334		17		16	3	66.288	1.864.706

9

(5)身分證明書受給者鄉貫別・年齡及就勞地一覽表

康德7年12月分

鄉貫別		河北省	山東省	山西省	河南省	江蘇省	浙江省	安徽省	廣東省	湖北省	福建省	察哈爾省	其ノ他	月計
年齡別	十九歲以下	2.622	3.562	68	150	98	3	54		6		6		6.554
	二十歲以上	9.591	10.698	135	206	149	6	118		8		8	1	21.010
	三十歲以上	9.102	9.585	123	273	140	9	81		1		1	2	19.267
	四十歲以上	5.264	5.827	62	169	106	3	63		2		1		11.497
	五十歲以上	2.436	3.161	24	52	47	2	17						5.739
	六十歲以上	991	1.163	5	3	8		1						2.171
就勞地別	關東州	588	12.381	2	11	33	2	4		8				13.029
	奉天省	18.482	9.435	235	380	282	8	254		4		6	2	29.088
	吉林省	2.948	2.447	29	57	11	4			3				5.499
	濱江省	1.587	3.242	39	57	6				1				4.882
	龍江省	323	562	12	48	2	2							949
	安東省	73	842	2	5	1	4							927
	三江省	68	257	7	10	1		1						344
	黑河省	6	50											56
	錦州省	3.637	901	45	182	65	1	16				7	1	4.805
	熱河省	614	32	3	18									667
	興安各省	466	175	7	25	7		8				2		690
	間島省	119	694	2	23	33	1	7						879
	通化省	174	1.458	1	34	26		16						1.704
	牡丹江省	855	815	7	34	10	1	9		1		1		1.733
	東安省	19	474		83	71		19						666
	北安省	147	156	6	31									340
月計		30.006	32.946	402	943	548	23	334		17		16	3	68.238
備考														

(6)身分證明書受給者經由地別・鄉關・年齡及就勞地一覽表

康德7年12月分

經由地別		大連	營口	安東	山海關	古北口	喜峰口	冷口	月計
鄉關別	河北省	699			28.417	806	11	73	30.006
	山東省	23.860			10.032	54			33.946
	山西省	2			383	17			402
	河南省	114			789	40			943
	江蘇省	341			204	3			548
	浙江省	21			2				23
	安徽省	250			83	1			334
	廣東省								
	湖北省	15			2				17
	福建省								
	察哈爾省				14	2			16
	其他				3				3
年齡別	十九歲以下	2.820			3.627	105		2	6.554
	二十歲以上	8.027			12.639	322	1	21	21.010
	三十歲以上	6.867			12.090	286	3	21	19.267
	四十歲以上	4.279			7.070	131	4	13	11.497
	五十歲以上	2.406			3.255	67	2	9	5.739
	六十歲以上	908			1.243	12	1	7	2.171
就勞地別	關東州	12.973			56				13.029
	奉天省	5.855			22.669	542	1	1	29.068
	吉林省	1.298			4.201				5.499
	濱江省	1.892			2.989	1			4.882
	龍江省	186			762			1	949
	安東省	745			182				927
	三江省	186			158				344
	黑河省	44			12				56
	錦州省	147			4.655	3			4.805
	熱河省	2			220	367	9	69	667
	興安各省	35			642	10	1	2	690
	間島省	481			398				879
	通化省	870			834				1.704
	牡丹江省	365			1.368				1.733
	東安省	656			10				666
	北安省	67			273				340
月計		25.302			39.929	923	11	73	66.238

11

(ｲ) 入離滿勞働者職業細別　經由地一覽表

康德7年12月分

職業別 ＼ 經由地 入離滿別	大連 入滿	大連 離滿	營口 入滿	營口 離滿	安東 入滿	安東 離滿	山海關 入滿	山海關 離滿	古北口 入滿	古北口 離滿	喜峰口 入滿	喜峰口 離滿	冷口 入滿	冷口 離滿	月計 入滿	月計 離滿	本年累計 入滿	本年累計 離滿
農牧林業 農耕	3.710	3.428					6.064	9.070	24	44	8		8		9.814	12.542	183.346	91.634
農牧林業 蠶業																	11	21
農牧林業 畜産業	9	5					50	8	4	7					63	20	976	465
農牧林業 林業	7	29					222	385							229	414	1.806	2.916
農牧林業 計	3.726	3.462					6.336	9.463	28	51	8		8		10.106	12.976	186.139	95.036
漁業 漁業	19	30					75	161							94	191	1.740	1.180
鑛業 金屬鑛業	206	52					621	13							827	65	12.485	923
鑛業 非金屬鑛業	2.172	276					3.795	1.845	513	1					6.480	2.122	107.624	19.215
鑛業 採鑛		75					7	21							7	96	680	357
鑛業 計	2.378	403					4.423	1.879	513	1					7.314	2.283	120.789	20.495
工業 窯業土石加工	258	1.465					740	2.963	7	77					1.005	4.505	45.755	26.441
工業 金屬工業	10	43					24	60	2						36	103	584	1.042
工業 機械器具製造裝置	713	1.098					2.025	2.427	66	126					2.804	3.651	46.298	26.787
工業 運搬用具製造	132	82					166	58	3	1					301	91	2.349	886
工業 精巧工業	100	28					170	104		2					270	134	2.223	1.038
工業 化學工業	274	374					259	157							533	531	4.733	3.749
工業 纖維工業	1.534	1.358					2.005	1.251	14	4			2		3.555	2.613	43.150	22.778
工業 被服身装品製造	1.252	640					2.197	2.331	13	6					3.462	2.977	30.507	21.779
工業 紙印刷工業	349	120					429	95	18				5		801	215	6.148	1.780
工業 皮革骨羽毛品製造	160	76					1.386	682	9	5	2				1.557	768	12.276	5.084
工業 木竹草蔓類品製造	866	694					1.488	1.499	27	13	1		2		2.384	2.206	32.135	16.857
工業 食料品類製造	788	478					1.605	738	36	9			4		2.433	1.225	21.259	10.906
工業 土木業	242	6.523					1.725	89.063	1	21					1.968	95.607	290.288	213.561
工業 建築業	1.377	8.635					1.747	7.399	11	63					3.135	16.097	99.684	59.881
工業 電氣瓦斯水道	33	49					75	84	1						109	133	1.686	1.168
工業 其ノ他ノ工業	185	326					621	1.241	15	13					821	1.580	10.895	10.766
工業 計	8.273	21.939					16.662	110.152	223	340	3		18		25.174	132.431	649.970	424.826
商業 商業從事	124	6.085					549	2.209	50	61			1	5	724	8.360	68.645	124.828
商業 金融保險業		2					2	29							2	31	514	947
商業 待客業從事	336	807					510	73	16	7					862	889	19.921	8.901
商業 計	460	6.894					1.061	2.311	66	68			1	5	1.588	9.278	89.080	134.676
交通業 通信		28														28	66	180
交通業 運輸	4.524	3.363					2.500	2.827	28	14					7.052	6.204	86.922	49.346
交通業 計	4.524	3.391					2.500	2.827	28	14					7.052	6.232	86.988	49.526
其ノ他 家事使用人	2.228	753					4.218	3.485	4	4			33	1	6.483	4.243	84.083	28.665
其ノ他 其ノ他	3.857	7.069					4.549	6.176	42	26			18		8.466	13.271	100.118	92.674
其ノ他 計	6.085	7.822					8.767	9.661	46	30			51	1	14.949	17.514	184.201	121.339
合計	25.465	43.941					39.824	136.454	904	504	11		73	6	66.277	180.905		
本年累計	426.458	274.461	145.024	15.302	15.297	14.825	811.145	535.796	18.083	5.957	1.017	49	1.933	191			1.318.907	846.581
隨伴家族數																		
同上累計																		
備考																		

(8) 入離滿勞働者職業別就勞地一覽表

康德7年12月分

職業別		農業	林業	漁業	鑛業	商業	土木業	建築業	製造業	運交業	雜役	月計	前年同月比較	本年累計
入滿者目的就勞地	關東州	740		3	28	178	152	941	8484	3627	8944	13107	8807	167897
	奉天省	4079	158	81	8982	688	570	1301	10364	2006	6482	29800	6596	454610
	吉林省	1447	14	1	80	168	80	317	1679	436	1372	5589	(一) 1	150256
	濱江省	1151	12		1	212	45	208	1986	425	988	5023	(一) 237	123443
	龍江省	397	4	2		42	10	27	254	60	165	961	(一) 119	28663
	安東省	208	1	2	4	17	8	47	329	104	238	953	55	36016
	三江省	62	1		8	22	4	10	101	50	78	336	(一) 894	35233
	黑河省	10	1		8	6		2	9	4	15	50	(一) 2	20360
	錦州省	892	84	54	1649	102	189	141	1379	156	963	4759	(一) 10	76056
	熱河省	70	1		6	74	1	16	268	31	176	648	(一) 522	15,116
	興安各省	175	1	1	1	25	5	11	118	25	132	494	(一) 198	20021
	間島省	138			398	6	6	34	54	24	67	727	123	22400
	通化省	716	1		709	9	7	23	66	45	131	1707	(一) 310	47,718
	牡丹江省	176	5			17	877	46	161	46	129	1457	254	56249
	東安省	11			494	4		1	8	6	8	532	(一) 879	40851
	北安省	110	1		1	23	4	10	111	13	56	339	(一) 256	24417
	月計	9877	229	94	7314	1588	1868	3135	20071	7052	14949	66277		
	前年全月比較	3077	138	76	(一) 9048	(一) 8895	464	1410	11,104	315	3766		7412	
	本年累計	184333	1808	1740	120789	89086	290288	99,684	259,998	86938	184201			1318907
離滿者滯滿就勞地	關東州	1768	2	16	127	3615	3797	8982	8388	2928	5650	25223	10179	159,829
	奉天省	4209	84	55	855	2052	28,828	4319	8180	1470	5279	50281	20167	263,045
	吉林省	2264	99		190	649	8608	2568	2809	532	2063	19,777	18,704	90,740
	濱江省	1332	64	5	99	1364	4169	901	2152	476	1566	12128	4958	77777
	龍江省	678	6	2	15	111	1038	249	458	74	412	2948	1,312	15020
	安東省	189	1		12	217	1273	312	372	87	180	2648	(一) 284	25,400
	三江省	173	42		121	230	3418	254	185	76	362	4351	2,458	23394
	黑河省	47	10		15	56	4698	516	74	9	93	5518	3,502	16270
	錦州省	616	22	112	386	250	4221	622	1237	213	579	8258	4779	35,562
	熱河省	120			9	121	106	105	425	29	128	1048	28	8460
	興安各省	237	1	1	87	73	1450	98	154	82	140	2273	1,215	11,896
	間島省	154	2		50	41	4651	121	109	52	106	5286	(一) 2,028	12,663
	通化省	300	17		175	99	7604	240	815	57	122	9129	4485	25,290
	牡丹江省	287	48		71	267	11,014	823	379	142	562	13,593	(一) 8,910	40688
	東安省	62	8		105	67	11,730	441	202	16	133	12,759	11,367	22,097
	北安省	171	13		16	66	3312	596	328	39	139	5190	4589	14959
	月計	12,562	414	191	2288	9278	95,807	16,097	20727	6232	17514	180905		
	前年全月比較	5277	381	105	779	(一) 1938	29,877	2,840	12,885	3834	12546		71,536	
	本年累計	92120	2916	1180	20495	184676	213561	59,881	150987	49,526	121339			846581
備考														

13

(9) 入滿勞働者隨伴家族入滿實數調

康德7年12月分

入滿港	性別	天津	濟南	北京	山海關	青島	芝罘	龍口	威海衛	安東	古北口	喜峰口	冷口	月計	本年累計
大連	男	79	32			1.707	946	150	45					2.959	39.356
	女	257	92	2		3.926	1.903	482	128					6.790	109.631
	計	336	124	2		5.633	2.849	632	173					9.749	148.997
營口	男														3.060
	女														8.740
	計														11.800
安東	男														2.994
	女														8.451
	計														11.445
山海關	男	804	910	97	1.205									3.016	32.956
	女	3.245	2.108	397	3.569									9.319	89.887
	計	4.049	3.018	494	4.774									12.335	123.793
古北口	男			2							34			36	1.147
	女	1		13							70			84	2.538
	計	1		15							104			120	3.685
喜峰口	男											2		2	83
	女											2		2	167
	計											4		4	250
冷口	男												1	1	107
	女												2	2	208
	計												3	3	315
月計	男	883	942	99	1.205	1.707	946	150	45		34	2	1	6.014	
	女	3.503	2.200	412	3569	3.926	1.903	482	128		70	2	2	16.197	
	計	4.386	3.142	511	4.774	5.633	2.849	632	173		104	4	3	22.211	
本年累計	男	7.531	4.365	1.242	24.842	18.577	12.887	8.528	1.547		1.004	83	107		80.713
	女	28.780	10.704	3.823	59.729	47.250	35.588	25.047	6.141		2.132	167	208		219.569
	計	36.311	15.069	5.065	84.576	65.827	48.475	33.575	7.688		3.136	250	315		300.282

(14) 離滿勞動者隨伴家族離滿實數調　　康德7年12月分

離滿地	性別	陸路 山海關	古北口	喜峰口	冷口	計	海路 天津	塘沽	青島	芝罘	龍口	威海衛	上海		計	月計	本年累計
大連	男						164		272	629	205	85	3		1.358	1.358	12.142
	女						675		1.132	2.767	1.307	1.058	29		6.968	6.968	64.277
	計						839		1.404	3.396	1.512	1.143	32		8.326	8.326	76.419
營口	男																347
	女																1.217
	計																1.564
安東	男																27
	女																1.801
	計																1.828
山海關	男	1.775				1.775										1.775	11.956
	女	3.002				3.002										3.002	19.363
	計	4.777				4.777										4.777	31.319
古北口	男		8			8										8	113
	女		13			13										13	215
	計		21			21										21	328
喜峰口	男																
	女																
	計																
冷口	男																
	女																2
	計																2
月計	男	1.775	8			1.783	164		272	629	205	85	3		1.358	3.141	
	女	3.002	13			3.015	675		1.132	2.767	1.307	1.058	29		6.968	9.983	
	計	4.777	21			4.798	839		1.404	3.396	1.512	1.143	32		8.326	13.124	
本年累計	男	11.956	113			12.069	2.363		2.547	4.357	2.509	713	27		12.516		24.585
	女	19.363	215		2	19.580	10.551	10	10.732	24.076	12.547	9.236	143		67.295		86.875
	計	31.319	328		2	31.649	12.914	10	13.279	38.483	15.056	9.949	170		79.811		111.460
備考																	

伪满民生部劳务司编制的一九四二年一月出入伪满劳工统计月报（一九四二年一月）

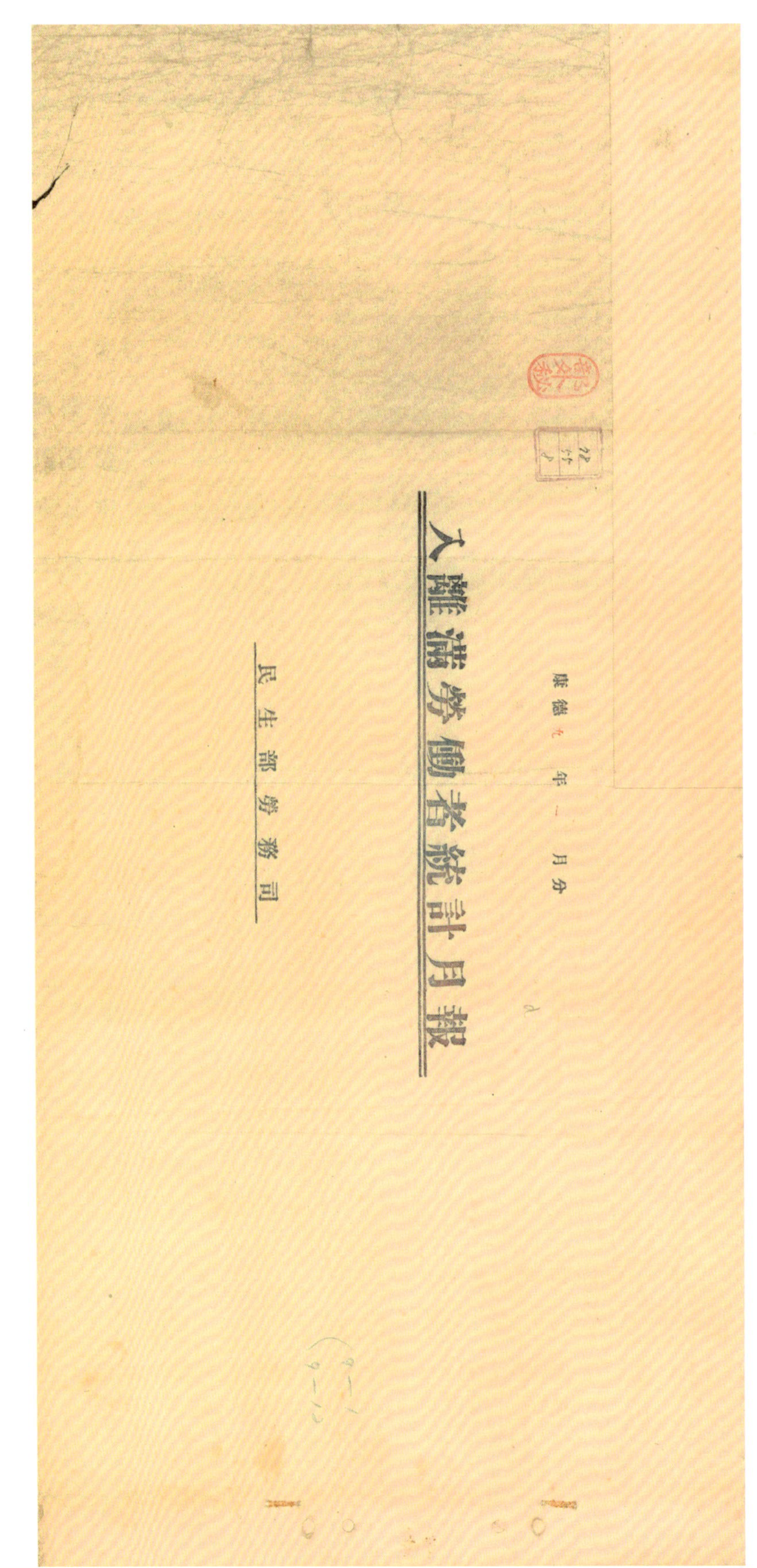

康德九年一月分

入離滿勞働者統計月報

民生部勞務司

離滿勞働者滯滿省別、鄉[illegible]

地域	產業大分類	本年累計	合計	關東州	計	新京	吉林	龍江	北安	黑河	三江	東[illegible]
本年累計												
合計	計		[illegible]	17477	71387	5567	4773	1801	701	531	2175	[illegible]
	農牧業		[illegible]	98	5738	289	760	577	151	7	63	
	林業		647	2	647	5	151	8	52	19	139	
	漁業		79	5	74	—	—	—	—	—	—	
	鑛業		[illegible]	180	3859	35	270	19	17	11	469	[illegible]
	工業		[illegible]	3304	24807	2502	1163	473	281	109	364	[illegible]
	土木業		[illegible]	1509	14650	617	1031	290	112	191	542	[illegible]
	建築業		[illegible]	2263	9877	1212	442	204	104	145	248	[illegible]
	商業		[illegible]	169	484	20	39	16	9	1	6	
	運輸業		[illegible]	1919	8538	269	260	84	38	18	106	[illegible]
	雜業		[illegible]	7926	3283	618	654	208	187	20	257	[illegible]
河北	計		[illegible]	1021	32006	2693	1773	524	331	191	581	[illegible]
	農牧業		1794	13	1781	106	126	116	27	2	6	
	林業		254	—	253	2	55	3	25	7	43	
	漁業		61	1	68	—	—	—	—	—	—	
	鑛業		[illegible]	6	1480	12	65	3	2	1	43	[illegible]
	工業		[illegible]	288	12885	1857	539	148	92	35	103	[illegible]
	土木業		[illegible]	77	4911	185	275	52	47	55	158	[illegible]
	建築業		[illegible]	85	4933	539	216	55	47	72	101	[illegible]
	商業		[illegible]	14	317	13	28	10	3	—	1	1
	運輸業		1979	77	1902	129	132	45	15	9	46	9
	雜業		[illegible]	220	4425	350	337	92	73	12	80	[illegible]
山東	計		[illegible]	16277	[illegible]	2212	2211	1313	605	226	1070	[illegible]
	農牧業		3770	80	3687	182	630	440	123	5	55	
	林業		357	—	355	3	96	5	26	12	94	
	漁業		10	4	6	—	—	—	—	—	—	
	鑛業		2482	174	2308	23	203	14	15	10	426	[illegible]
	工業		14597	3016	11581	1130	610	317	186	74	236	[illegible]
	土木業		7060	1624	8385	394	605	283	60	126	355	[illegible]
	建築業		[illegible]	1580	4573	671	223	148	56	72	145	[illegible]
	商業		[illegible]	104	148	7	9	6	6	1	3	
	運輸業		[illegible]	1840	1605	139	127	39	23	9	60	[illegible]
	雜業		11041	7400	3641	263	308	111	110	17	194	[illegible]
山[illegible]	計		[illegible]	—	338	7	16	9	6	1	11	[illegible]
	農牧業		4	—	4	—	—	—	—	—	—	
	林業		2	—	2	—	—	—	1	—	1	
	漁業		—	—	—	—	—	—	—	—	—	
	鑛業		46	—	46	—	2	2	—	—	—	[illegible]
	工業		150	—	150	4	8	3	1	—	—	
	土木業		[illegible]	—	68	—	—	—	2	—	8	[illegible]
	建築業		[illegible]					[illegible]	—		—	

關省別、產業(大分類)別調

康德 9 年 1 月分

7-593-38

安	牡丹江	濱江	間島	通化	安東	四平	奉天	錦州	熱河	興　西	興　南	興　東	興　北
[illegible]	3,884	7,155	696	723	1,533	474	30,958	4,341	511	91	289	65	433
4	119	918	40	77	11	32	2,223	249	41	43	104	11	16
11	[illegible]	79	14	33	2	—	67	9	—	—	—	7	3
—	[illegible]	1	—	—	1	—	17	54	—	—	—	—	—
00	33	64	68	168	11	90	1,496	763	4	2	1	1	36
97	554	2,818	142	174	670	162	12,990	1,442	223	37	89	6	117
20	1,965	1,082	198	123	307	34	4,135	784	94	—	10	13	82
28	586	918	134	74	233	56	4,316	453	81	1	23	8	35
1	9	52	1	2	5	2	258	26	24	6	4	—	3
35	96	548	26	31	66	42	1,653	205	11	—	11	10	34
91	473	910	72	41	227	56	3,805	406	33	12	47	9	57
3	1,444	3,003	181	212	269	253	16,844	2,563	273	62	168	29	218
1	42	232	9	10	1	20	806	136	26	32	68	5	10
2	15	26	5	12	—	—	47	8	—	—	—	2	1
—	1	—	—	—	—	—	14	53	—	—	—	—	—
8	11	17	16	46	—	41	484	538	3	2	—	—	28
[illegible]	153	1,206	39	41	82	89	7,235	846	87	15	47	3	54
[illegible]	847	487	51	48	187	15	1,433	252	25	—	5	7	28
[illegible]	165	334	34	29	16	22	2,686	270	69	1	7	6	49
[illegible]	2	29	1	1	1	2	176	19	23	4	4	—	1
[illegible]	53	213	12	14	22	23	1,012	141	10	—	2	4	11
[illegible]	156	461	14	11	10	41	2,451	300	30	8	35	2	36
3	2,316	4,029	498	498	1,244	214	13,556	1,725	149	24	109	36	20
39	77	680	31	67	10	12	1,401	109	12	11	27	6	6
9	32	51	9	21	2	—	17	1	—	—	—	5	2
[illegible]	—	1	—	—	1	—	3	1	—	—	—	—	—
[illegible]	22	46	52	114	11	48	943	214	1	—	1	1	8
[illegible]	386	1,585	101	131	585	70	5,076	579	119	9	41	3	62
41	24	522	133	72	155	18	2,512	468	4	—	5	6	22
43	418	367	100	45	216	34	1,602	181	11	—	16	2	33
—	7	24	—	1	4	—	69	6	—	1	—	—	2
6	42	325	14	17	44	17	426	63	1	—	9	6	18
4	808	438	58	30	216	15	1,207	103	1	3	10	7	11
6	12	44	1	2	1	1	183	7	—	2	—	—	11
—	—	1	—	—	—	—	3	—	—	—	—	—	—
—	—	—	—	—	—	—	—	—	—	—	—	—	—
—	—	—	—	—	—	—	—	—	—	—	—	—	—
2	—	1	—	2	—	—	22	5	—	—	—	—	—
—	—	17	1	—	—	—	91	1	—	—	—	—	8
4	9	21	—	—	—	—	12	1	—	—	—	—	2
—	—	—	—	—	—	—	18	—	—	—	—	—	—

離滯、鄉產別 (1)

通化宪兵队长石原健一关于东边道开发会社在山东省招募劳工状况致日本关东宪兵队司令部等的报告（通报）

（一九四二年三月十九日）

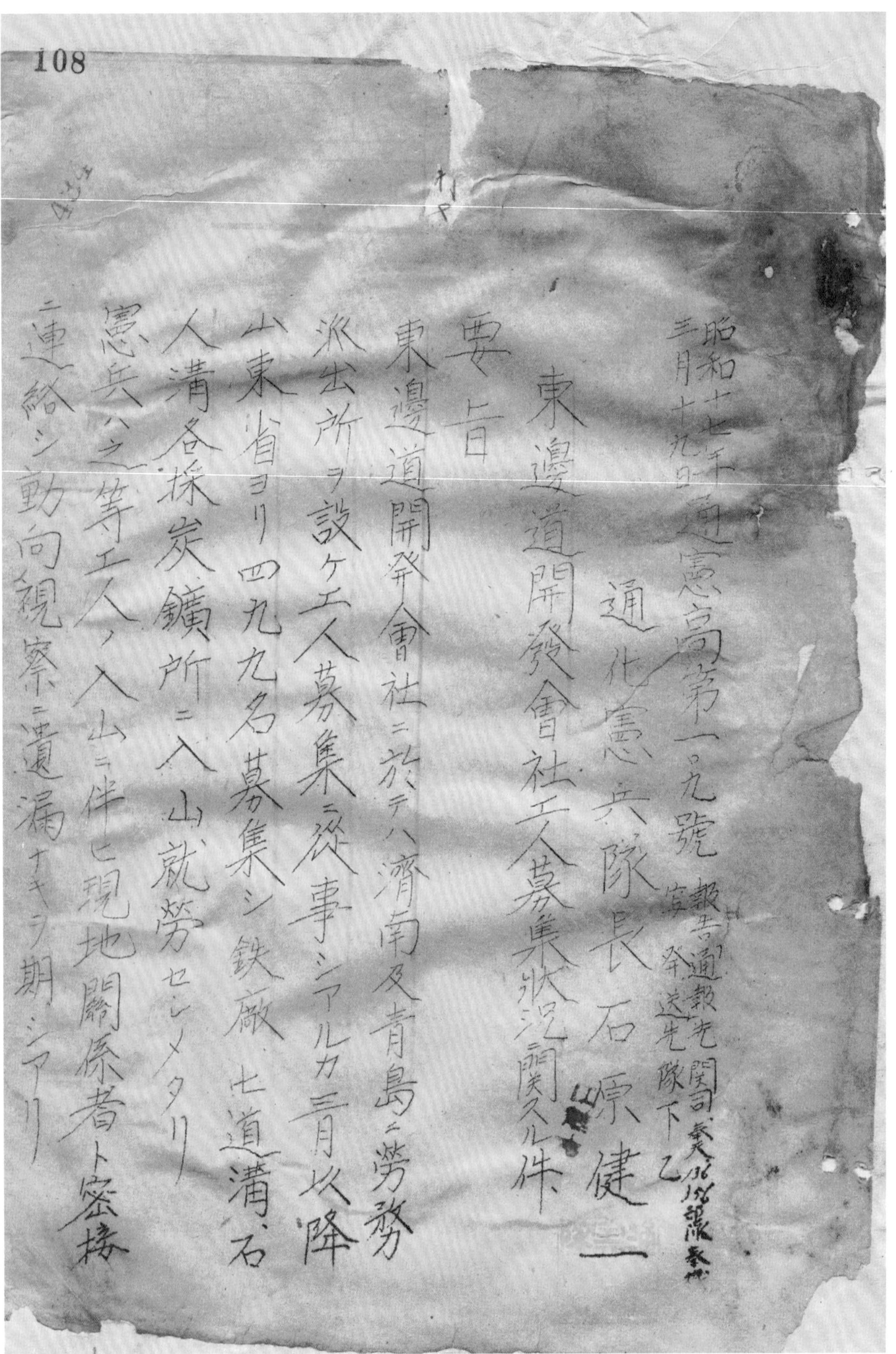

108

昭和十七年三月十九日 通憲高第一〇九號

報告通報先 関司、奉天、[illegible]部隊 [illegible]
宛 発送先 隊下 乙

通化憲兵隊長 石原健一

東邊道開發會社工人募集状況ニ関スル件

要旨

東邊道開発會社ニ於テハ濟南及青島ニ勞務派出所ヲ設ケ工人募集ニ従事シアルカ三月以降山東省ヨリ四九九名募集シ鉄廠、七道溝、石人溝各採炭鑛所ニ入山就勞セシメタリ

憲兵ハ之等工人ノ入山ニ伴ヒ現地關係者ト密接ニ連絡シ動向視察ニ遺漏ナキヲ期シアリ

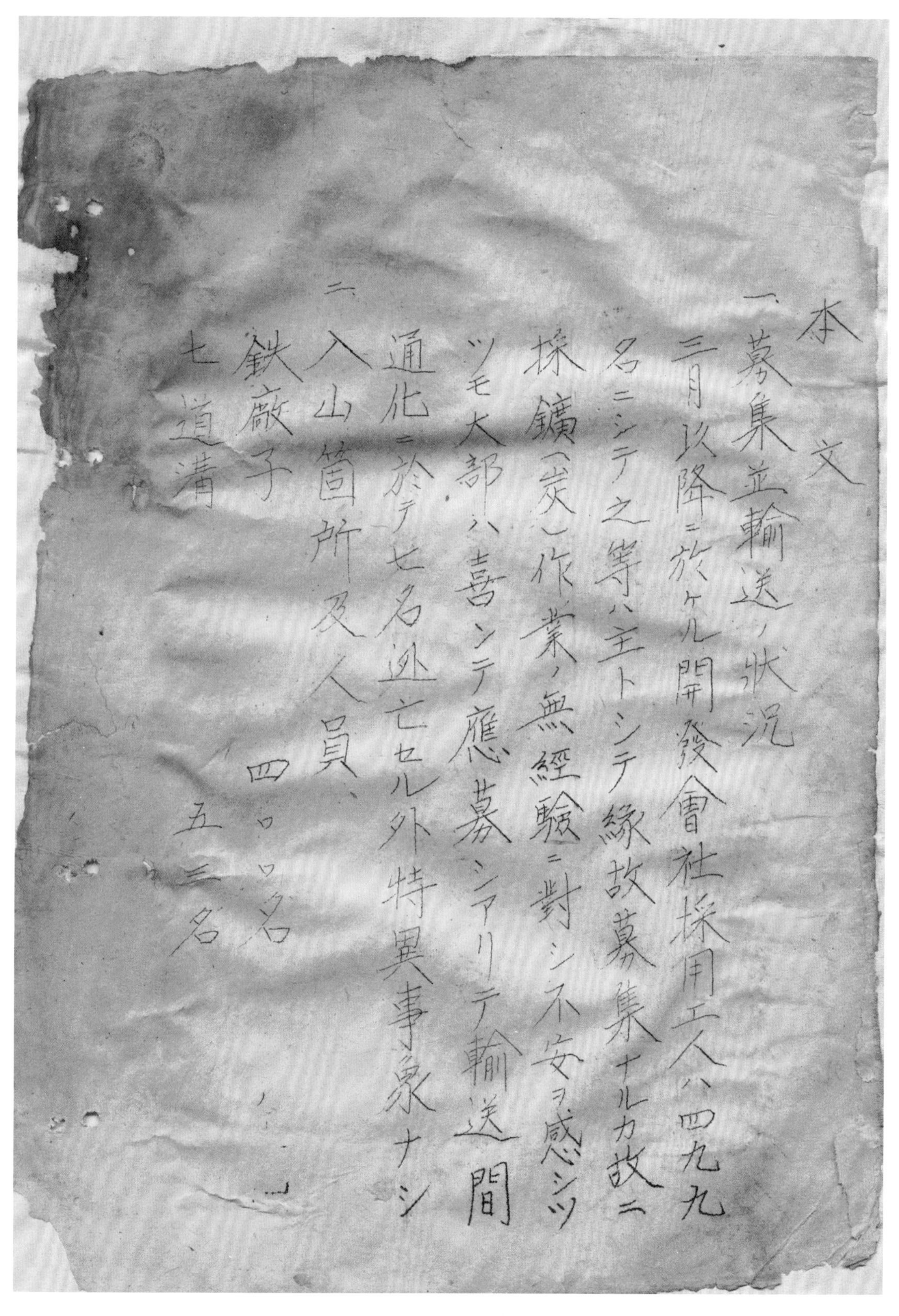
本文

一、募集並輸送ノ状況

三月以降ニ於ケル開發會社採用工人ハ四九九名ニシテ之等ハ主トシテ縁故募集ナルカ故ニ採鑛（炭）作業ノ無經驗ニ對シ不安ヲ感シツツモ大部ハ喜ンテ應募シアリテ輸送間通化ニ於テ七名逃亡セル外特異事象ナシ

二、入山箇所及人員、

鉄廠子　四〇〇名

七道溝　五三名

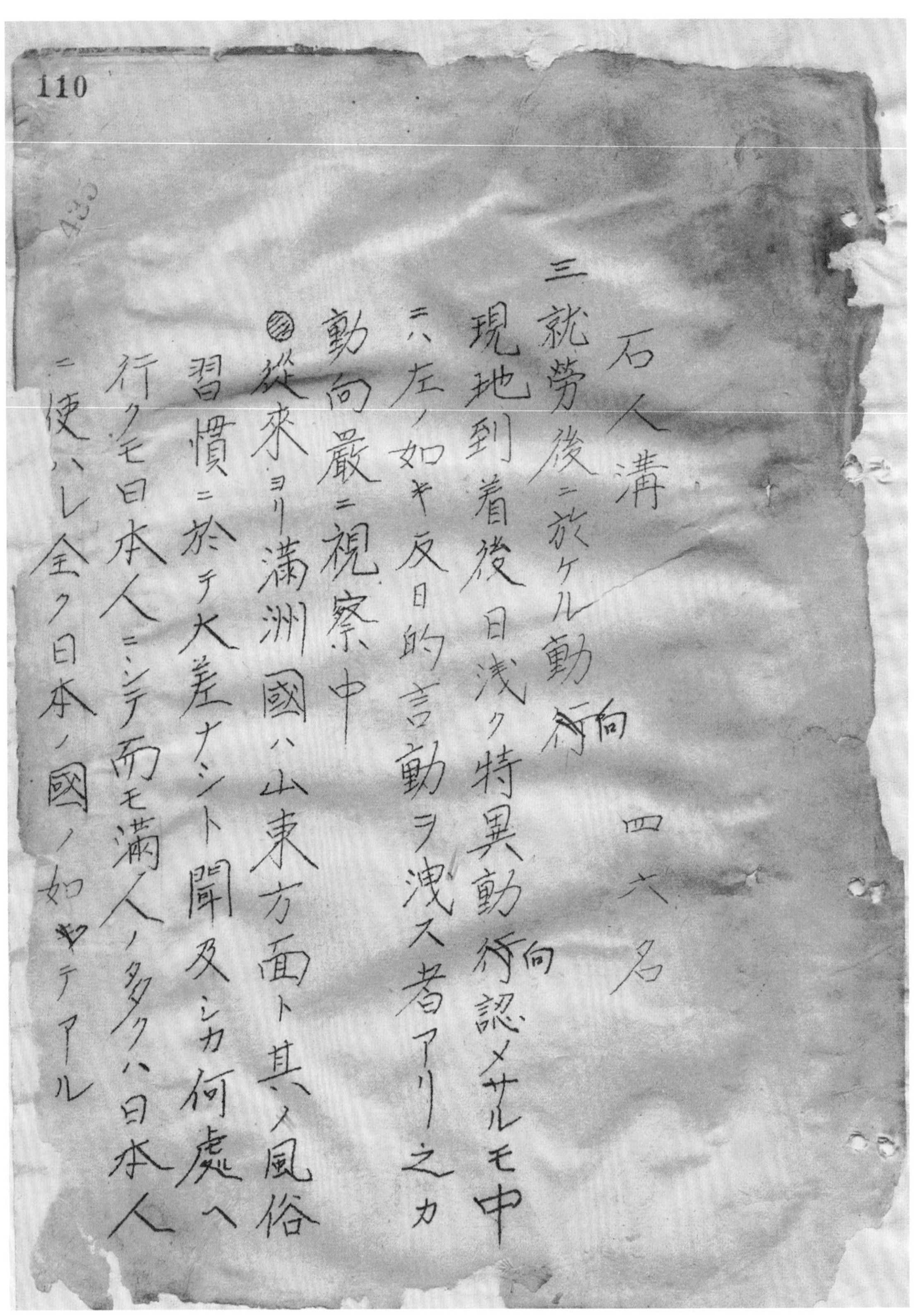

110

石人溝　　四六名

三　就勞後ニ於ケル動向

現地到着後日淺ク特異動向認メサルモ中ニハ左ノ如キ反日的言動ヲ洩ス者アリ之カ動向嚴ニ視察中

㊂從來ヨリ滿洲國ハ山東方面ト其ノ風俗習慣ニ於テ大差ナシト聞及シカ何處へ行クモ日本人ニシテ而モ滿人ノ多クハ日本人ニ使ハレ全ク日本ノ國ノ如キテアル

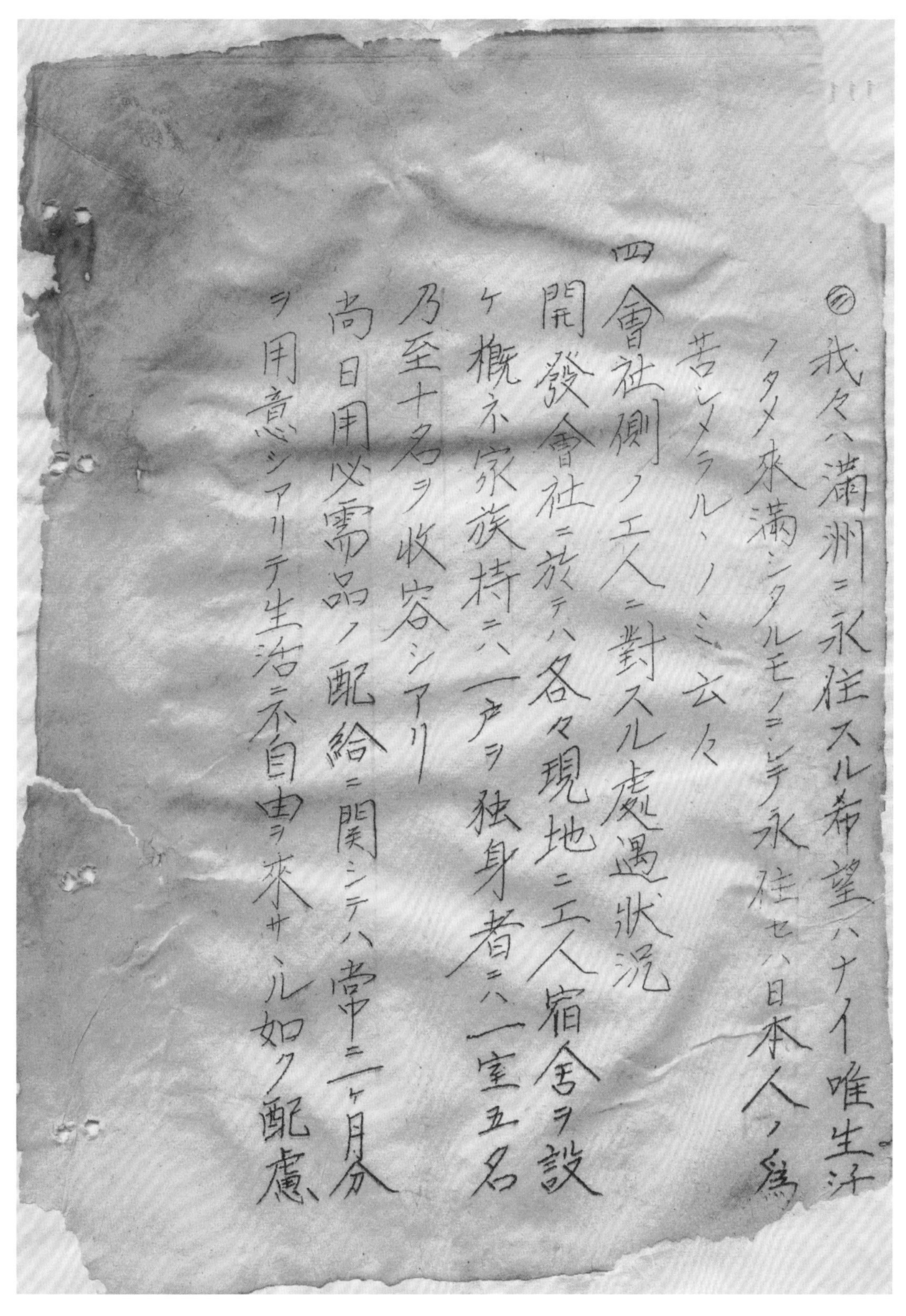
(三)我々ハ滿洲ニ永住スル希望ハナイ唯生活ノタメ來滿シタルモノニシテ永住セハ日本人ノ爲苦シメラルヽノミ云々

四 會社側ノ工人ニ對スル處遇状況

開發會社ニ於テハ各々現地ニ工人宿舎ヲ設ケ概ネ家族持ニハ一戸ヲ独身者ニハ一室五名乃至十名ヲ收容シアリ

尚日用必需品ノ配給ニ関シテハ常ニ一ヶ月分ヲ用意シアリテ生活ニ不自由ヲ來サヽル如ク配慮、

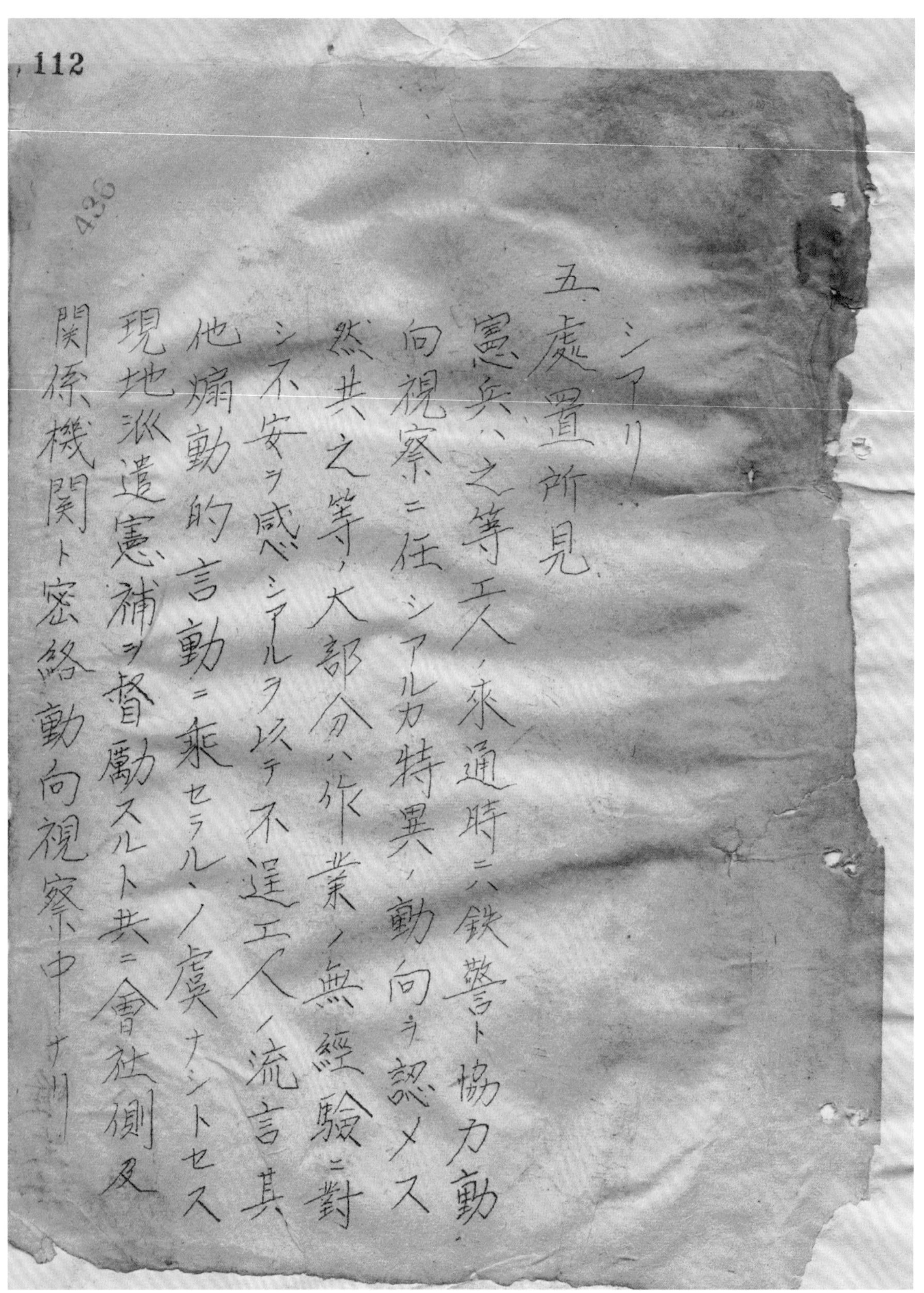

112

436

シアリ。

五、處置所見

憲兵ハ之等工人ノ來通時ニハ鉄警ト協力動向視察ニ任シアルカ特異ノ動向ヲ認メス然共之等ノ大部分ハ作業ノ無經驗ニ對シ不安ヲ感シアルヲ以テ不逞工人ノ流言其他煽動的言動ニ乘セラルルノ虞ナシトセス現地派遣憲補ヲ督勵スルト共ニ會社側及關係機関ト密絡動向視察中ナリ

伪满协和会中央本部调查部长坂田修一关于伪滨江省兰西县出现非法摊派致日本关东军司令官的报告
（一九四二年三月二十三日）

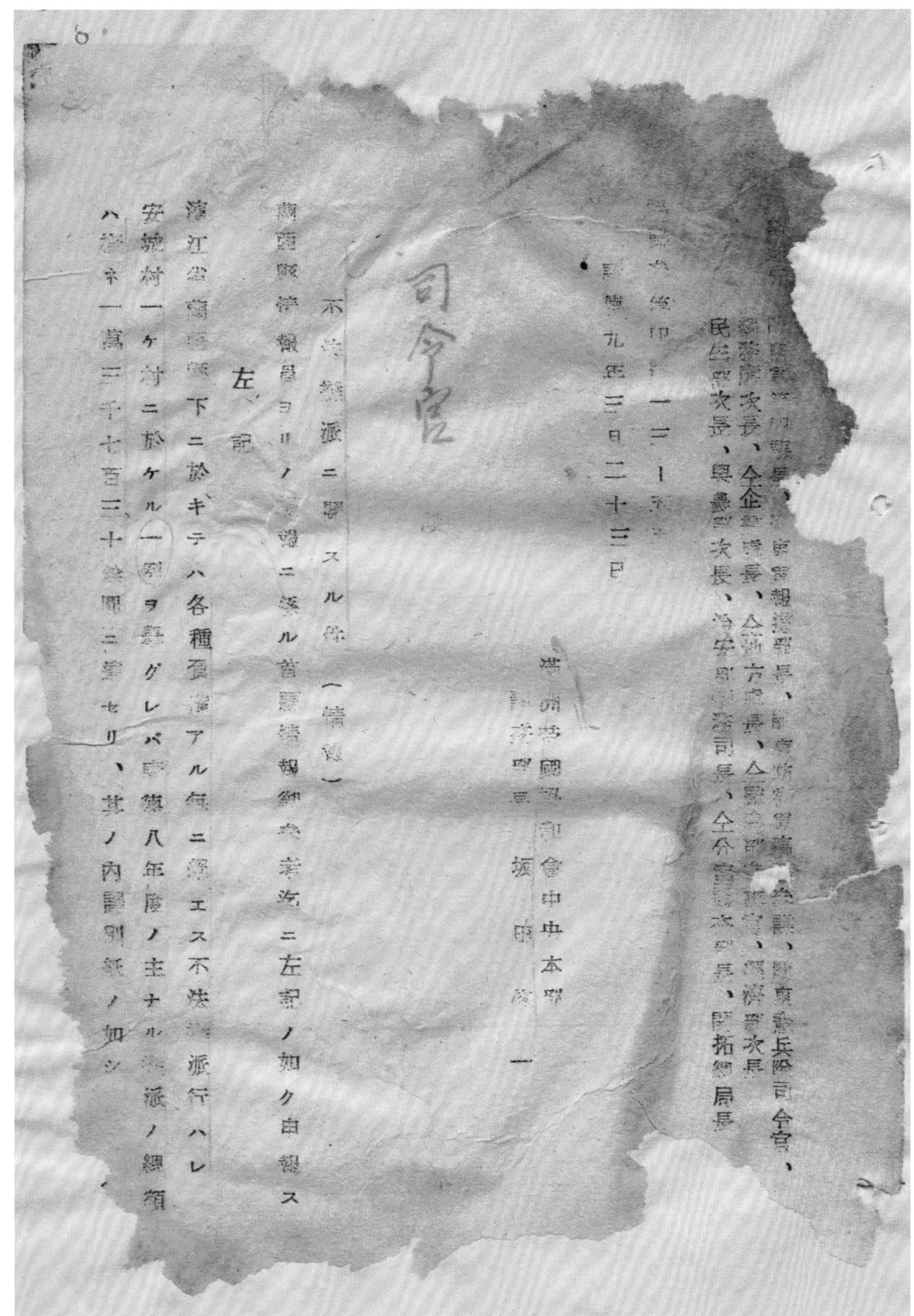

[illegible]長、關東軍情報部長、關東[illegible]課、關東憲兵隊司令官、
總務廳次長、仝企劃處長、仝地方處長、仝[illegible]、經濟部次長
民生部次長、興農部次長、治安部[illegible]司長、仝[illegible]長、開拓總局長

滿協[illegible]第一二一號
康德九年三月二十三日

滿洲帝國協和會中央本部
調査部長　坂田修一

司令官

不法攤派ニ關スル件（情報）

蘭西縣情報員ヨリノ報告ニ依ル首題情報御參考迄ニ左記ノ如ク申報ス

左記

濱江省蘭西縣下ニ於キテハ各種負擔アル毎ニ不法攤派行ハレ安城村一ヶ村ニ於ケル一例ヲ舉グレバ康德八年度ノ主ナル攤派ノ總額ハ[illegible]ネ一萬三千七百三十餘圓ニ達セリ、其ノ內譯別紙ノ如シ

附：安城村非法摊派调查表

[illegible]村不[illegible]派調查表

班别	名目及種類	原因	攤派狀況 標準	攤派狀況 金額	摘要
東小城子班	猪	國策	以養猪戶 二一頭	壹仟〇壹伯拾玖元	經區牌會議
	勞工	〃	以土地多者每戶以一垧地三元	玖伯元	經區牌會議
	[illegible]	〃	以有[illegible]戶	陸拾元五角四分	經區牌會議
腰小城子班	猪	〃	以養猪戶 二七頭	壹仟三百二十四元	經區牌會議
	勞工	〃	以土地多者均攤	壹仟二百元	經區牌會議
	[illegible]	〃	以土地一垧半斤 以戶數每戶四斤	拾壹圓四角六分	經區牌會議
西小城子班	猪	〃	以養猪戶 二八頭	壹仟五百五十三元八角四分	經區牌會議
	勞工	〃	以壯丁一名四元 以地一垧五角	壹仟二百元	經區牌會議
	[illegible]	〃	以人口一人一斤	捌拾二元一角六分	經區牌會議

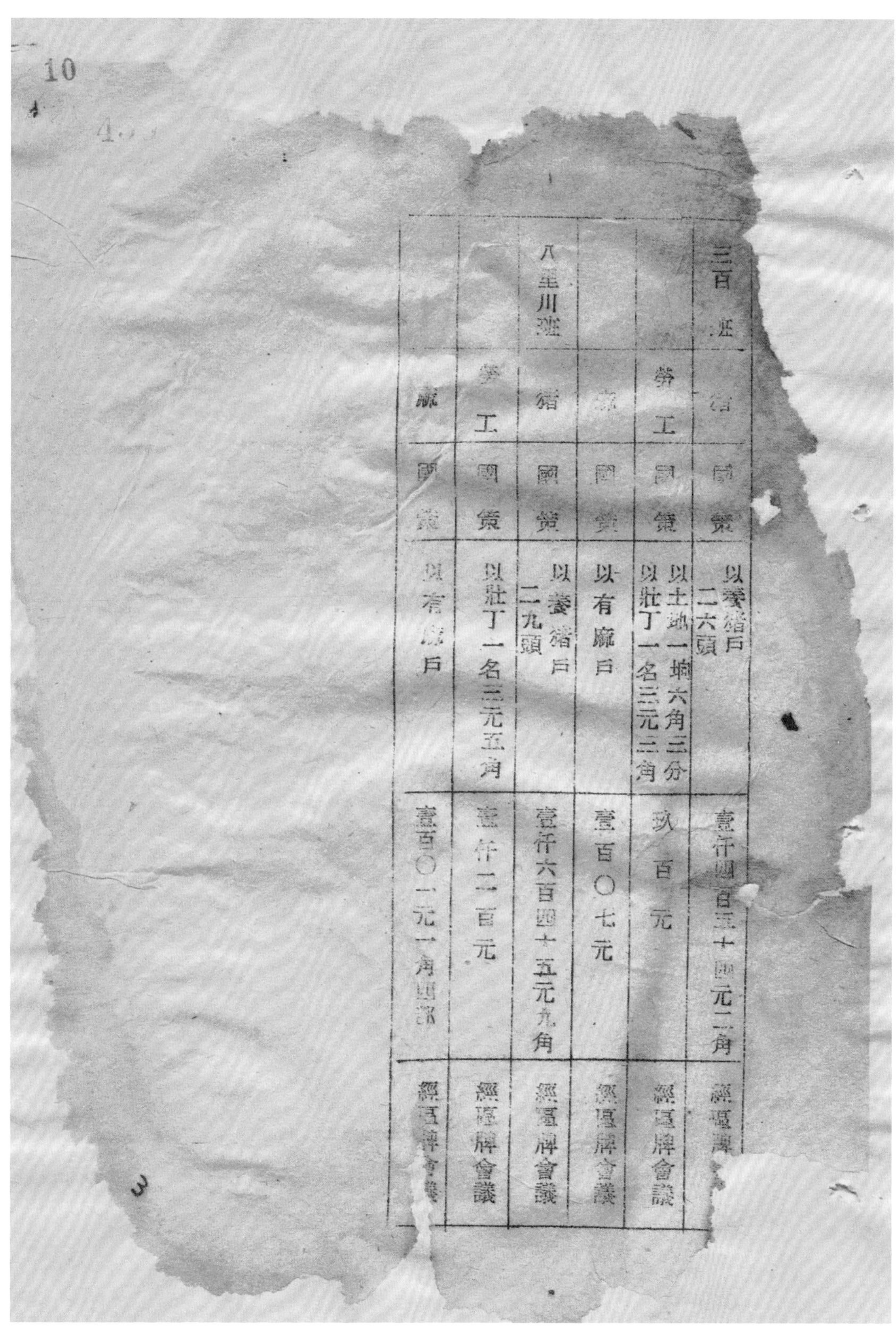

三百庄	猪	國賓	以養猪戶二六頭	壹仟四百五十四元二角	經區牌會議
	勞工	國賓	以土地一垧六角三分 以壯丁一名三元三角	玖百元	經區牌會議
	麻	國賓	以有麻戶	壹百〇七元	經區牌會議
八里川灘	猪	國賓	以養猪戶二九頭	壹仟六百四十五元九角	經區牌會議
	勞工	國賓	以壯丁一名三元五角	壹仟二百元	經區牌會議
	麻	國賓	以有麻戶	壹百〇一元一角四分	經區牌會議

通化宪兵队长石原健一关于一九四二年三月东边道开发会社招募劳工状况致日本关东宪兵队司令部等的报告（通报）（一九四二年三月二十六日）

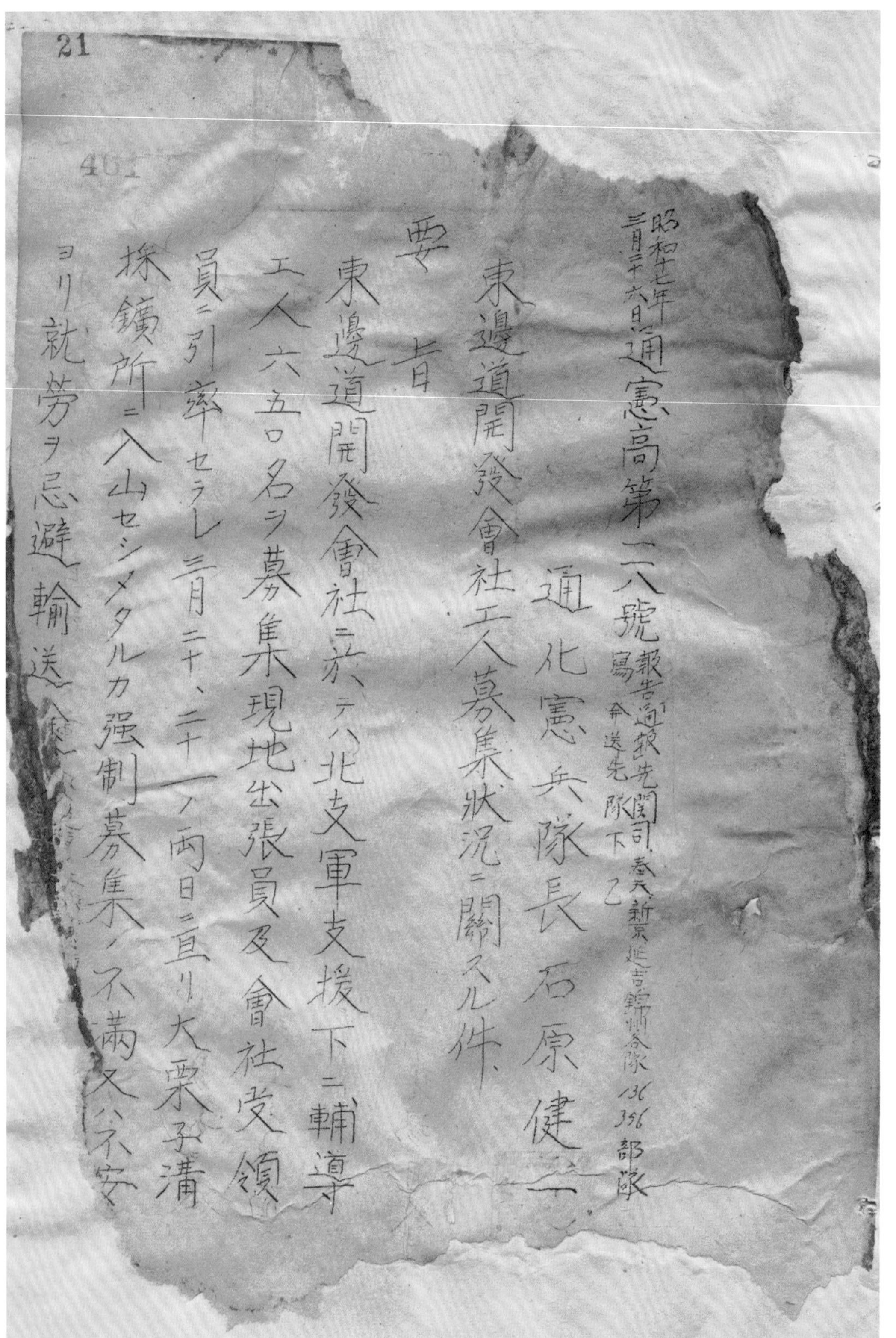

21

昭和十七年三月二十六日 通憲高第一二八號

報告（通報）先 關司、奉天、新京、延吉、錦州各隊 136、356部隊

寫 命送先 隊下 乙

通化憲兵隊長 石原健一

東邊道開發會社工人募集狀況ニ關スル件

要旨

東邊道開發會社ニ於テハ北支軍支援下ニ輔導工人六五〇名ヲ募集現地出張員及會社受領員ニ引率セラレ三月二十、二十一ノ兩日ニ亘リ大栗子溝採鑛所ニ入山セシメタルカ强制募集ノ不滿又ハ不安ヨリ就勞ヲ忌避輸送

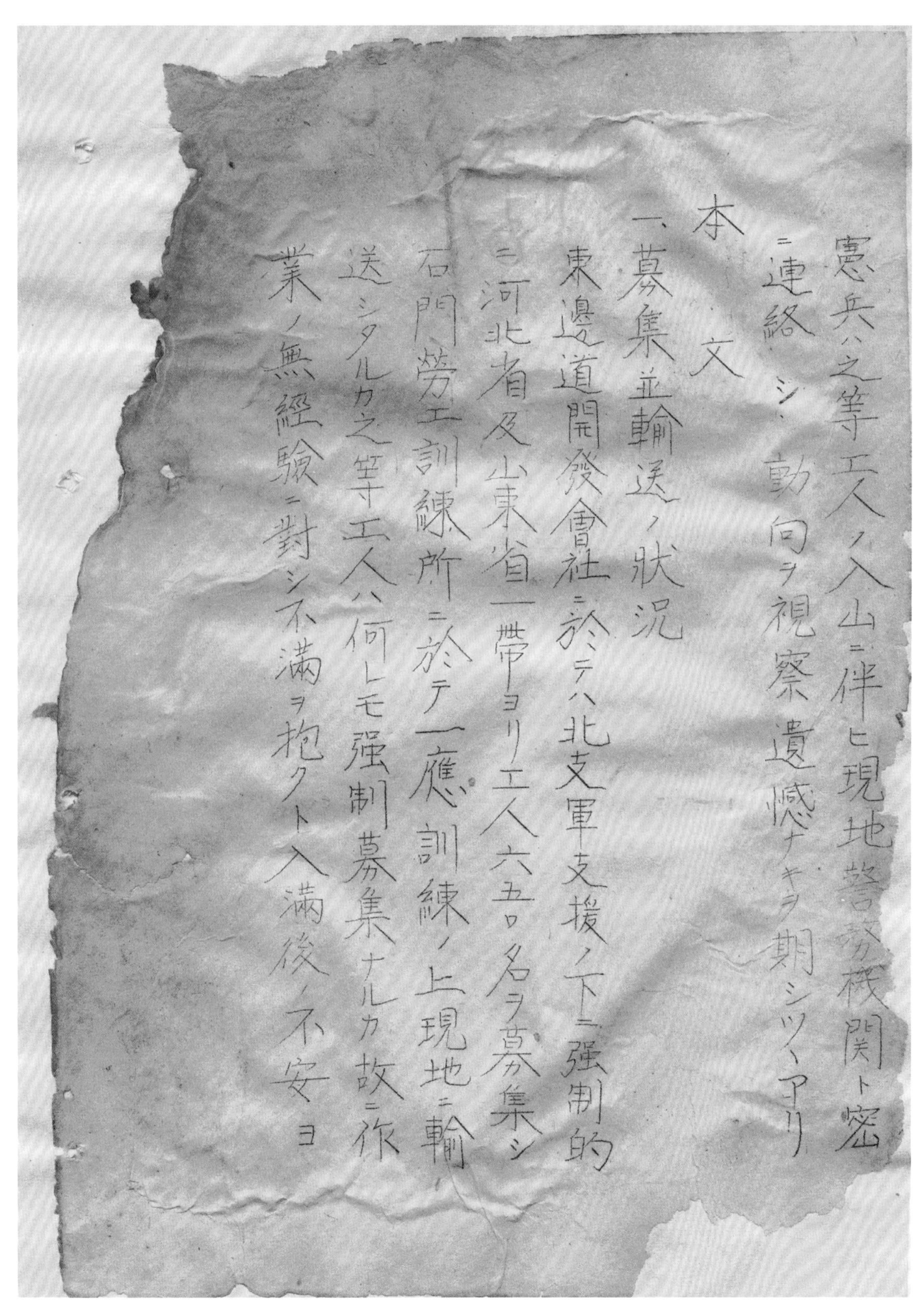

憲兵ハ之等工人ノ入山ニ伴ヒ現地警務機関ト密
ニ連絡シ動向ヲ視察遺憾ナキヲ期シツヽアリ
本文
一、募集並輸送ノ状況
東邊道開發會社ニ於テハ北支軍支援ノ下ニ強制的
ニ河北省及山東省一帯ヨリ工人六五〇名ヲ募集シ
石門勞工訓練所ニ於テ一應訓練ノ上現地ニ輸
送シタルカ之等工人ハ何レモ強制募集ナルカ故ニ作
業ノ無經驗ニ對シ不滿ヲ抱クト入滿後ノ不安ヨ

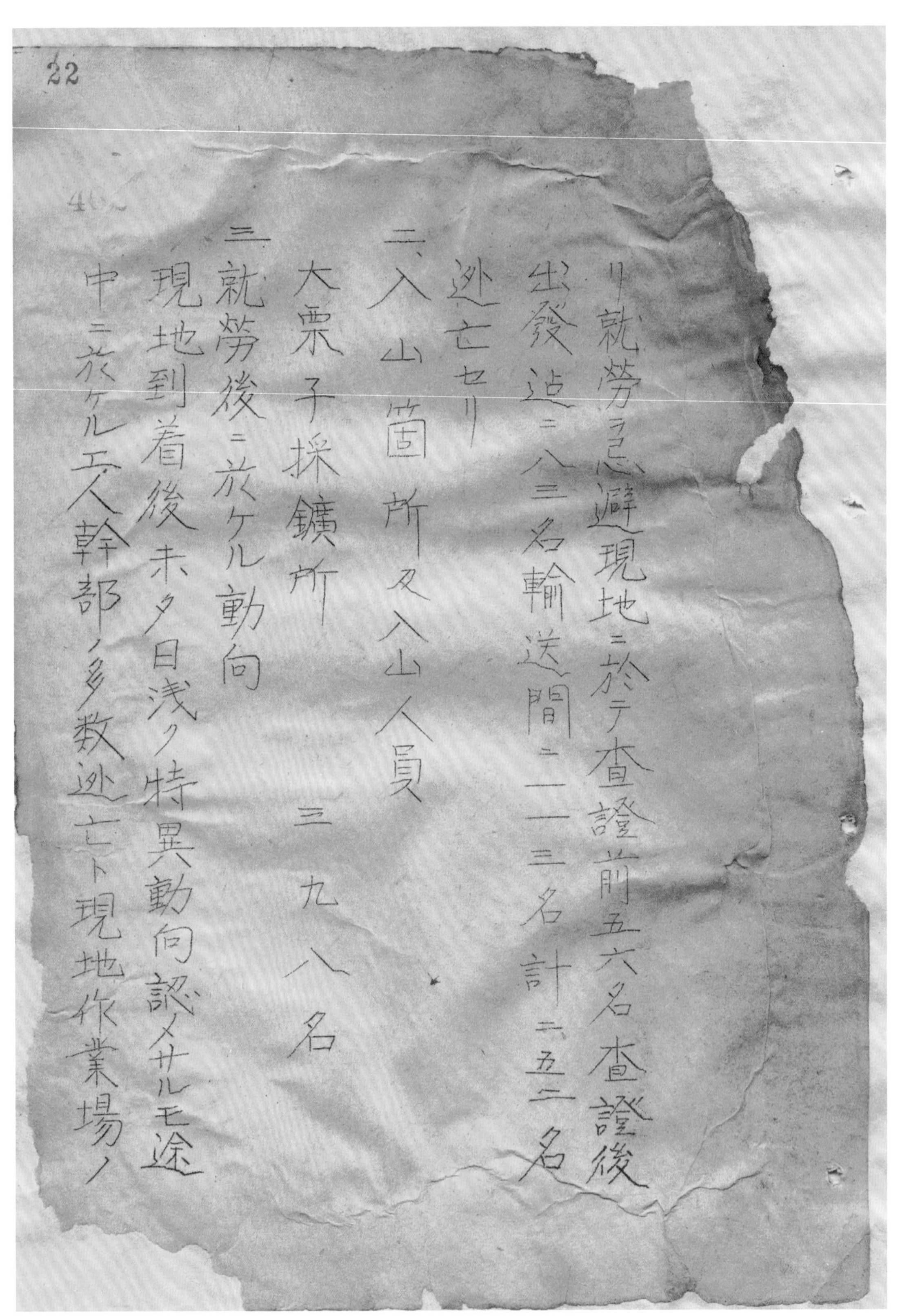

22

リ就勞ヲ忌避現地ニ於テ查證前五六名查證後
出發迄ニ八三名輸送間ニ一一三名計二五二名
逃亡セリ
二、入山箇所及入山人員
大栗子採鑛所　三九八名
三、就勞後ニ於ケル動向
現地到着後未タ日淺ク特異動向認メサルモ途
中ニ於ケル工人幹部ノ多数逃亡ト現地作業場ノ

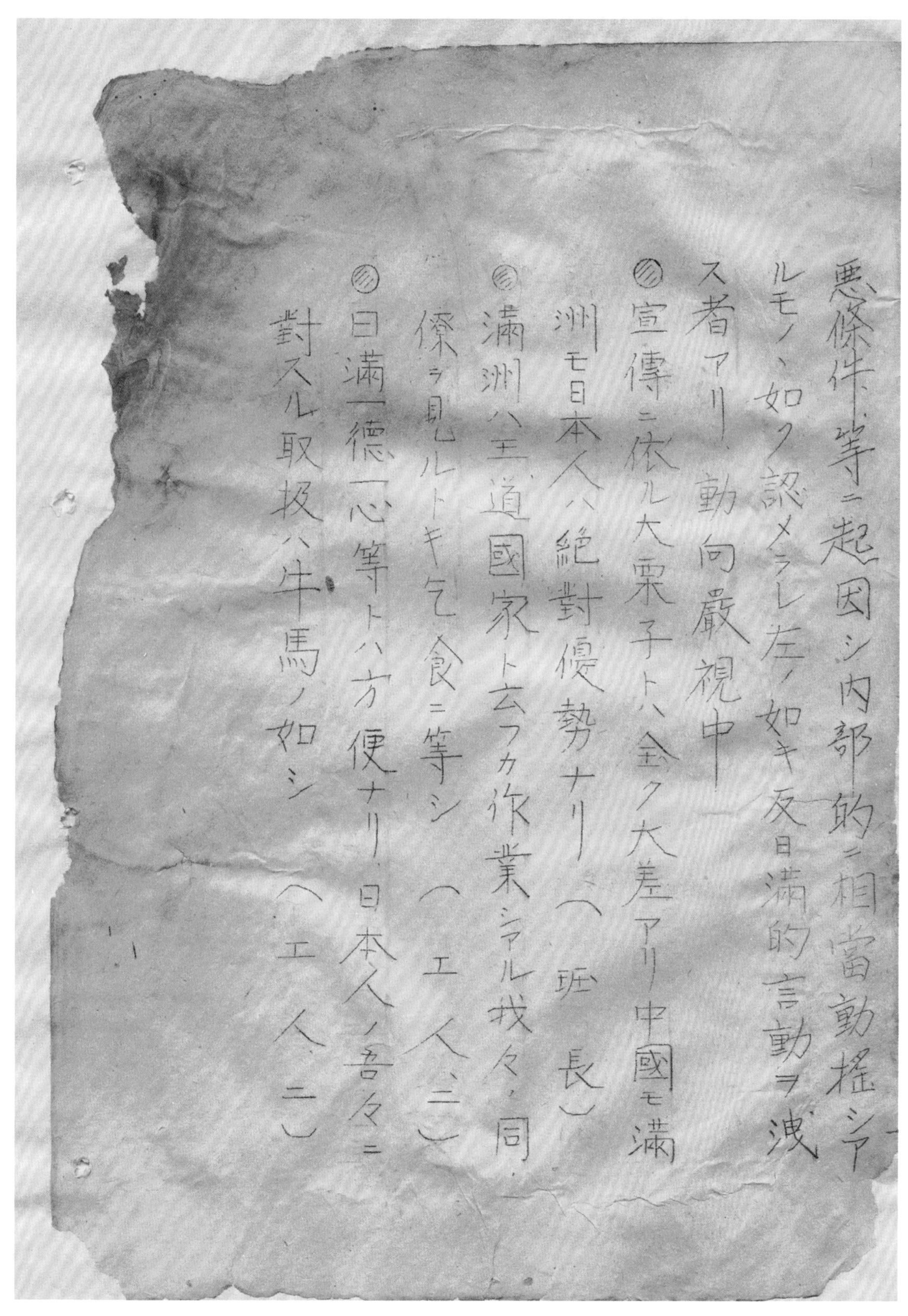

悪條件等ニ起因シ内部的ニ相當動揺シアルモノ、如ク認メラレ左ノ如キ反日満的言動ヲ洩ス者アリ動向嚴視中

㊀宣傳ニ依ル大栗子トハ全ク大差アリ中國モ満洲モ日本人ハ絶對優勢ナリ（班長）

㊁満洲ハ王道國家ト云フカ作業シアル我々ノ同僚ヲ見ルトキ乞食ニ等シ（工人、二）

㊂日満一徳一心等トハ方便ナリ日本人ノ吾々ニ對スル取扱ハ牛馬ノ如シ（工人、二）

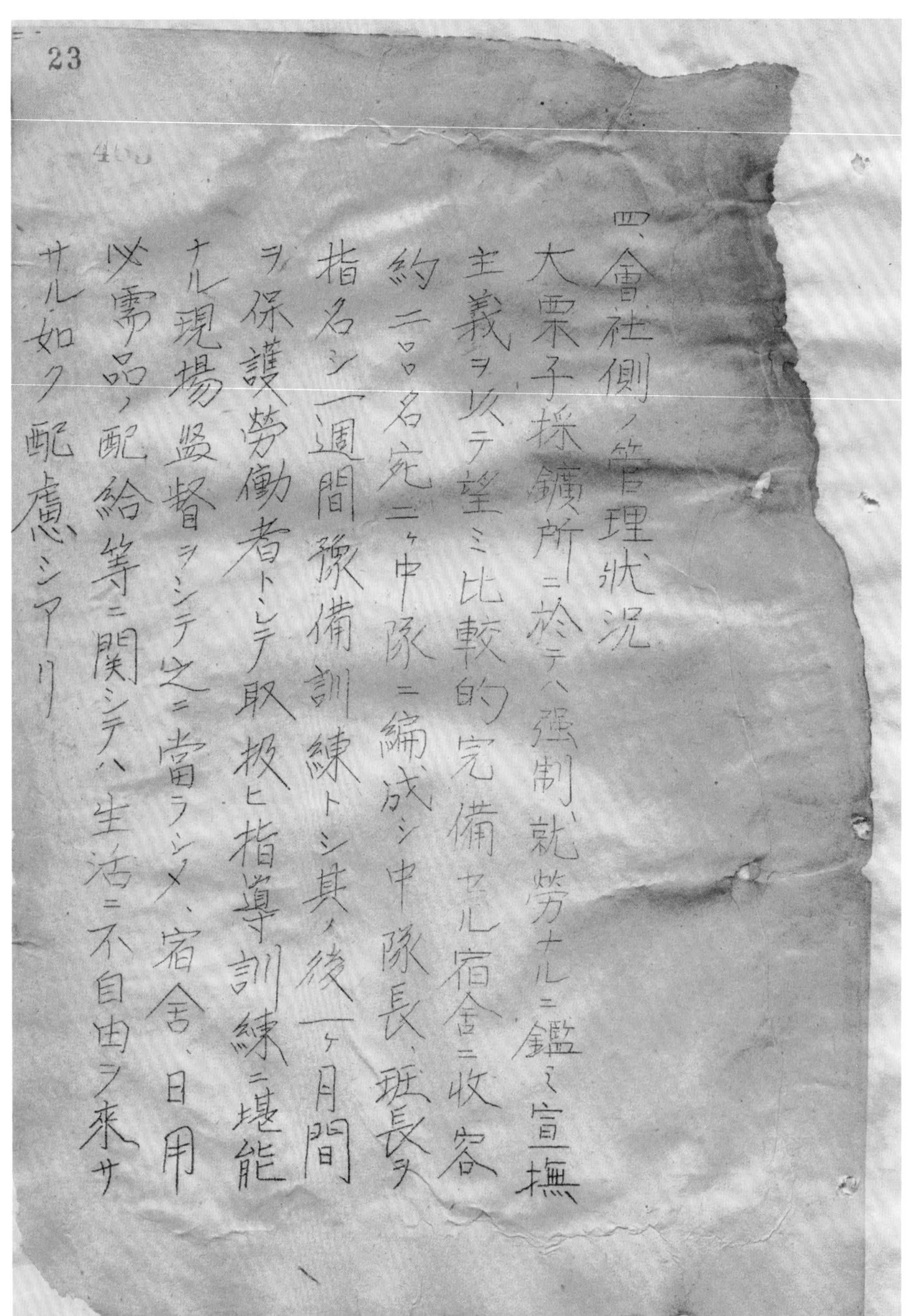
23

四、會社側ノ管理狀況
大栗子採鑛所ニ於テハ強制就勞ナルニ鑑ミ宣撫主義ヲ以テ望ミ比較的完備セル宿舍ニ收容約二〇〇名宛ニヶ中隊ニ編成シ中隊長、班長ヲ指名シ一週間豫備訓練トシ其ノ後一ヶ月間ヲ保護勞働者トシテ取扱ヒ指導訓練ニ堪能ナル現場監督ヲシテ之ニ當ラシメ、宿舍、日用必需品ノ配給等ニ関シテハ生活ニ不自由ヲ來ササルノ如ク配慮シアリ

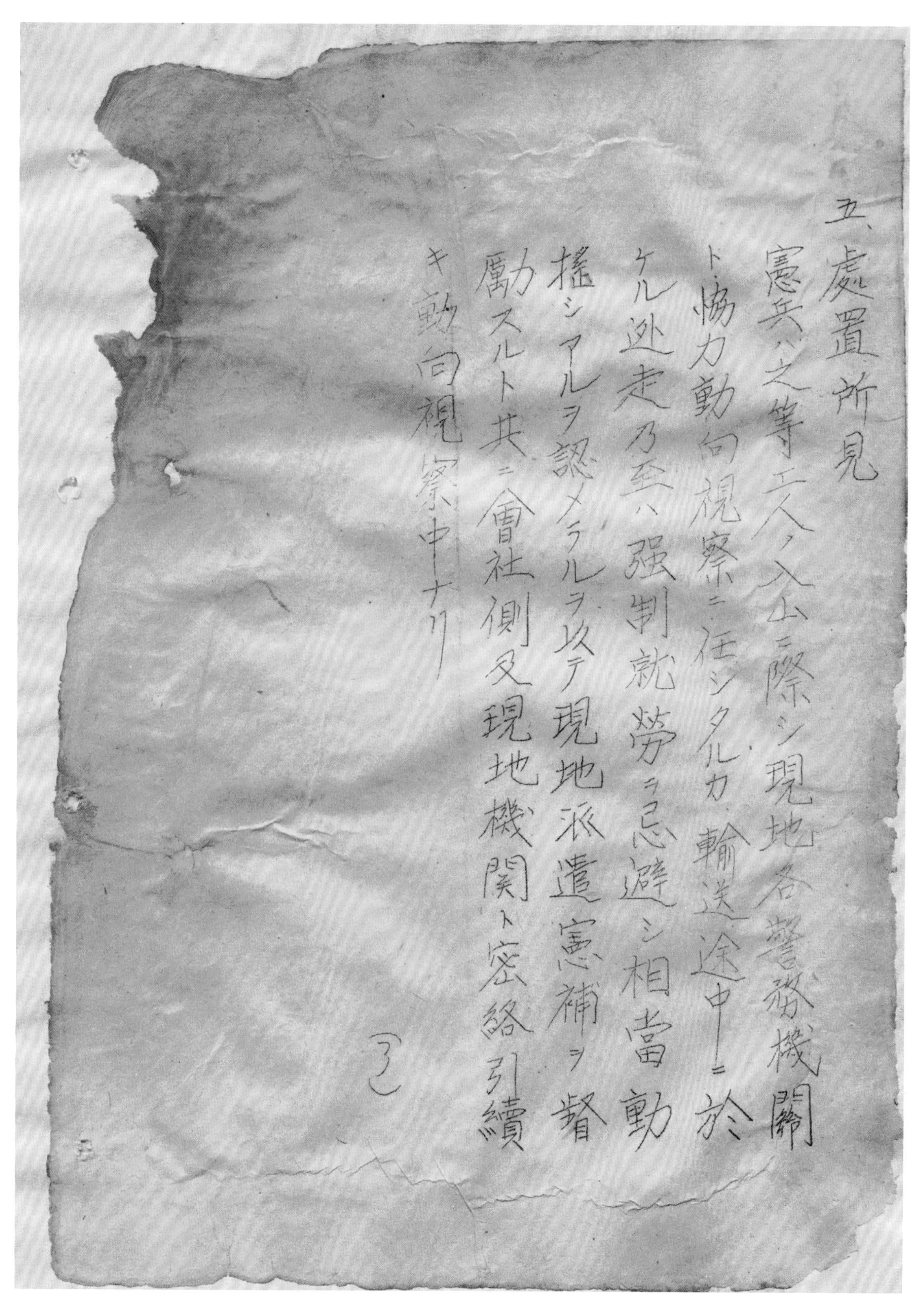

五、處置所見

憲兵ハ之等工人ノ入山ニ際シ現地各警務機關ト協力動向視察ニ任シタルカ輸送途中ニ於ケル逃走乃至ハ強制就勞ヲ忌避シ相當動搖シアルヲ認メタルヲ以テ現地派遣憲補ヲ督勵スルト共ニ會社側及現地機關ト密絡引續キ動向視察中ナリ

伪满民生部劳务司编制的一九四二年三月出入伪满劳工统计月报（一九四二年三月）

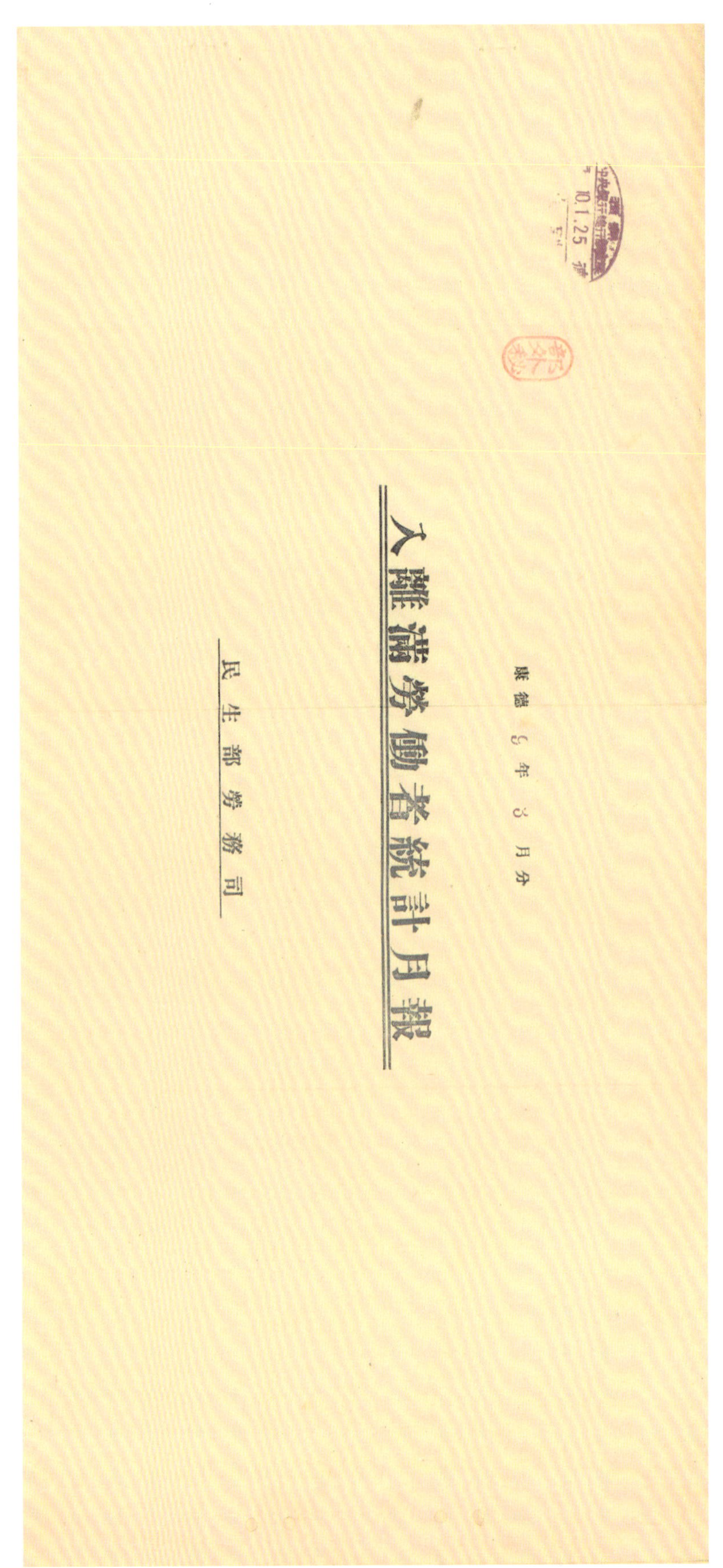

康德9年3月分

入離滿勞働者統計月報

民生部勞務司

勞働者入滿概況

康德　　年　　月分

許可不許可 區別 經由地	入滿ヲ許可セラレタル者							許可セラレザル者		
	勞工証所持者	勞工証所持者隨伴家族			特別勞工証所持者	特種勞工証所持者	其他	計	勞工証所持者	其他
		計	男	女						
本年累計					1698					
前年同月增減比較（△印ハ減）										
月計					692					
大連					233					
營口										
安東										
山海關					456					
古北口					3					

勞働者離滿概況

康德　　年　　月分

區別 經由地	勞働者			勞働者隨伴家族			特別証所持者	特種証所持者	其他
	計	勞工証所持者	勞工証無所持者	計	男	女			
本年累計									
前年同月增減比較（△印ハ減）									
月計									
大連									
營口									
安東									
山海關									
古北口									

大连陆军特务机关制发的《劳工情报（资源）》（一九四二年四月七日）

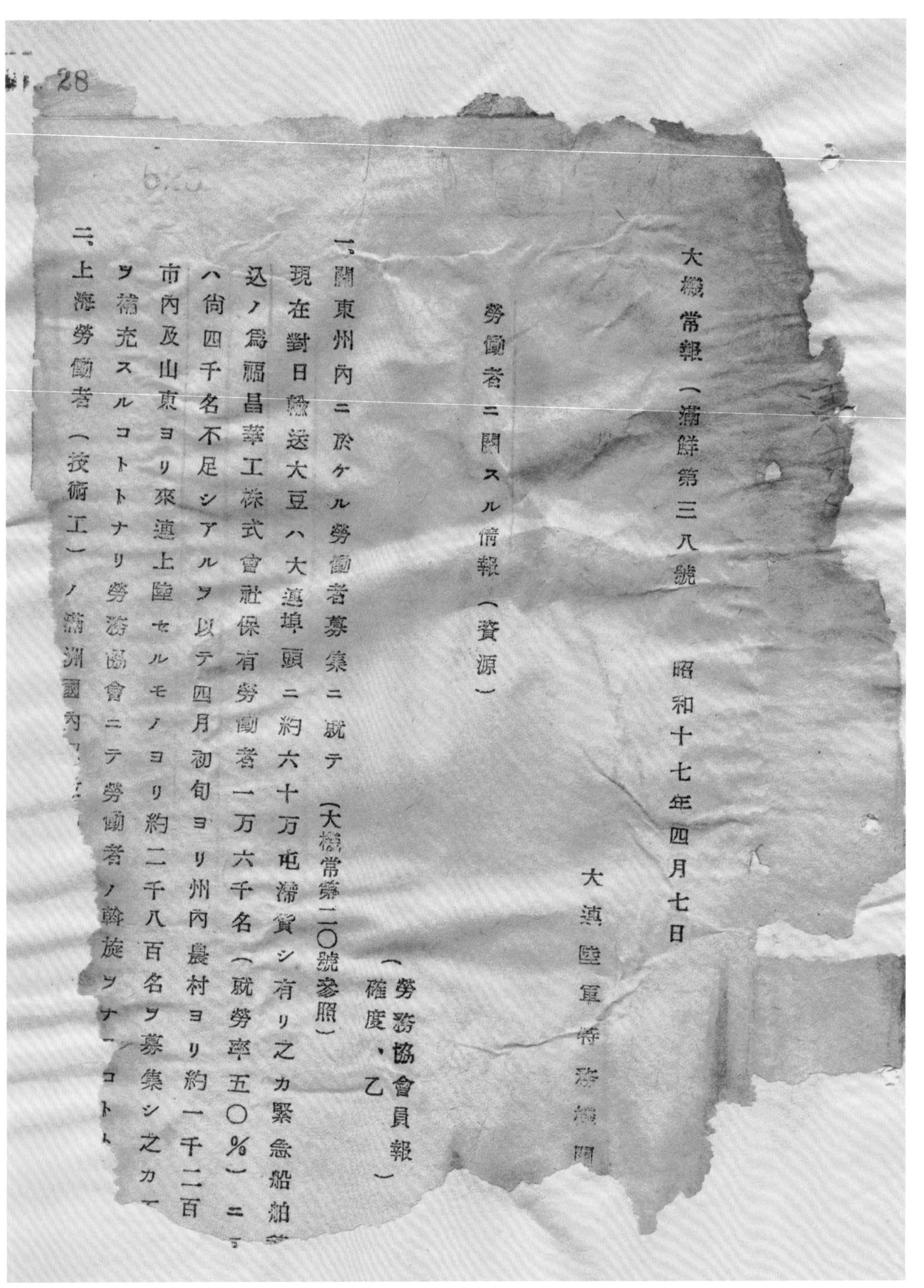

大機常報（滿鮮第三八號　昭和十七年四月七日

大連陸軍特務機關

勞働者ニ關スル情報（資源）

（勞務協會員報
確度、乙）

一、關東州内ニ於ケル勞働者募集ニ就テ（大機常第二〇號參照）

現在對日輸送大豆ハ大連埠頭ニ約六十万屯滯貨シ有リ之カ緊急船舶積
込ノ爲福昌華工株式會社保有勞働者一万六千名（就勞率五〇%）ニテ
ハ尚四千名不足シアルヲ以テ四月初旬ヨリ州内農村ヨリ約一千二百
市内及山東ヨリ來連上陸セルモノヨリ約二千八百名ヲ募集シ之カ
ヲ補充スルコトトナリ勞務協會ニテ勞働者ノ斡旋ヲナ[illegible]コト[illegible]

二、上海勞働者（技術工）ノ滿洲國内[illegible]

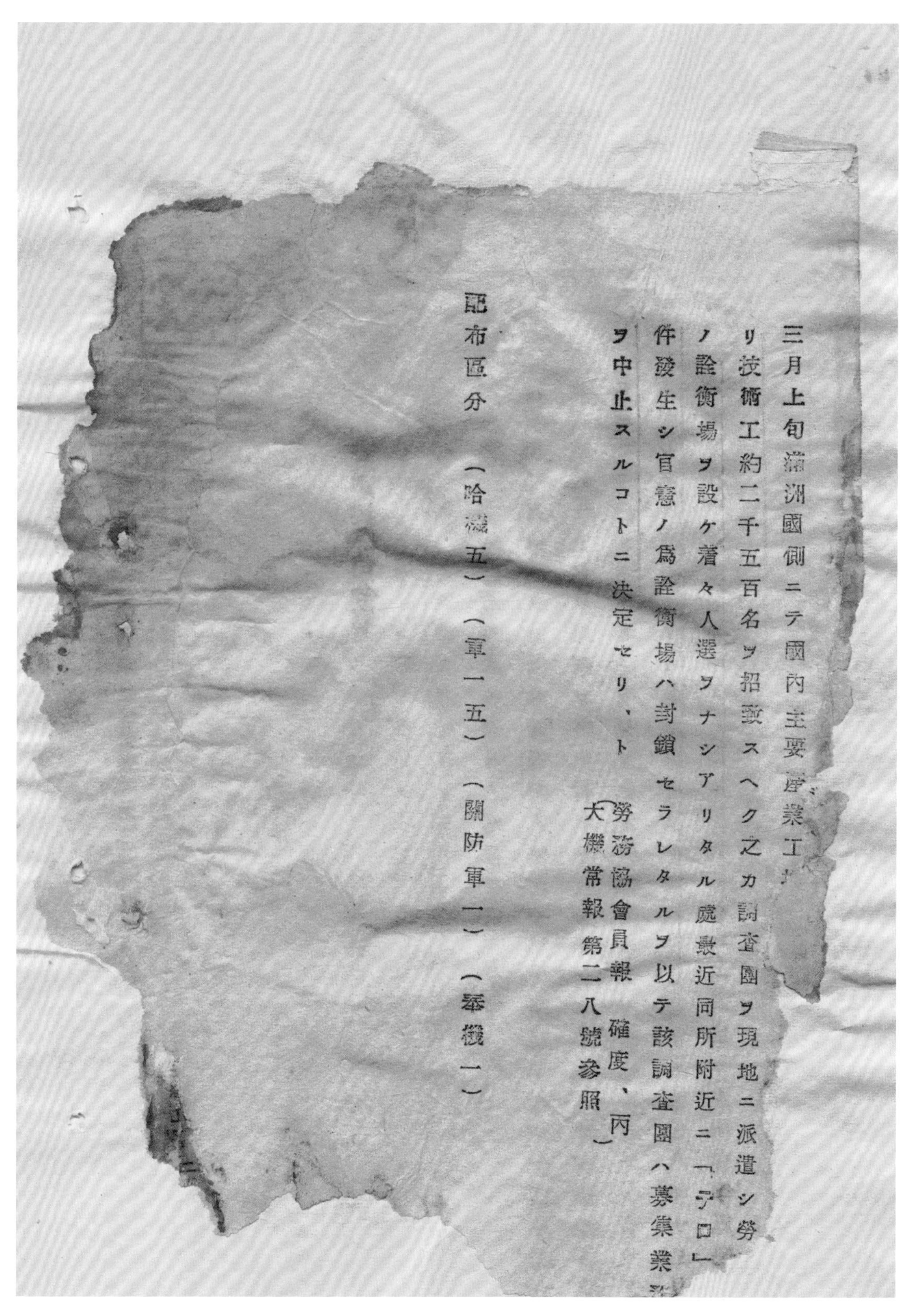
三月上旬滿洲國側ニテ國内主要産業工
リ技術工約二千五百名ヲ招致スヘク之カ調査團ヲ現地ニ派遣シ勞
ノ詮衡場ヲ設ケ着々人選ヲナシアリタル處最近同所附近ニ「テロ」
件發生シ官憲ノ爲詮衡場ハ封鎖セラレタルヲ以テ該調査團ハ募集業
ヲ中止スルコトニ決定セリ、ト（勞務協會員報　確度、丙）
（大機常報第二八號參照）

配布區分　（哈機五）（軍一五）（關防軍一）（奉機一）

新京宪兵队长儿岛正范关于一九四二年度劳工供需计划致日本关东宪兵队司令部等的报告（通报）

（一九四二年四月十六日）

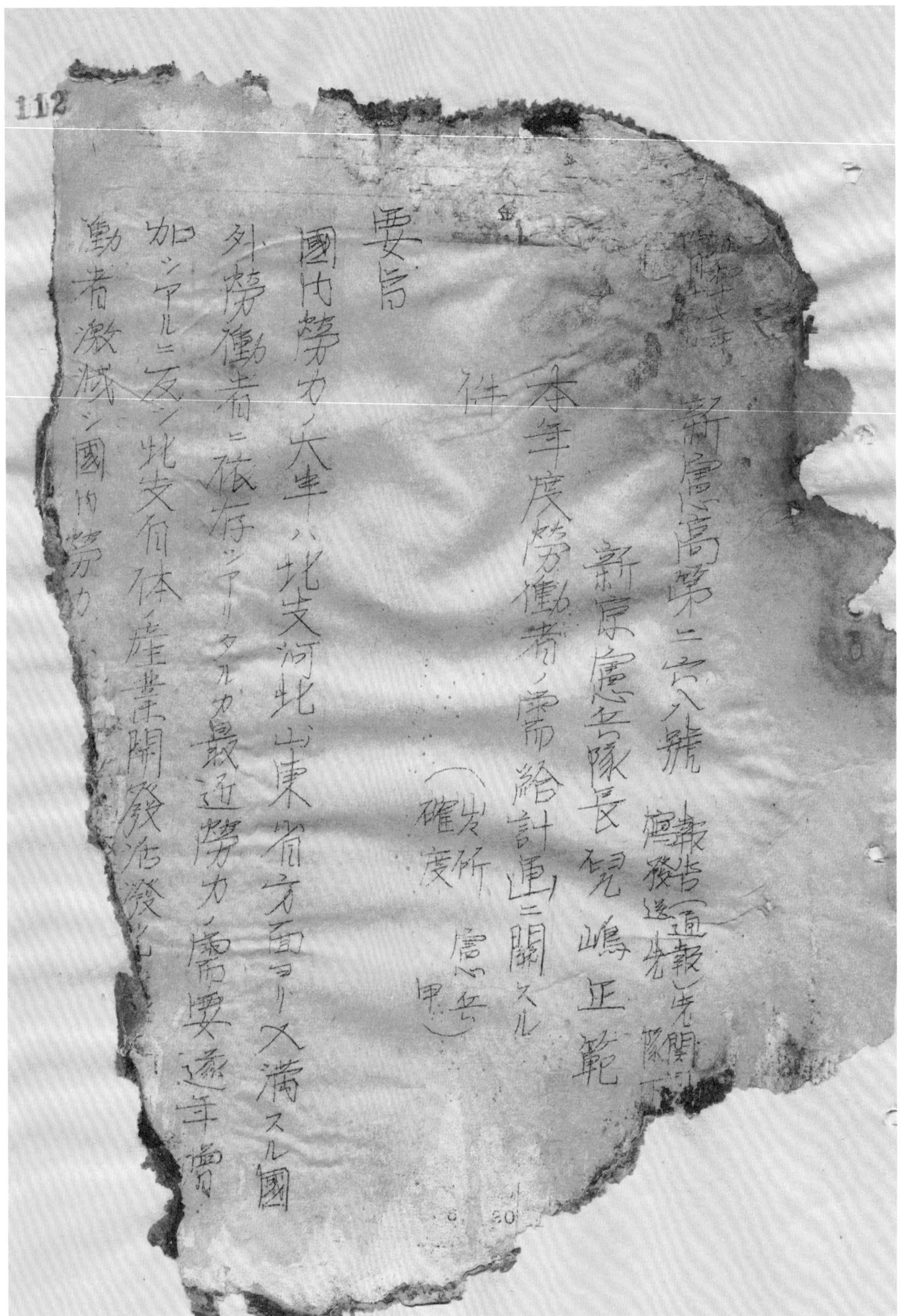
新憲高第二六八號 報告（通報）先
新京憲兵隊長 児嶋正範
本年度勞働者ノ需給計畫ニ關スル件
（出所 憲兵 確度 甲）
要旨
國内勞力ハ大半ハ北支河北山東省方面ヨリ入滿スル國外勞働者ニ依存シアリタルカ最近勞力ノ需要逐年增加シアルニ反シ北支自体ノ產業開發活潑化シ勞働者激減シ國内勞力

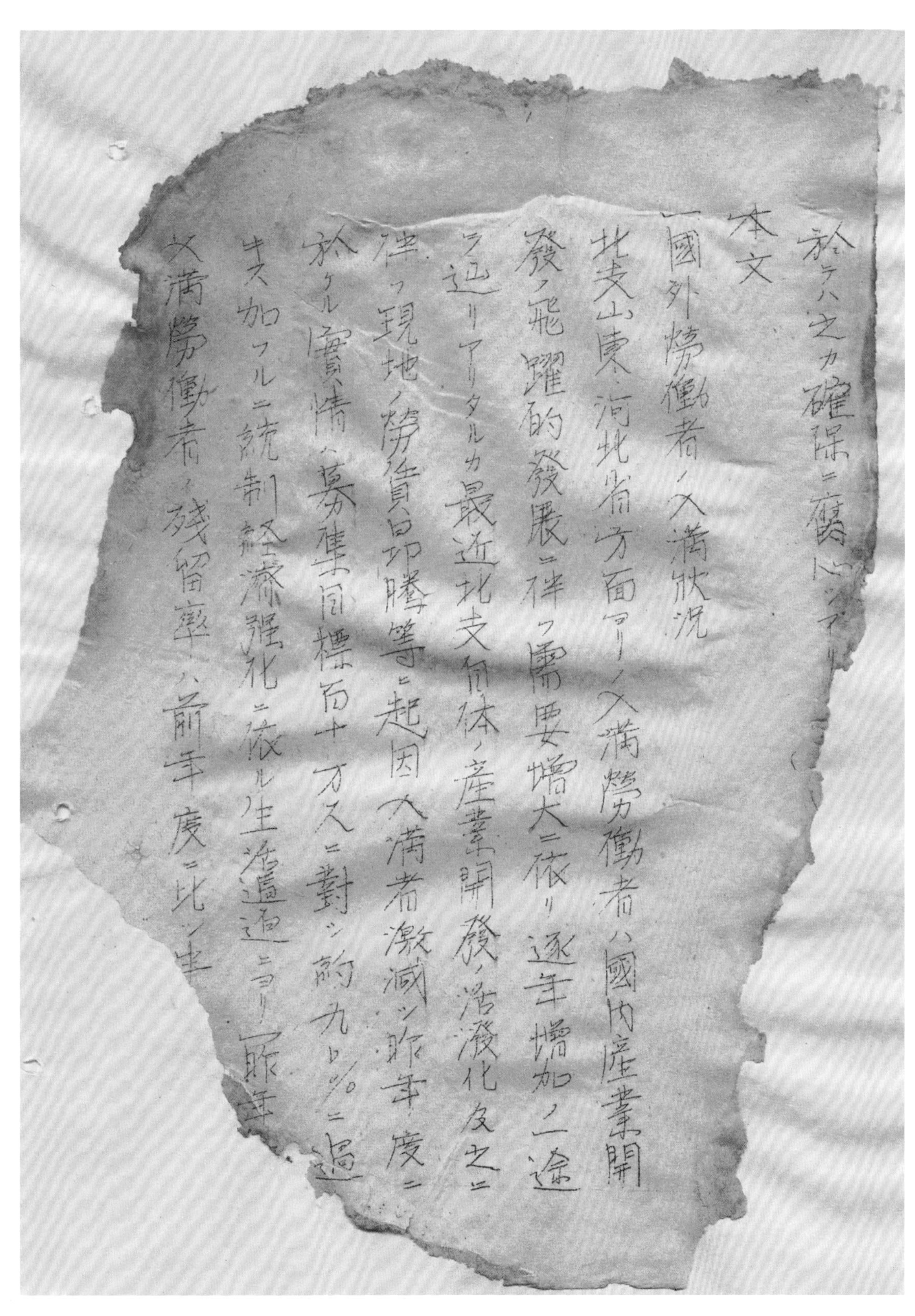
於テハ之カ確保ニ腐心シアリ

本文

一、國外勞働者ノ入滿狀況

北支山東、河北省方面ヨリノ入滿勞働者ハ國內產業開發ノ飛躍的發展ニ伴フ需要增大ニ依リ逐年增加ノ一途ヲ辿リアリタルカ最近北支自体ノ產業開發ノ活潑化及之ニ伴フ現地ノ勞賃ノ昂騰等ニ起因シ入滿者激減シ昨年度ニ於ケル實情ハ募集目標百十万人ニ對シ約九〇%ニ過キス加フルニ統制經濟强化ニ依ル生活逼迫ニヨリ昨年入滿勞働者ノ殘留率ハ前年度ニ比シ生

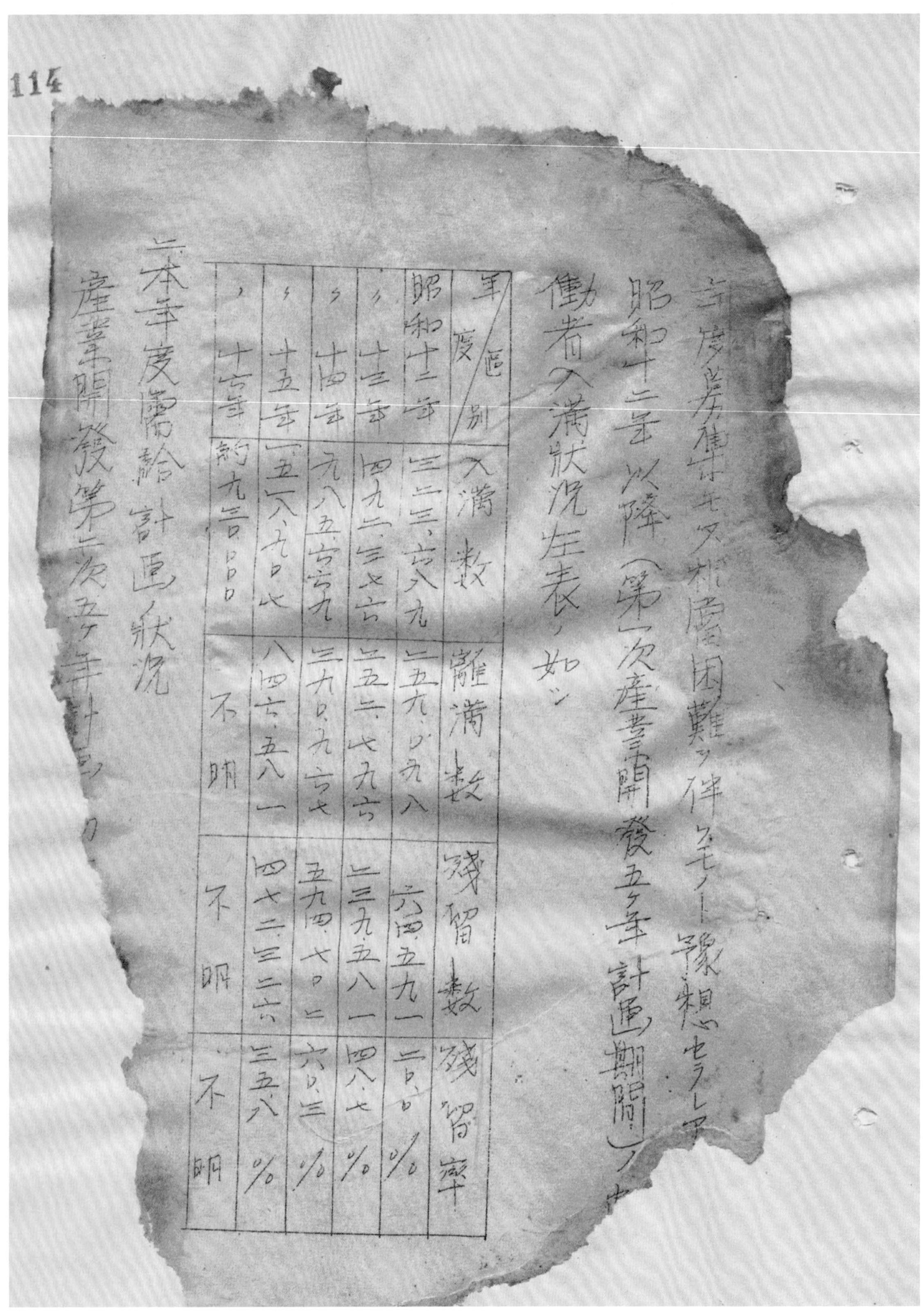
114

今年度労働者モ又相当困難ヲ伴フモノト予想セラレ

昭和十二年以降（第一次産業開発五ヶ年計画期間）ノ労

働者入満状況左表ノ如シ

年度＼区別	入満数	離満数	残留数	残留率
昭和十二年	三二三,六八九	二五九,〇九八	六四,五九一	二〇,〇%
〃 十三年	四九二,三七六	二五二,七九六	二三九,五八一	四八,七%
〃 十四年	九八五,六六九	三九〇,九六七	五九四,七〇二	六〇,三%
〃 十五年	一,五一八,九〇七	八四六,五八一	四七二,三二六	三五,八%
〃 十六年	約九〇〇,〇〇〇	不明	不明	不明

六、本年度需給計画状況

産業開発第二次五ヶ年計画ノ

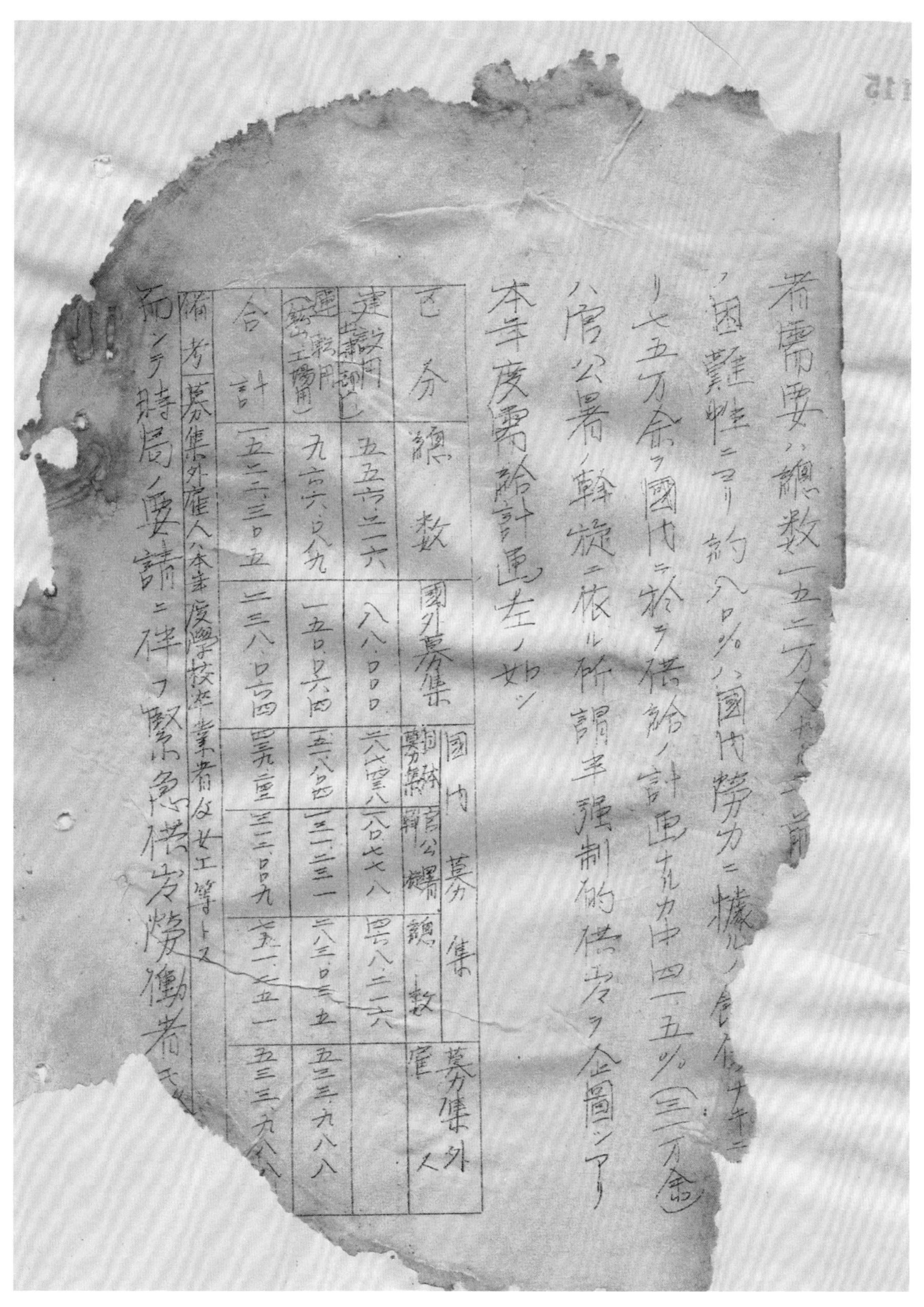

者需要ハ總数一五二万人ナルモ前
ノ困難性ニヨリ約八〇％ハ國内勞力ニ據ルノ餘儀ナキニ至
リ七五万余ヲ國内ニ於テ供給ノ計画ナルカ中四一・五％（三一万余）
ハ官公署ノ斡旋ニ依ル所謂半強制的供出ヲ企圖シアリ

本年度需給計画左ノ如シ

区分	總数	國外募集	國内募集 割當募集斡旋	國内募集 官公署斡旋	國内募集 總数	募集外雇人
建設用（土建部門）	五五六、二一六	八八、〇〇〇	三八七、四三八	八〇、七七八	四六八、二一六	
運輸用（鉱山工場用）	九六六、〇八九	一五〇、〇六四	五〇、八〇六	二三一、二三一	二八二、〇三七	五三三、九八八
合計	一五二二、三〇五	二三八、〇六四	四三八、二四四	三一二、〇〇九	七五〇、二五三	五三三、九八八
備考	募集外雇人ハ本年度學校卒業者及女工等トス					

而シテ時局ノ要請ニ伴フ緊急供出勞働者

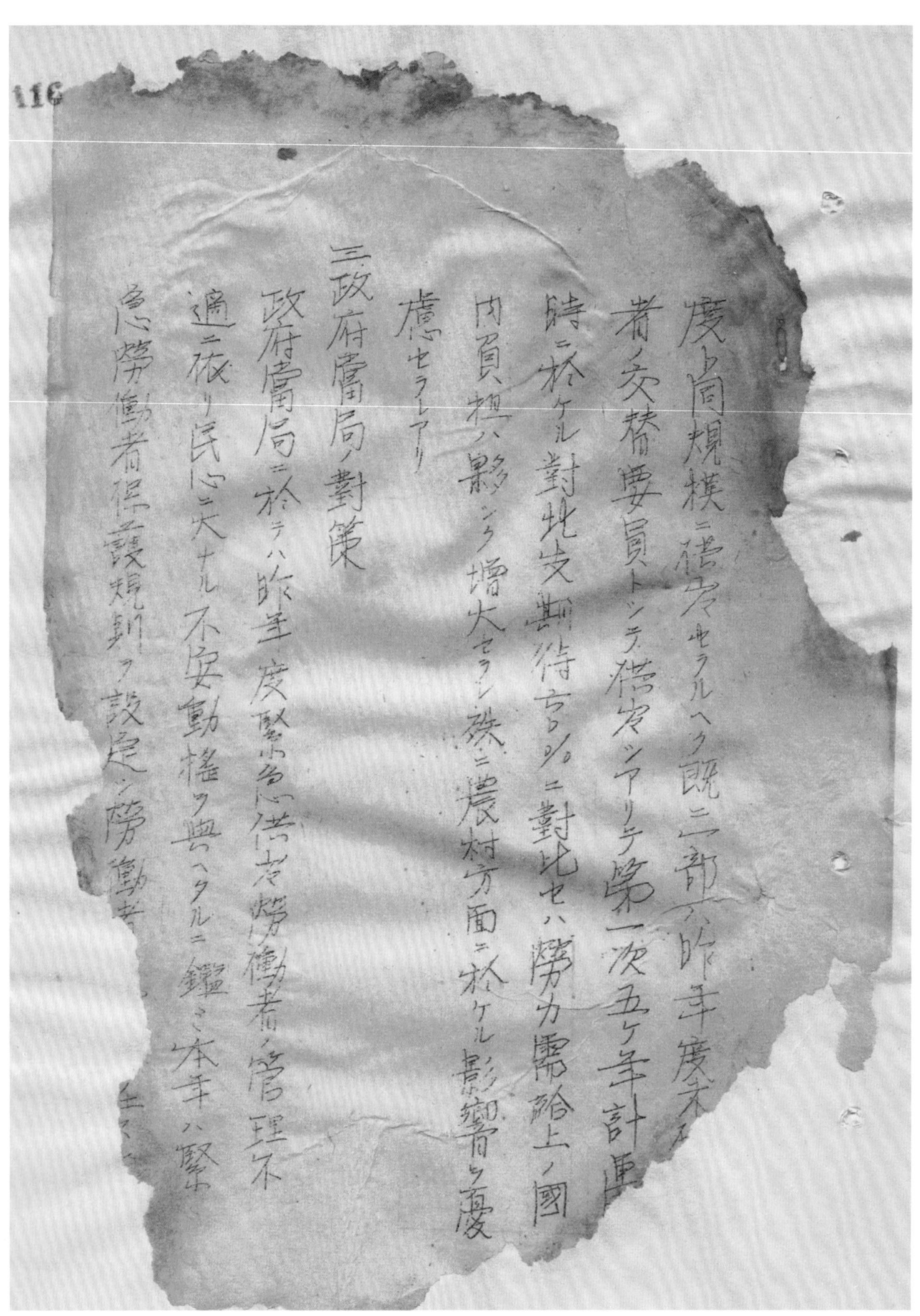

116

度ト同規模ニ徴用セラルヘク既ニ一部ハ昨年度[illegible]
者ノ交替要員トシテ徴用シアリテ第一次五ケ年計畫
時ニ於ケル對北支期待百％ニ對比セハ勞力需給上ノ國
内負担ハ夥シク増大セラレ殊ニ農村方面ニ於ケル影響ヲ憂
慮セラレアリ

三．政府當局ノ對策

政府當局ニ於テハ昨年度緊急必需勞働者ノ管理不
適ニ依リ民心ニ大ナル不安動搖ヲ與ヘタルニ鑑ミ本年ハ緊
急勞働者保護規則ヲ設定シ勞働者[illegible]

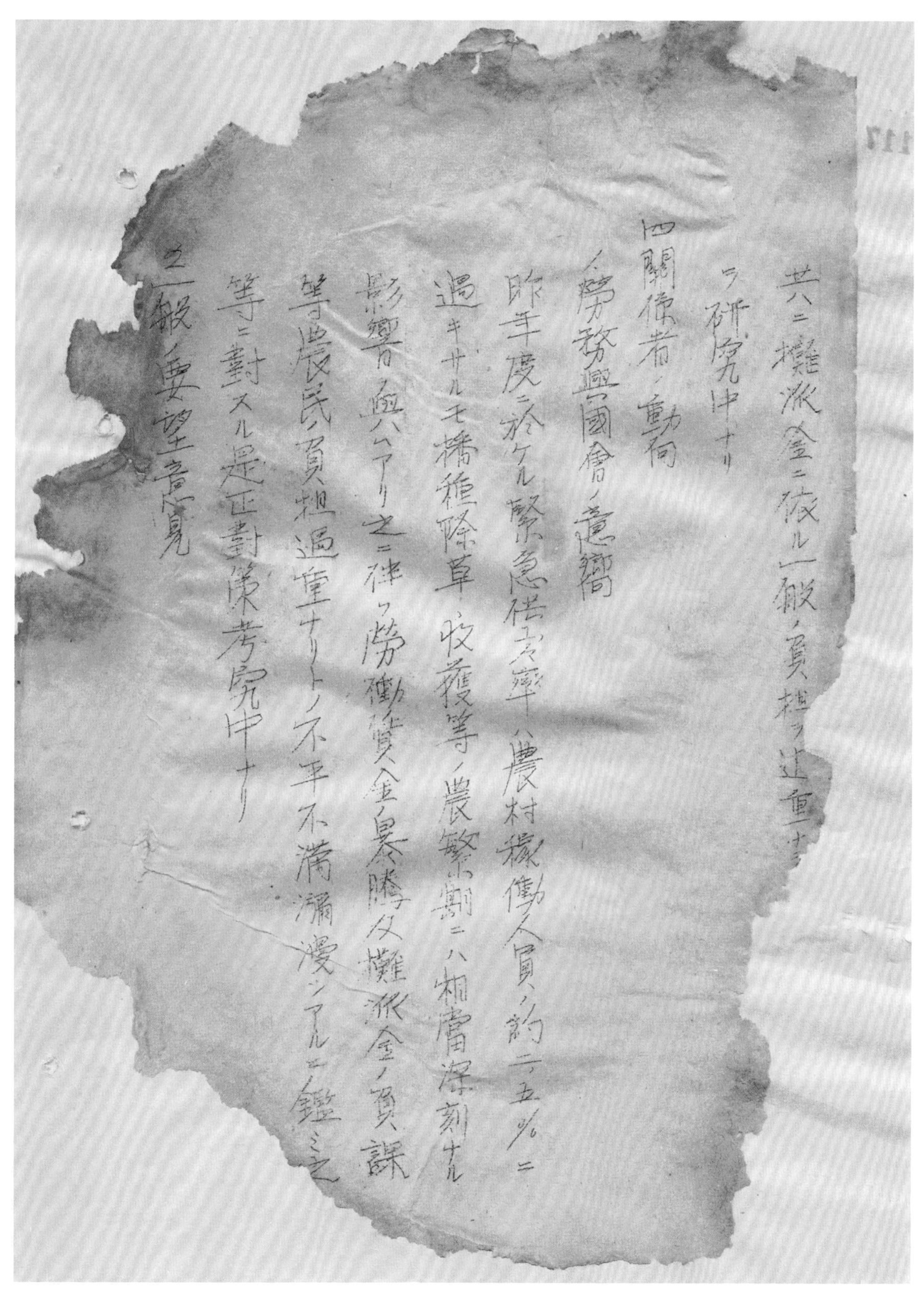

共ニ攤派金ニ依ル一般ノ負担ヲ过重ナラ

ヲ研究中ナリ

四、關係者ノ動向

イ、勞務與國會ノ意嚮

昨年度ニ於ケル緊急徴工率ハ農村稼働人員ノ約二五%ニ過キサルモ播種除草收穫等ノ農繁期ニハ相當深刻ナル影響ヲ與ヘアリ之ニ伴フ勞働賃金ノ暴騰及攤派金ノ負課等農民ノ負担過重ナリトノ不平不満瀰漫シアルニ鑑ミ之等ニ對スル是正對策考究中ナリ

ロ、一般ノ要望意見

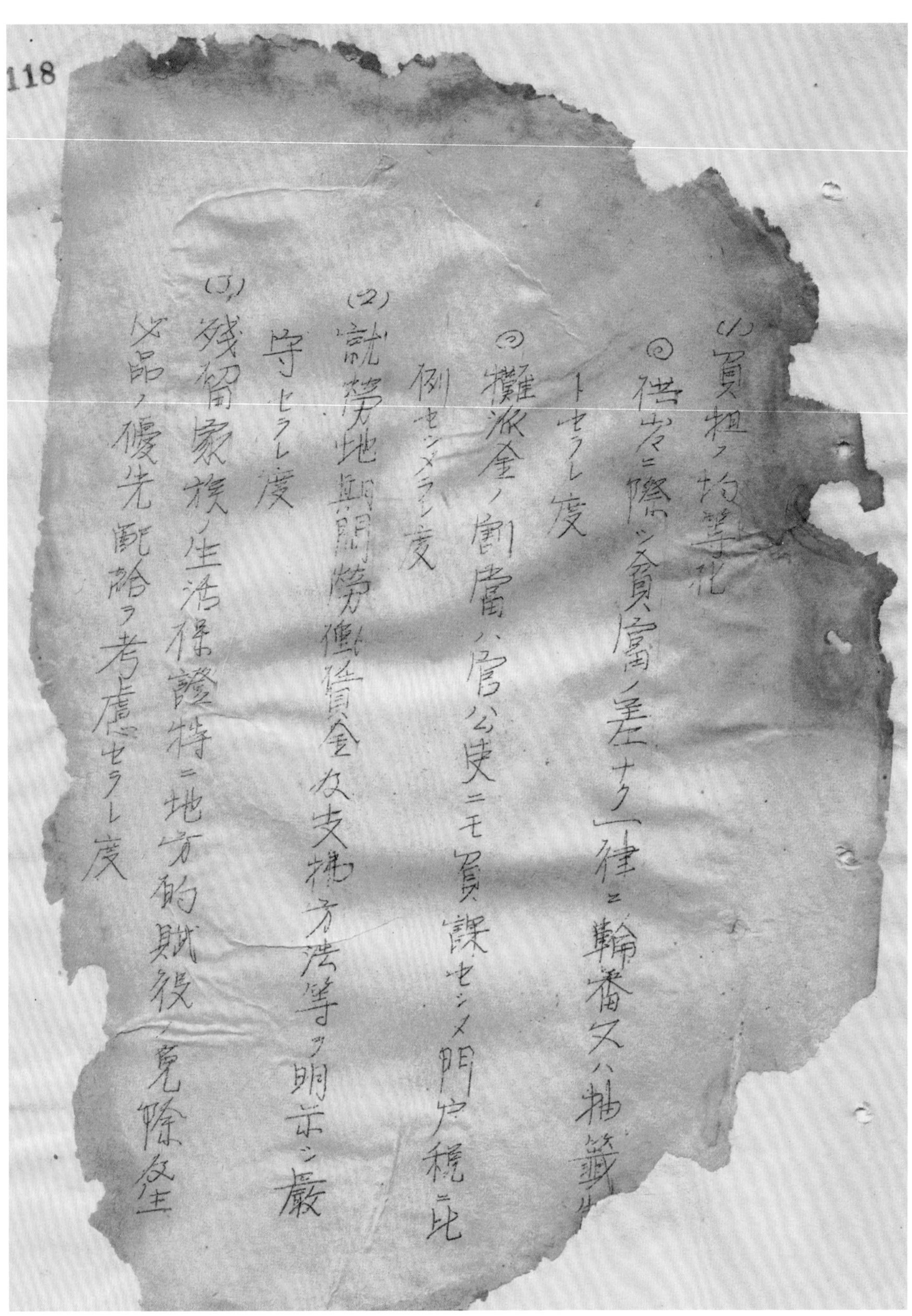

118

(ハ)負担ノ均等化

(イ)徴出ニ際シ貧富ノ差ナク一律ニ輪番又ハ抽籤ニ
ト定メラレ度

(ロ)攤派金ノ割當ハ官公吏ニモ負課セシメ門戸税ニ比
例セシメラレ度

(ニ)就労地期間労働賃金及支拂方法等ヲ明示シ厳
守セラレ度

(ホ)残留家族ノ生活保證特ニ地方的賦役ノ免除及
必品ノ優先配給ヲ考慮セラレ度

(ト)殘留家族トノ通信送金
レ度
五、憲兵ノ處置
關係機關ト密絡推移注意中

新京宪兵队长儿岛正范关于「国外」劳工在伪满动向致日本关东宪兵队司令部等的报告（通牒）

（一九四二年四月二十一日）

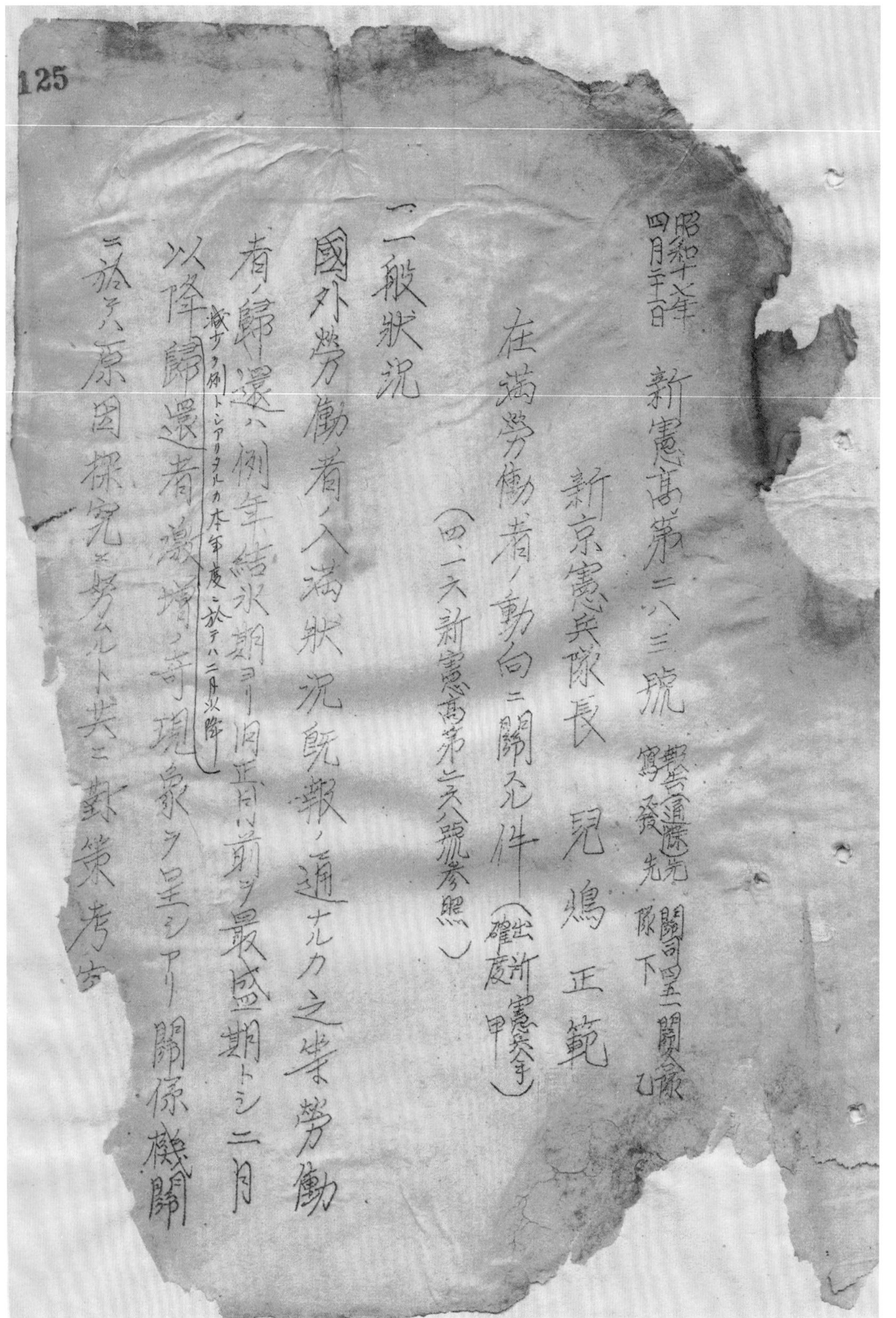

125

昭和十七年四月二十一日 新憲高第二八三號 報告（通牒） 関司四三二 関憲隊 寫發送先 隊下 乙

新京憲兵隊長 兒嶋正範

在滿勞働者ノ動向ニ關スル件（出所 新憲兵手 確度 甲）

（四一六新憲高第二六八號参照）

一 一般状況

國外勞働者ノ入滿状況既報ノ通ナルカ之等勞働者ノ歸還ハ例年結氷期ヨリ旧正月ハ前ヲ最盛期トシ二月減少ヲ例トシアリタルカ本年度ニ於テハ二月以降歸還者激増ノ奇現象ヲ呈シアリ關係機關ニ於テハ原因探究ニ努ムルト共ニ對策考究中

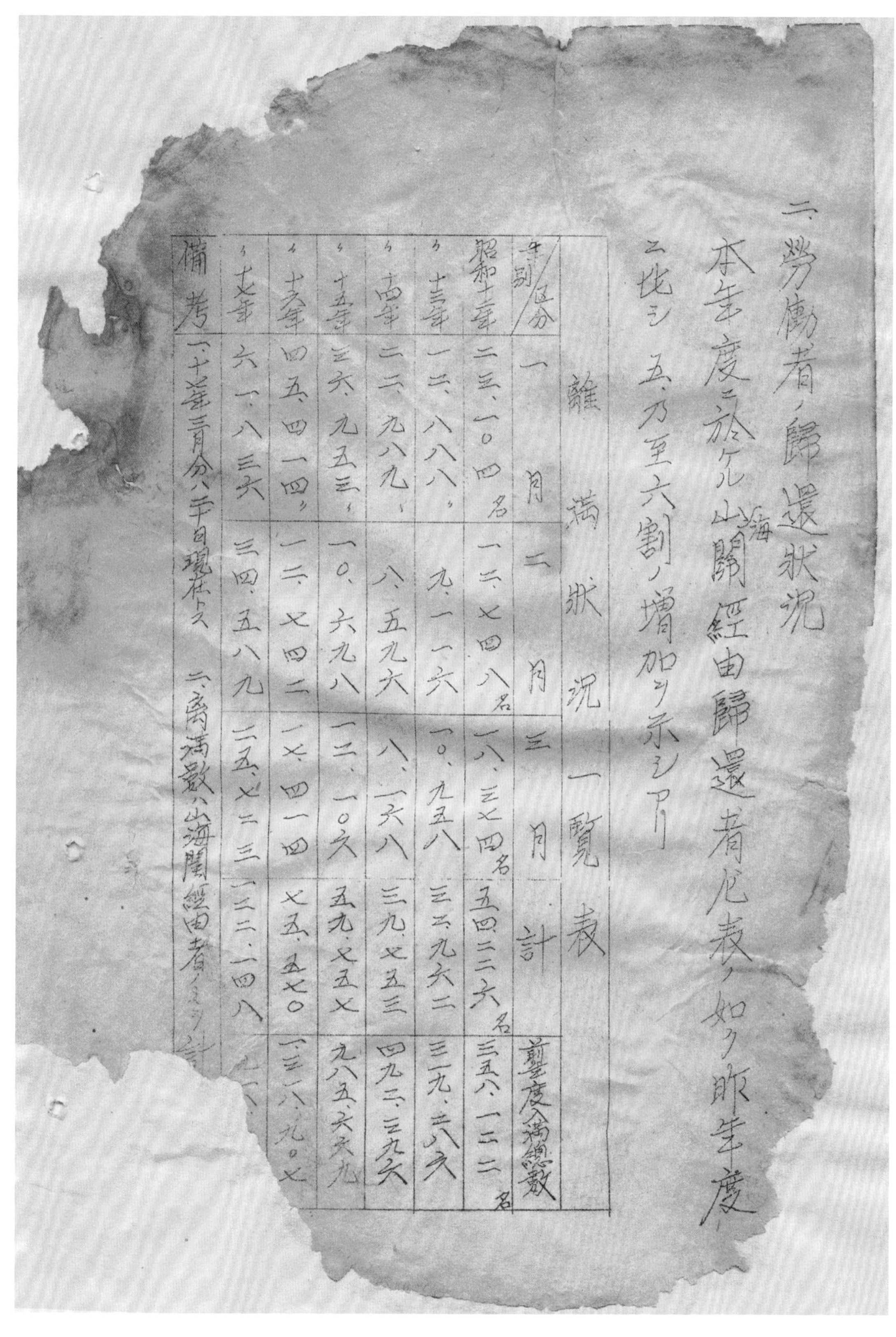

二、労働者ノ帰還状況

本年度ニ於ケル山海関経由帰還者ハ左表ノ如ク昨年度ニ比シ五乃至六割ノ増加ヲ示シアリ

離満状況一覧表

年別／区分	一月	二月	三月	計	前年度入満総数
昭和十二年	二三、一〇四名	一二、七四八名	一八、三七四名	五四、二二六名	三五八、一二二名
〃十三年	一二、八八八〃	九、一一六	一〇、九五八	三二、九六二	三一九、二八六
〃十四年	二二、九八九〃	八、五九六	八、一六八	三九、七五三	四九二、三九六
〃十五年	三六、九五三〃	一〇、六九八	一二、一〇六	五九、七五七	九八五、六六九
〃十六年	四五、四一四〃	一二、七四二	一七、四一四	七五、五七〇	一、三一八、九〇七
〃十七年	六一、八三六	三四、五八九	二五、七二三	一二二、一四八	九六、[illegible]
備考	一、十七年三月分ハ二十日現在トス		二、離満数ハ山海関経由者ノミヲ計		

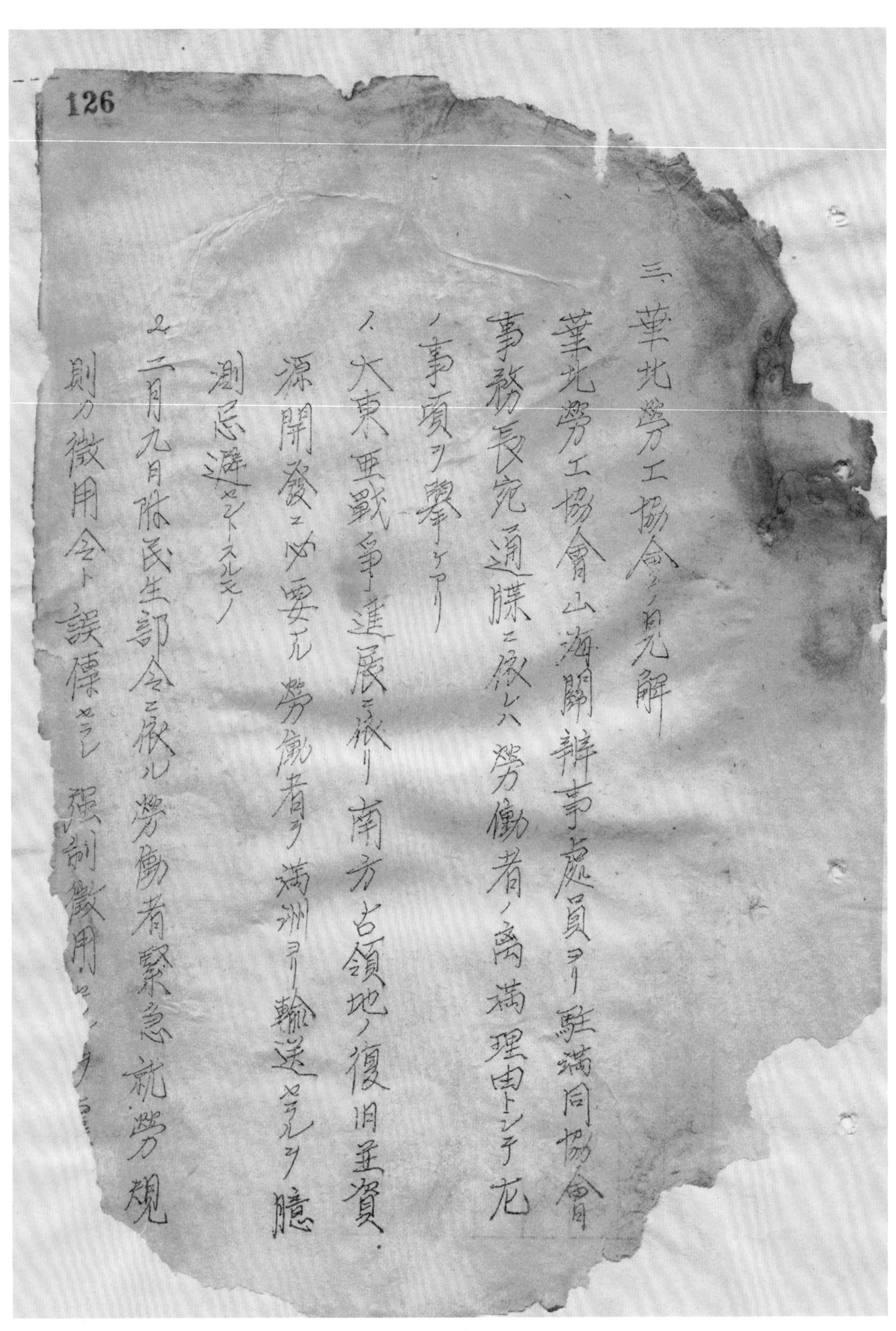

126

三、華北勞工協會ニ對スル見解

華北勞工協會山海關辨事處員ヨリ駐滿同協會事務長宛通牒ニ依レハ勞働者ノ离滿理由トシテ左ノ事項ヲ擧ケアリ

1、大東亞戰爭進展ニ依リ南方占領地ノ復旧並資源開發ニ必要ナル勞働者ヲ滿洲ヨリ輸送セラルヲ臆測忌避セントスルモノ

2、二月九日附民生部令ニ依ル勞働者緊急就勞規則ノ徵用令ト誤傳セラレ強制徵用セラル

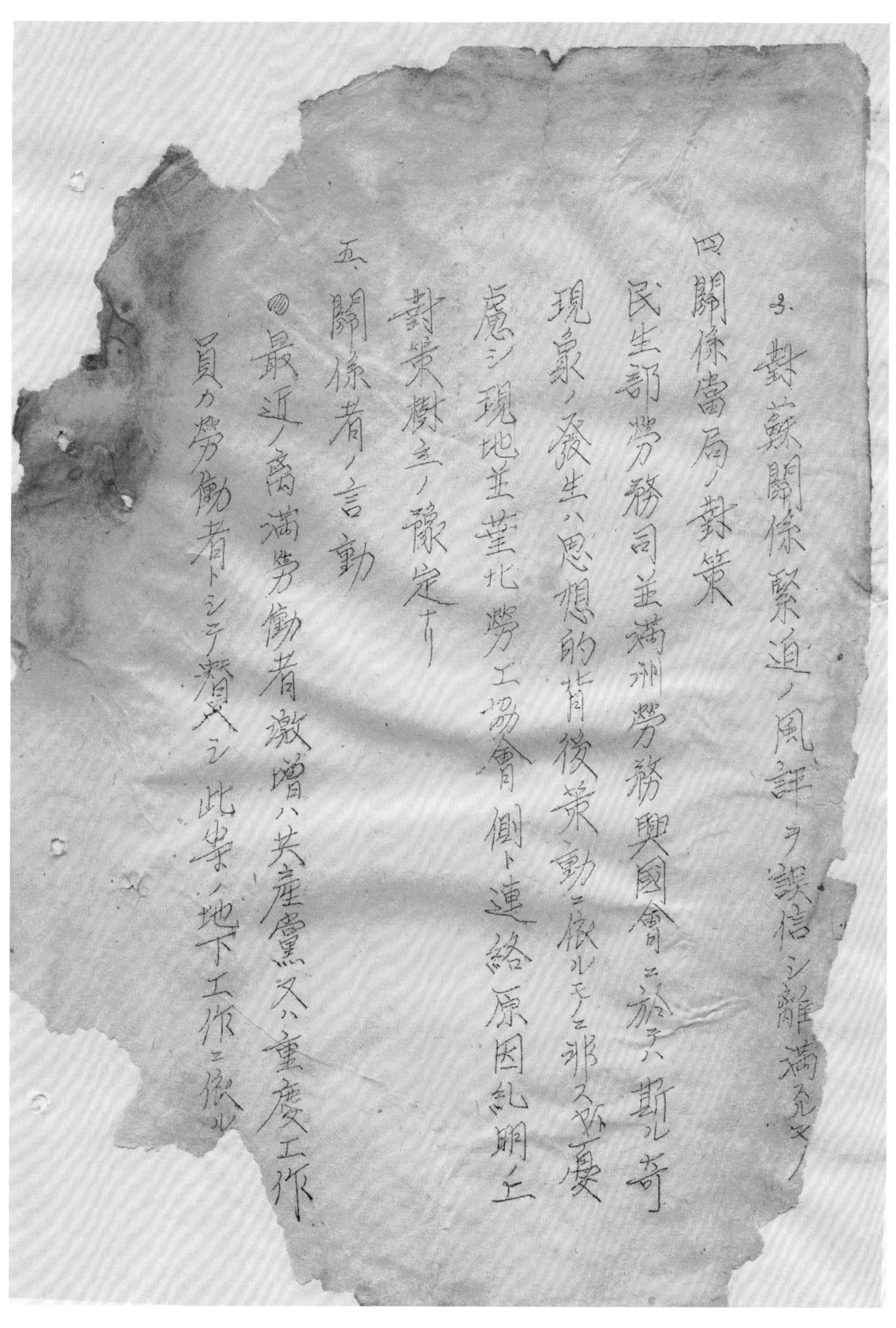

3. 對蘇關係緊迫ノ風評ヲ誤信シ離滿スルモノ

四 關係當局ノ對策

民生部勞務司並滿洲勞務興國會ニ於テハ斯ル奇現象ノ發生ハ思想的背後策動ニ依ルモノニ非ズヤト憂慮シ現地並華北勞工協會側ト連絡原因糺明ト對策樹立ノ豫定ナリ

五 關係者ノ言動

◎最近ノ離滿勞働者激增ハ共產黨又ハ重慶工作員ガ勞働者トシテ潛入シ此等ノ地下工作ニ依ル

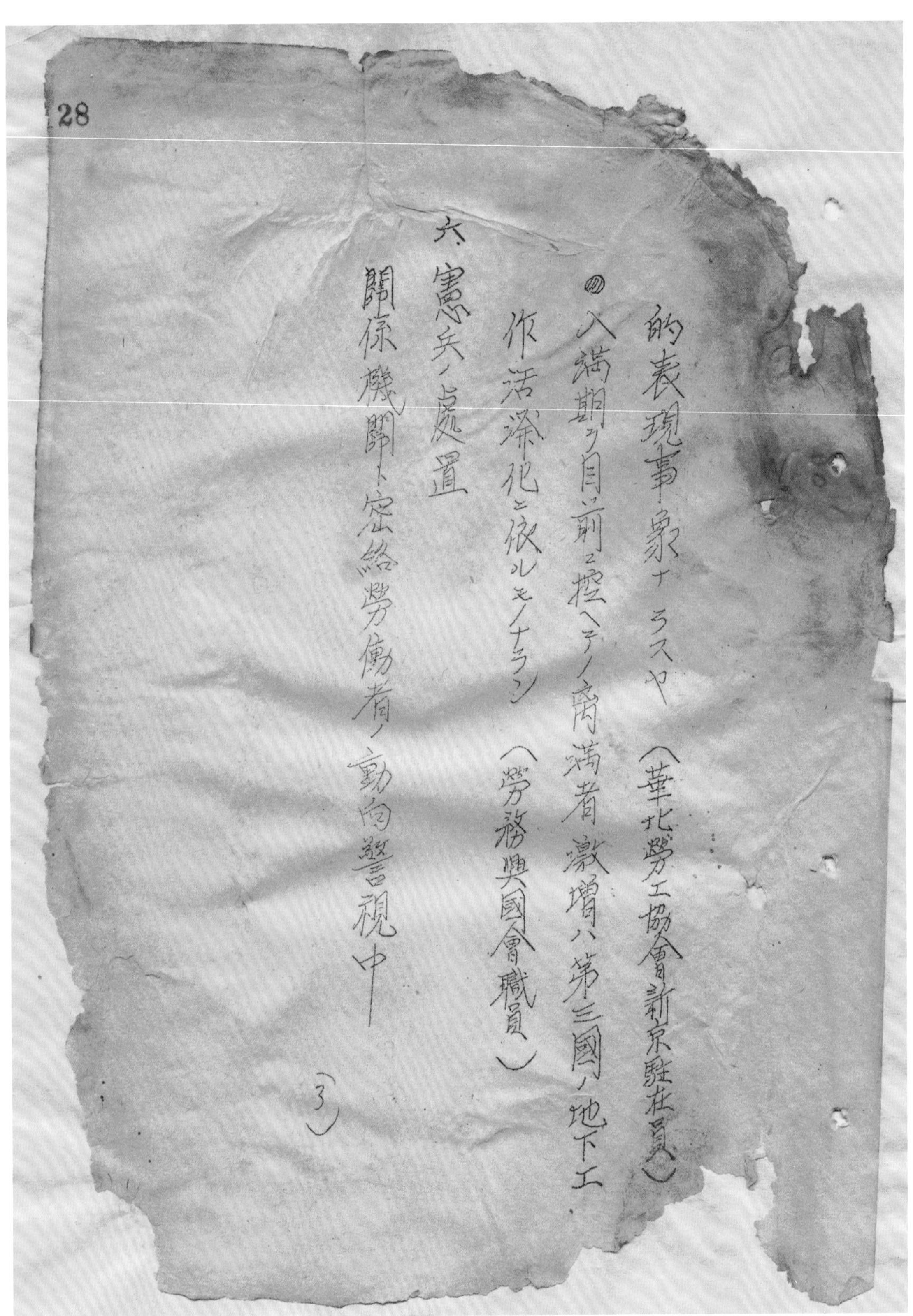
28

的表現事象ナラスヤ（華北勞工協會新京駐在員）

㈣入満期ヲ目前ニ控ヘテノ離満者激増ハ第三國ノ地下工作活潑化ニ依ルモノナラン（勞務興國會職員）

六、憲兵ノ處置

關係機關ト連絡勞働者ノ動向警視中

（3）

通化宪兵队长石原健一关于一九四二年四月东边道开发会社招募劳工状况致日本关东宪兵队司令部等的报告（通报）（一九四二年四月二十二日）

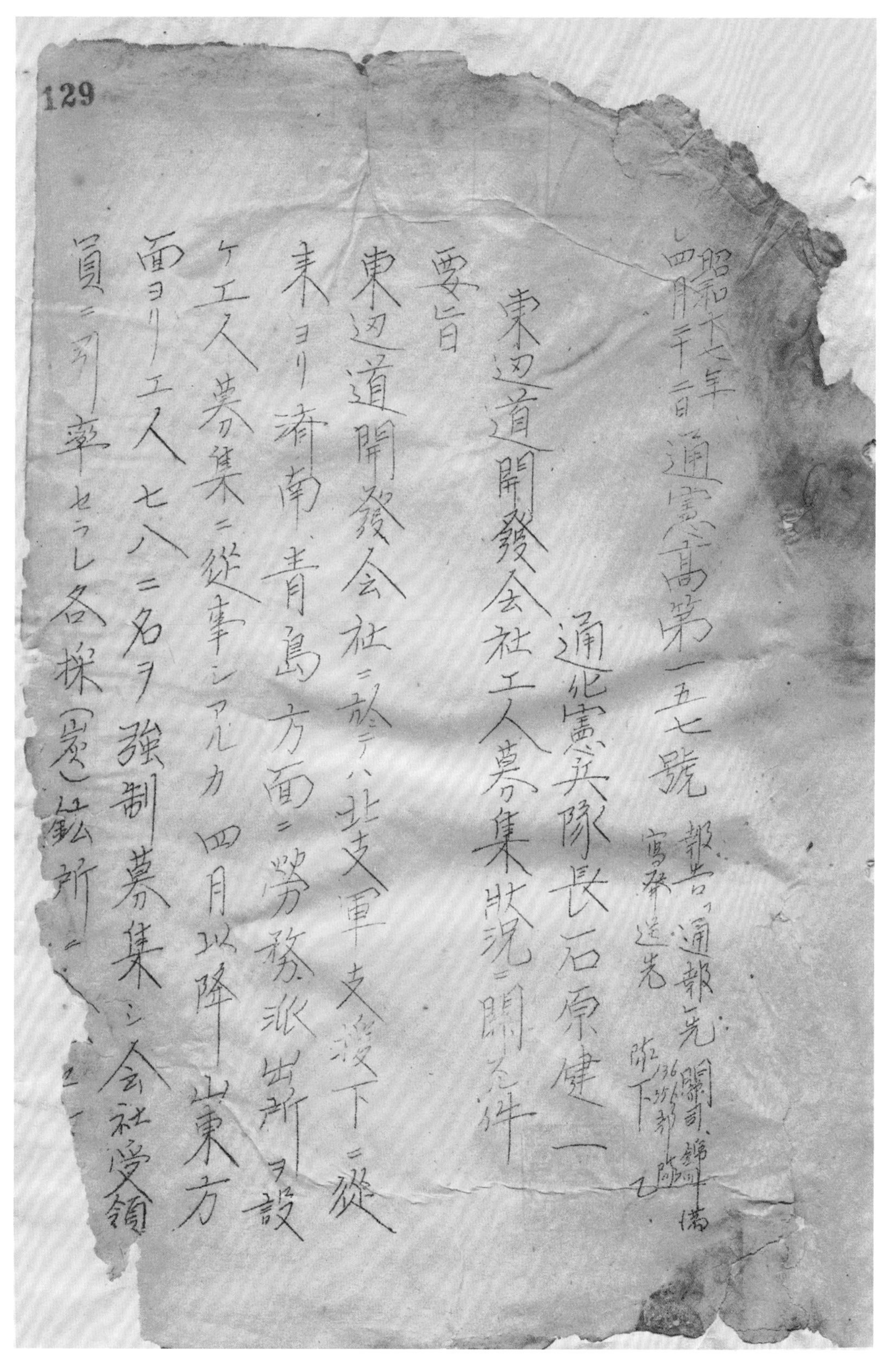

129

昭和十七年四月二十二日　通憲高第一五七號　報告（通報）先　關司、錦州備
寫本送先　附 1365部隊　防下136部隊　乙

通化憲兵隊長石原健一

東邊道開發會社工人募集狀況ニ關スル件

要旨

東邊道開發會社ニ於テハ北支軍支援下ニ從
来ヨリ濟南、青島方面ニ勞務派出所ヲ設
ケ工人募集ニ從事シアルカ四月以降山東方
面ヨリ工人七八二名ヲ強制募集シ會社受領
員ニ引率セラレ各採（炭）鉱所ニ

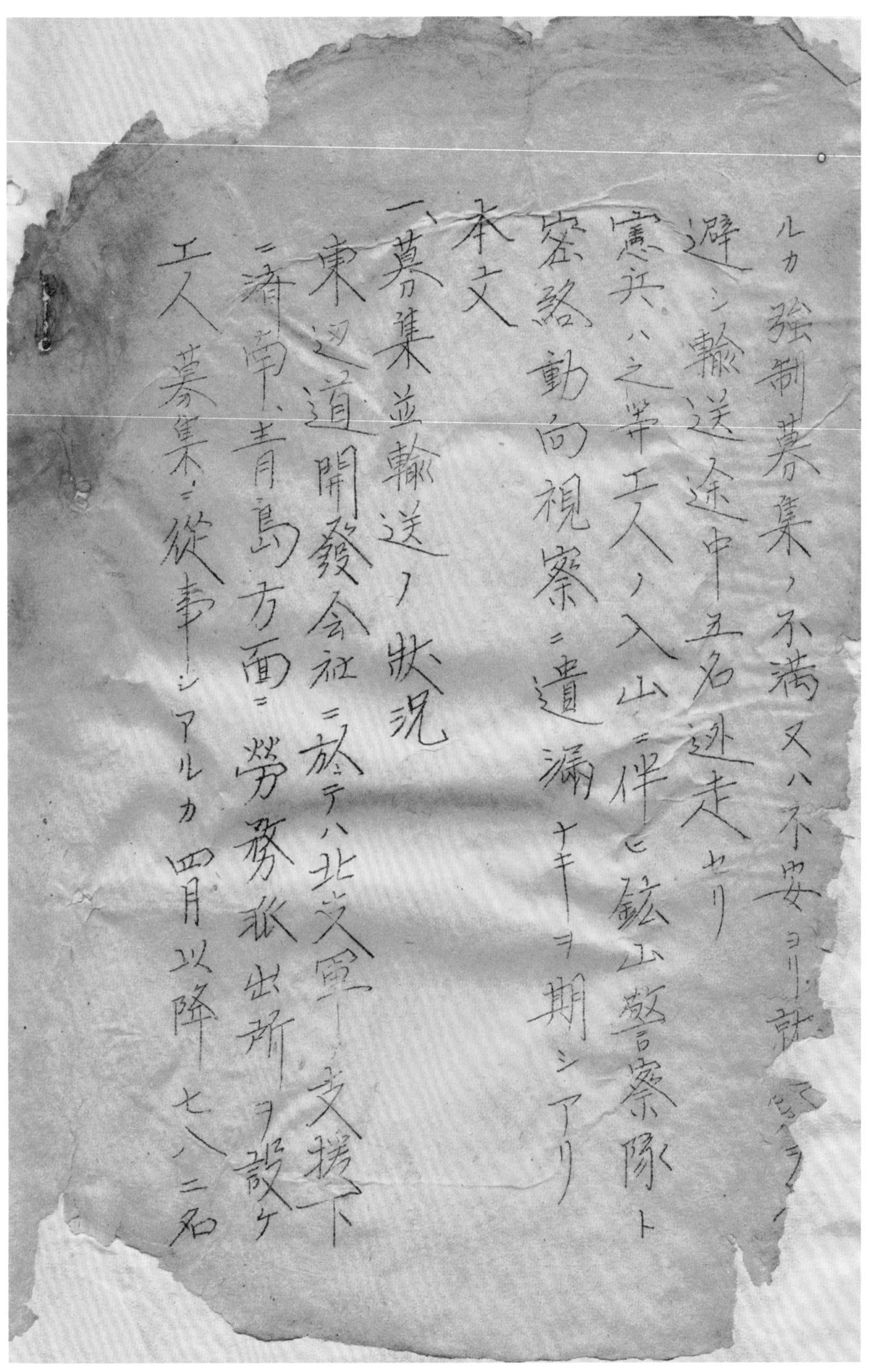
ルカ強制募集ノ不滿又ハ不安ヨリ就[illegible]
避シ輸送途中五名逃走セリ
憲兵ハ之等工人ノ入山ニ伴ヒ鉱山警察隊ト
密絡動向視察ニ遺漏ナキヲ期シアリ
本文
一、募集並輸送ノ状況
東辺道開發会社ニ於テハ北支軍ノ支援下
ニ済南、青島方面ニ労務派出所ヲ設ケ
工人募集ニ従事シアルカ四月以降七八二名

伪满劳务兴国会理事长梅野实关于送交一九四一年度上半年国内劳工募集统计半年报致日本关东宪兵队司令部警务部长的函（一九四二年四月二十七日）

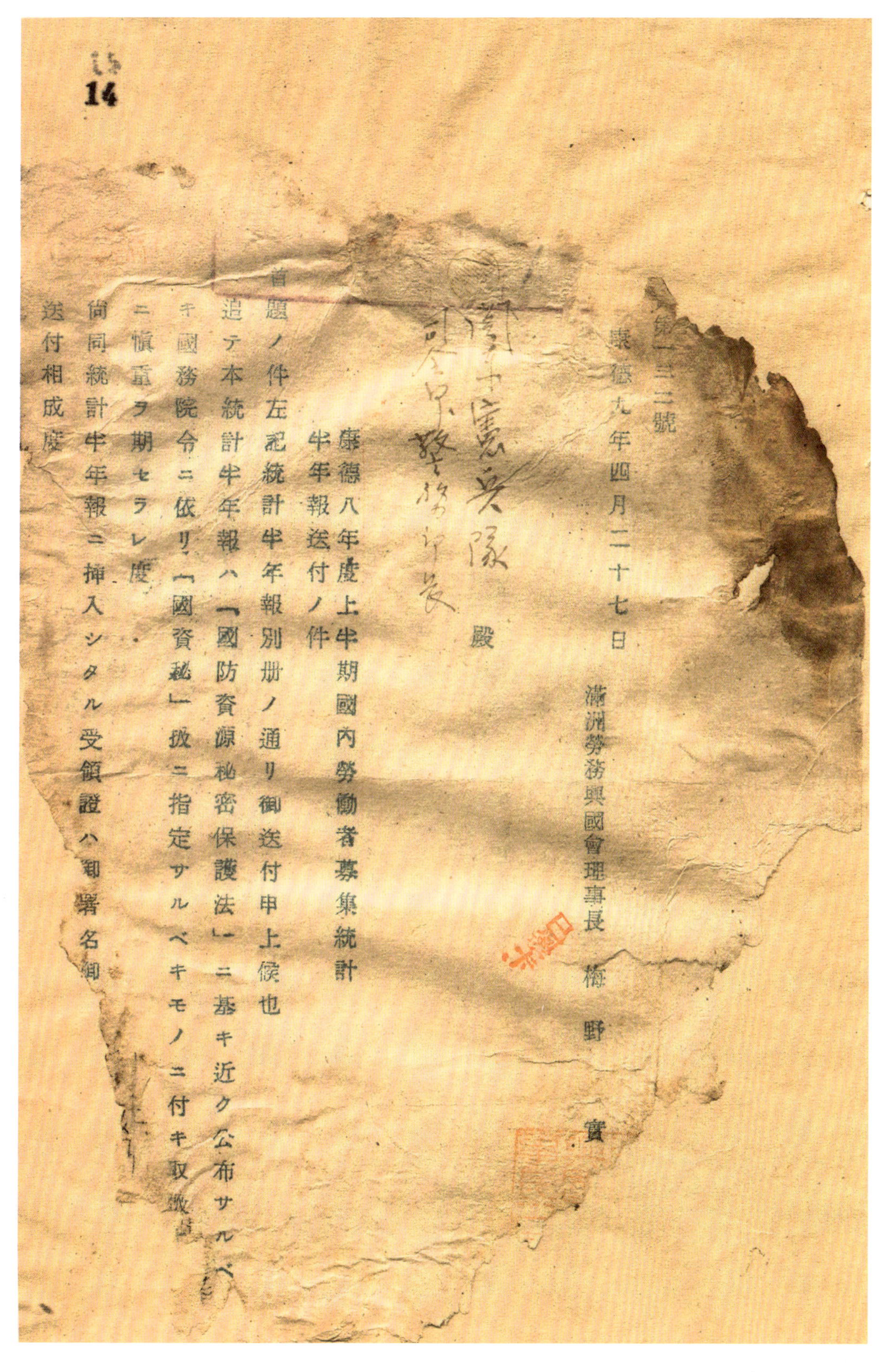

14

第一三二號

康德九年四月二十七日

滿洲勞務興國會理事長　梅野實

關東憲兵隊司令部警務部長　殿

康德八年度上半期國內勞働者募集統計半年報送付ノ件

首題ノ件左記統計半年報別冊ノ通リ御送付申上候也

追テ本統計半年報ハ「國防資源秘密保護法」ニ基キ近ク公布サルベキ國務院令ニ依リ「國資秘」扱ニ指定サルベキモノニ付キ取扱上ニ愼重ヲ期セラレ度

尚同統計半年報ニ挿入シタル受領證ハ御署名御送付相成度

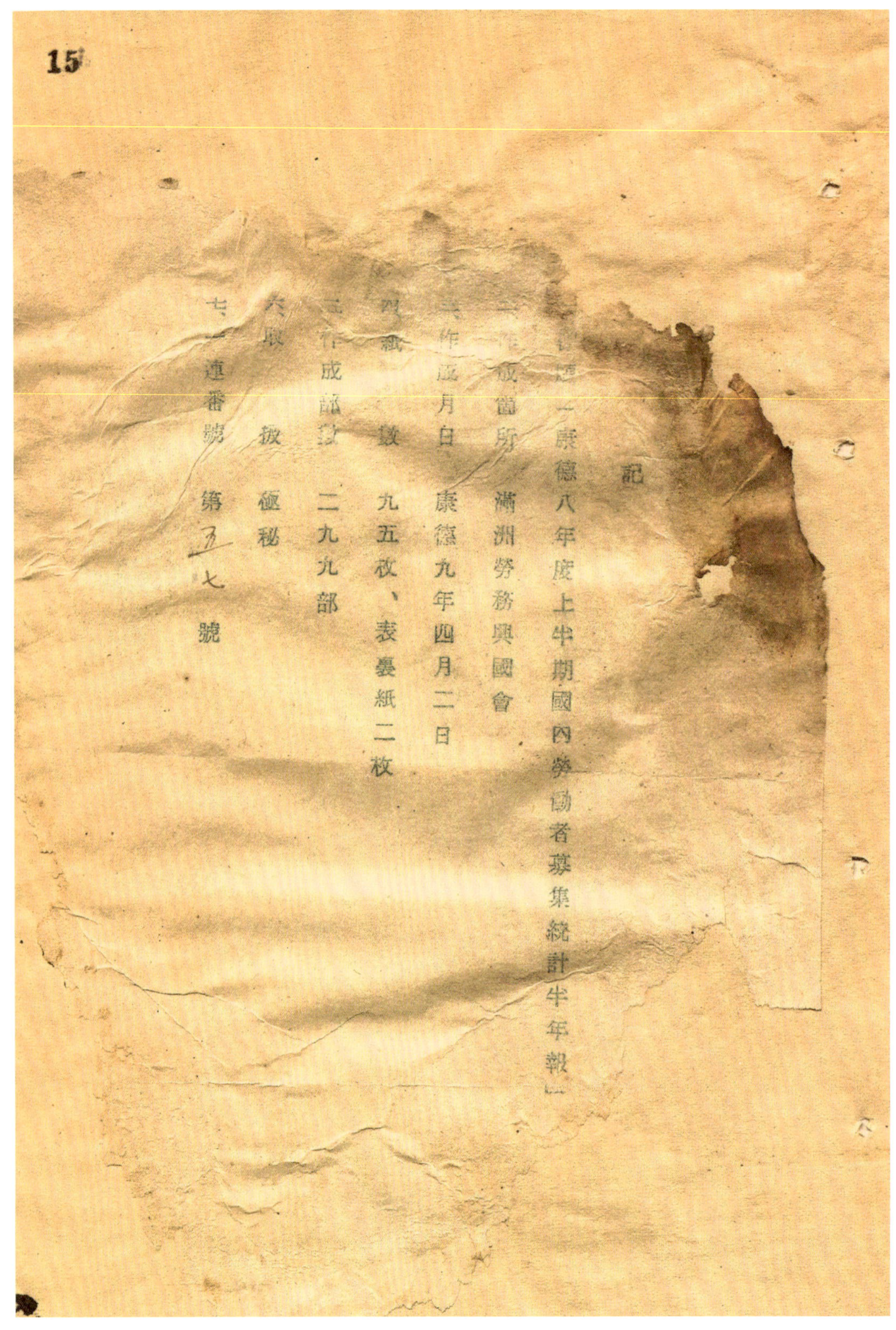

15

記

一、件名　康德八年度上半期國內勞働者募集統計半年報

二、作成箇所　滿洲勞務興國會

三、作成月日　康德九年四月二日

四、紙數　九五枚、表裏紙二枚

五、作成部數　二九九部

六、取扱　極秘

七、一連番號　第五七號

奉天宪兵队长矶高麿关于昭和制钢所录用投降兵情况致日本关东宪兵队司令部等的报告（通报）
（一九四二年四月二十八日）

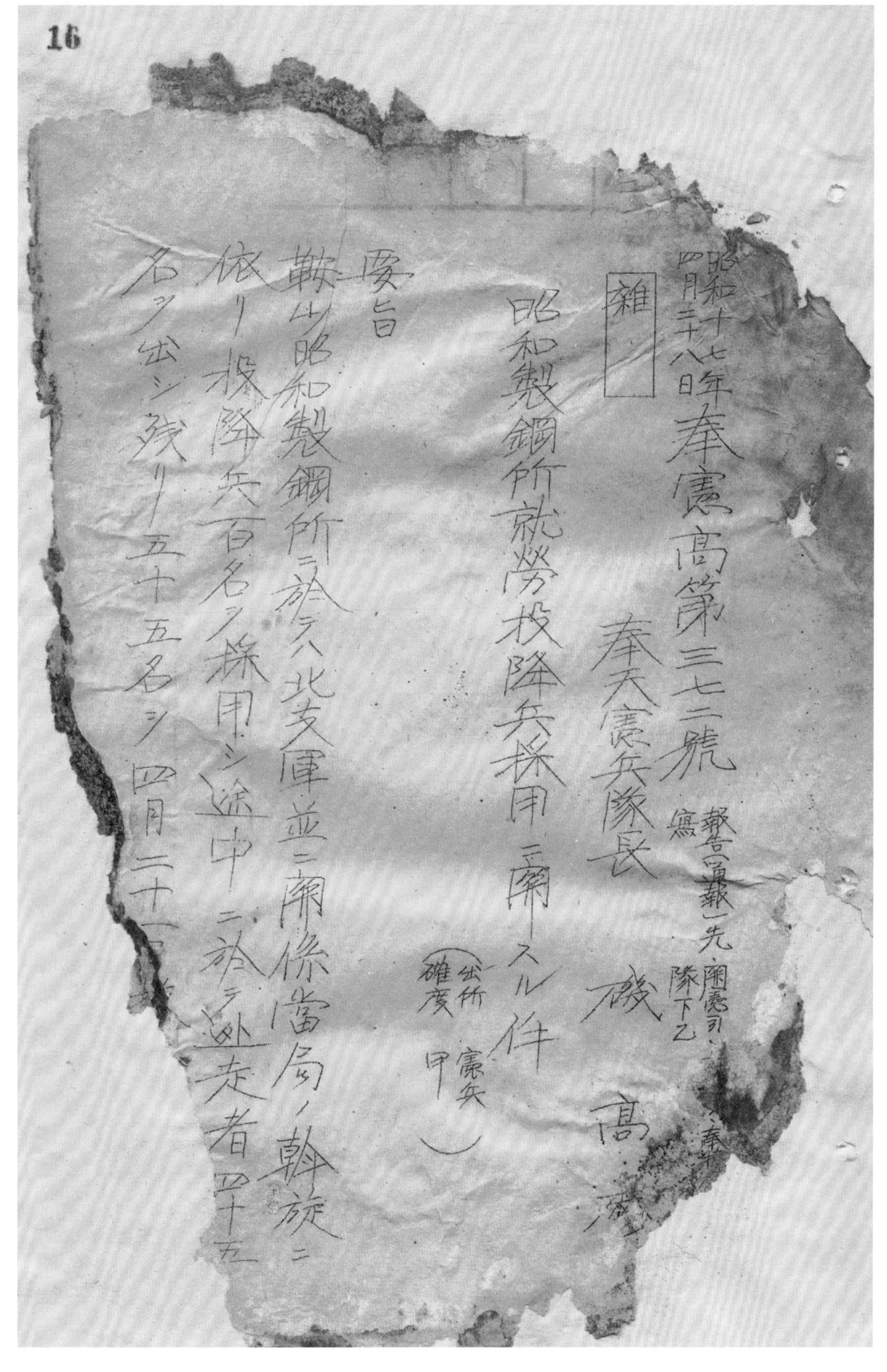
16
雑
昭和十七年四月二十八日奉憲高第三七二號
奉天憲兵隊長 磯高麿
昭和製鋼所就勞投降兵採用ニ關スル件
要旨
鞍山昭和製鋼所ニ於テハ北支軍並ニ關係當局ノ斡旋ニ依リ投降兵百名ヲ採用シ途中ニ於テ逃走者四十五名ヲ出シ殘リ五十五名ヲ四月二十……

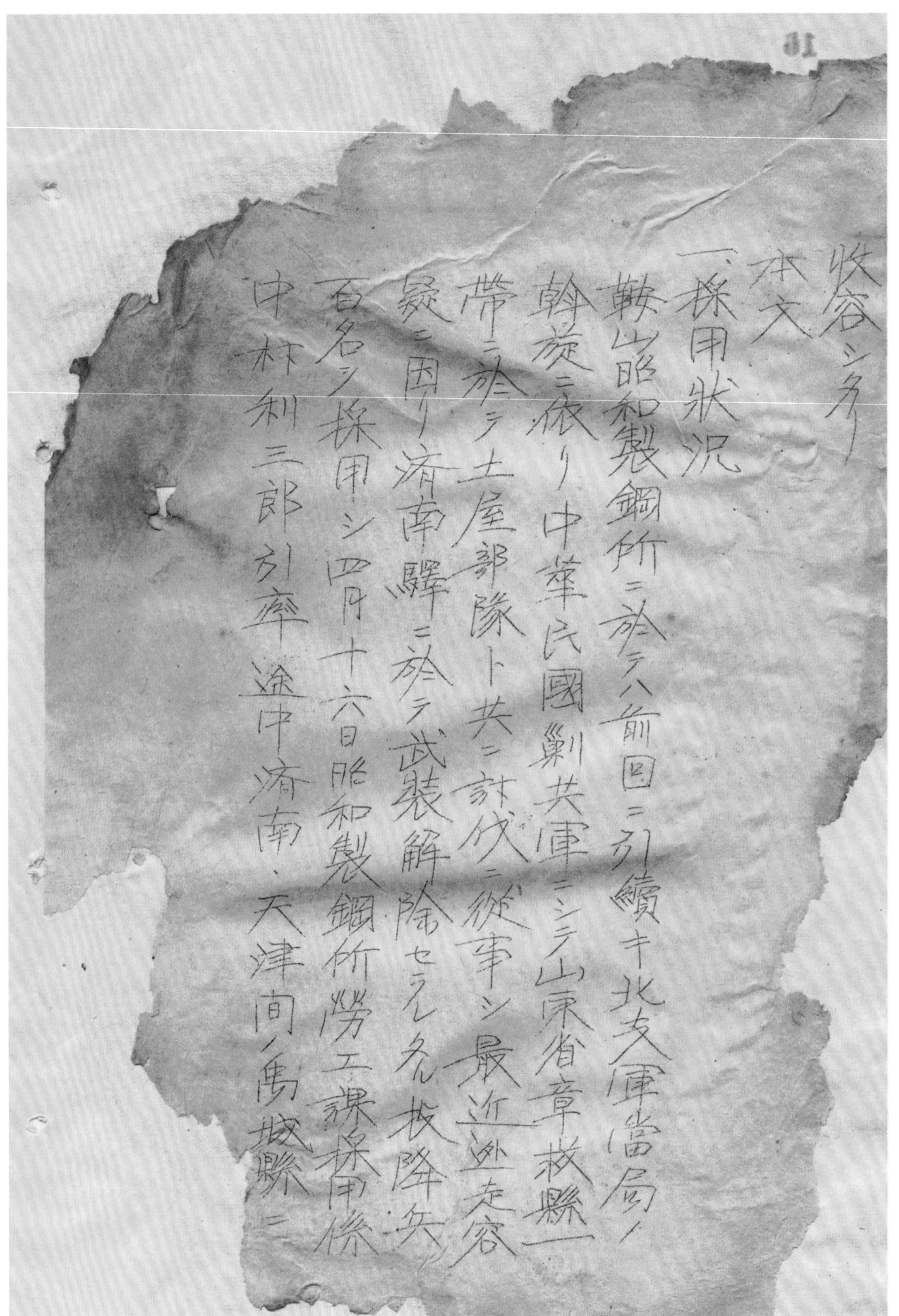
收容シ居リ
本文
一、採用状況
鞍山昭和製鋼所ニ於テハ前回ニ引續キ北支軍當局ノ
斡旋ニ依リ中華民國剿共軍ニシテ山東省章邱縣一
帶ニ於テ土屋部隊ト共ニ討伐ニ從事シ最近逃走容
疑ニ因リ済南驛ニ於テ武装解除セラレタル投降兵
百名ヲ採用シ四月十六日昭和製鋼所勞工課採用係
中村利三郎引率、途中済南、天津向ノ馬城縣ニ

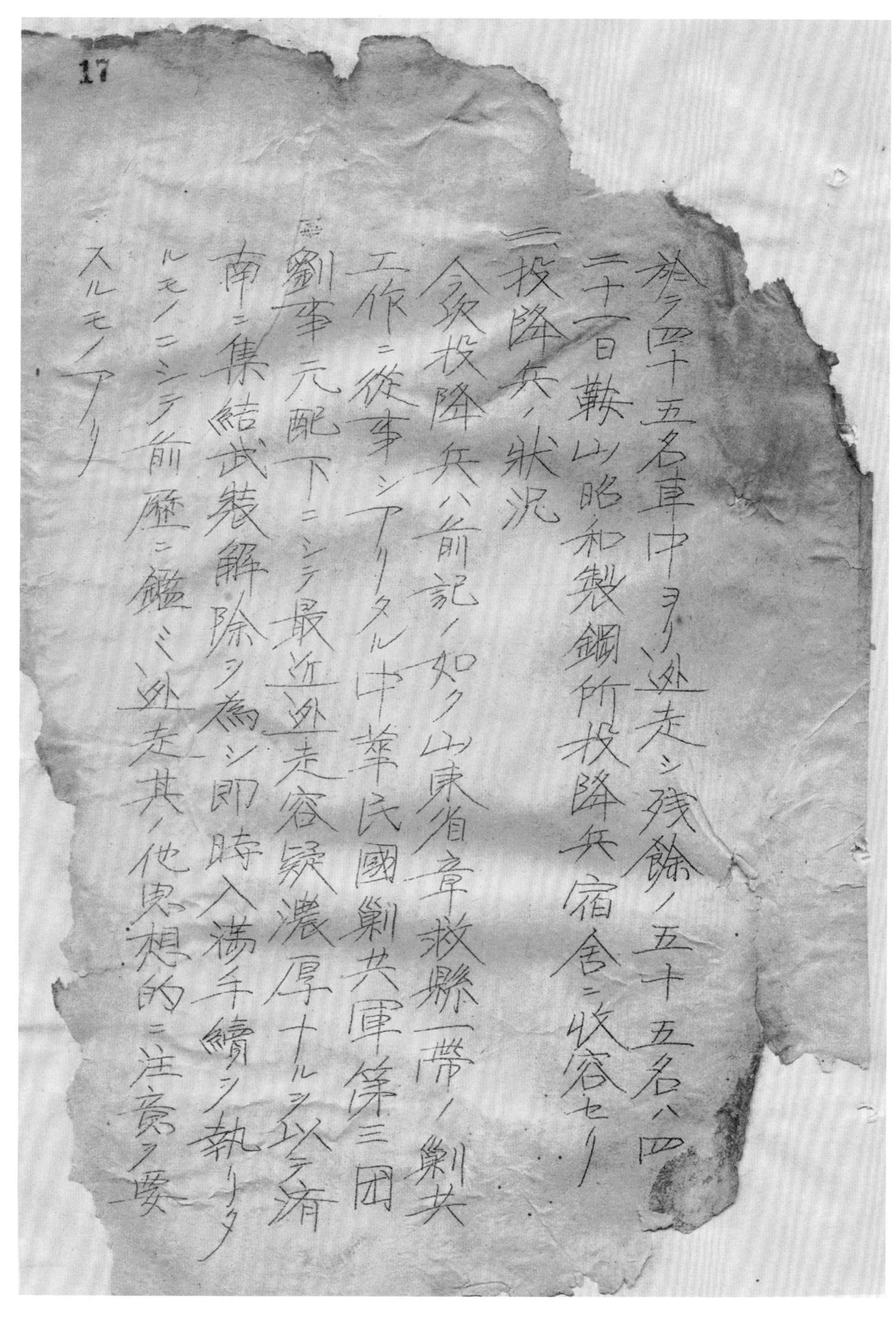
17

於テ四十五名車中ヨリ逃走シ残餘ノ五十五名ハ四
二十一日鞍山昭和製鋼所投降兵宿舎ニ收容セリ
二、投降兵ノ状況
今次投降兵ハ前記ノ如ク山東省章救縣一帯ノ剿共
工作ニ從事シアリタル中華民國剿共軍第三団
劉峯元配下ニシテ最近逃走容疑濃厚ナルヲ以テ済
南ニ集結武装解除ヲ為シ即時入満手續ヲ執リタ
ルモノニシテ前歴ニ鑑ミ逃走其ノ他思想的ニ注意ヲ要
スルモノアリ

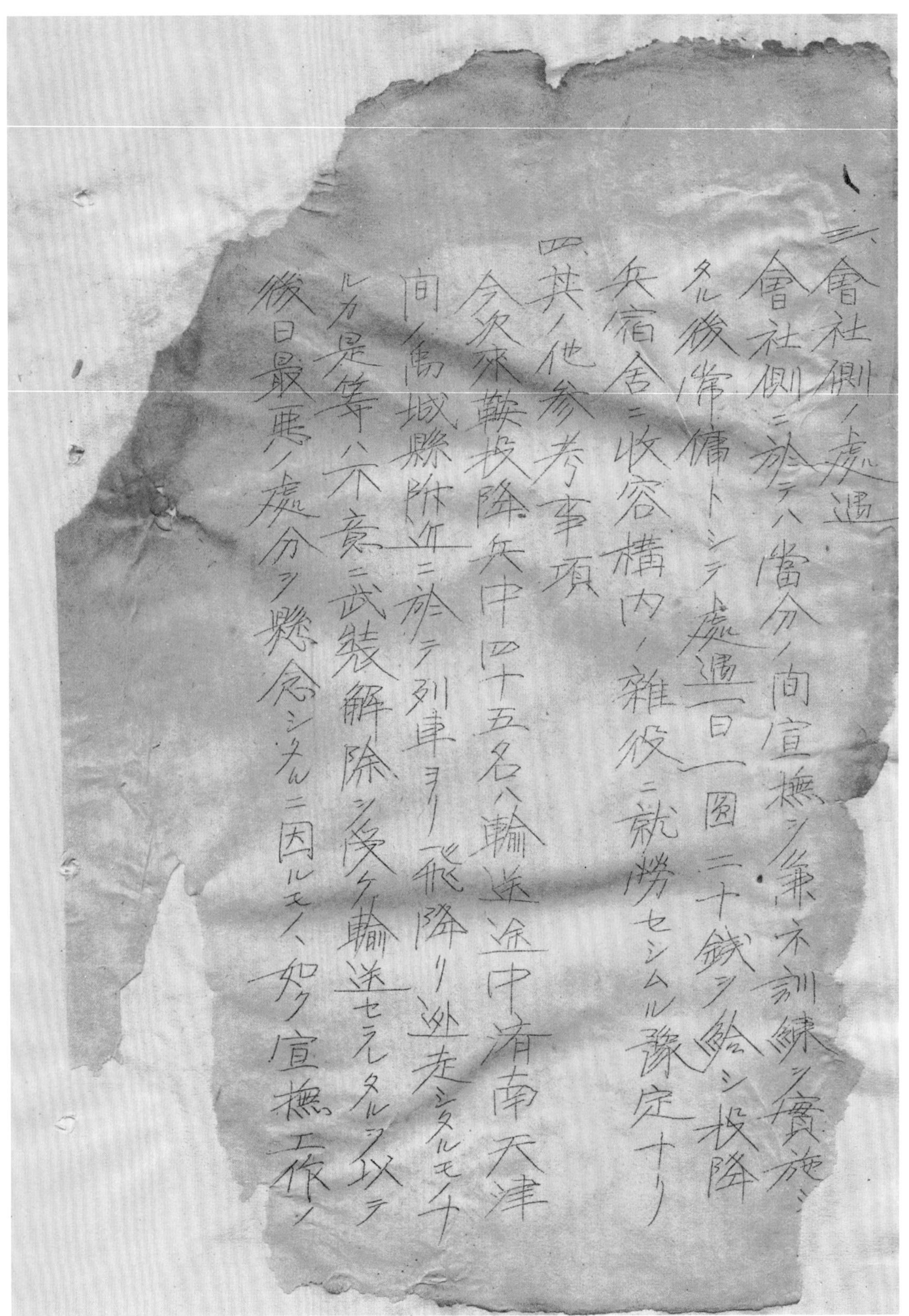

三、會社側ノ處遇

會社側ニ於テハ當分ノ間宣撫ヲ兼ネ訓練ヲ實施シタル後常傭トシテ處遇一日一圓二十錢ヲ給シ投降兵宿舍ニ收容構内ノ雜役ニ就勞セシムル豫定ナリ

四、其ノ他參考事項

今次來鞍投降兵中四十五名ハ輸送途中濟南天津間ノ禹城縣附近ニ於テ列車ヨリ飛降リ逃走シタルモノナルカ是等ハ不意ニ武裝解除シ後ケ輸送セラレタルヲ以テ後日最悪ノ處分ヲ懸念シタルニ因ルモノヽ如ク宣撫工作ノ

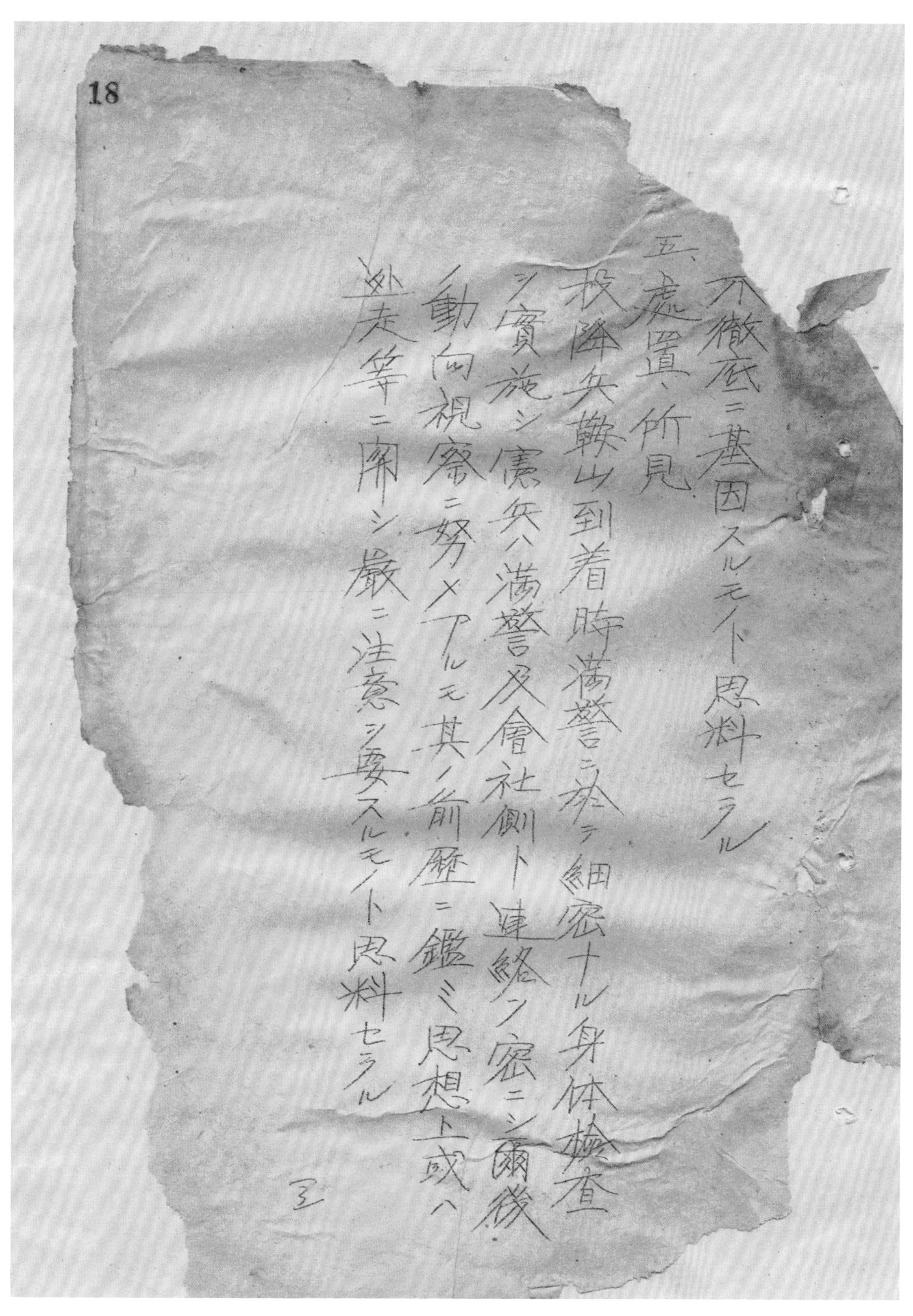
18

不徹底ニ基因スルモノト思料セラル

五、處置、所見

投降兵鞍山到着時満警ニ於テ細密ナル身体検査ヲ實施シ憲兵ハ満警及會社側ト連絡ヲ密ニシ爾後ノ動向視察ニ努メアルモ其ノ前歴ニ鑑ミ思想上或ハ逃走等ニ關シ嚴ニ注意ヲ要スルモノト思料セラル

三

伪满治安部警务司长关于报送本溪湖煤矿事故反响情报致日本关东宪兵队司令官的报告（一九四二年五月三日）

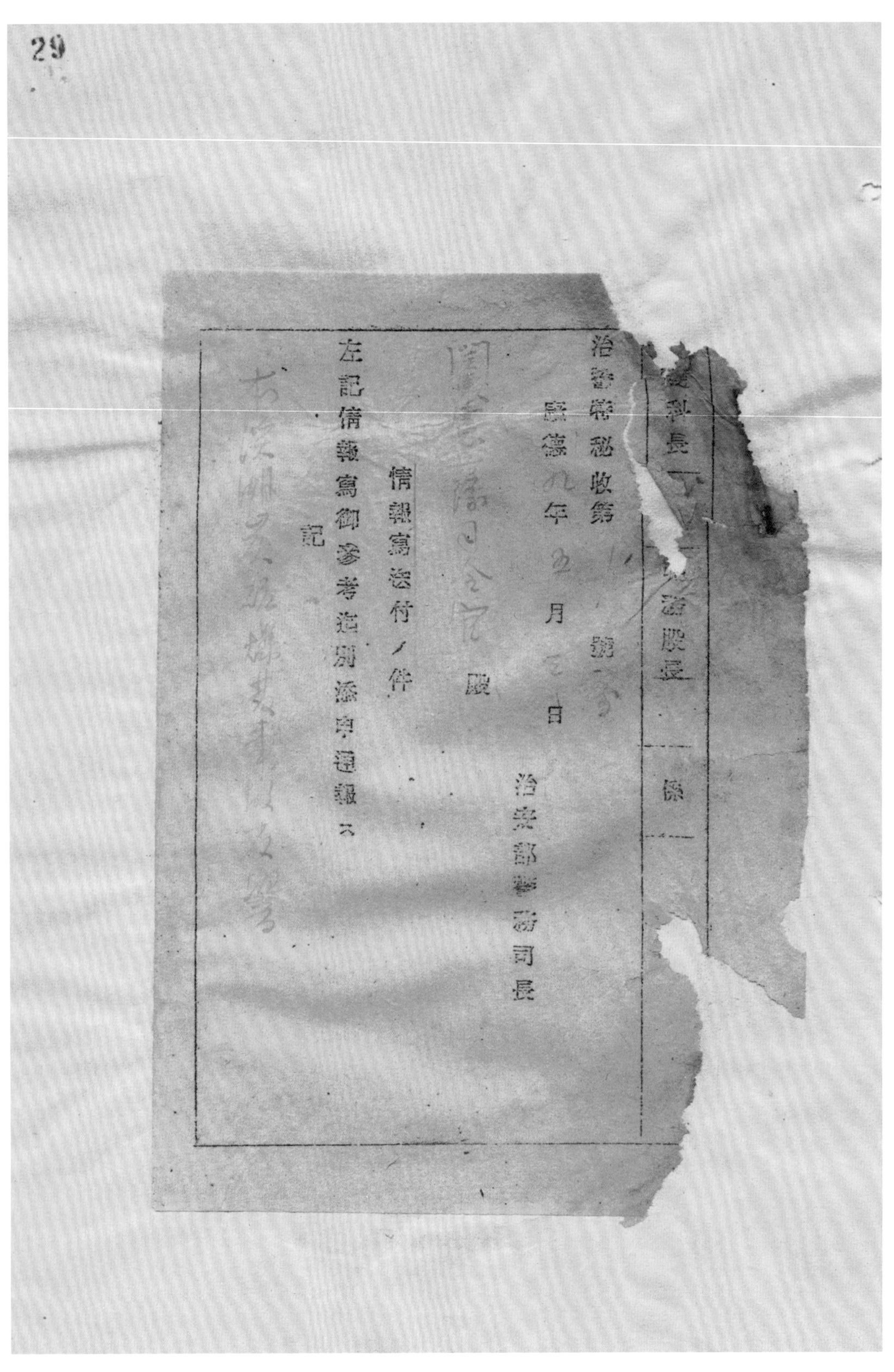

29

科長 股長 係

治警特秘收第 號

康德九年五月三日

治安部警務司長

関東憲兵隊司令官 殿

情報寫送付ノ件

左記情報寫御參考迄別添申進報ス

記

康徳九年四月三十日

治安部警務司

本溪湖炭礦事故反響（第一報）

(一)一般工人ノ動向

將來ノ坑内作業ニ對シ相當ノ恐怖心ヲ懐キアル
目下ノ處動揺ナシ　現在ニ於テハ各機関ノ警戒嚴
重ニシテ逃走ノ餘地ナク冷靜ヲ裝ヒ居レルモ
現場復活ヲ俟チ逃走セントスル氣運濃厚ナリ
事件發生当夜ハ同僚ノ追慕ト死ノ恐怖ノ為納屋ニ
帰リ泣キ明カシタル者　又ハ把頭ノ許ニ至リ金錢ヲ
要求シ或ハ「自分ヲ殺シテ呉レ」等ト哀願シタル
者アリ
主ナル言動左ノ通

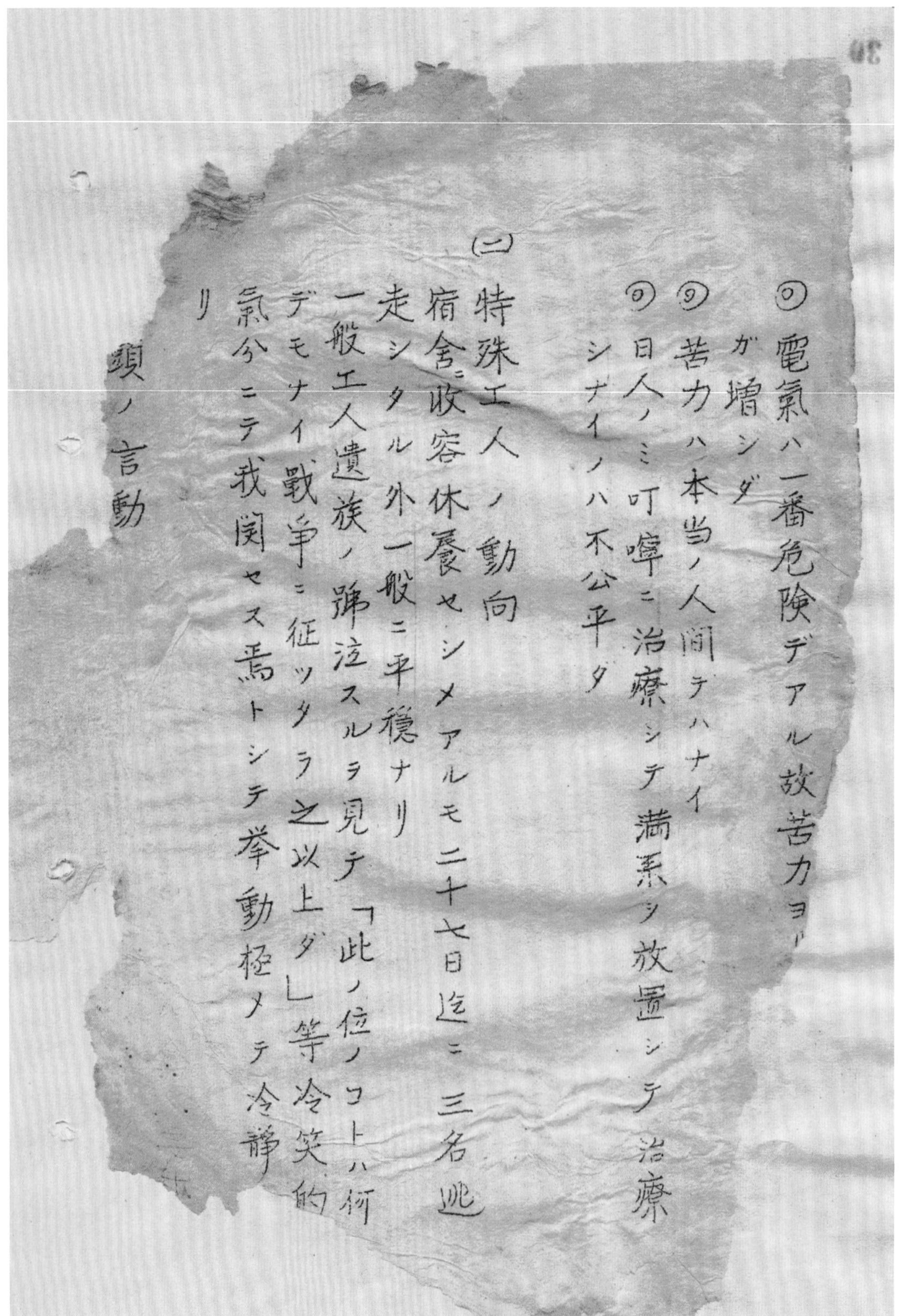

30

◎電氣ハ一番危険デアル故苦力ヨリ
ガ増シダ
◎苦力ハ本当ノ人間デハナイ
◎日人ノミ叮嚀ニ治療シテ満系ハ放置シテ治療
シナイノハ不公平ダ

㈡特殊工人ノ動向
宿舎ニ収容休養セシメアルモ二十七日迄ニ三名逃
走シタル外一般ニ平穏ナリ
一般工人遺族ノ號泣スルヲ見テ「此ノ位ノコトハ何
デモナイ戰爭ニ征ツタラ之以上ダ」等冷笑的
氣分ニテ我関セズ焉トシテ挙動極メテ冷静
リ
頭ノ言動

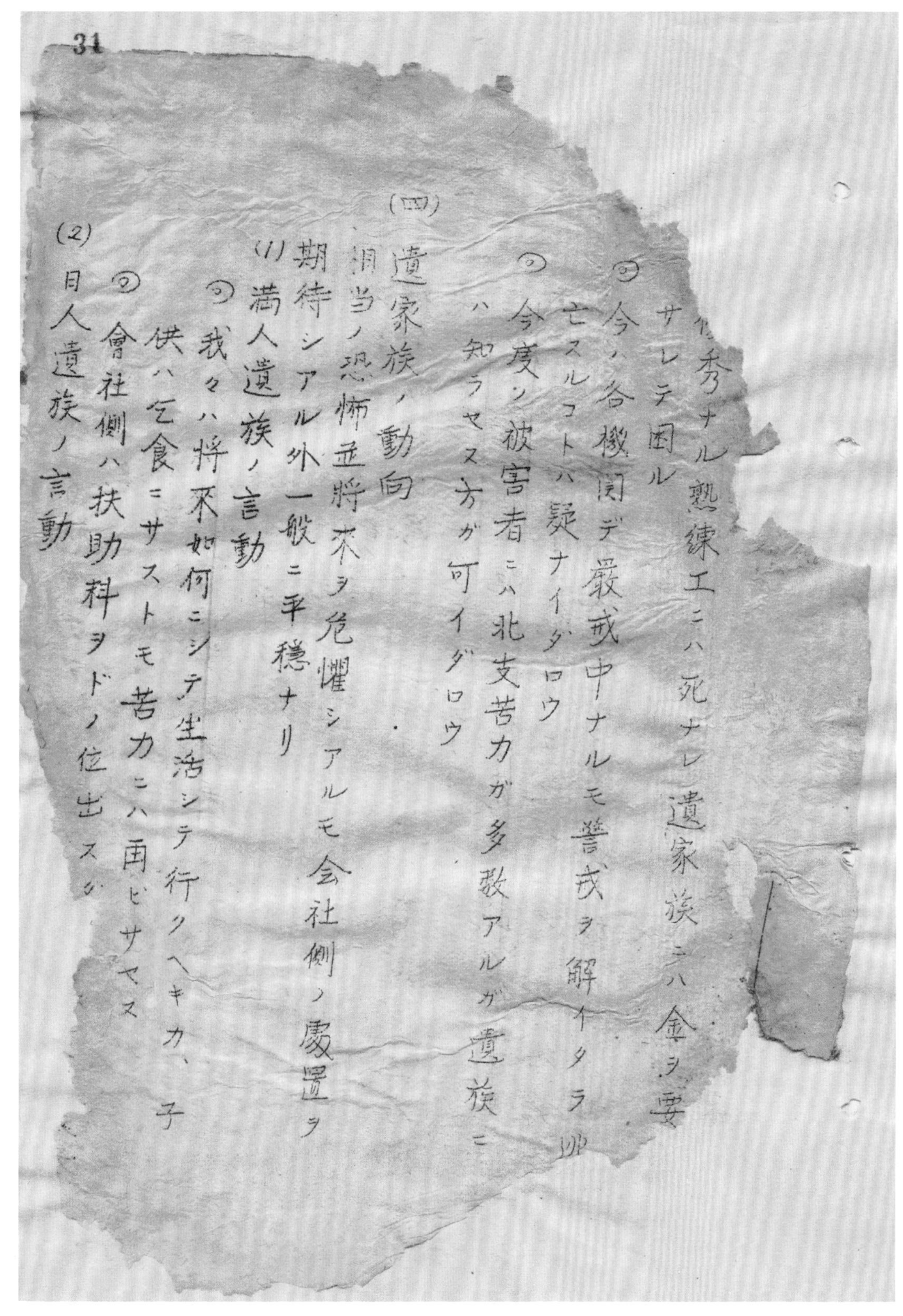

優秀ナル熟練工ニハ死ナレ遺家族ニハ金ヲ要
サレテ困ル

◎今ハ各機関デ厳戒中ナルモ警戒ヲ解イタラ逃
亡スルコトハ疑ナイダロウ

◎今度ノ被害者ニハ北支苦力ガ多数アルガ遺族ニ
ハ知ラセヌ方ガ可イダロウ

(四)遺家族ノ動向

相当ノ恐怖並将来ヲ危懼シアルモ会社側ノ処置ヲ
期待シアル外一般ニ平穏ナリ

(1)満人遺族ノ言動

◎我々ハ将来如何ニシテ生活シテ行クヘキカ、子
供ハ乞食ニサストモ苦力ニハ再ヒサセヌ

◎會社側ハ扶助料ヲドノ位出スカ

(2)日人遺族ノ言動

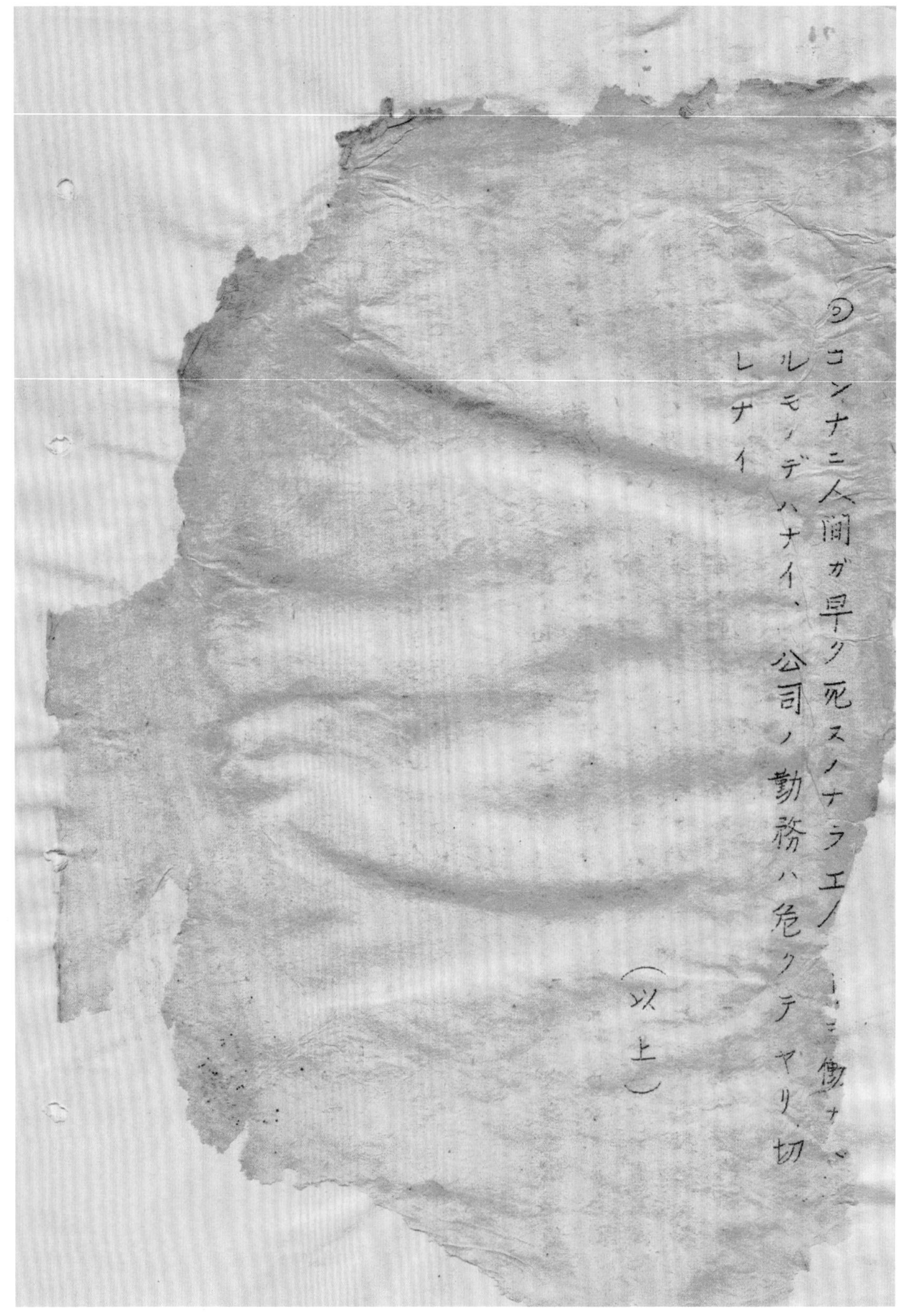

⑨コンナニ人間ガ早ク死ヌノナラエノ[illegible]ニ働ナ、ルモノデハナイ、公司ノ勤務ハ危クテヤリ切レナイ

（以上）

牡丹江宪兵队长都筑敦关于秘密调查军需资材（劳力）征用反响致日本关东宪兵队司令官原守的报告（通牒）（节选）（一九四二年六月二日）

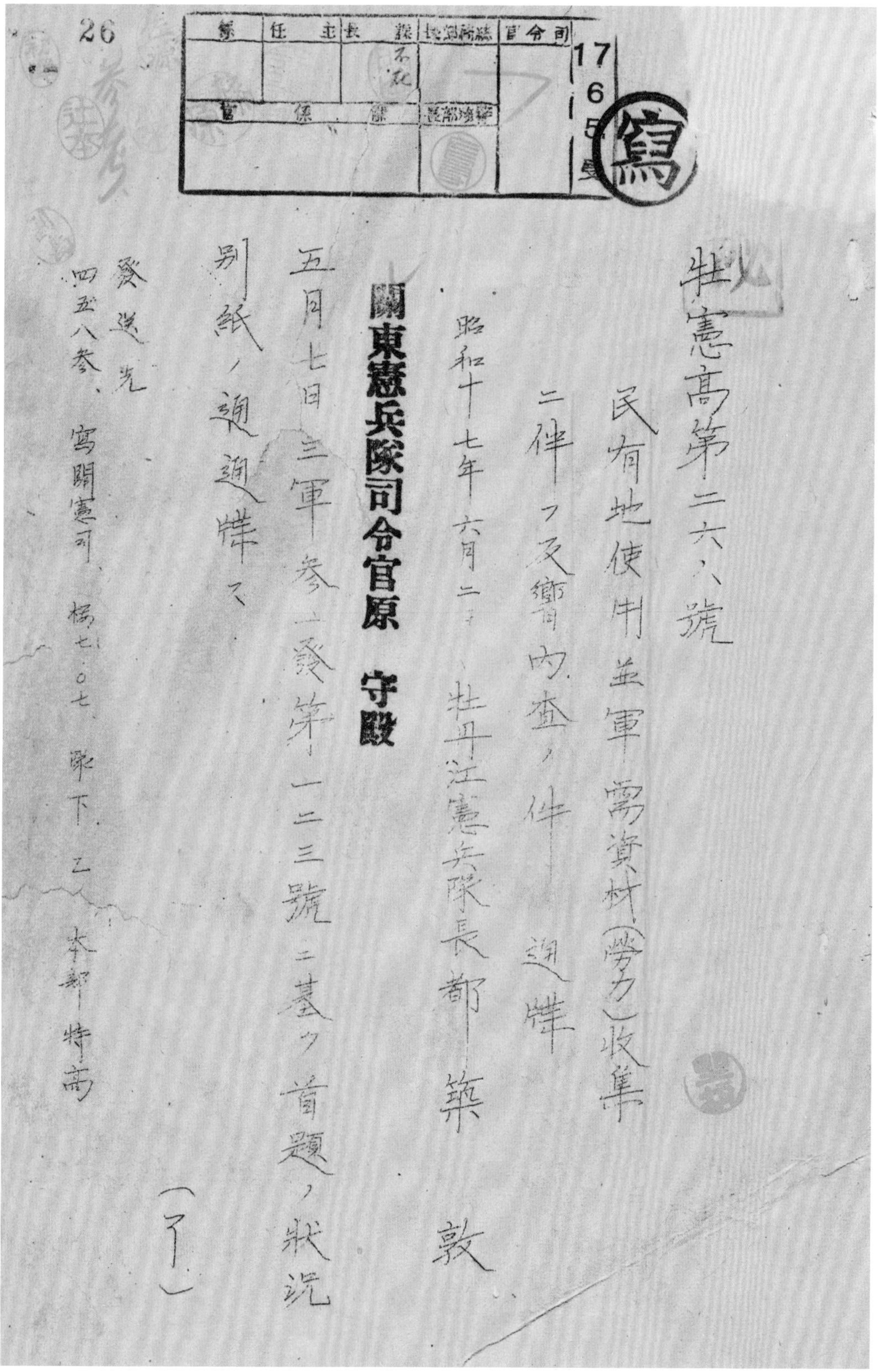

26

17
6
5
号

牡憲高第二六八號

民有地使用並軍需資材(勞力)收集
ニ伴フ反響内査ノ件通牒

昭和十七年六月二日　牡丹江憲兵隊長　都築敦

關東憲兵隊司令官原守殿

五月七日三軍参ニ發第一二三號ニ基ク首題ノ状況
別紙ノ通通牒ス

（了）

發送先
四五八参、写關憲司、極七〇七、隊下、二、本部特高

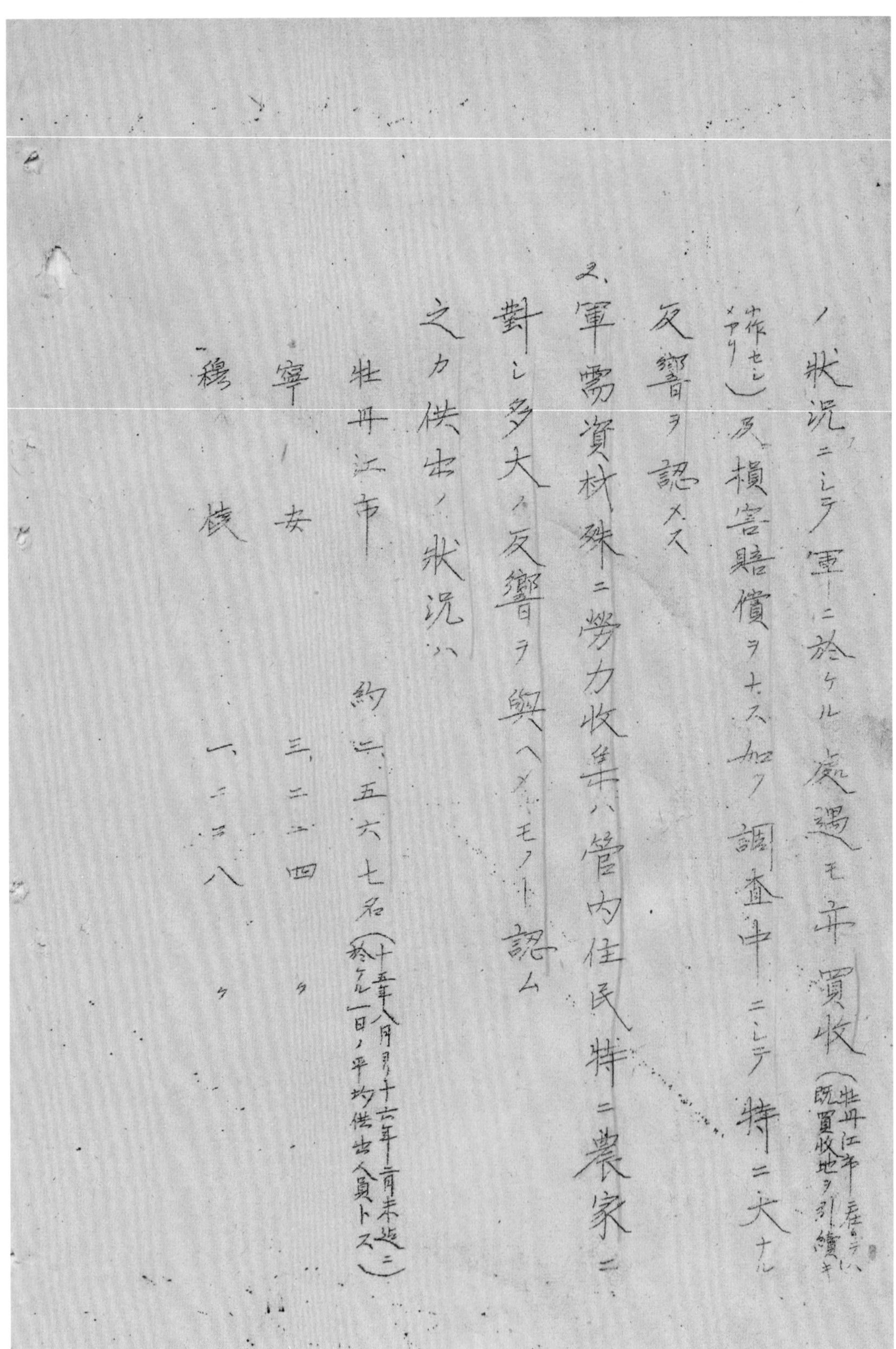

ノ状況ニシテ團ニ於ケル處遇モ亦買收（牡丹江市ニ在リテハ既買收地ヲ引續キ小作セシメアリ）及損害賠償ヲナスベク調査中ニシテ特ニ大ナル反響ヲ認メス

２、軍需資材殊ニ勞力收集ハ管内住民特ニ農家ニ對シ多大ノ反響ヲ與ヘタルモノト認ム

之カ供出ノ状況ハ

牡丹江市　約二、五六七名（十五年八月ヨリ十六年一月末迄ニ於ケル一日ノ平均供出人員トス）

寧安　三、二二四〃

穆稜　一、二二八〃

28

八面通　　一、六六二

計　　八六九一名ニシテ

◎管内鮮滿總人口約六十万ニ比シ　一三%

（稼働可能人員ヲ十万ト算定シ）　八、〇%

◎農民十七万八千ニ對シ　五、〇%弱

ノ状況ニシテ離散モ發生シタル實情ナリ

尚軍ノ急激ナル勞力需要ニヨル勞務者ノ強制募集ニ關シテハ滿鮮人間ニ與ヘタル反響ハ大ナルモノト認ム

資材ノ收集ニ關シテハ特ニ認ムヘキ反響ナシ

3、糧秣買收ノ主ナルモノハ野草及馬糧（藁、乾草）ニシテ

36

二、軍需資材（労力）收集ニ伴フ反響

イ、一般民間諸工事ニ及ホセル影響

牡丹江市ヲ除ク外大ナル反響ヲ認メズ

◎ 牡丹江市

關特演開始以来急激ナル勞働力不足ト一部軍需資材ノ收集、省市當局ノ關特演ニ伴フ防衛工事ニ基ク資材ノ收集等ニ依ル民需逼迫ニ伴ヒ牡丹江市警務處ニ於テハ省長ヨリノ通牒ニ基キ一般民間工事ハ七月

10

寧安、八面通

民間工事ニ及ホセル影響認ムルモノナシ

穆稜

一部木材ノ不足ヲ来シ工事遅延ノ止ナキニ至リタルモノ一件アリタルモ反響トシテ認ムルモノナシ

又 商工業ニ及ホセル影響

管内ニ於テ資材勞力ノ收集ニ因リ商工業ニ及ホセル影響ハ特ニ見ルヘキモノナシ

然レトモ其ノ初期ニ於テ物資並業界ハ活況ヲ呈シ

38

タルカ逐次輸送並配給不圓滑、苦力車馬ノ徴発等ニヨリ商取引運搬等ニ於テハ相當ノ影響アリタルモノノ如シ

◎牡丹江市

関特演開始當初物資移動ノ活潑化ニ伴ヒ商工業界ニ一時ウ活況ヲ呈シタルモ軍ノ苦力強制募集 商工業者ヨリノ苦力供出及荷馬車ノ蒐集 鉄道輸送ノ不圓滑等ニヨリ物資ノ移動ヲ極度ニ阻害シ物品ノ仕入困難 原料 主着発送品ノ滞貨等ノタメ取引上相當ノ影響アリト認メラル

（具体的数量算定ニ至ラス）

◎寧安

12

軍需資材トシテ收集サレタルモノ殆ト皆無ニシテ影響ナシ
供出労務モ其ノ大部ハ農民ニシテ商工業者ハ僅少而モ之等ハ常
ニ代人ヲ用フルヲ慣例トシアルニヨリ経済強化ニヨル品不足等ヨリ直
接ノ供出モ可能ニシテ影響トシテ見ルヘキモノナシ

◎穆棱、八面通
資材労力ノ收集ニヨリ商工業ニ及ホシタル影響認ムルモノナシ

(3) 農耕上ニ及ホセル影響
労力(車馬ヲ含ム)ノ收集ニ関シテハ管内何レモ農
耕上大ナル支障ヲ来シタルモノト認メラレ之カ供出ニ
當リテハ減收ノ予想等ヨリ労力(車馬)ノ供出ヲ
忌避セントスルノ傾向乃至攤派ノ状況窺知セラレ相

39

當ノ影響アリタリ

然レトモ資材ノ收集ニ關シテハ認ムルモノナシ

之カ事例並住民ノ言動次ノ如シ

事例

① 労務ノ供出ニ當リ一人一日一弗─二弗ノ補充ヲ受ク

五河林、八達溝、謝尓溝、海林等ニ於テハ相當數ノ苦力ヲ供出シタルカ軍側ノ賃金一日一弗四十五錢ニテハ低額ナルタメ之カ出労者ノ緩和策トシテ一弗─二弗ヲ醵出補充シタリ

（攤派ノ状況ハ牡憲高第二四〇号参照）

② 供出苦力ノ割當過重ナリ

下城子ニ於テハ供出苦力ノ割當過重及農繁期ニ際シテノ強制ニヨリ

13

家族ナキ家ニ於テハ仕方ナク一日三名乃至六名ノ苦力ヲ傭入レタリ

③農繁期ノ出労ハ減収ノ因ナリト徴傭ヲ忌避ス

温春駐屯満洲第八三九二部隊ニ於テハ毎日温春村ヨリ四十名内外ノ人夫ヲ使用中ナルモ農繁期ニ於ケル自己農耕ヲ顧慮シ徴傭ヲ忌避ス

言動

何レモ労力供出ニヨル農作ノ減収ヲ按シ又ハ稼働賃金安等ヨリ之等ノ労力供出ヲ忌避セムトスルノ動向多ク其ノ言動ノ主ナルモノヲ挙ゲレハ

40

減收ヲ按スルモノ	
◎農繁期ニ際シテ強制的ニ部隊ニ出サレル事ハ一番辛ク此レテハ増産モアッタモノデハナイ（下甸子屯農民ノ言） ◎農耕期ニ向ヒ一番大事ナ時ナノニ働キ盛リノ息子ヲ供出セラレ種播キハ遅レルシ其ノ上何ト彼ヤテ事トカ合ラストハ国策トハ言ヘ困ッタモノダ（穆棱満農） ◎農民カ除草期ニ長期ニ亘リ徴傭サレタル為メ農産物ノ生産ハ約二割方減收セリ（蘭崗井満農） ◎我々ノ如キ貧乏者カ此ノ生活費ノ高イ時ニ一桑五十銭位テ働イテ居テハ国家ノ為トハ言ヒ乍ラ死ネト言フカ如キ様ナモノダ（温春屯農民）	

出労忌避ニ関スルモノ

◎軍ノ仕事ナラ仕方ガナイガ農産物ノ出荷モ終ラヌ内ニ馬車ヲ徴用サレルノデ興農合作社カラハ早ク出荷セヨト喧シク言ハレルノデ困ッタモノダ

（八面通満農）

◎軍隊ハ農繁期モ何モ考慮セズ諸要求ガ多ク稲作モ野菜モ甚忙ニシテ牛、馬車共ニ引張リ出サレルノハ全ク困ル

（東寧城農民）

◎農家ノ一番忙シイ八、九月ニ飛行場ノ草刈ヤ土壁構築ニ引出サレテハ田畑ノ除草モ余リ手ス遅ニ今年ノ農作モ不作ニ終ルナラン

（　）

(4) 一般経済界又ハ生活上ニ及ボシタル影響

41

一般経済又生活上特ニ憂慮スヘキ事象ノ發生ハ見サルモ苦力ノ強制募集ハ一部鮮満人間ニ多大ノ不安ヲ與ヘ又薪炭家畜等一部軍需資材ノ蒐集等ニヨリ若干ノ不便ヲ與ヘタルモ當局ノ適正ナル處置ニヨリ平常ニ復シアリ又農繁期ニ於ケル労務供出ハ農耕労力ノ不足ヲ來シ増産方面ニハ相當ノ支障ヲ來シタル地區（寧安）アルモ全般的ニハ大ナル変化ナシ

事例

15

◎冬期ヲ控ヘ薪炭最需期ニ際シ軍ヨリ炊事用薪炭ノ要求著シク業者用（接客業者散髪屋其他）大量需量者ノ配給ヲ一時中止シタリ

㊟牡丹江市九月十五日在庫品ハ木炭三九、四二一俵（市民約三ヶ月ノ需要）薪九九、七五坪
アタルニ軍ヨリノ要求ニ対シ七、八月間木炭八、四五八俵薪一四、五坪ヲ供給セリ

◎旅館投宿中ノ苦力ハ強制苦力募集ヲ忌避シ市外ニ逃走セリ、依テ旅館業者ハ損害ヲ蒙リタリ

◎軍ノ要求ニ基ク家畜ノ供出ハ（八月初旬ー九月中旬）豚約七〇〇頭、牛五頭ニシテ全頭

42

数ノ約ノ3ヲ供出セル為市内精肉需要量ノ約ノ3ヲ屠殺シ為メニ精肉屋ハ肉不足ヲ來シタリ（牡丹江市）

㊟精肉不足ノ為鮮満人ハ一般ニ密殺ヲ為スモノ或ハ殺犬スルモノ等アリタリ

五河林仙洞方面ニテハ豚ノ密輸セラレテヨリ肉不足ニヨリ閉店セルモノ二件アリタリ

(5) 對策所見

牡丹江市以外ノ管内住民ハ其ノ太部カ農業者ナル為其ノ労務供出ニ對シテハ大ナル

關心ヲ有シアルヲ以テ之カ處置ニハ愼重ヲ期スル
ノ要アリ即チ

◎徴傭組織ヲ確立シ負担ノ配分ヲ良クシ
可成其ノ地住民ヲ使用スルコト

◎農繁期ノ供出ヲ避クルコト

◎供出者ニ使用期間ヲ明示シ就労ヲ安心セシメルコト

◎生計不如意者ノ家族扶助ニ付考慮ヲ要スルコト

尚資材ノ收集ニ關シテハ輸送ノ圓滑化並之ニ伴フ
貨車ノ配給等ハ消費多キ管内ノ状況ヨリ必要ナ
ルモノト認メラル

49

四　反軍反戰的言動ノ狀況

關特演開始以來反軍反戰的ノ顯著ナル事例發生シアラス

前記各項ニ影響アリト認メラレタル流言三件及

○野菜、土地等ノ收買ニ伴フ忌避ニヨルモノ

○車馬勞力ノ供出ニ伴フ不滿ニ伴フモノ

○收買價格ノ庫價及其他ニ關シ不滿ニ伴フモノ

等多ク之等流言乃至言動ヲ摘記スレハ左ノ如シ

㊙ 流言

23

等收買ニ伴フ忌避言動

(牡丹江市近在部落)

◎牡丹江市樺林地区満農ヨリ軍用地トシテ約五百垧ヲ買上ゲタルカ代金未拂ナリシ為自己ノ所有ナリト思料播種シタルモ其後部隊ニ於テ軍用貨物ヲ集積シタル為收穫ナク為ニ不安ヲ抱キ陳情セリ

(牡丹江市樺林区)

◎今度軍デハ地方ノ野菜ヲ多量ニ購入シテヰルカ果シテ金ヲ拂フダラウカ心配ダ

(寧安縣公署満系官吏)

◎今年ノ如キ野菜ノ不作ノ年ニ軍デハ強制的ニ野菜ヲ納入スル様言フテ來タカ現地ノ住民ノ入カ判ルカドウカ心配ニナルコノ分ダト相當物價ガ高クナルコトヽ思フ

(温春村公所満人)

◎軍隊ニ徴傭サレルト牛馬ノ如ク使ハレ言語不通ノ為問返シタリスルト「何ッ」文句「云フカ」ト棍棒デ殴ラレル

51

労力車馬等供出ニ伴フ不満言動	軍隊ノ仕事程楽ナ事ハナイ（八面通 満農） ⊙部隊ハ地方何レノ労働ニ服スルモ差支ハナイカ部隊ハ帰宅ヲ許サヽルヲ以テ一般苦力ハ逃走スルノダ（牡丹江市西区事務員） ⊙毎日五時乃至六時頃外出セハ部隊ノ苦力募集アリ此ノ時刻ニハ外出ヲ避ケルカ得策ナリ（牡丹江 鮮労） ⊙今度軍隊カ沢山移駐シテ来タノテ毎日ノ如ク人夫ヲ出セ馬車ヲ出セ等農民ノ忙シイ時デモ構ハス徴発シテイル農繁期ナルコトヲ少シハ考ヘテ貰イ度イ（寧安北安村 満農）
	⊙牛ノ軍納入ニ関シ部隊ノ方カラ価格ハ何程デモ良イカラ買ッテクレト頼マレ牛ノ不足ニモ不拘無理ニ農民ニ頼ミ納入シタルカ三百円ノ牛ヲ部隊側デハ百七十円ニカ拂

ハス掠奪同然ナリ　（穆棱鮮系警察官）

◎軍隊ニ納メル野菜ダトテ無理ニ要求セラレ多クノ野菜ヲ集メタノニ納メル樣ニナルト部隊ノ方テハ関東軍ノ斡旋テ送ツテ来タカラ不用ダト断ラレ農民ハ大変ナ損害ダ納入スルモヤレ検査カ悪イトカヤレ何トカ文句バカリ言フ　全ク軍隊ハ五月蠅イ　（驛出乘員及合作社員）

◎東京城興農合作社デハ納入葦運搬ノ為ニ軍ヨリノ納入期日迫リタルヲ以テ已ムヲ得ズト告ゲ所定ノ手續ヲ為サズシテ民間側ノ運搬車多數ヲ強制徴收シタルカ同地農民ハ合作社ノ粗暴葦徴收ヲ非難シアリ　（東京城鮮農）

伪满民生部劳务司编制的一九四二年六月出入伪满劳工统计月报（一九四二年六月）

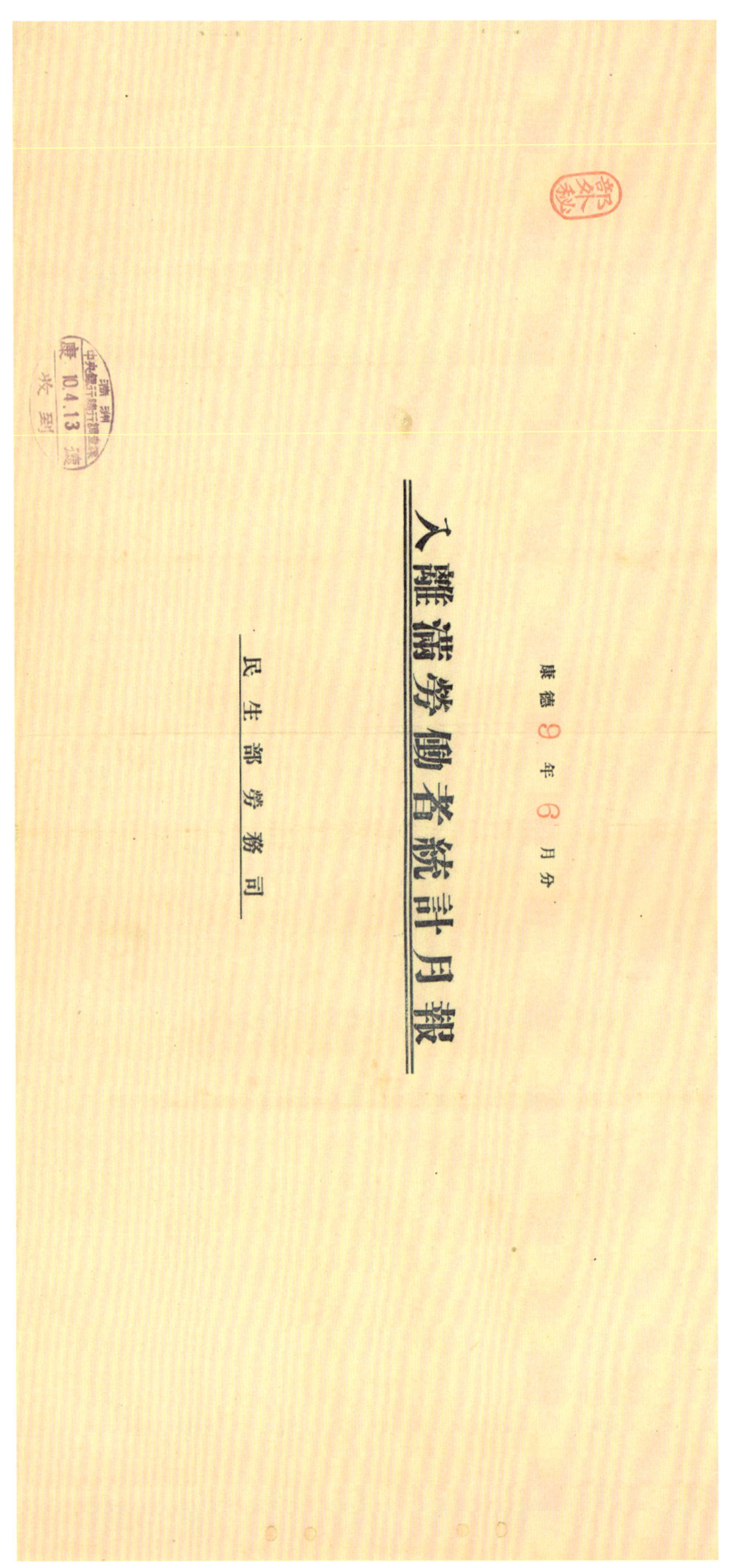

康德9年6月分

入離滿勞働者統計月報

民生部勞務司

勞工證發給概況

康德　年　月分

發給概況 ＼ 發證地		本年累計	前年同月增減比較（△印ハ減）	月計	北京	古北口	天津	山海關	德縣	濟南	濟寧	徐州	青島	威海衛	芝罘	龍口	新鄉 沼縣	開封	南口 石門
出國（境）勞工證	來所者	476459	13,393	167,854	3722	156	33396	22373	5,195	20,975	11,452	3,517	32,058	3,023	18,862	7,637	2,230	1,398	600
	一見拒否	10,403	2,722	3,898	42		1,556	257	457	6	10	238	119	21	306	101	188	97	1
	受付																		
	不合格																		
	制限拒否																		
	受給者 計	466,656	13,857	163,996	3580	156	32340	22216	4738	20,969	11,442	3279	31,939	3,002	18,556	7,536	2,042	1301	600
	受給者 單獨	395,912	10,660	138,328	2578	149	28,397	18,399	4245	18,840	10,842	3,210	25,310	2190	14,548	5,780	1,978	1,282	600
	受給者 家族同伴者	70,144	3,197	25,648	1302	7	3,943	3,817	493	2,129	600	69	6,629	812	4,008	1,756	64	19	
	隨伴家族 計	144,805	5,390	53,616	528	17	6451	7,258	983	4960	1,253	122	16,488	1,697	9,664	4,060	132	23	
	隨伴家族 男	37,694	535	13,442	140	4	1,057	1473	241	1454	303	57	4,898	264	2,517	978	41	15	
	隨伴家族 女	106,811	4,355	40,174	388	13	5394	5,785	742	3,506	950	65	11,590	1,413	7,147	3,082	91	8	
特別證	受給者 本年累計	3,723	1,301	3,723	21	67	2143	251	2				61	392	590	215	1		
	受給者 月計		73	982	3	20	525	46					4	94	16	74			
	返納者 本年累計																		
	返納者 月計																		
	失効者 本年累計																		
	失効者 月計																		
特種證	受給者 本年累計	3,094	1435	3,094	1,726		4								1,364				
	受給者 月計		801	2462	1,058										1364				

7-593-2

勞働者入滿概況

康德　年　月分

許可不許可 區別 經由地	入滿ヲ許可セラレタル者 勞工証所持者	勞工証所持者隨伴家族 計	男	女	特別勞工証所持者	特種勞工証所持者	其他	許可セラレザル者 計	勞工証所持者	其他
本年累計	442,355	128,100	33,183	94,917	3,477		15,496	435	435	
前年同月增減比較（△印ハ減）	30,559	9,966	1,809	8,157	23	△1				
月計	173,547	53,836	13,473	40,363	739		6,899			
大連	76,045	32,867	9,111	23,756	203		6,771			
營口										
安東										
山海關	96,772	20,388	4,328	16,560	518					
古北口	730	81	34	47	18		128			

勞働者離滿概況

康德　年　月分

區別 經由地	勞働者 計	勞工証所持者	勞工証無所持者	勞働者隨伴家族 計	男	女	特別証所持者	特種証所持者	其他
本年累計	245,443			37,212	10,104	27,108	1,222	1	22,621
前年同月增減比較（△印ハ減）	8,847			6,154	1,212	4,842	131	△8	2,717
月計	57,882			14,394	3,800	10,594	205		9,580
大連	17,961			8,165	1,660	6,505	164		9,090
營口									
安東									
山海關	39,770			6,207	2,130	4,079	41		
古北口	151			20	10	10			490

入滿勞働者發證地別、經由地別、行先省別調

康德　年　月分

7-533-4

人、發、經、行別（1）

發證地	經由地	本年累計	合計	關東州	計	新京	吉林	龍江	北安	黑河	三江	東安	牡丹江	濱江	間島	通化	安東	四平	奉天	錦州	熱河	興西	興南	興東	興北
本年累計			442,355	58,612	383,743	20,730	20,503	6,413	4,315	1666	16,206	16,412	17,363	42,756	3,636	3,760	7,472	2,481	162,355	22,466	2,871	232	578	1,045	4,146
合計	計	442355	173547	20,573	152,974	2544	9,029	3,448	2,337	6,215	6,336	9,370	8,465	17,329	1,256	4,597	3,013	3,200	57,571	10,876	926	38	180	173	2,627
	大連	190,446	70,845	20,332	50,513	3,458	2,516	1,315	615	2,001	2,138	4,302	2,742	7,028	767	3,332	2,446	1,026	18,209	1,742	14		15	177	517
	營口																								
	安東																								
	山海關	242,685	96,712	241	96,531	3,736	6,179	2,133	1,779	4,144	4,248	3,688	4,923	10,301	489	1,245	593	2,174	33,357	9,128	249	45	164	16	2,110
	古北口	2224	730		730		2												5	6	663	53	1		
北京	計	10,065	3,777	10	3,767	51	54	154	23		16		60	529	1	8	8	25	2,226	202	345	29	6		
	大連	63	13	9	4														4						
	營口																								
	安東																								
	山海關	8,980	3,387	1	3,386	51	54	154	23		16		60	529	1	8	8	25	2,220	178	2	1	6		
	古北口	1,022	397		397		2												2	4	343	28			
古北口	計	504	149		149		2												3	2	113	22	1		
	大連																								
	營口																								
	安東																								
	山海關																								
	古北口	504	149		149		2												3	2	119	22	1		
天津	計	83,402	32,396	2,459	27,909	2,174	370	284	806	840	507	432	1,220	2,747	75	417	260	366	15,575	2,250	53	16	13	9	267
	大連	8,644	3,052	2,441	641	7	4	103			15		3	45		4	5	4	258	6					127
	營口																								
	安東																								
	山海關	73,694	29,238	48	29,250	2,167	366	181	806	830	492	432	1,217	2,704	75	413	355	562	15,317	2,244	45	16	13	9	142
	古北口	64	16		16																16				
山海關	計	61,115	22,324	9	22,315	621	1,280	150	189	263	286	25	84	931	72	52	15	675	13,665	3,423	161	25	103	2	353
	大連																								
	營口																								
	安東																								
	山海關	61,115	22,324	9	22,315	621	1280	150	189	263	236	25	84	931	72	52	15	675	13,665	3423	161	25	103	2	353
	古北口																								
德縣	計	11,255	4,614	38	4,576	25	387	159	167	219	6	425	9	1,414	1	189	2	25	1,108	427	5		4	1	8
	大連	219	125	90	35									34					1						
	營口																								
	安東																								
	山海關	11,023	4,548	8	4,540	25	387	159	167	219	6	425	9	1,380	1	189	2	25	1,107	427	4		4	1	8
	古北口	14	1		1																1				
濟南	計	53,241	21,398	374	20,445	449	1,984	1,267	267	247	1,534	862	2,283	2,009	264	378	106	476	5,773	1,733	195	6	27	4	739
	大連	3,944	1,375	283	1,532	19	10	10	2		5		3	17		192	13	2	1,319						
	營口																								
	安東																								
	山海關	48,878	18,744	91	18,853	421	1,974	1,257	265	247	1,529	862	2,280	1,792	264	186	93	474	4154	1,733	39	3	27	4	73[illegible]
	古北口	419	157		157																156				
濟	計	30,532	12,109	289	11,822	428	547	238	74	[illegible]	[illegible]	1,343	[illegible]	1,459	74	[illegible]		[illegible]	[illegible]	[illegible]					
	大連	3,003	1,178	[illegible]	[illegible]	[illegible]							[illegible]												

入、發、經行別(2)

地區	項目																								
寧	營口																								
	安東												292	1,332	74	93		111	1,700	394					
	山海關																								184
	古北口	27,527	13,931	82	10,344	424	547	235	174	1,177	1,345	1,343	22	586		101	25		275	274	28				
徐州	計	2												1					117						
	大連	6,987	3,926	117	3,869		610		119	1,052	178	529													
	營口	923	234	116	113																				
	安東												22	585		101	25		158	274					
	山海關																								
	古北口	5,867	3,664	1	3,663		610		119	1,062	178	521	1,997	2,445	490	2,665	1,138	809	12,047	1,019	28				
青島	計	147	28		28								1,961	2,444	440	2,065	1,138	809	9,841	1,019	9		10	155	258
	大連	13,337	39,276	6,997	32,279	2,163	2,018	833	152	1,835	1,208	2,426									9		10	155	256
	營口	32,844	39,680	6,779	12,081	2,163	2,017	838	152	1,835	1,208	2,424													
	安東												36	1					156						
	山海關																								
	古北口	533	176		176		1					2	43	95	63	15	213	1	523	25					
威海衛	計												43	95	63	15	213	1	528	26					
	大連	5,101	2,783	1,318	1,385	44	100	3	7		21	226													
	營口	5,101	2,783	1,378	1,385	44	100	3	7		21	226													
	安東																								
	山海關																								
	古北口												929	1,261	183	326	593	104	3,577	77			5	2	69
芝罘	計												929	1,261	183	326	593	104	3,577	77	1		5	2	61
	大連	51,828	18,930	7,595	11,335	906	209	172	345	186	443	1,597													
	營口	51,848	18,930	7,595	11,335	906	209	172	345	186	443	1,577													
	安東																								
	山海關																								
	古北口												776	3,064	31	48	204	46	1,465	14	4				
龍江	計												776	3,064	31	48	204	46	1,405	14	4				63
	大連	20,510	8,505	1,192	7,313	615	176	194	112	46	386	55													63
	營口	20,515	8,506	1,192	7,313	615	176	194	112	46	386	58													
	安東																								
	山海關																								
	古北口	1														202			116	178					
新鄉	計																								
	大連	533	516		516																				
	營口																								
	安東															202			116	178					
	山海關																								
	古北口	533	516		516														314	64					
開封	計						150			211	391	10							236						
	大連	2,415	1,040		256																				
	營口																								
	安東																		78	64					
	山海關																								
	古北口	2,122	804		804		150			211	371	10	23	787	2	1	75	2	332	173					84
南口	計	2,572	2,164	5	2,159	39	410	2	36	138	5	60													
	大連	7	4	4																					
	營口																								
	安東												23	787	2	1	75	2	322	173					84
	山海關																								
	古北口	2,565	2,160	1	2,159	39	410	2	36	138	5	60													

入滿勞働者郷關省別、行先省別、産業(大分類)別調

康德　　年　　月分

郷關地	産業別＼行先地	本年累計	合計	關東州	計	新京	吉林	龍江	北安	黑河	三江	東安	牡丹江	濱江	間島	通化	安東	四平	奉天	錦州	熱河	興西	興南	興東	興北
本年累計			442355	58612	383747	[illegible]	20303	6413	4315	7666	16206	10412	17363	42156	3263	9160	7432	9481	162359	27466	2571	232	578	1045	4146
合計	計	442355	134947	21173	152274	9544	5617	4448	2397	6215	6396	1490	4465	17329	1256	4507	3017	3200	57571	10878	726	75	180	173	2627
	農牧業	31590	11142	710	11242	722	1432	414	235	24	169	35	246	1575	297	751	[illegible]	425	4408	304	80	48	53	14	30
	林業	551	338		338	2	20	6	215	4	42		4	18	5	3		1	124	29	1	1	1		4
	漁業	665	110	20	90	3	1	1						11			2		15	57					
	鑛業													3	151	2049	5	1335	8592	4980	8			1	318
	工業	57401	18481	67	18414	24	124	7	2	15	143	111	97	4714	234	191	337	691	16745	2345	388	15	53	6	76
	土木業	102081	39250	4124	32956	2733	1117	410	409	32	510	317	526	6625	260	1100	723	105	8021	1262	128		3	121	1945
	建築業	95341	50249	1607	48642	577	4090	1545	1498	5082	4213	4945	15542	1675	174	262	509	257	7950	731	62	5	8	27	214
	商業	52285	22324	2211	20113	1589	2702	634	534	221	401	2030	1521	384	14	14	39	92	2020	256	162	16	20	2	5
	運輸業	8348	3963	241	3622	117	224	66	17	2	35	3	20	740	39	63	151	47	3322	103	18	2	4		14
	雜業	33984	11811	6007	5804	290	196	45	21	349	40	13	143	1418	74	159	339	247	6568	614	79	8	32	2	21
河北	計	45343	12049	4136	12113	589	691	192	118	[illegible]	151	41	310	3909	154	617	369	1203	28576	5887	545	74	116	8	706
	農牧業	142502	54250	1326	52890	2588	2319	514	342	1115	740	1525	1284	215	6	25	7	103	1650	202	57	35	32	1	15
	林業	6920	2383	31	2892	170	198	97	52	2	12	2	10	6	1			1	121	29	1	1	1		1
	漁業	501	139		184		9	1	1	1	17			4			1		10	38					
	鑛業	449	14	18	56	3								1	1	214	1	367	2596	2537	5			1	104
	工業	14431	5453	2	5251	15	58		1		10	29	1	769	112	38	11	269	10671	1202	128	11	27	1	29
	土木業	42598	15704	602	15107	1100	459	82	56	4	40	6	36	1572	5	287	292	54	1449	289	34		2		497
	建築業	18528	4325	153	4175	96	336	140	262	76	134	292	937	248	6	15	15	138	4287	770	53	6	7	3	12
	商業	20601	4345	174	4201	481	189	31	331	114	34	30	182	186	3	10	4	69	1600	206	137	14	16		3
	運輸業	5002	2723	24	2699	150	160	33	24	1	7	2	13	272	6	3	1	30	1831	91	13	1	2		2
	雜業	9382	2859	253	2604	154	90	6	6	81	5	1	17	334	19	19	22	172	4366	558	67	6	29	2	5
山東	計	14112	9659	555	8451	347	397	16	46	6	24	4	37	12374	1161	3834	2613	1123	27114	4595	261	17	62	162	1901
	農牧業	234020	112125	13195	77930	4723	5626	2900	1207	4111	5177	6934	1163	1148	251	758	180	321	2694	128	17	10	21	13	15
	林業	24387	5350	617	5233	448	1286	314	151	22	151	13	236	12	4	8	1		3						3
	漁業	341	151		157	2	13	1	24	3	17		4	7			1		5	19					
	鑛業	218	36	2	34		1	1						8	159	1821	3	910	4913	2137	3				210
	工業	38848	11289	65	11199	1	65	7	1	5	143	141	76	4005	122	103	817	420	5770	1132	207	3	32	5	45
	土木業	60244	21096	4115	16961	1826	652	322	251	2	421	303	489	3979	255	698	607	49	6258	719	8		1	121	1453
	建築業	64660	36452	1342	35110	506	2622	1500	501	3979	3164	1322	4482	1425	188	244	444	119	3630	154	8		1	21	142
	商業	36468	14383	2036	12849	1307	518	548	216	117	395	1446	1348	178	11	4	31	17	214	11	4	2	2	2	2
	運輸業	2459	831	160	671	69	53	14	17	2	24	5	19	668	23	60	156	17	1477	22	4		2		12
	雜業	23749	8613	6438	3180	216	126	39	15	136	35	12	196	1144	80	138	317	72	2154	73	10	2	3		16
山	計	21578	7764	4420	5644	550	310	106	69	21	141	67	273	53		3	2	12	700	30	13	3			5
	農牧業	2458	976	2	976	6	11	12	5	21	25	13	62	2					22	2	3				
	林業	66	32		32	1	1		1																
	漁業																								
	鑛業															2		8	346	18					5
	工業	1135	394		394									8				1	166	1	4				
	土木業	438	183		183	3		3			1			20			2	3	10						
	建築業	213	179		179		2	1	2	31	23	13	57	2					35	4		2			
		120	45		45			2																	

入、郷、行、産別(1)

		315	120		120	1	5	6	1																
西	商業	34	13	1	12								1	6					90	5	5				
	運輸業	67	34	1	33	1	3		1		1								10		1	1			
	雜業	6,690	3,344	51	3,293	12	241	20	47	606	320	164		5		1			21						
河南	計	121	26	1	25		1	2					20	655		92	14	37	755	169	77	4	2		7
	農牧業	5	2		2			1			1			7					8	1	3	2			
	林業																								
	漁業	1,491	440		440							1													
	鑛業	509	189	2	187	3	15	2	1			1				1	1	28	336	123					
	工業	3,848	2,382	43	2,339	1	218	4	41	606	316	62	1	3					47	9	53	1			1
	土木業	46	14		14	1		3				3	17	629		90	9		222	15	3				6
	建築業	501	149	1	148	7	6	7	5		2								3	3	1				
	商業	57	8	4	4								2	12			4	6	116	13	16		2		
	運輸業	84	34		34		1	1			1								4						
	雜業	3,751	1,815	215	1,597	10	320	2	75	26	111	303		4		1		3	14	3	1				
江蘇	計	55	15		15	3	6	1					3	224	1	23	14	17	146	161	29			3	7
	農牧業	1	1		1						1			2				1	1	1					
	林業																								
	漁業	1,352	305		305		1																		
	鑛業	87	23	4	19			1							1	2		15	128	154	28				4
	工業	1,902	1,263	21	1,242	6	313		74	13	110	303		1		-	1	1	15						
	土木業	36	5	1	4				1				3	217		21	13		47	6					3
	建築業	12	3	3																				3	
	商業	417	189	135	4																				
	運輸業	57	11	4	7	1													4						
	雜業	1,363	796	58	738		73		8	254	83	46		4					1		1				
安徽	計	40	35		35						1		2	73		7	10	7	115	27					1
	農牧業													1					33						
	林業																			1					
	漁業	274	52		52																				
	鑛業	3	2		2						1					2		6	33	5					
	工業	1,503	611	46	645		73		8	254	81	40							1						
	土木業	10	1		1								2	91		4	10	1	40	23					1
	建築業	1	1		1														1						
	商業	29	12	12																1					
	運輸業	4	2		2																				
	雜業	905	254	124	160	7	4		1			2							2						
其他	計	1	1	1									1	15		1	2	1	115	7	1				
	農牧業																								
	林業																								
	漁業	289	43		43				1																
	鑛業	217	98	1	97	7	3									1			35	6					
	工業	27	6	2	4		1					1		8			2	1	75	1					
	土木業	4	1		1							1		1							1				
	建築業	25	7	3	3																				
	商業	303	114	114									1	2											
	運輸業	39	14	3	12																				
	雜業																								

離滿勞働者滯滿省別、鄉關省別、產業（大分類）別調

康德　　年　　月分

鄉關地 / 產業大分類 / 滯滿地		本年累計	合計	關東州	計	新京	吉林	龍江	北安	黑河	三江	東安	牡丹江	濱江	間島	通化	安東	四平	奉天	錦州	熱河	興西	興南	興東	興北
本年累計			248,443	49,394	199,049	15,208	12,114	4,896	3,023	1,148	5,334	6,657	9,422	17,419	1,729	2,249	3,444	1,371	37,223	[illegible]	318	[illegible]	[illegible]	[illegible]	1,144
合計	計	248,443	51,882	13,336	44,546	3,347	2,357	954	638	237	1,222	643	1,023	3,495	260	597	692	356	24,662	2,715	[illegible]	55	130	65	242
	農牧業	15,493	3,459	97	3,360	232	389	168	54	14	42	28	58	414	37	45	17	48	1,532	112	[illegible]	15	35	5	5
	林業	2,955	1,047	1	1,046	9	145	5	56	8	427	12	42	126	17	35	4	4	44	8	3		1	17	3
	漁業	239	94	14	80	3	3	1		1		3	1	1	1	2	3		31	25			1		1
	鑛業	13,919	4,080	49	4,031	49	140	27	24	16	109	225	22	86	43	79	19	105	2,477	127	32	4	6	3	8
	工業	37,705	20,473	2,742	17,731	1,452	648	338	166	56	200	115	275	1,571	76	130	335	173	11,333	127	109	17	49	11	41
	土木業	26,676	2,841	433	2,408	128	93	49	56	37	73	48	139	170	44	53	27	25	1,228	[illegible]	14	4	3	9	22
	建築業	30,484	5,931	1,089	5,929	629	211	131	119	63	132	123	203	300	50	67	71	45	3,404	283		2	10	3	51
	商業	2,684	888	217	671	36	52	13	14	4	5	3	8	71	5	4	5	14	341	43	17	3	10		3
	運輸業	17,342	4,476	1,596	2,880	226	169	44	37	10	71	24	59	240	20	58	34	28	1,643	18	10	1	10	5	13
	雜業	54,746	13,535	7,120	6,415	933	459	172	112	33	165	62	218	516	41	74	115	87	2,202	230	23	10	33	12	46
河北	計	104,684	27,742	1,523	26,219	2,023	1,146	454	316	142	310	268	369	1,131	174	252	153	341	[illegible]	286	231	45	145	21	132
	農牧業	5,394	1,588	19	1,569	137	107	64	19	10	11	11	32	167	13	13	6	25	727	14	15	12	49	5	4
	林業	1,053	358		358	9	72		20	6	67	6	16	47	11	6	3	2	80	2	1			3	1
	漁業	182	66	8	58	3	3	1		1		3	1	1	1	2	2		10	2					1
	鑛業	6,081	2,159	15	2,144	18	59	15	16	15	21	69	10	41	27	44	7	12	1,019	581	30	2	4	1	45
	工業	45,180	11,250	389	10,861	840	362	157	87	33	62	59	103	722	51	50	67	127	7,195	755	82	15	34	4	12
	土木業	9,516	1,272	49	1,223	57	56	26	31	16	19	19	55	31	20	20	3	15	639	120	2	2	4	2	17
	建築業	15,138	3,795	65	3,730	395	118	67	72	21	51	56	60	202	20	35	15	27	2,332	142	19	1	8	1	25
	商業	1,417	465	20	444	23	34	13	5	3	1	3	4	30	4	2	2	15	234	30	30	3	8		7
	運輸業	6,393	1,519	112	1,407	139	47	23	10	6	32	12	24	159	11	24	17	22	1,057	141	8		7	2	6
	雜業	13,299	4,362	242	4,120	317	257	52	56	19	46	30	62	215	18	39	24	157	2,331	345	[illegible]	10	31	5	17
山東	計	174,445	23,396	11,764	17,412	1,286	1,148	458	297	91	888	354	638	1,696	167	281	330	207	8,512	608	37	3	32	42	101
	農牧業	3,364	1,562	34	1,528	90	293	18	21	3	23	16	25	241	17	24	11	23	783	48	4	4	6	2	1
	林業	1,316	666		660		117	2	35	2	355	6	26	55	5	29	1	2	13		2			14	2
	漁業	88	28	6	22												1		13	2		1			
	鑛業	1,942	1,836	36	1,800	21	13	10	8		34	149	12	43	15	51	1	52	1,114	140		2	2	1	10
	工業	4,317	3,542	2,347	6,445	504	214	164	68	23	133	71	168	313	41	72	124	57	3,507	187	21	2	10	7	27
	土木業	16,640	1,525	332	1,143	90	32	32	25	20	54	26	30	38	21	27	26	12	580	70	2		1	7	9
	建築業	15,024	3,117	199	2,118	250	33	53	43	26	14	67	142	77	29	30	47	10	1,507	77	2		2	2	21
	商業	1,342	353	190	163	13	12	2	8	1	4		9	3	1	2	3	9	92	2	2		1		2
	運輸業	15,314	2,649	1,393	1,146	88	89	21	27	4	31	12	32	101	9	14	13	12	619	49	1	1	3	2	7
	雜業	31,371	8,838	6,257	2,181	207	190	81	52	12	112	32	149	201	23	32	88	27	849	33	1		6	7	26
山	計	1,708	405	1	409	17	22	19	12	1	11	5	1	66	6	2	2	5	219	23	2	2			
	農牧業	79	25		25	2	1	1			2		1	5	2	1			3	1					
	林業	14	4		4		2	1							1										
	漁業	1																							
	鑛業	152	40		40		3				1	2	1	2				1	26	4			1		
	工業	654	188		183	6	8	8	6		4	3	1	3			1	3	154	12					
	土木業	133	13		13	1	1						3												
	建築業	101	36		36	3		2	2		1		1			1	1		17						

離滯、鄉產別(1)

7-193-8

7-583-9

西	商業	31	32		32	3	4	3	1					3					16	1	1				
	運輸業	62	13		13	1							1	2					7						
	雜業	221	57	1	56	1	3	4	3	1	3		2	6	2			1	26	2	1				
河南	計	1,030	441	12	429	19	37	20	11	1	8	8	9	36	17	10	17	2	202	32	11		5		6
	農牧業	120	27		27	3	4	4	3			1		1		2			7	3	1				
	林業	36	17	1	16		4	2	1		3			4					1						
	漁業																						1		
	鑛業	110	23		23			1				5				2			10	5					
	工業	583	175	4	171	7	13	6	5		1	2	3	20	3	2	3		33	8	6				
	土木業	446	21		21		4						1	1	3				7	3					2
	建築業	107	32		32			2	1		1					1			22	1	2				
	商業	45	27		27		3	1											14	7	1		1		2
	運輸業	38	10	1	9												1		5	4	1				
	雜業	302	107	6	101	7	9	4	1	1	3		5	10	1	3	3	2	46	5					
江蘇	計	754	84	34	50	2	4	3	2	2	5	2		1	1				21	3					2
	農牧業	13	13	9	4		2	1	1		1								4					1	2
	林業	5	2		2						2														
	漁業																								
	鑛業	104	15		15					1	1	1				1			7	5					
	工業	74	7	1	6		1							1	1				6						1
	土木業	407	5	1	4			1		1		1							1						
	建築業	55	7	3	4	1			1										2						
	商業	2	1	1																					
	運輸業	209	13	10	3		1												1						
	雜業	48	21	14	7	1					1								3					1	1
安徽	計	155	22		22							6		1		1		1	10	2					1
	農牧業	2																							
	林業	1																							
	漁業																								
	鑛業	23	8		8							4				1			3						
	工業	35	5		5													1	3	1					
	土木業	19	4		4							2							1	1					
	建築業	16	4		4									1					2	1					1
	商業	1																							
	運輸業	5	1		1														1						
	雜業	4																							
其他	計	41	7	2	7														5	2					
	農牧業																								
	林業																								
	漁業																								
	鑛業	1	1		1															1					
	工業	27	6	1	5														4	1					
	土木業	9	1	1																					
	建築業																								
	商業																								
	運輸業	3	1		1														1						
	雜業	1																							

職業別(2)

伪满民生部劳务司编制的一九四二年九月出入伪满劳工统计月报（一九四二年九月）

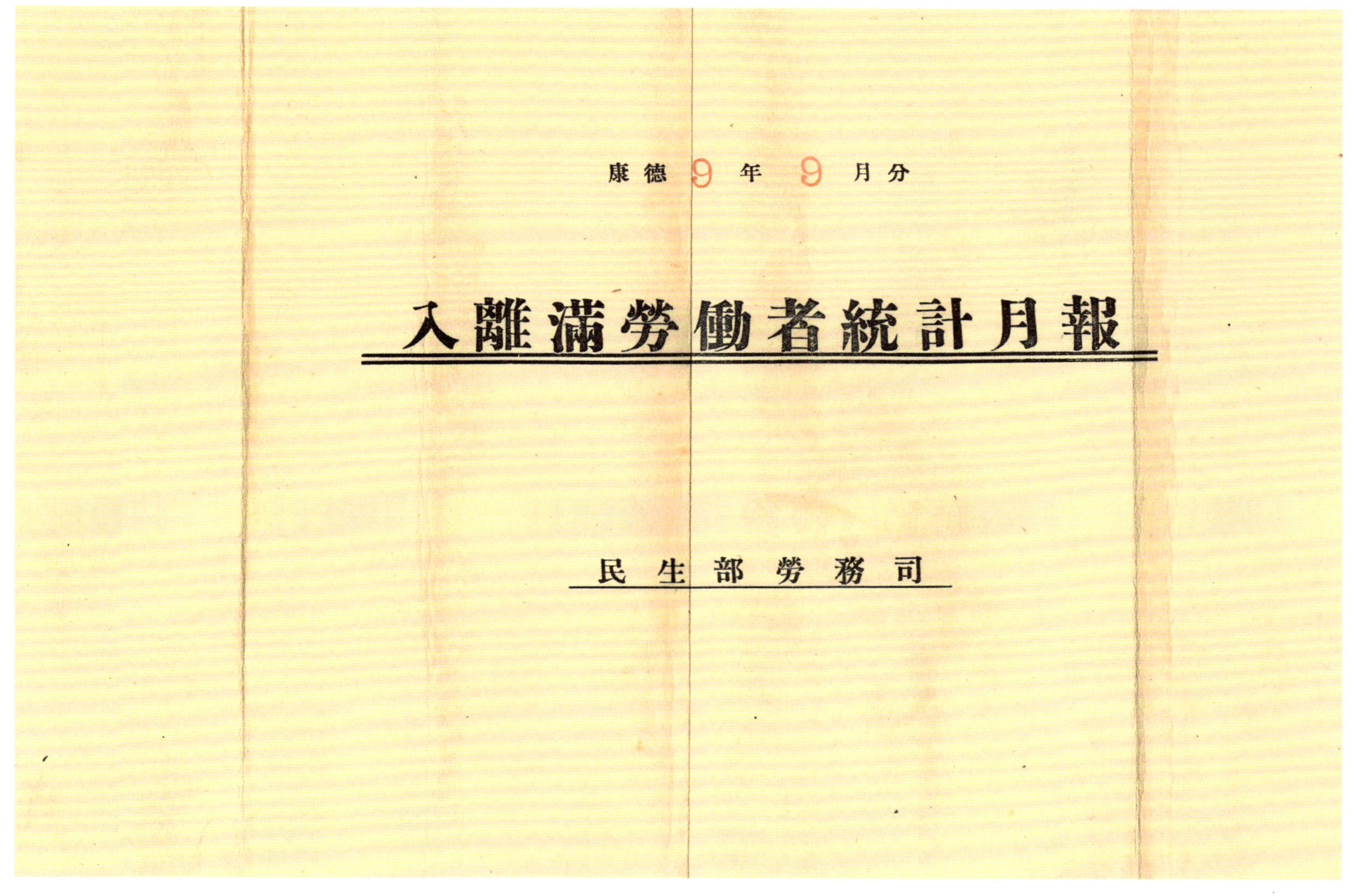

康德9年9月分

入離滿勞働者統計月報

民生部勞務司

離満勞働者郷關地(道)別．產業(大分類)別調

康德　　年　　月分

道別 ＼ 產業別		本年累計	月計	農業	漁業	鑛業	工業	土建業	交通業	商業	其他ノ產業
本年累計	計	115.963		5702	87	6453	32560	38397	8.156	1880	22128
河北省	計	24149		2029	44	1.861	7763	7.623	1.620	560	2647
河北省	冀東道	4751		594	20	603	1.799	830	227	177	501
河北省	燕京道	1.201		227		99	289	310	52	104	120
河北省	津海道	4212		251	19	222	777	1.585	446	107	805
河北省	渤海道	9.165		470	1	554	3.277	3.345	648	76	794
河北省	保定道	1.909		232	3	144	523	738	75	44	150
河北省	冀定道	1.245		99		60	485	406	62	32	101
河北省	順德道	556		45	1	34	203	182	34	7	50
河北省	冀南道	1.110		111		145	410	227	76	13	128
山東省	計	89.595		3.492	43	4218	24267	29401	6.467	1.248	19.969
山東省	登州道	42330		515	23	461	12683	12500	2968	919	12261
山東省	萊濰道	20.166		599	6	863	5.228	8.205	1.040	201	4024
山東省	青州道	3006		263	3	296	571	867	378	20	608
山東省	沂州道	3977		199	2	295	499	1308	367	26	1.281
山東省	武定道	1.975		141		163	693	591	146	21	220
山東省	濟南道	2803		96	1	228	1.344	795	155	11	173
山東省	泰安道	4.822		454	5	640	931	1.766	445	24	557
山東省	兗濟道	3.222		297	2	582	567	1.188	266	6	314
山東省	東臨道	3878		578	1	356	1.134	1.133	338	14	324
山東省	曹州道	3416		350		334	607	1.548	364	6	207
山西省	計	528		33		77	273	67	13	26	39
山西省	雁門道	346		24		39	174	55	9	19	26
山西省	上黨道	116		5		32	64	6	3	1	5
山西省	冀寧道	63		4		5	34	6	1	5	8
山西省	河東道	3				1	1			1	
河南省	計	917		125		133	171	402	8	43	35
河南省	豫北道	664		122		117	168	177	6	43	31
河南省	豫東道	253		3		16	3	225	2		4
江蘇省	蘇北道	529		17		112	47	292	34		27
安徽省	淮北道	139		4		15	13	101	1		5
其他		[illegible]06		2		37	36	11	13	3	4

離、郷、道、產、別、(1)

月

道別	產業別	本年累計	月計	農業	漁業	鑛業	工業	土建業	交通業	商業	其他ノ產業
計		115.963	11.690	1.233	9	809	3384	1.366	997	259	3.633
河北省	計	24.149	2155	505	1	197	576	296	198	64	318
	冀東道	4.751	481	165	1	55	134	37	23	15	51
	燕京道	1.261	136	38		12	41	15	6	11	13
	津海道	4.212	408	88		27	81	40	44	20	108
	勃海道	9165	641	88		50	187	124	91	7	94
	保定道	1.909	143	54		12	33	23	6	5	10
	眞定道	1245	130	22		10	50	22	12	5	9
	順德道	556	90	22		5	25	23	8		7
	冀南道	1.110	126	28		26	25	12	8	1	26
山東省	計	89.595	9333	678	8	574	2738	1.058	793	187	3,[illegible]97
	登州道	42330	5.214	76	4	49	1.759	589	410	133	2194
	萊濰道	20.166	1.622	113		82	510	201	109	30	577
	靑州道	3.006	384	84	1	64	51	33	51	4	96
	沂州道	3.977	363	23		31	59	[illegible]1	38	8	163
	武定道	1.975	140	16		14	47	22	23	1	17
	濟南道	2.803	198	22	1	23	82	13	22	2	33
	泰安道	4822	467	82		110	32	56	37	2	100
	兗濟道	3.222	368	57	1	143	54	25	29	1	58
	東臨道	3.878	427	171	1	27	76	61	45	3	43
	曹州道	3416	148	34		31	18	17	29	3	16
	計	528	67	4		4	45	5	1	4	4
	雁門道	346	31	2		1	18	3		4	3
	[illegible]道	116	18	2		1	13	1	1		
		63	17			2	13	1			1
		3	1				1				
		917	[illegible]	43		29	15	6		4	10
		664	103	43		27	15	6		4	8
		[illegible]53	4			2					2
		529	13	2		4	1		2		4
		139	5	1		1	1	1	1		
		[illegible]06	0				8		2		

離滿勞働者．滯滿省別．産業（中分類）別調

康德　年　月分

産業中分類 \ 滯滿省		本年累計	合計	關東州	計	新京	吉林	龍江	北安	黒河	三江	東安	牡丹江	濱江	間島	通化	安東	四平	奉天	錦州	熱河	興西	興南	興東	興北
本年累計		115.763		47864	68099	1924	3350	1.820	1.580	1242	2600	5216	5892	4656	1.053	1270	2982	799	23523	3514	2223	132	233	464	536
合計			11.690	6630	5060	250	345	99	87	19	237	89	191	415	54	69	234	102	2063	324	326	7	29	51	67
農業	計	5702	1.233	80	1.153	76	117	52	15	2	16	1	14	125	4	21	12	45	365	82	141	5	21	35	2
	農耕	4387	1.126	75	1.051	76	90	51	12	1	4	1	12	112	4	15	12	45	363	82	141	6	21	2	2
	畜産業	13	5	3	2						1								1						
	林業	1.307	102	2	100		29	1	3	1	11	•	2	13		6			1					33	
漁業		87	9	2	7		1							1						4					1
鑛業	計	6453	809	56	753	1	48				121	60	8	2	22	13	1	10	320	85	3		1	1	[illegible]
	鐵鑛業	1400	170	1	189		2					2		2	4		1	3	165	10					
	炭鑛業	4756	609	56	554	1	44				114	57	8		18	13		7	155	75	3		1	1	57
	其ノ他ノ鑛業	297	10		10		2				7	1													
工業	計	32.560	3384	1.709	1.675	81	76	21	11	2	51	8	88	170	14	14	137	18	830	53	94	1	2	2	2
	窯業及土石加工業	5774	288	100	188	12	14	3	3	1	6	1	8	19	4	2	12	4	69	9	20		1		
	金屬工業	827	111		111	2	4	2			1			3				1	49	3	46				
	機械器具製造裝置業	8852	794	410	384	10	14	8	2		16	1	23	23	2	2	10	6	247	16	1		1	1	1
	運搬用具製造業	198	34	25	9		1				1	1				1			2	3					
	精巧工業	167	22	11	11	1						1	4						5						
	化學工業	990	209	164	45		11						2	6	1	1	1	1	21	1					
	紡織工業	2833	489	221	268	8	5		2		1		4	16			59	3	161	7	2				
	被服身裝品製造業	2684	397	297	100	12	4				1		6	30			14		27	1	5				
	紙工業、印刷業	1208	170	96	74	5	8				4		4	16		1	6		25	1	4				
	皮革、骨、羽毛品類製造業	351	57	25	34	2		2						3					26		1				
	木竹、草藁類製造業	3403	364	147	217	9	7	3	3		10	2	19	28	4	4	24	1	86	7	8	1			1
	製鹽業	42	7	1	6								1						5						
	飲食料品製造業	1451	217	107	110	13	2	1	1		3	1	10	14	1	2	5	1	51	1	4				
	電氣瓦斯水道業	854	77	27	50	3	4	1		1	6	1	3	4			2	1	20	3	1				
	其ノ他ノ工業	2188	146	78	68	4	2	1			2		4	8	2	1	4		36	1	2			1	
土建業	計	38.377	1.366	709	657	47	30	18	53	6	21	14	43	30	3	7	39	5	242	56	27	1	3	4	3
	土木業	21.626	503	160	343	25	14	11	20	5	16	11	10	12	1	6	6	3	149	33	14		1	4	2
	建築業	16.771	863	549	314	22	16	7	33	1	5	3	33	18	2	1	33	2	93	23	13	1	2	5	1
交通業		8.156	997	770	227	14	34	2		7	12	4	10	24	3	5	12	11	61	18	7			3	
商業		1.880	259	163	96	5		1					5	11	1		1	3	29	5	34		1		
其ノ他ノ産業		25725	3633	3141	492	26	37	5	8	2	18	2	23	52	7	9	32	10	216	21	20		1	1	2

入、鄉、行、產、別 (2)

籍關別	產業別＼行先省	本年累計	合計	關東州	計	新京	吉林	龍江	北安	黑河	三江	東安	牡丹江	濱江	間島	通化	安東	四平	奉天	錦州	熱河	興西	興南	興東	興北
河南	計	23,700	878		878	11	30	109	20		5		1	43	3	6	1	62	390	148	44		6		
	農業	6,810	360		360	6	17	99	17		3		1	24	2	1		45	79	32	30		4		
	漁業																								
	鑛業	6,552	351		351		2											2	251	96					
	工業	1,378	53		53	1	2	1	2		1			7				2	21	7	7				
	土建業	6,989	23		23			5								1		3	8	3	2		1		
	交通業	89	2		2		1												1						
	商業	1,057	14		14	3	3		1					1		1		2	3						
	其他ノ產業	825	75		75	1	5	4			1			11	1	2	1	8	27	8	5		1		
江蘇	計	572	29	4	25	3	1	2				1	1					1	15	1					
	農業	172	14		14	2		1				1	1					1	8						
	漁業																								
	鑛業	252	8		8														7	1					
	工業	57	1		1	1																			
	土建業	54																							
	交通業	12																							
	商業	1																							
	其他ノ產業	24	6	4	2		1	1																	
安徽	計	342	6		6	1													1	4					
	農業	7	1		1	1																			
	漁業																								
	鑛業	64	5		5														1	4					
	工業	6																							
	土建業	260																							
	交通業	1																							
	商業																								
	其他ノ產業	4																							
其他	計	171	1	1																					
	農業																								
	漁業																								
	鑛業	67																							
	工業	49																							
	土建業	8																							
	交通業	2																							
	商業	2																							
	其他ノ產業	43	1	1																					

入、鄉、經、行、別 (2)

省別	經由地＼行先省	本年累計	合計	關東州	計	新京	吉林	龍江	北安	黑河	三江	東安	牡丹江	濱江	間島	通化	安東	四平	奉天	錦州	熱河	興西	興南	興東	興北
江蘇	計	566	23		23	3		1				1	1					1	15	1					
	大連	77																							
	營口																								
	安東																								
	山海關	489	23		23	3		1				1	1					1	15	1					
	古北口																								
安徽	計	342	6		6	1													1	4					
	大連	4																							
	營口																								
	安東																								
	山海關	338	6		6	1													1	4					
	古北口																								
其他	計	165	1	1																					
	大連	77	1	1																					
	營口																								
	安東																								
	山海關	88																							
	古北口																								

伪满民生部劳务司编制的一九四二年十月出入伪满劳工统计月报（一九四二年十月）

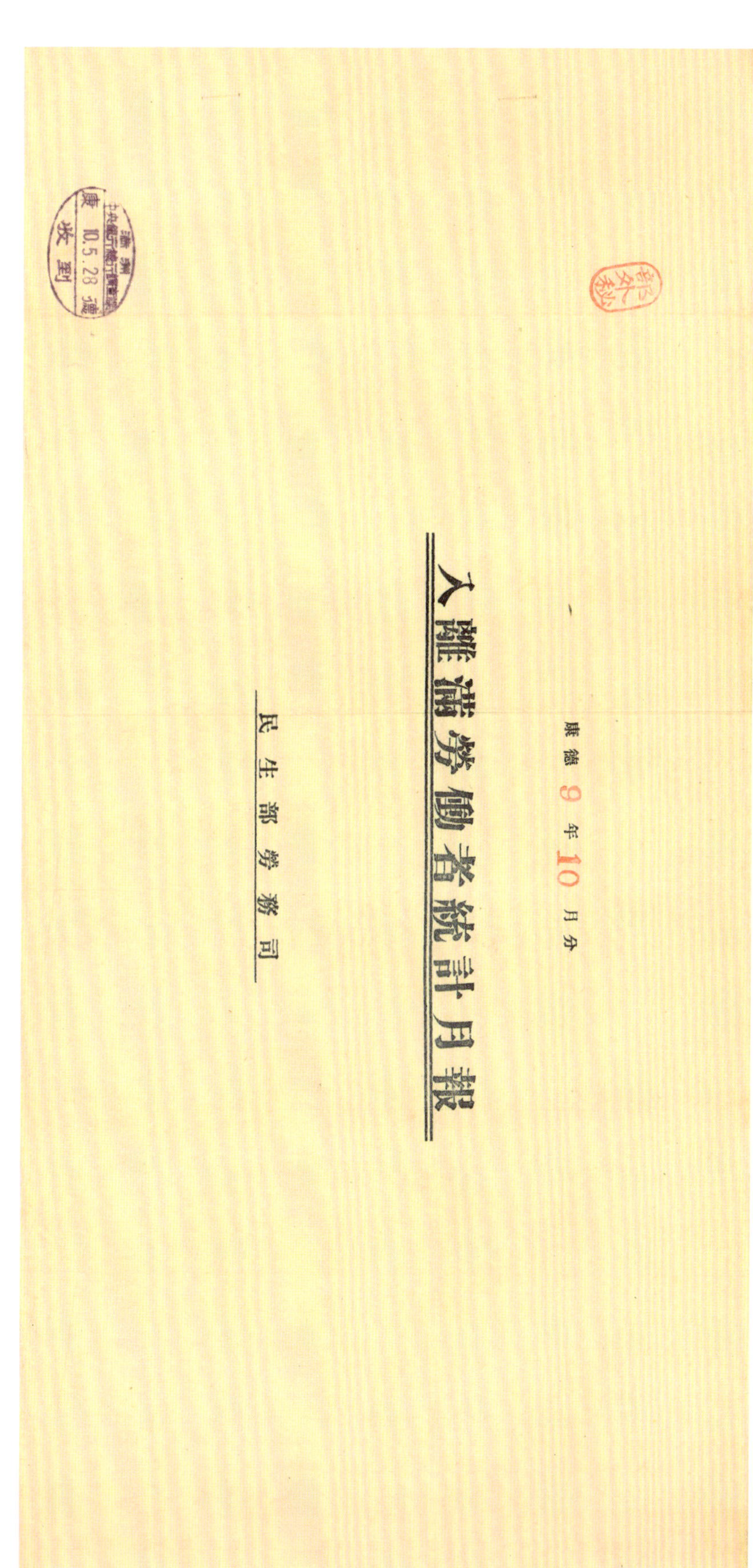

入離滿勞働者統計月報

康德 9 年 10 月分

民生部勞務司

離滿勞働者滯滿省別、鄉關省別、產業(大分類)別調

康德　　年　　月分

7-594-30

鄉關地	產業大分類＼滯滿地	本年累計	合計	關東州	計	新京	吉林	龍江	北安	黑河	三江	東安	牡丹江	濱江	間島	通化	安東	四平	奉天	錦州	熱河	興西	興南	興東	興北
本年累計			416901	102663	314238	22279	18206	7366	5104	1365	9550	9090	10831	28318	2800	4711	6871	3463	157164	20447	2548	415	1175	654	1681
合計	計	415901	24319	10266	14053	657	609	248	258	114	838	477	464	1770	117	500	423	185	6914	708	185	25	26	69	66
合計	農牧業	24662	1006	82	924	30	77	53	23		17	2	12	135	11	16	2	21	463	32	18	6	7		2
合計	林業	5193	348	1	347	2	63	3	14	14	119	3	12	42	5	45	1		6					18	
合計	漁業	385	32	7	25			1						1					2	21					
合計	鑛業	21814	2486	49	2437	9	66		5	1	153	52	12	10	20	123	2	64	1671	206	3	2	1	1	[illegible]
合計	工業	144047	7127	2362	4765	315	133	83	70	7	195	21	129	516	32	144	239	77	2544	186	70	7	8	10	9
合計	土木業	37234	1807	368	1439	60	44	15	39	74	74	357	96	87	10	39	32	4	438	56	7			4	3
合計	建築業	49632	3124	1500	1624	103	53	30	68	8	110	21	109	146	12	73	51	10	694	83	31	2	2	15	3
合計	商業	5629	417	172	246	9	8	3	5		3			22	2	3	3	2	128	19	32	1	4		1
合計	運輸業	31678	2092	1334	758	43	57	19	13	3	97	10	19	78	10	29	23	10	344	31	8	1	1	16	6
合計	雜業	90647	5880	4391	1489	86	111	41	21	7	130	11	75	133	15	28	70	27	624	74	16	6	3	5	6
河北	計	167995	5875	716	5159	284	230	75	104	12	111	34	88	313	34	165	27	84	2900	452	145	18	18	25	40
河北	農牧業	9230	273	5	268	7	13	17	2		1		1	45	4	2		8	130	18	14	5	2		1
河北	林業	1832	106		106		25	3	7	6	15		2	13	2	16	1		6					10	
河北	漁業	267	11		11			1											2	8					
河北	鑛業	11094	769	3	764	2	18				14	18	5	1	3	29		30	491	124	3		1		25
河北	工業	68314	2157	169	1988	163	55	19	16	1	22	4	20	131	15	81	12	20	1234	126	46	5	6	1	5
河北	土木業	12467	273	16	257	6	16	3	15		12	2	15	13	1	7	4	1	119	34	6			2	1
河北	建築業	22287	707	67	640	35	17	12	45	2	20	6	14	33	2	20	4	5	337	51	30	1	2	5	1
河北	商業	2880	166	15	151	4	5	1	3					12				2	80	14	25	1	4		
河北	運輸業	11150	419	89	330	27	31	4	7	1	8	2	7	23	4	5	6	4	168	17	6			7	3
河北	雜業	28274	996	352	644	40	50	17	9	2	19	2	18	42	3	5		16	333	60	15	6	3		4
山東	計	74650	18005	9516	8489	365	363	162	141	100	911	434	368	828	82	324	393	78	3373	236	30	6	8	44	23
山東	農牧業	12250	719	76	641	22	60	34	17		15	2	11	89	7	14	2	15	80	17	3	1	5		1
山東	林業	3229	235	1	234	1	35		7	7	102	3	10	29	3	29								8	
山東	漁業	117	21	7	14									1						13					
山東	鑛業	15687	1618	46	1572	7	47		5	1	137	31	7	9	17	90	2	34	1098	74		2		1	10
山東	工業	73272	4838	2180	2658	148	93	59	51	6	170	17	98	379	17	62	225	24	1236	56	21	1	2	9	4
山東	土木業	23455	1488	351	1137	53	27	12	22	74	60	353	79	59	9	31	28	3	301	21	1			2	2
山東	建築業	26901	2383	1431	952	67	36	20	19	5	87	15	94	112	9	51	47	5	340	32	1	1		10	1
山東	商業	2485	208	156	52	5	3	1	2		3			9	2	3	2		18	2	1				1
山東	運輸業	20262	1654	1243	411	16	23	14	6	2	28	5	12	52	6	21	17	6	175	13	2	1	1	9	2
山東	雜業	81222	4886	4028	818	46	59	22	12	5	108	8	57	89	12	23	70	11	275	13	1			5	2
山西	計	26051	156	3	153	1	4	2		1	3		3	7	1	2			129	5	1	1			2
山西	農牧業	131	1		1														1						
山西	林業	28	3		3		2			1															
山西	漁業	1																							
山西	鑛業	322	30		30														30						
山西	工業	6199	60	1	59		1	1					2	4					49	1		1			
山西	土木業	164	5		5								1	1					3						
山西	建築業	178	16	1	15	1					1														1

離滿、鄉產業別(1)

西	商業	149	20		20			1						1											
	運輸業	106	6	1	5		1									2				1					1
	雜業	327	15		15						2			1					1	1					
河南	計	2962	152	5	147	2	10	9	9	1	5	5	4	14		5	[illegible]	1	60	10	9				1
	農牧業	176	9		9		1	2	3					1						1	1				
	林業	52	1		1	1																			
	漁業																								
	鑛業	287	32		32		1					1				2			21	6					
	工業	994	43	2	41		4	4	3		2		3	1		1	1	1	16	2	3				
	土木業	607	20		20	1	1		1		1	2	1	8		1			4						
	建築業	176	9		9				2	1	2			1					3						
	商業	106	19		19												1		12	1	5				
	運輸業	79	9		9		2	1				2		2		1			1						
	雜業	485	10	3	7		1	2						1					3						
江蘇	計	1225	85	12	73	2	2		2		6	4		6		1	1	2	44	3					
	農牧業	70	5	1	4	1			1										1	1					
	林業	10	3		3		1				2														
	漁業																								
	鑛業	328	33		33						1	2				1			27	2					
	工業	143	14	3	12	1					1						1	2	6						
	土木業	446	13	1	12						1								6						
	建築業	57	3		3				1										2						
	商業	4	2	1	1														1						
	運輸業	62	4	2	2							1		1					1						
	雜業	105	8	4	4		1				1	1							1						
安徽	計	331	26	1	25	2			1		2		1	2			3		13		1				
	農牧業	4																							
	林業	2																							
	漁業																								
	鑛業	124	6		6						1						1		4						
	工業	61	6	1	5	2								1					2						
	土木業	84	7		7									1					5		1				
	建築業	30	5		5				1				1				2		1						
	商業	2	1		1														1						
	運輸業	9	1		1						1														
	雜業	14																							
其他	計	128	20	18	7	1			1										4		1				
	農牧業	1	1		1														1						
	林業																								
	漁業																								
	鑛業	11																							
	工業	64	9	6	3	1													1		1				
	土木業	11	1		1				1																
	建築業	3	1	1																					
	商業	3	1		1														1						
	運輸業	10	2	2																					
	雜業	20	5	4	1														1						

入滿勞働者郷關省別、行先省別、產業（大分類）別調

康德　　年　　月分

入、郷、行、產別 (1)

7-594-32

郷關別	産業別（行先地）	本年累計	合計	關東州	計	新京	吉林	龍江	北安	黑河	三江	東安	牡丹江	濱江	間島	通化	安東	四平	奉天	錦州	熱河	興西	興南	興東	興北
本年累計			751,208	121,604	629,604	3,777	32,791	11,599	6,686	12,118	21,985	20,910	26,269	68,000	6,45[illegible]	17,141	13,270	18,933	271,941	[illegible]	4,795	51	1,088	1,501	6,093
合計	計	751,208	43,887	11,028	32,859	1,557	1,563	696	351	48	498	134	603	3,636	310	1,110	806	1,193	16,778	2,498	333	39	92	39	29
	農牧業	61,385	5,819	384	5,435	367	825	332	147	4	90	12	119	794	95	246	63	246	1,725	268	35	15	2	10	9
	林業	1,641	144	2	142	4	14		2	1	28	1	7	24	2	4		2	39	7				6	1
	漁業	895	47	27	20		1	4						2					4	9					
	鑛業	113,897	8,281	36	8,245	3	86	1	3		4	7	16	9	55	593	2	547	5,708	1,211	1		1	1	2
	工業	185,158	11,708	3,416	8,295	564	323	142	107	19	188	34	173	1,559	47	72	338	155	4,103	299	124	7	20	10	12
	土木業	129,000	1,273	406	867	57	41	14	9	1	19	6	27	44	7	11	12	13	468	121	11		3	2	1
	建築業	87,917	3,661	1,357	2,304	266	91	36	17	4	45	26	95	288	40	45	107	33	1,059	102	41	1	6	2	
	商業	20,856	2,030	271	1,759	111	86	29	21		14	6	31	160	7	30	59	79	879	152	71	9	12	1	2
	運輸業	59,965	3,961	2,423	1,538	156	110	21	8	7	27	6	37	200	12	30	42	17	729	68	8		4	2	4
	雜業	90,494	6,963	2,706	4,257	329	286	57	41	12	83	36	98	565	45	79	133	103	2,064	261	39	7	13	3	3
河北	計	242,871	11,887	1,270	10,617	508	297	99	53	4	33	4	38	402	22	47	39	512	6,849	1,352	270	26	47	6	9
	農牧業	12,945	1,116	117	999	57	50	31	16		4	1	3	59	3	4	5	42	562	107	33	5	14	2	1
	林業	845	53		53	2	4				3		1	1				1	32	6				3	
	漁業	616	36	22	14			3											2	9					
	鑛業	36,792	1,933	4	1,929		24		1		1	1		1		7		292	1,103	498			1		
	工業	73,870	3,404	406	2,998	170	66	22	11	1	14		11	132	7	13	15	47	2,141	248	84	6	8		2
	土木業	27,832	398	74	324	13	15	5	3	1	1		4	12	1	3	1	4	223	24	11		2	1	
	建築業	29,539	1,092	129	963	87	14	9	4		5		4	32	4	4	10	15	648	82	39	1	5		
	商業	13,101	1,037	42	995	50	45	14	8			1	6	47	1	8		33	580	121	64	9	6		2
	運輸業	13,895	761	222	539	41	19	3	1			1	1	27	1	4	3	7	381	39	7		1		4
	雜業	33,436	2,057	254	1,803	88	60	12	9	2	5	1	8	91	5	4	5	71	1,177	218	32	5	10		
山東	計	481,101	29,793	9,718	20,075	1,314	1,521	509	290	44	456	130	559	3,170	283	1,041	761	556	8,504	988	47	11	40	31	20
	農牧業	47,841	4,505	264	4,241	310	767	285	128	4	83	11	116	721	92	240	56	199	1,052	136	4	9	14	8	3
	林業	765	80	2	78	2	8		2	1	25	1	6	21	1	4		1	2					3	1
	漁業	279	11	5	6		1	1						2					2						
	鑛業	66,389	5,141	32	5,109	3	62	1	2		3	6	16	3	55	574	2	187	3,770	421	1			1	2
	工業	108,899	7,955	2,989	4,966	381	240	114	92	18	172	34	160	1,402	38	58	321	91	1,736	43	33	1	12	10	10
	土木業	92,192	852	331	521	44	26	9	6		17	6	23	32	6	8	11	9	226	95			1	1	1
	建築業	58,045	2,549	1,228	1,321	179	97	27	11	4	39	26	91	253	36	41	97	18	399	18	2		1	2	
	商業	5,588	705	227	478	41	28	12	11		13	5	23	96	4	16	57	10	149	9	1		3	1	
	運輸業	44,609	3,177	2,197	980	114	90	16	7	7	27	6	36	171	11	26	89	10	335	29	1		3	2	
	雜業	56,494	4,818	2,443	2,375	240	222	44	31	10	98	35	38	469	20	74	128	31	833	37	5	1	3	3	3
山	計	4,697	249		249	7	8		2		2		2	8		1		21	173	17	6	2			
	農牧業	123	11		11		1		1										6	2		1			
	林業	1																							
	漁業																								
	鑛業	2,165	43		43											1		19	21	2					
	工業	892	97		97	1	1				1			1					92		1				
	土木業	438	3		3						1								2						
	建築業	179	14		14				1					2					7	2					

入、郎、行、業別 (2)

省別	業別																								
西	商業	671	60		60	6	3						1	3				2	21	[illegible]	4				
	運輸業	74	6		6		1							1					4						
	雜業	134	15		13		2						1	1					3	1	1	1			
河南	計	13,058	1,776	14	1,762	20	23	21	10		3		3	44	[illegible]	10	6	88	1143	[illegible]	[illegible]		5		
	農牧業	337	179	3	176	2	7	15	2					14			2	[illegible]	[illegible]	[illegible]	1		2		
	林業	18	11		11		2							2	1				3	1					
	漁業																								
	鑛業	5,474	1,079		1,079											2		26	110	[illegible]					
	工業	876	193	3	190	5	7	2	4		1		2	13	1	1	2	19	122	6	5				
	土木業	4,760	19	1	18														76	2					
	建築業	73	6		6				1		1			1					3						
	商業	1,400	219		219	12	10	3	2		1		1	13	2	6	2	24	116	12	2				
	運輸業	85	13	3	10			1											9						
	雜業	210	57	4	53	1	2		1					1		1		1	41	4	1				
江蘇	計	5,346	80	16	64	1	1	1						9		3		19	28	2					
	農牧業	75	4		4			1								2				1					
	林業	2																							
	漁業																								
	鑛業	2,119	44		44									6		1		19	23	1					
	工業	186	19	11	8		1												1						
	土木業	2,077																							
	建築業	44																							
	商業	36	3	1	2									1					2						
	運輸業	700	3	1	2	1								2											
	雜業	107	7	3	4														2						
安徽	計	2,404	35		35		1				3						8	4	18	1					
	農牧業	44	4		4						3								1						
	林業																								
	漁業																								
	鑛業	612	27		27												8	4	14	1					
	工業	21	3		3		1												2						
	土木業	1,665	1		1														1						
	建築業	12																							
	商業	2																							
	運輸業	42																							
	雜業	6																							
其他	計	1,930	67	10	57	9	7	6			1		1	3	1				13	16					
	農牧業	3																							
	林業																								
	漁業	1																							
	鑛業	586	14		14														1	13					
	工業	374	37	7	30	7	7	4						1					8	2					
	土木業	86													1										
	建築業	4																							
	商業	68	6	1	5	2					1			1					1						
	運輸業	559	1		1			1																	
	雜業	127	7	2	7			1					1	1					3	1					

入滿勞働者發證地別、經由地別、行先省別調

康德　年　月分

入、發、經、行別(1)

發證地	經由地＼行先別	本年累計	合計	關東州	計	新京	吉林	龍江	北安	黑河	三江	東安	牡丹江	濱江	間島	通化	安東	四平	奉天	錦州	熱河	興安西	興安南	興安東	興安北
本年累計			751,203	12,12[illegible]	1,20,6[illegible]	24,7[illegible]	32,771	11,599	6,686	12,113	21,935	20,910	26,289	68,020	6,015	17,141	13,270	18,933	271,941	53,475	4,795	510	1,088	1,501	6,09[illegible]
合計	計	751,208	43,887	11,8[illegible]	32,859	1[illegible]	1,363	636	355	43	498	134	603	3,636	310	1,110	806	1,195	16,778	2,498	333	39	92	37	29
	大連	349,990	27,962	10,561	13,041	5[illegible]	597	150	106	43	375	123	446	2,393	251	599	721	140	5,161	91	4		6	20	15
	營口																								
	安東																								
	山海關	377,374	20,589	69	20,522	969	1,266	486	249	5	123	11	159	1,303	39	513	84	1,055	11,602	2,406	61	28	86	17	14
	古北口	3,804	296		296												1		15	1	268	11			
北京	計	22,277	1,893	2	1,871	52	34	41	9		8		9	123	3	9	8	64	1,115	242	132	13	9		
	大連	224	1	1																					
	營口																								
	安東																								
	山海關	20,209	1,730	1	1,729	52	34	41	9		8		9	123	3	9	8	64	1,115	242	1	2	9		
	古北口	1,844	142		142																131	11			
古北口	計	1,152	132		132												1		15	1	115				
	大連																								
	營口																								
	安東																								
	山海關																								
	古北口	1,152	132		132												1		15	1	115				
天津	計	142,021	6,216	1,663	5,153	386	161	43	51	3	44	6	59	292	19	29	36	465	3,327	1[illegible]	25	8	9	4	9
	大連	16,092	1,797	1,624	173	10	2	4	6		6			15		2			129	4					
	營口																								
	安東																								
	山海關	125,832	4,409	39	4,370	396	159	69	45	3	38	6	39	259	17	27	36	465	3,198	173	15	8	9	4	9
	古北口	119	10		10																10				
山海關	計	101,230	5,296	10	5,266	161	277	49	20		15	5	22	167	3	27	9	285	3161	965	36	10	50	2	2
	大連																								
	營口																								
	安東																								
	山海關	101,230	5,296	10	5,260	161	277	49	20		15	5	22	167	3	27	9	285	3161	965	36	10	50	2	2
	古北口																								
承德縣	計	16,913	459	14	443		93	26		1	2		5	26	3		1	12	249	21	1			2	1
	大連	377	16	14	2			2																	
	營口																								
	安東																								
	山海關	16,313	440		440		93	24		1	2		5	26	3		1	12	249	21				2	1
	古北口	23	1		1																1				
濟南	計	84,184	4,516	307	4,209	154	275	125	98	1	47		42	507	19	443	26	125	1,860	468	18	3	9	1	1
	大連	7,154	463	291	172									1		1			170						
	營口																								
	安東																								
	山海關	76,578	4,043	16	4,027	154	275	125	96	1	47		42	506	14	442	36	125	1,690	468	8	3	9	1	1
	古北口	502	10		10																10				
濟	計	33,905	3,572	50	3,522	197	424	175	77		13		39	216	49	[illegible]	4	77	[illegible]	64		2	9	8	1
	大連	5,222	1,178	50	1,128	1		1										1		1					

人、發、經行別 (2)

寧	營口																								
	安東																								
	山海關	[illegible]	2394		2,394	121	424	124	99		12		39	206	49	8	14	76	1,526	63		2	9	8	1
	古北口	4																							
徐州	計	[illegible]	33		33		1											1	30		1				
	大連	202	17		17														17						
	營口																								
	安東																								
	山海關	6946	15		15		1											1	13						
	古北口	202	1		1																1				
青島	計	154,759	5191	1,682	3,509	444	311	27	19	4	50	29	136	475	119	374	176	96	1170	69					5
	大連	154,067	5,181	1,681	3,500	443	311	25	19	4	50	29	136	475	119	374	176	95	1,170	69					5
	營口																								
	安東																								
	山海關	692	10	1	9	1		2										1	5						
	古北口																								
威海衛	計	17937	1,049	1,222	529	21	32				12		18	54	23	15	90		263	4					
	大連	17937	1,049	1222	529	21	32				12		13	54	23	15	90		263	4					
	營口																								
	安東																								
	山海關																								
	古北口																								
芝罘	計	101,781	8183	5,302	2881	214	122	28	23	10	60	43	117	466	49	150	352	13	1211	12	2		4	3	2
	大連	101,781	8183	5,302	2881	214	122	28	23	10	60	43	117	466	49	150	352	13	1211	12	2		4	3	2
	營口																								
	安東																								
	山海關																								
	古北口																								
龍江	計	44,754	4,089	756	3333	202	130	90	58	29	247	51	180	1329	30	55	103	31	770	1	2		2	17	8
	大連	44,754	4,089	756	3,333	202	130	90	58	29	247	51	180	1329	30	55	103	31	770	1	2		2	17	8
	營口																								
	安東																								
	山海關	1																							
	古北口																								
新鄉	計	2,850																							
	大連																								
	營口																								
	安東																								
	山海關	2850																							
	古北口																								
開封	計	5,599	929		929														590	339					
	大連	1,418	297		297														297						
	營口																								
	安東																								
	山海關	4181	632		632														293	339					
	古北口																								
南口	計	8996	1,071	20	1,051	33	3	2					1	12				4	862	130	1				
	大連	90	31	20	11	1													10						
	營口																								
	安東																								
	山海關	8,906	1,040		1,040	32	3	2					1	12				4	852	130	1				
	古北口																								

T-594-33

勞働者入滿概況

康德　　年　　月分

區別／許可不許可／經由地	入滿ヲ許可セラレタル者							許可セラレザル者		
	勞工証所持者	勞工証所持者隨伴家族			特別勞工証所持者	特種勞工証所持者	其他	計	勞工証所持者	其他
		計	男	女						
本年累計	751.208	275.324	71.097	204.227	4.998		119.581	435	435	
前年同月增減比較（△印ハ減）	9.861	12.375	4.042	8.333	△399	△1	9.718			
月計	43.887	21.478	5.929	15.549	248		21.579			
大連	23.002	12.534	3.255	9.279	53		6.418			
營口										
安東										
山海關	20.589	8.871	2.647	6.224	185		14.836			
古北口	296	73	27	46	10		325			

勞働者離滿概況

康德　　年　　月分

區別／經由地	勞働者			勞働者隨伴家族			特別証所持者	特種証所持者	其他
	計	勞工証所持者	勞工証無所持者	計	男	女			
本年累計	416.901			77.988	21.560	56.428	1.700	1	65.851
前年同月增減比較（△印ハ減）	△20.867			△6.133	△1.512	△4.261	△176		2.353
月計	24.319			5.663	1.620	4.043	28		9.495
大連	13.999			3.403	779	2.624	28		9.024
營口									
安東									
山海關	10.085			2.228	823	1.405			
古北口	235			32	18	14			471

勞工證發給概況

康德　　年　　月分

發給概況 ＼ 發証地		本年累計	前年同月增減比較（△印ハ減）	月計	北京	古北口	天津	山海關	德縣	濟南	濟寧	徐州	青島	威海衛	芝罘	龍口	新鄉	開封	南口
出國（境）	來所者	801,671	7,674	50,063	1,998	134	6,937	5,569	608	5,376	4,839	31	7,252	1,643	9,054	4,129	524	1,086	853
	一見拒否	22,411	△327	2,672	1		167	425	120	173	11	2	34	9	1,051	364		4	311
	受付																		
	不合格																		
	制限拒否																		
勞工証	受給者　計	779,260	9,353	47,391	1,997	134	6,700	5,144	488	5,203	4,828	29	7,218	1,634	5,033	3,765	524	1,082	542
	受給者　單獨	638,616	2,719	35,273	1,406	124	5,375	3,953	363	3,811	3,249	29	4,765	1,326	6,402	2,633	523	789	525
	受給者　家族同伴者	140,644	6,634	12,118	591	10	1,395	1,191	125	1,392	1,579		2,453	308	1,631	1,132	1	293	17
	隨伴家族　計	300,381	18,125	28,316	1,201	24	2,571	3,217	228	3,394	3,721		6,351	603	3,662	2,618	1	683	42
	隨伴家族　男	78,263	5,551	7,863	364	9	598	861	49	1,047	1,277		1,731	123	919	666		209	10
	隨伴家族　女	222,118	12,574	20,453	837	15	1,973	2,356	179	2,347	2,444		4,620	480	2,743	1,952	1	474	32
特別証	受給者　本年累計	6,102		6,102	34	96	3,069	424	4				81	606	688	365	1		736
	受給者　月計		△364	260	3		202	19					4	6	17	9			
	返納者　本年累計																		
	返納者　月計																		
	失効者　本年累計																		
	失効者　月計																		
特種証	受給者　本年累計	8,270		8,270	3,399										1,460		524		2,937
	受給者　月計		612	612	88												524		

伪满民生部劳务司编制的一九四二年十一月出入伪满劳工统计月报（一九四二年十一月）

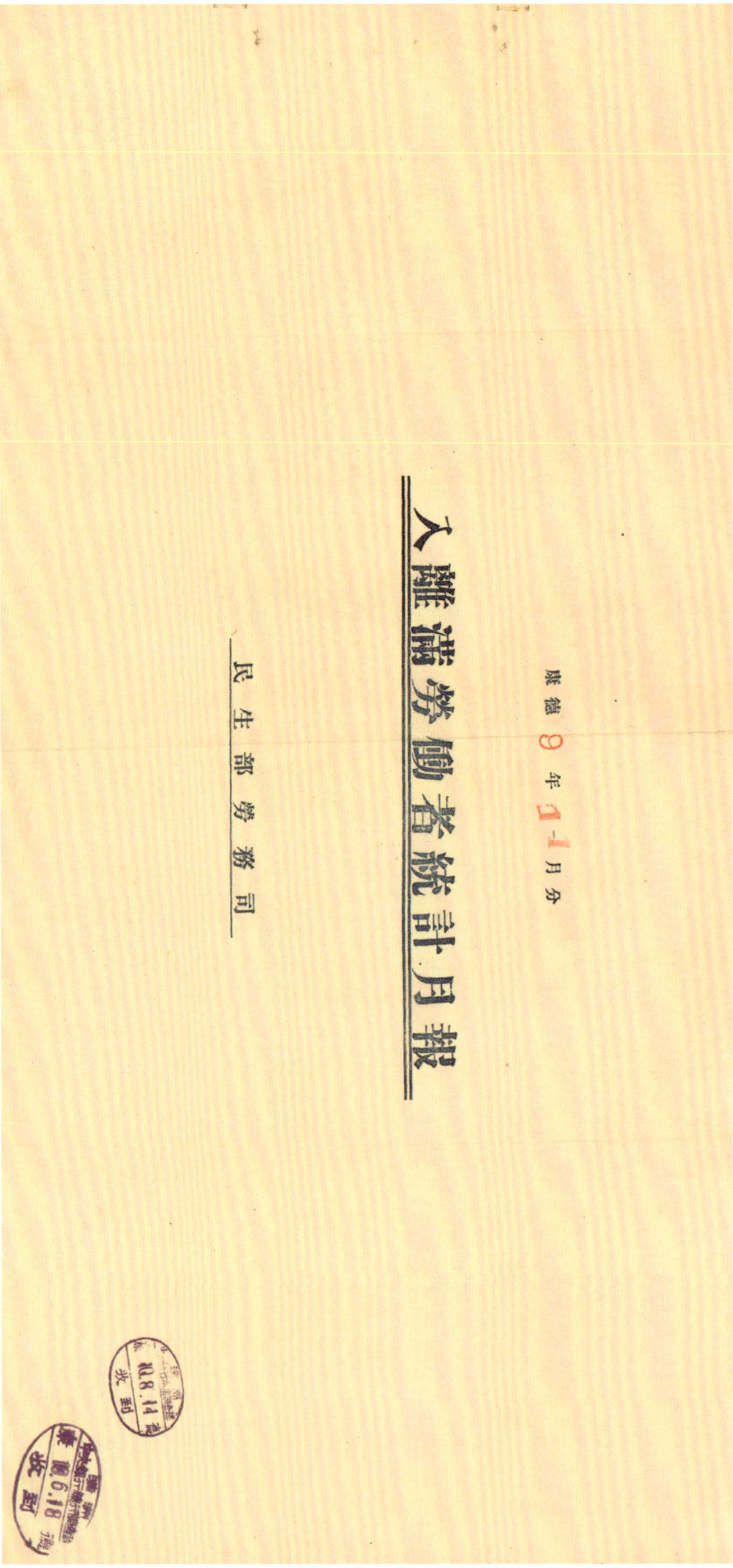

入離滿勞働者統計月報

康德9年11月分

民生部勞務司

離滿勞働者滯滿省別、鄉關省別、產業(大分類)別調

康德　　年　　月分

鄉關地／產業大分類＼滯滿地	本年累計	合計	關東州	計	新京	吉林	龍江	北安	黑河	三江	東安	牡丹江	濱江	間島	通化	安東	四平	奉天	錦州	熱河	興西	興南	興東	興北
本年累計	453.271		114.587	338.684	23.404	19.212	8.278	5.666	2.676	12.366	3.546	12.574	33.021	2.957	5.314	7.588	3.640	164.283	20.880	2.771	449	1.196	863	1.993
合計　計		36.370	11.924	24.446	1.125	1.006	913	562	811	2.716	456	4.743	4.703	157	603	717	177	7.119	833	223	34	21	209	318
農牧業	25.762	1.100	111	989	46	134	89	31	2	25	2	21	186	10	13	3	20	360	18	17	5	2	2	
林業	5.559	386	2	384	3	52	2	16	36	108	6	32	52	4	22	2		8	1				40	
漁業	402	17	8	9															9					
鑛業	30.228	2.414	59	2.355	4	106			2	324	29	49	21	23	127	2	51	1.201	239	4			1	54
工業	154.509	10.462	2.677	7.785	679	202	157	265	22	383	58	178	2.128	38	127	406	45	2.743	198	101	13	13	17	
土木業	45.579	8.345	495	7.850	71	270	532	81	718	1.575	220	1.106	1.794	16	178	43	7	882	26	8		1	89	235
建築業	53.228	3.596	1.639	1.957	139	60	44	91	8	115	24	142	186	18	71	99	15	795	76	34	1		32	10
商業	6.113	484	235	249	9	3	10	7	2	3	1	6	22		3	3	6	125	12	30	6		1	
運輸業	34.416	2.738	1.643	1.095	64	67	16	17	12	67	21	57	131	15	25	27	16	368	161	7	1	2	20	4
雜業	37.475	6.828	5.055	1.773	113	112	14	54	9	111	25	152	183	33	37	132	17	637	43	22	8	3	7	9
河北　計	175.721	7.726	820	6.906	425	390	45	245	625	240	67	123	745	62	173	40	73	2.824	511	151	21	11	53	39
農牧業	9.422	192	5	187	8	46	12	8		2		4	39	1	1	1	5	66	10	13	4		1	1
林業	1.344	112	1	111	4	89		6	6	13	2	7	17	2	8			5	1				20	
漁業	273	6	4	2															2					
鑛業	11.876	782		782		35				15	29	4	1	14	59		17	377	206	1				24
工業	70.365	2.651	196	2.455	270	79	46	62	7	67	7	33	431	15	48	19	19	1.149	152	52	4	7	4	3
土木業	14.000	1.533	22	1.511	15	180	8	64	590	102	5	18	113	4	14		2	331	14	7		1	2	1
建築業	23.074	787	63	724	44	15	24	70	6	28	10	16	46	2	28	5	13	338	46	28			8	3
商業	3.042	162	15	147	7		3	3		1			10			1	6	76	10	24	6			
運輸業	11.684	534	144	390	32	17	5	6	6	17	9	29	33	6	10	7	5	157	36	7	1	1	14	
雜業	29.441	967	370	597	48	34	20	16	6	19	4	10	49	18	4	7	6	275	34	19	6	2	4	7
山東　計	268.371	27.311	11.068	16.243	629	539	730	323	134	1.758	319	1.601	3.921	92	419	674	93	3.971	304	55	8	10	154	268
農牧業	15.339	889	106	783	37	120	74	23	2	23	2	17	146	9	12	2	15	285	8	4		2	1	1
林業	3.513	269	1	268	2	33	2	16	25	31	4	25	35	2	14	2		3					20	
漁業	123	11	4	7															7					
鑛業	17.173	1.526	58	1.468	4	70			2	305	44	63	19	8	66	2	34	747	74	3			1	26
工業	30.844	7.572	2.472	5.100	344	119	108	193	15	370	49	142	1.684	22	77	387	22	1.490	42	37	7	6	13	2
土木業	29.463	6.008	473	5.535	55	90	523	37	124	774	214	1.078	1.670	11	162	43	5	420	12	1			87	231
建築業	23.671	2.770	1.576	1.194	33	43	16	13	3	84	14	126	137	16	41	93	2	446	23	4			23	6
商業	2.777	290	219	73	1	2	4	4	2	2	1	6	12		2	2		30		4			1	
運輸業	22.436	2.174	1.491	683	29	49	10	10	3	63	12	34	93	9	14	20	10	203	124			1	6	
雜業	67.022	5.800	4.668	1.132	64	73	43	34	3	30	19	132	131	15	31	123	10	347	9	2	1	1	2	2
山　計	2.844	219		219	9	8	3	10	1	3			10	1	1	2	1	149	2	1	4		2	7
農牧業	138	7		7		2												3			1			1
林業	30	2		2					1	1														
漁業	1																							
鑛業	361	39		39		1								1				37						
工業	1.294	95		95	8	2	1	7		1			3				1	69			1			2
土木業	174	10		10						2			2		1			5						
建築業	138	20		20	1			1		4			2					3	1		1		1	

離滿、鄉關省、產業別(1)

西	商業	162	13		13		1	1											9	1	1				
	運輸業	119	13		13				1					1			2		7						4
	雜業	347	20		20		2	1	1					2			2		10			1		1	
河南	計	3,514	552	5	547	59	8	10	3		269	7	11	13		4	1	5	126	12	16	1			2
	農牧業	186	10		10		1	3						1					5						
	林業	52																							
	漁業																								
	鑛業	308	21	1	20							3				1			8	7					1
	工業	1,114	120	2	118	56	2	2	2			1	3	7				3	27	3	12				
	土木業	955	348		348	1					267	1	6	1					71			1			
	建築業	188	12		12		1	1			2			1		2	1		2		2				
	商業	122	16		16	1		2								1			10	1	1				
	運輸業	86	7	1	6		1							2				1	1	1					
	雜業	503	18	1	17	1	3	2	1			2	2	1				1	2		1				1
江蘇	計	1,326	101	11	90	2	1	2	5		18	3	4	1		4			67	2					1
	農牧業	71	1		1														1						
	林業	13	3		3						3														
	漁業																								
	鑛業	368	40		40						4	3							30	2					1
	工業	159	16	3	13	1			2							1			9						
	土木業	468	22		22			1			10		4	1		1			5						
	建築業	60	3		3	1	1		1																
	商業	5	1	1																					
	運輸業	67	5	3	2			1								1									
	雜業	115	10	4	6				2		1					1			2						
安徽	計	769	438	4	434						419		4	3	2	2			2	2					
	農牧業	4																							
	林業	2																							
	漁業																								
	鑛業	131	6		6								2	1		1			2						
	工業	65	4		4									1	1	1				1					
	土木業	504	420		420						416		2	1	1										
	建築業	32	2		2						1									1					
	商業	2																							
	運輸業	11	2	1	1						1														
	雜業	18	4	3	1						1														
其他	計	146	23	16	7	1				1	4														1
	農牧業	2	1		1	1																			
	林業																								
	漁業																								
	鑛業	11																							
	工業	68	4	4																					
	土木業	15	4		4						4														1
	建築業	5	2		2					1															
	商業	3																							
	運輸業	13	3	3																					
	雜業	29	9	9																					

離滿、鄉產別 (2)

入滿勞働者郷關省別、行先省別、產業（大分類）別調

康德　　年　　月分

入、郷、行、產別 (1)

7-594-23

郷關地	產業別＼行先地	本年累計	合計	關東州	計	新京	吉林	龍江	北安	黑河	三江	東安	牡丹江	濱江	間島	通化	安東	四平	奉天	錦州	熱河	興西	興南	興東	興北
本年累計			811.523	132.591	678.932	37.593	35.961	12.905	7.224	12.164	22.233	21.028	27.215	72.270	6.634	19.385	14.077	20.712	297.945	56.726	5.196	564	281	1.541	6.278
合計	計	811.523	60.315	10.987	49.328	2.854	3.170	1.326	538	51	438	118	346	4.250	619	2.244	807	1.779	26.004	3.251	601	54	133	40	135
	農牧業	73.488	12.103	643	11.460	907	1.840	885	297	25	178	35	429	1.575	119	613	82	717	3.126	431	49	21	106	12	7
	林業	1.759	118		118	4	8	1	4		15	1	3	13		13			44	6					
	漁業	935	40	13	27			5						2			1		4	15					
	鑛業	130.012	16.115	66	16.049	7	100	3	2		18	7	25	11	327	1.317	1	527	11.973	1.576	1				154
	工業	196.261	11.103	2.855	8.248	628	379	155	88	5	111	18	171	1.149	41	73	336	176	4.213	494	144	10	9	8	5
	土木業	130.357	1.357	409	948	91	61	17	16	3	15	16	36	68	8	36	13	16	482	49	16			3	
	建築業	91.503	3.586	1.226	2.360	294	96	42	13	3	35	14	95	292	23	43	59	38	1.154	88	42	2	6	4	7
	商業	23.814	2.958	296	2.662	150	129	47	40	1	10	5	15	223	6	22	56	92	1.504	234	102	9	1	1	1
	運輸業	64.979	5.014	3.031	1.983	212	150	60	16		27	5	53	261	30	30	80	37	332	64	9	2	3	5	2
	雜業	98.415	7.321	2.448	5.473	561	407	111	62	14	89	17	119	651	60	73	179	176	2.566	294	38	10	2	8	9
河北	計	261.470	18.599	1.878	16.721	923	643	133	132	9	60	17	74	756	215	628	41	603	10.060	1.713	320	40	10	16	165
	農牧業	15.080	2.135	213	1.922	107	138	72	45	3	9	1	22	701	3	38	6	71	377	188	34	13	4	6	1
	林業	896	51		51	2	1		1				1	4		1			36	5					
	漁業	632	16	8	8			1						2					1	4					
	鑛業	40.914	4.122	7	4.115	2	39				16	1	1		151	502		236	2.429	433	1				154
	工業	73.053	4.183	462	3.721	242	96	33	20		6		25	122	18	13	3	60	2.478	411	104	9	16	1	2
	土木業	28.406	574	122	452	27	14	7	4	3	4	12	3	31		4	4	6	230	38	14			1	
	建築業	30.869	1.330	182	1.148	123	35	12	5		7		3	15	5	6	6	20	755	63	40		4	2	2
	商業	14.880	1.779	30	1.749	92	99	28	28		4		6	100	1	3	6	44	1.024	613	81	6	13		1
	運輸業	15.119	1.324	484	740	87	38	11	6		4		9	55	15	1	12	13	429	41	9	2	2	2	
	雜業	36.621	3.185	370	2.815	236	183	23	23	3	10	3	4	176	22	15	6	103	1.660	256	37	10	20	4	5
山東	計	520.567	39.466	9.074	30.392	1.881	2.465	1.038	394	42	438	101	872	3.013	575	1.583	[illegible]	1.135	16.660	1.245	51	8	77	24	20
	農牧業	57.588	9.747	427	9.320	798	1.681	736	248	22	169	34	407	1.418	114	581	76	442	2.068	203	15	7	51	6	6
	林業	819	54		54	2	4	1	3		15	1	2	13		11			2						
	漁業	303	24	5	19			4									1		3	11					
	鑛業	77.349	10.960	59	10.901	5	57	3	2		2	6	24	11	147	757	1	212	8.804	870					
	工業	115.434	6.535	2.380	4.155	370	273	113	67	5	105	18	146	946	23	62	323	39	1.080	64	27	1	12	7	3
	土木業	32.958	766	285	481	64	45	3	12		11	4	33	37	5	32	3	16	191	10	2		2	2	
	建築業	60.276	2.231	1.043	1.188	166	60	29	7	3	28	14	32	236	24	43	53	18	383	27	2			2	5
	商業	6.318	730	260	470	33	18	15	8	1	6	5	3	100	4	10	48	21	175	5	5		3		
	運輸業	48.373	3.764	2.545	1.219	124	107	48	10		23	5	44	198	15	23	68	24	495	19			5	3	2
	雜業	61.149	4.655	2.070	2.585	319	220	75	37	11	73	14	115	458	38	64	171	69	867	36			4	4	4
山	計	4.952	255	3	252	1	14	2						16	4	4	3	9	183	6	7	3			
	農牧業	130	7		7		3												2	2					
	林業	1																							
	漁業																						1		
	鑛業	2.191	26		26										4	4		3	14	1					
	工業	994	102	1	101		4							2			1	4	88	1	1				
	土木業	438																	33						
	雜務業	212	13	1	12		1	1											7			2			

西	商業	758	87		87	1	2	1						12				2	62	1	5	1			
	運輸業	79	5		5		2												3						
	雜業	129	15	1	14		2							1			2		7	1	1				
河南	計	14785	1726	17	1709	42	43	31	12					46	17	12	7	66	1119	277	22	3	12		
	農牧業	565	212	3	209	2	18	17	4					20			-	4	98	37		1	8		
	林業	41	13		13		3							2		1			6	1					
	漁業																								
	鑛業	6102	828		828		2								17	6		22	577	204					
	工業	1110	234	5	229	12	5	3	1					7		1	3	11	155	18	11		2		
	土木業	4776	16	2	14		1	1											11	1					
	建築業	84	11		11				1										8	2					
	商業	1750	350	2	348	24	10	3	4					9		4	4	25	238	13	11	2	1		
	運輸業	104	19	1	18	1	3	1						7					5				1		
	雜業	253	43	4	39	3	1	6	2					1				4	21	1					
江蘇	計	6419	73	6	67	4	2							6	5	3		4	37	6					
	農牧業	75																							
	林業	2																							
	漁業																								
	鑛業	2167	48		48										5	3		4	30	6					
	工業	198	12	4	8	1								5					2						
	土木業	2078	1		1		1																		
	建築業	44																							
	商業	40	4		4														4						
	運輸業	702	2	1	1									1											
	雜業	1113	6	1	5	3	1												1						
安徽	計	2532	128		128		2								3	1			119	3					
	農牧業	46	2		2														1	1					
	林業																								
	漁業																								
	鑛業	733	121		121		2								3	1			114	1					
	工業	21																							
	土木業	1665																							
	建築業	13	1		1														1						
	商業	3	1		1															1					
	運輸業	42																							
	雜業	9	3		3														3						
其他	計	1798	68	9	59	3	1	2						13		7		2	29	1	1				
	農牧業	3																							
	林業																								
	漁業	1																							
	鑛業	596	10		10											4			5	1					
	工業	411	37	3	34	3	1	1						7		3		2	16		1				
	土木業	36																							
	建築業	4																							
	商業	70	7	4	3									2					1						
	運輸業	559																							
	雜業	118	14	2	12			1						4					7						

人、鄉、行、產別 (2)

入滿勞働者發證地別、經由地別、行先省別調

康德　年　月分

7-594-25

發證地	經由地	本年累計	合計	關東州	計	新京	吉林	龍江	北安	黑河	三江	東安	牡丹江	濱江	間島	通化	安東	四平	奉天	錦州	熱河	興西	興南	興東	興北
本年累計			811.523	132.591	678.932	37.593	23.961	12.905	7.224	12.164	22.233	21.028	27.215	72.270	6.634	19.385	14.077	20.712	297.945	56.726	5.196	564	1.281	1.541	6.278
合計	計	811.523	40.315	10.987	29.328	2.854	3.170	1.326	538	51	498	718	946	4.250	619	2.244	807	1.779	26.004	3.251	401	54	133	40	185
	大連	371.317	21.327	10.886	10.441	893	710	163	118	39	272	86	506	1.766	203	1.073	694	253	3.480	149	2		10	10	14
	營口																								
	安東																								
	山海關	435.992	38.618	101	38.517	1.961	2.458	1.163	420	12	226	32	439	2.484	416	1.169	113	1.526	22.515	3.099	70	31	183	30	170
	古北口	4.214	370		370		2						1			2			9	3	329	23			1
北京	計	24.764	2.487	1	2.486	93	52	53	15				3	154	3	10	18	60	1.772	70	157	15	4	7	
	大連	229	5	1	4	1										1			1	1					
	營口																								
	安東																								
	山海關	22.521	2.312		2.312	92	52	53	15				3	154	3	9	18	60	1.771	67		4	4	7	
	古北口	2.014	170		170															2	157	11			
古北口	計	1.323	171		171		1						1			2			8	1	151	7			
	大連																								
	營口																								
	安東																								
	山海關	171	171		171		1						1			2			8	1	151	7			
	古北口	1.152																							
天津	計	153.481	11.460	2.428	9.032	700	274	170	93	6	68	5	132	539	321	53	29	505	5.662	367	32	11		11	11
	大連	18.701	2.629	2.368	261	12	16	7	8		4		1	4		3	8		193	2					
	營口																								
	安東																								
	山海關	134.648	8.816	60	8.756	688	257	163	85	6	64	5	131	535	321	50	21	502	5.468	365	19	11	43	11	11
	古北口	132	15		15		1												1		13				
山海關	計	109.233	8.003	9	7.994	401	597	108	48	4	23	4	81	327	8	60	19	430	4.312	1.419	33	14	99	3	4
	大連																								
	營口																								
	安東																								
	山海關	109.233	8.003	9	7.994	401	597	108	48	4	23	4	81	327	8	60	19	430	4.312	1.419	33	14	99	3	4
	古北口																								
德縣	計	18.336	2.123	33	2.090	30	202	170	7		3		14	111		443	3	70	993	39			2	3	
	大連	406	29	28	1														1						
	營口																								
	安東																								
	山海關	18.407	2.094	5	2089	30	202	170	7		3		14	111		443	3	70	992	39			2	3	
	古北口	23																							
濟南	計	32.370	8.786	452	8.334	410	580	263	83		107	9	53	393	39	478	42	231	4.547	556	23	1	11	3	
	大連	7.739	585	435	150	2	8				4			4				2	130						
	營口																								
	安東																								
	山海關	84.724	8.196	17	8.179	408	570	263	83		103	9	53	389	39	478	42	229	4.417	556	18	1	11	3	
	古北口	507	5		5																5				
濟	計	47.362	3.457	510	7.347	325	772	406	177		29	2	151	454	33	44	8	233	4.968	323	3	5	13	3	2
	大連	5.755	533	507	26	2													24						

人、發、經、行別

寧	營口																								
	安東																								
	山海關	5.594	7.915	3	7.912	323	772	406	177		29	2	151	450	33	24	8	233	6344	323	3	4	23	3	1
	古北口	13	3		9																				1
徐州	計	3.118	68		68														68						
	大連	332																							
	營口																								
	安東																								
	山海關	914	68		68														68						
	古北口	202																							
青島	計	61.630	6.871	1.735	5.136	590	518	77	62	18	59	17	206	590	133	302	184	185	1451	143	1		2		8
	大連	60.922	6.855	1.729	5.126	589	517	77	62	13	58	17	206	586	133	301	180	185	1441	143	1		2		8
	營口																								
	安東																								
	山海關	708	16	6	10	1	1				1			4		1			2						
	古北口																								
威海衛	計	9.048	1.111	775	336	13	9		1	1	6	3	7	31	3	7	69		180	5	1				
	大連	9.048	1.111	775	336	13	9		1	1	6	3	7	31	3	7	69		180	5	1				
	營口																								
	安東																								
	山海關																								
	古北口																								
芝罘	計	108.665	6.884	4.461	2.423	151	77	26	18	6	50	27	39	310	33	132	355	51	1017	25			6		
	大連	108.665	6.884	4.461	2.423	151	77	26	18	6	50	27	39	310	33	132	355	51	1027	25			6		
	營口																								
	安東																								
	山海關																								
	古北口																								
龍江	計	41.432	2.678	571	2.107	123	83	53	23	14	150	38	193	828	14	23	77	12	403	3			2	10	6
	大連	41.431	2.678	571	2.107	123	83	53	23	14	150	38	193	828	14	23	77	12	423	3			2	10	6
	營口																								
	安東																								
	山海關	1																							
	古北口																								
新鄉	計	2.850																							
	大連																								
	營口																								
	安東																								
	山海關	2.850																							
	古北口																								
開封	計	5.988	389		389					1									167	221					
	大連	1.418																							
	營口																								
	安東																								
	山海關	4.570	389		389					1									167	221					
	古北口																								
南口	計	9.823	827	12	815	18	5			1	3	13	6	13	6	108	3	2	378	109	1				153
	大連	108	18	11	7							1					1		5						
	營口																								
	安東																								
	山海關	9.715	809	1	808	18	5			1	3	12	6	13	6	104	2	2	373	109	1				153
	古北口																								

人、發、經 行 別

7-194-24

勞働者入滿概況

康德　　年　　月分

許可不許可／區別／經由地	入滿ヲ許可セラレタル者 勞工証所持者	勞工証所持者隨伴家族 計	勞工証所持者隨伴家族 男	勞工証所持者隨伴家族 女	特別勞工証所持者	特種勞工証所持者	其他	許可セラレザル者 計	許可セラレザル者 勞工証所持者	許可セラレザル者 其他
本年累計	811,523	310,683	81,208	229,475	5,294		141,797	435	435	
前年同月增減比較(△印ハ減)	5,049	16,263	6,025	10,243	△312	△1	6,472			
月計	60,315	35,359	10,111	25,248	296		22,216			
大連	21,327	13,068	3,414	9,654	45		4,647			
營口										
安東										
山海關	38,618	32,186	6,658	15,528	239		17,102			
古北口	370	105	39	66	12		467			

勞働者離滿概況

康德　　年　　月分

區別／經由地	勞働者 計	勞働者 勞工証所持者	勞働者 勞工証無所持者	勞働者隨伴家族 計	勞働者隨伴家族 男	勞働者隨伴家族 女	特別証所持者	特種証所持者	其他
本年累計	453,271			86,317	34,125	62,192	1,716	2	77,792
前年同月增減比較(△印ハ減)	△23,589			△5,457	△1,106	△4,351	△249	1	3,477
月計	36,370			8,329	2,565	5,764	16	1	11,941
大連	16,901			4,175	947	3,228	16	1	11,461
營口									
安東									
山海關	19,252			4,117	1,602	2,515			
古北口	217			37	16	21			480

勞工證發給概況

康德　年　月分

發給概況＼發証地	本年累計	前年同月增減比較（△印ハ減）	月計	北京	古北口	天津	山海關	德縣	濟南	濟寧	徐州	青島	威海衛	芝罘	龍口	新鄉（石門）	開封	歸德
出國（境）勞工証 來所者	869,877	6,853	68,206	2,626	176	12,214	8,543	2,654	10,008	8,170	184	8,776	1,248	8,391	3,586	606	333	662
一見拒否	25,605	1,199	3,194	1		187	467	264	138	20	2	59	7	1,386	453		3	207
受付																		
不合格																		
制限拒否																		
受給者 計	844,272	6,792	65,012	2,625	176	12,027	8,076	2,390	9,870	8,159	182	8,737	1,241	7,005	3,133	606	330	455
受給者 單獨	685,314	△1,541	46,698	2022	158	7424	5504	1,857	6885	6009	182	5,370	975	5,604	2,078	37	272	321
受給者 家族同伴者	158,958	8,333	18,314	603	18	2,603	2,572	533	3,985	2,150		3,367	266	1,401	1,055	569	58	134
隨伴家族 計	342,875	22,113	42494	1,529	43	5650	1,299	1,242	7,498	5,228		8,181	548	3,309	2,487	4	134	344
隨伴家族 男	90,098	7,054	11,835	450	20	1,475	1,654	333	2,221	1,753		2,196	101	843	631	1	39	112
隨伴家族 女	252,777	15,059	30,659	1,079	23	4,175	4,643	909	5,277	3,475		5,985	447	2466	1,856	3	95	232
特別証 受給者 本年累計	6,422		6,422	49	107	3,301	445	4				84	610	715	370	1		736
特別証 受給者 月計		△320	320	15	11	232	21					3	4	27	7			
特別証 返納者 本年累計																		
特別証 返納者 月計																		
特別証 失効者 本年累計																		
特別証 失効者 月計																		
特種証 受給者 本年累計	8790		8790															
特種証 受給者 月計		515	520													520		

伪满民生部劳务司编制的一九四二年十二月出入伪满劳工统计月报（一九四二年十二月）

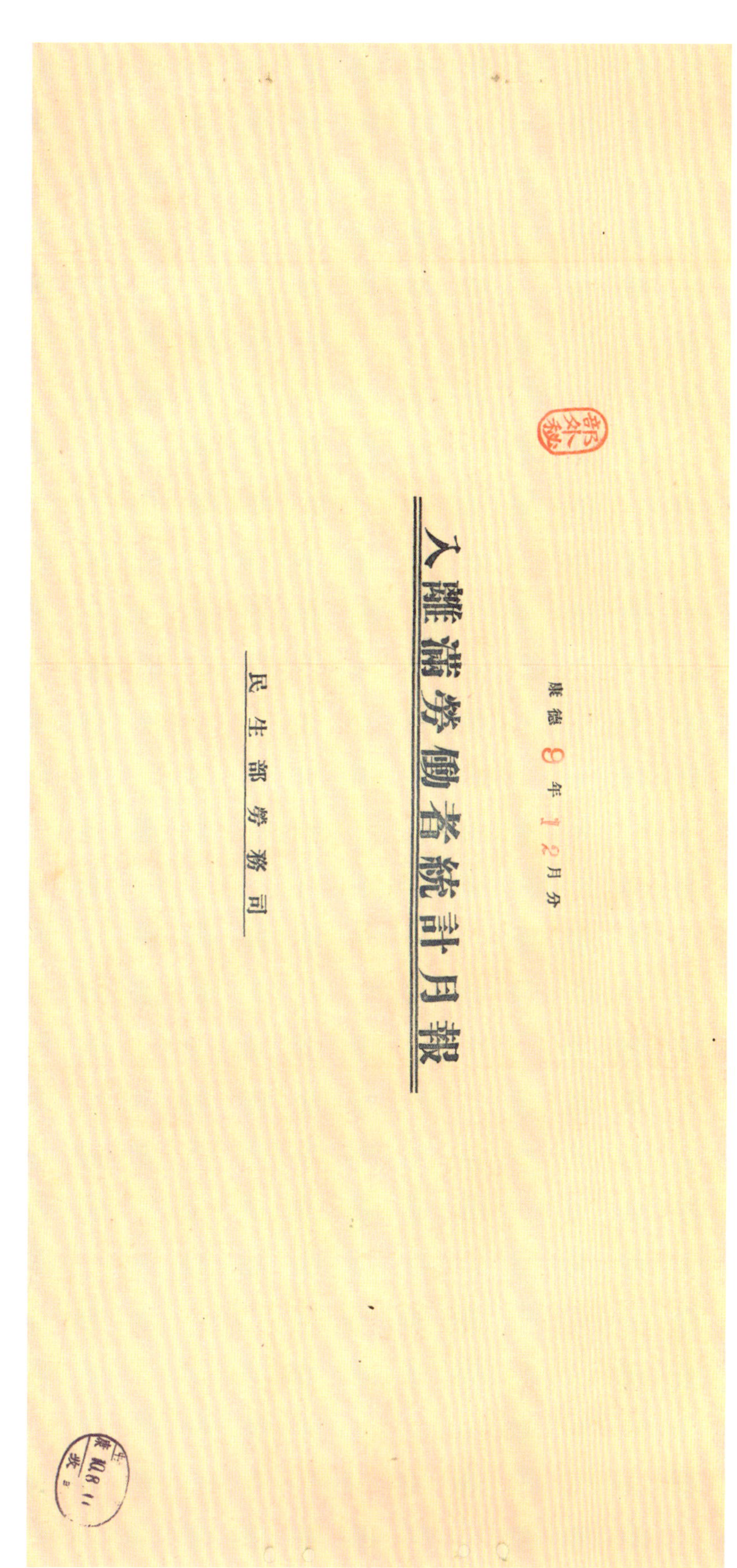

部外秘

入離滿勞働者統計月報

康德 9 年 12 月分

民生部勞務司

入滿勞働者鄉關省別、行先省別、產業(大分類)別調

康德　　年　　月分

7-594-10

鄉關地	產業別 \ 行先地	本年累計	合計	關東州	計	新京	吉林	龍江	北安	黑河	三江	東安	牡丹江	濱江	間島	通化	安東	四平	奉天	錦州	熱河	興西	興南	興東	興北
本年累計			395428	147496	247932	43024	41260	10282	8246	12262	22958	21207	28940	79903	7257	20831	15302	24163	[illegible]	63383	5829	621	1600	1662	6355
合計	計	395428	83905	14905	69000	5431	5299	1977	1022	98	725	179	1725	7433	623	1446	1225	3456	30477	6657	633	69	319	121	87
	農牧業	93680	20192	816	19376	1950	3255	1167	536	39	213	31	743	2426	163	763	215	1073	5548	861	120	33	104	28	45
	林業	1965	206	1	205	4	14	2	5	1	25	2	6	27	2	15	2	3	73	5	2		2	15	
	漁業	1013	78	23	55		1	6						2		1	1		16	27			1		
	鑛業	163803	13794	76	13715	9	128	1			7	6	47	13	256	253	3	1218	7909	3856	7		1	1	
	工業	213293	17032	3517	13515	1113	683	324	228	14	241	56	321	2338	47	130	468	412	6131	661	242	17	49	27	15
	土木業	122190	1833	558	1280	140	66	35	29	2	28	10	48	99	8	26	29	25	631	69	22		4	6	3
	建築業	96375	4872	1955	3417	409	143	87	32	5	47	22	198	586	40	72	108	63	1408	97	36	2	6	13	3
	商業	29260	5446	791	4655	333	203	73	45	2	39	3	36	358	12	38	99	209	2680	355	128	9	27	7	1
	運輸業	72097	7118	4385	2733	302	184	65	23	20	21	23	84	376	38	37	64	76	1272	106	15		6	10	11
	雜業	111752	12337	3288	10049	1131	622	217	124	15	104	26	242	1208	57	111	236	377	4809	620	63	6	58	14	9
河北	計	287852	26382	2128	24254	1893	1039	370	204	13	64	17	137	1210	140	122	67	1423	13541	3294	427	42	201	25	25
	農牧業	18908	3828	170	3658	306	275	161	60	5	15	3	59	280	9	37	10	213	1669	360	68	15	99	6	8
	林業	984	88	1	87	3	3	1		1	2		1	3				3	62	5	2		1		
	漁業	684	52	15	37		1							1					10	25					
	鑛業	44380	3426	1	3425	1	47				2		1	2	72	8		613	1365	1314					
	工業	83721	5668	472	5196	414	179	47	41		14	6	16	265	14	21	14	131	3334	529	132	11	24	1	5
	土木業	29160	754	179	575	49	16	9	13	2	5	4	9	34	2	3	9	10	350	39	20		1	3	
	建築業	32537	1668	230	1438	169	47	22	16		2		12	100	7	8	8	36	892	82	30	2	3	2	
	商業	18027	3147	59	3088	228	144	42	27	2	16		9	148	4	11	8	130	1880	302	105	8	23	4	1
	運輸業	10792	1673	526	1147	148	46	16	8		1	1	19	99	20	9	6	36	624	91	15		3	6	6
	雜業	42699	6078	475	5603	598	281	72	43	3	7	3	16	281	12	27	12	251	3355	549	55	6	47	3	5
山東	計	574941	54394	12712	41662	3430	4203	1530	772	84	659	161	1579	6113	474	1310	1154	1839	15518	2418	140	20	106	93	59
	農牧業	73554	15971	635	15736	1632	2966	961	438	34	197	28	679	2117	153	722	205	846	3140	440	44	16	62	22	34
	林業	931	112		112	1	10		5		23	2	5	24	2	15	2		7				1	15	
	漁業	329	26	8	18			6						1		1	1		6	2			1		
	鑛業	86414	9065	75	8990	8	80	1			5	5	46	11	177	244	3	514	6172	1915	7		1	1	
	工業	126343	10909	3030	7879	661	491	268	184	13	227	50	305	2055	32	105	652	254	2528	153	70	4	21	26	10
	土木業	94016	1058	372	686	88	48	26	16		23	6	39	68	6	23	20	15	272	26	2		3	2	3
	建築業	63835	3159	1225	1934	279	96	57	16	5	45	22	186	482	37	64	100	25	496	9	2		3	11	3
	商業	7868	1550	731	819	62	37	23	19		23	3	26	166	8	23	90	23	280	26	8		1	1	
	運輸業	57778	5405	3833	1592	153	138	49	15	20	20	22	70	270	18	30	58	40	643	14			3	4	5
	雜業	68268	7119	2803	4316	546	337	139	79	12	96	23	223	919	45	83	233	122	1374	63	7		10	11	4
山	計	5270	318		318	11	16	7	2				4	9	1			20	219	21	5			2	1
	農牧業	148	18		18			2											10	2	3				1
	林業	3	2		2														2						
	漁業																								
	鑛業	2330	39		39										1			15	10	13					
	工業	1086	92		92	6	7	1	1					4				1	70	1	1				
	土木業	442	4		4	1	1												2						
	建築業	236	24		24	1								1				1	10	9	1				

入、鄉、行、產別 (1)

7-540-13

西	商業	849	119		119	3		1	1					4				2		1				2	
	運輸業	80	1		1								1												
	雜業	168	19		19			1					3					1	19						
河南	計	14318	2533	26	2507	87	39	68	44	1	2	1	5	75	4	11	4	149	1089	847	61	5	10	1	2
	農牧業	932	367	9	358	12	13	43	38		1		5	24		4		14	128	58	5	2	6		2
	林業	45	4		4		1	1											2						
	漁業																								
	鑛業	9173	1091		1091		1					1			3			51	291	404					
	工業	1449	339	9	330	31	6	8	2	1				8	1	3	2	26	190	9	89	2	2		
	土木業	4192	16	1	15	2	1												7	9				1	
	建築業	104	20		20			8						3				1	4	1	3				
	商業	2359	609		609	38	13	5	2					26		3	1	59	425	25	13	1	3		
	運輸業	125	21	8	13	1								7					4	1					
	雜業	341	88	1	87	3	4	3	2		1			4		1	1	3	58	5	1		1		
江蘇	計	5596	144	28	149									7	3	1		18	82	38					
	農牧業	80	5	1	4									2					1	1					
	林業	2																							
	漁業																								
	鑛業	2295	128		128										3	1		18	91	25					
	工業	210	12	5	7									2					5						
	土木業	2079	1	1																					
	建築業	45	1		1															1					
	商業	720	2		2									1						1					
	運輸業	123	18	18																					
	雜業	2597	10	3	7									2					5						
安徽	計	49	65	2	63		1							2	1			3	24	35					
	農牧業		3	1	2		1								1										
	林業																								
	漁業																								
	鑛業	789	56		56													3	18	35					
	工業	25	4	1	3									2					1						
	土木業	1665																							
	建築業	13																							
	商業	3																							
	運輸業	42																							
	雜業	71	2		2														2						
其他	計	1854	56	9	47	10	1	2						13		2		4	7	4					
	農牧業	3																							
	林業																								
	漁業	1																							
	鑛業	602	6		6													4	2						
	工業	421	10	2	8	1								2		1			3	1					
	土木業	36																							
	建築業	4																							
	商業	89	[illegible]	1	18	2	1							13		1			1						
	運輸業	559	[illegible]																						
	雜業	139	[illegible]	6	15	7								2					1	3					

入、鄉、行、產、別

入滿勞働者發證地別、經由地別、行先省別調

康德　　年　　月分

發證地	經由地	本年累計	合計	關東州	計	新京	吉林	龍江	北安	黑河	三江	東安	牡丹江	濱江	間島	通化	安東	四平	奉天	錦州	熱河	興西	興南	興東	興北
本年累計			895428	141496	707932	43024	41060	14882	8246	12262	22958	21207	28940	79903	7259	20831	15902	24168	225222	63783	5829	631	1600	1662	6365
合計	計	805428	30300	14905	64000	5431	5299	1977	1022	98	725	179	1725	7433	623	1446	1225	3456	30477	6607	633	67	319	121	87
	大連	401617		14717	15583	1594	1220	321	172	67	451	130	933	3468	298	788	965	260	4561	241	6		15	71	22
	營口																								
	安東																								
	山海關	489082	53090	185	52902	3837	4076	1656	850	31	274	49	792	3964	325	658	259	3196	25910	6404	167	35	304	50	65
	古北口	4729	515		515		3							1			1		6	12	460	32			
北京	計	28394	3630	13	3617	145	71	126	21		3		8	221	5	12	6	111	2449	195	215	13	8	8	
	大連	248	19	12	7														7						
	營口																								
	安東																								
	山海關	25900	3399	1	3398	145	71	126	21		3		8	221	5	12	6	111	2442	185	3	3	8	8	
	古北口	2246	232		232															10	212	10			
古北口	計	1543	220		220		3							1			1		5	2	189	19			
	大連																								
	營口																								
	安東																								
	山海關	171																							
	古北口	1372	220		220		3							1			1		5	2	189	19			
天津	計	166928	13447	2714	10733	1122	409	259	178	16	68	11	205	757	164	170	63	1249	5209	803	59	11	38	24	18
	大連	21510	2809	2597	212	6	11	1	2	2	1	1	1	11		1		4	169	2					
	營口																								
	安東																								
	山海關	145275	10627	117	10510	1116	398	258	176	14	67	10	204	746	164	69	63	1245	5039	801	50	10	38	24	18
	古北口	143	11		11																9	1			
山海關	計	124373	15140	19	15121	1022	1005	209	107	2	39	10	176	556	18	91	21	756	8140	2662	83	11	198	2	13
	大連																								
	營口																								
	安東																								
	山海關	124373	15140	19	15121	1022	1005	209	107	2	39	10	176	556	18	91	21	756	8140	2662	83	11	198	2	13
	古北口																								
德縣	計	20562	1726	75	1651	92	170	223	7		1		29	213	1	5	2	83	757	40	2	1	10	6	9
	大連	481	75	74	1														1						
	營口																								
	安東																								
	山海關	20456	1649	1	1648	92	170	223	7		1		29	213	1	5	2	83	756	40	1		10	6	9
	古北口	25			2																1	1			
濟南	計	109840	16890	1219	15651	1104	1861	559	304	14	137	24	317	1976	98	400	166	736	6634	1391	75	8	37	9	21
	大連	8968	1229	1175	54	2	3	1			1		7	14	1		2		23						
	營口																								
	安東																								
	山海關	100320	15596	44	15552	1102	1858	558	324	14	136	24	310	1762	97	400	164	736	6611	1391	30	8	37	9	21
	古北口	552	45		45																45				
濟	計	52963	5901	686	4915	318	551	212	234	1	26	1	64	419	[illegible]	12		49	2184	373	4	4	13	1	4
	大連	6441	686	683	3														2	1					

入、發、經行別

	營口																								
	安東																								
寧	山海關	45304	4710	5	4007	318	551	272	234	1	25	1	64	619	26	12		259	2142	372		3	13	1	4
	古北口	18	5		5																4	1			
徐	計	8272	154		154														82	92					
	大連	902																							
	營口																								
	安東																								
州	山海關	7168	154		154														82	92					
	古北口	202																							
青	計	169829	8199	2341	5858	953	779	63	68	40	57	28	307	701	196	511	225	152	1673	295	1		2	4	3
	大連	168862	7940	2338	5602	941	767	61	67	40	56	28	307	696	185	443	223	150	1622	206	1		2	4	3
	營口																								
	安東																								
島	山海關	967	259	3	256	12	12	2	1		1			5	11	68	2	2	51	89					
	古北口																								
威	計	20521	1473	1016	457	22	18	1	2		7	3	17	64	7	16	69		227	3	1				
	大連	20521	1473	1016	457	22	18	1	2		7	3	17	64	7	16	69		227	3	1				
海	營口																								
	安東																								
衛	山海關																								
	古北口																								
芝	計	112497	8832	5503	3329	198	135	63	15	4	46	31	128	494	45	187	458	32	1470	13	3			4	3
	大連	112497	8832	5503	3329	198	135	63	15	4	46	31	128	494	45	187	458	32	1470	13	3			4	3
	營口																								
	安東																								
罘	山海關																								
	古北口																								
龍	計	54651	7219	1704	5915	425	286	194	86	21	340	67	473	2189	60	161	217	74	1237	16	1		13	63	16
	大連	54651	7219	1304	5915	425	286	194	86	21	340	67	413	2189	60	161	213	74	1237	16	1		13	63	16
	營口																								
	安東																								
	山海關	1																							
江	古北口																								
新	計	2850																							
	大連																								
	營口																								
	安東																								
鄉	山海關	2850																							
	古北口																								
開	計	6557			569														149	420					
	大連	1418																							
	營口																								
	安東																								
封	山海關	5139			569														149	420					
	古北口																								
南	計	10848	1025	15	1010	30	11	8			2	4	1	42	3	1	1	4	511	392					
	大連	126	18	15	3														3						
	營口																								
	安東																								
口	山海關	10722	1007		1007	30	11	8			2	4	1	42	3	1	1	4	508	392					
	古北口																								

人、發、經行別に

勞働者入滿概況

康德　　年　　月分

經由地＼區別＼許可不許可	入滿ヲ許可セラレタル者							許可セラレザル者		
	勞工証所持者	勞工証所持者隨伴家族			特別勞工証所持者	特種勞工証所持者	其他	計	勞工証所持者	其他
		計	男	女						
本年累計	895428	398050	100302	297748	5392		166528	435	435	
前年同月增減比較（△印ハ減）	17488	44266	14071	30195	△408	△2	13987			
月計	83905	67367	19094	48273	238		24531			
大連	30300	21772	5643	16129	43		6535			
營口										
安東										
山海關	53090	45366	13381	31985	186		17517			
古北口	515	229	70	159	9		479			

勞働者離滿概況

康德　　年　　月分

經由地＼區別	勞働者			勞働者隨伴家族			特別証所持者	特種証所持者	其他
	計	勞工証所持者	勞工証無所持者	計	男	女			
本年累計	509754			97558	28033	69525	1740		88830
前年同月增減比較（△印ハ減）	△28049			△3914	△352	△3362	8		5977
月計	56483			11241	3908	7333	24		11038
大連	22677			3654	842	2812	24		10584
營口									
安東									
山海關	33444			7559	3053	4506			
古北口	362			28	13	15			454

勞工證發給概況

康德　　年　　月分

發給概況		發證地	本年累計	前年同月增減比較（△印ハ減）	月計	北京	古北口	天津	山海關	德縣	濟南	濟寧	徐州	青島	威海衛	芝罘	龍口	新鄉	開封	南口
出國（境）勞工證	來所者		921,510	△ 18,078	51,633	2,942	240	749	689	92	16,835	106	103	7,313	1,550	10,125	8,266	384	710	729
	一見拒否		27,521	809	1,916	5		10	105	8	89			71	10	1,049	415	1	2	181
	受付																			
	不合格																			
	制限拒否																			
	受給者	計	893,983	△ 15,689	49,717	3,737	240	739	584	84	16,746	106	103	7,242	1,540	9,106	2,851	383	708	548
		單獨	717,429	△ 21,775	32,113	2,743	196	551	360	38	9,616	59	100	4,275	1,170	6,520	5,102	376	622	385
		家族同伴者	176,562	6,086	17,604	994	44	188	224	46	7,130	47	3	2,967	370	2,586	2,749	7	86	183
	隨伴家族	計	388,485	22,666	45,610	2,586	98	418	616	123	19,376	125	5	7,360	787	6,636	6,890	15	305	385
		男	103,024	7,611	12,926	782	29	121	173	38	5,932	42		2,034	155	1,690	1,743	5	93	109
		女	285,461	25,055	32,684	1,804	69	297	443	85	13,444	83	5	5,226	632	4,946	5,132	10	132	276
特別證	受給者	本年累計	6,840		6,480	53	118	3,308	445	4				88	618	734	390	1		736
		月計		△ 616	58	4	11	7						4	8	19	6			
	返納者	本年累計																		
		月計																		
	失効者	本年累計																		
		月計																		
特種證	受給者	本年累計	8,790		8,990															
		月計																		

关于各地劳工动向的警务报告（节选）（一九四二年十二月）

6
警務報告要旨
件名
概要
摘要

7

警務報告要旨

件名

概況

摘要

8

警務報告要旨

件名	
報告	
摘要	

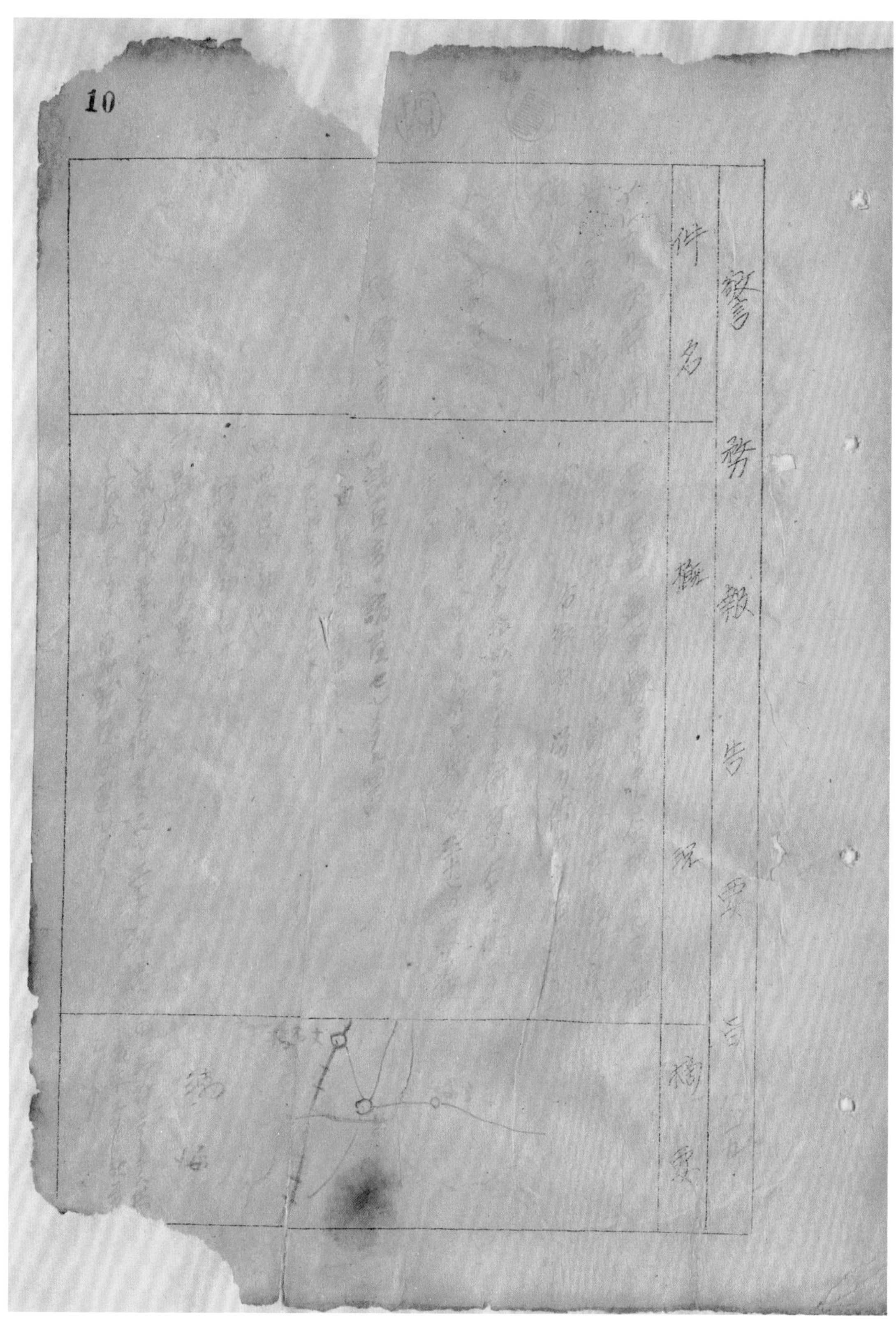
10
警務報告要旨
件名
梗概
摘要

11

警務報告要旨

件名	
概要	
摘要	

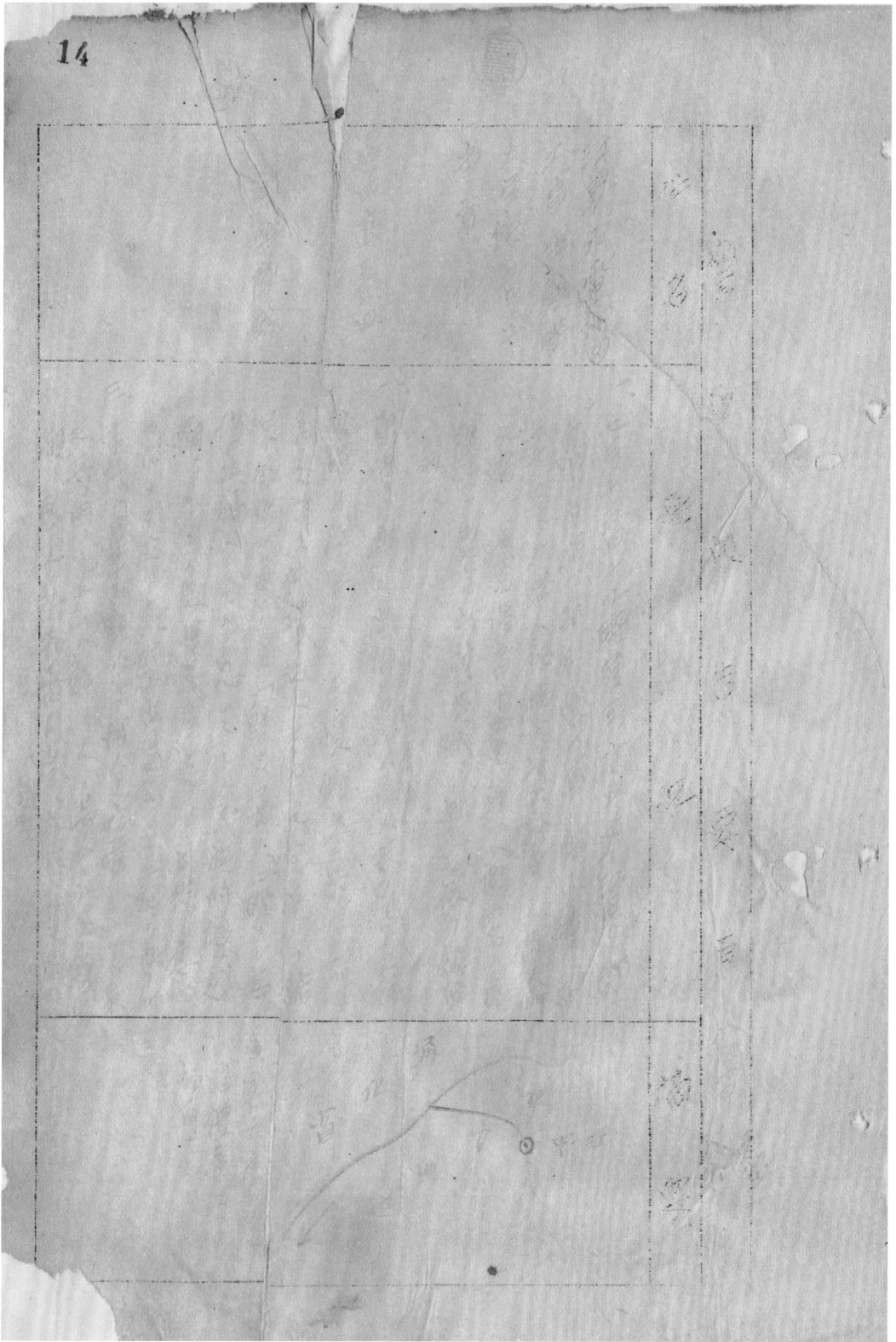

16

警務報告要旨

件名

概要

摘要

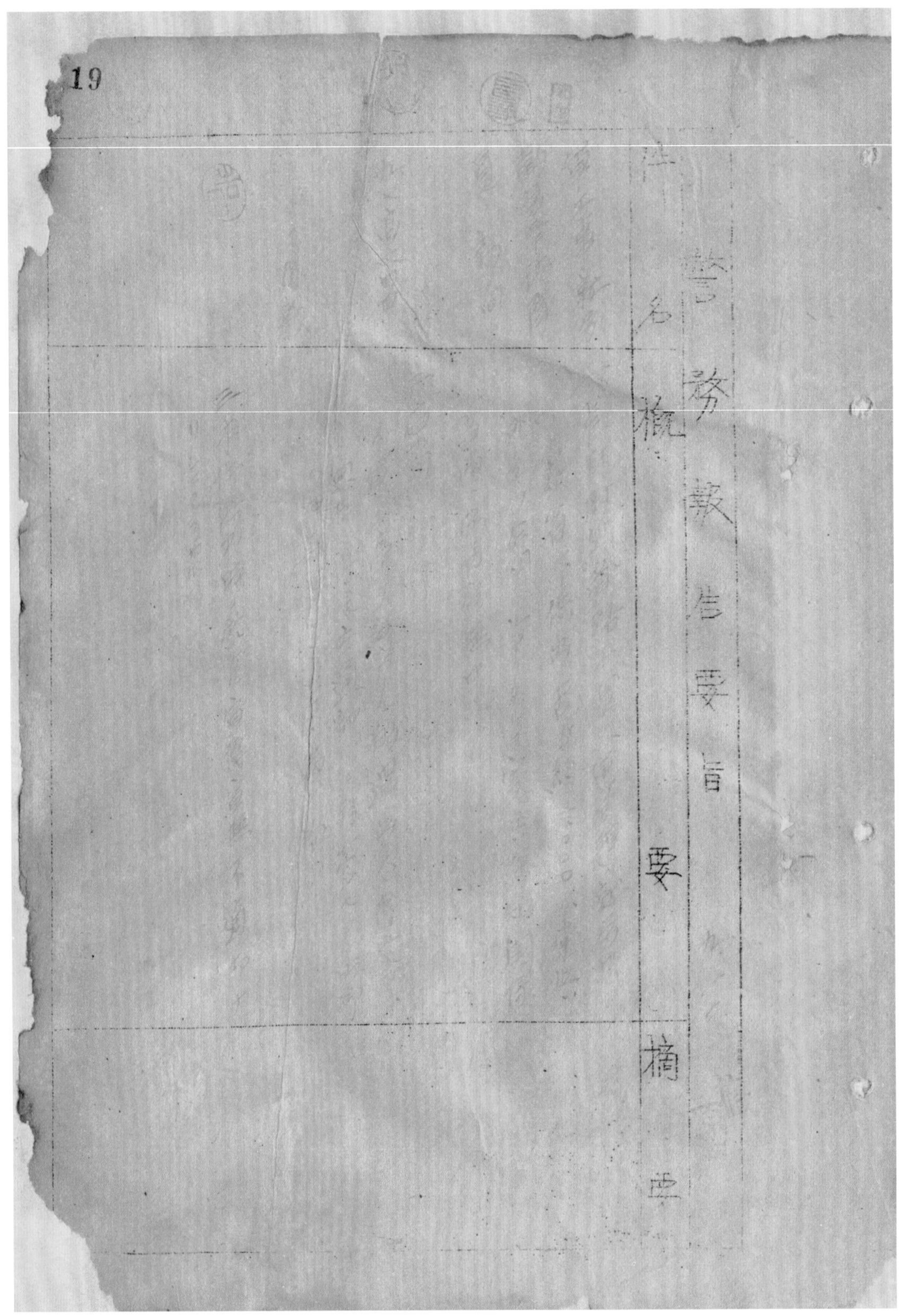

25

警務報告要旨摘要

件名

概要

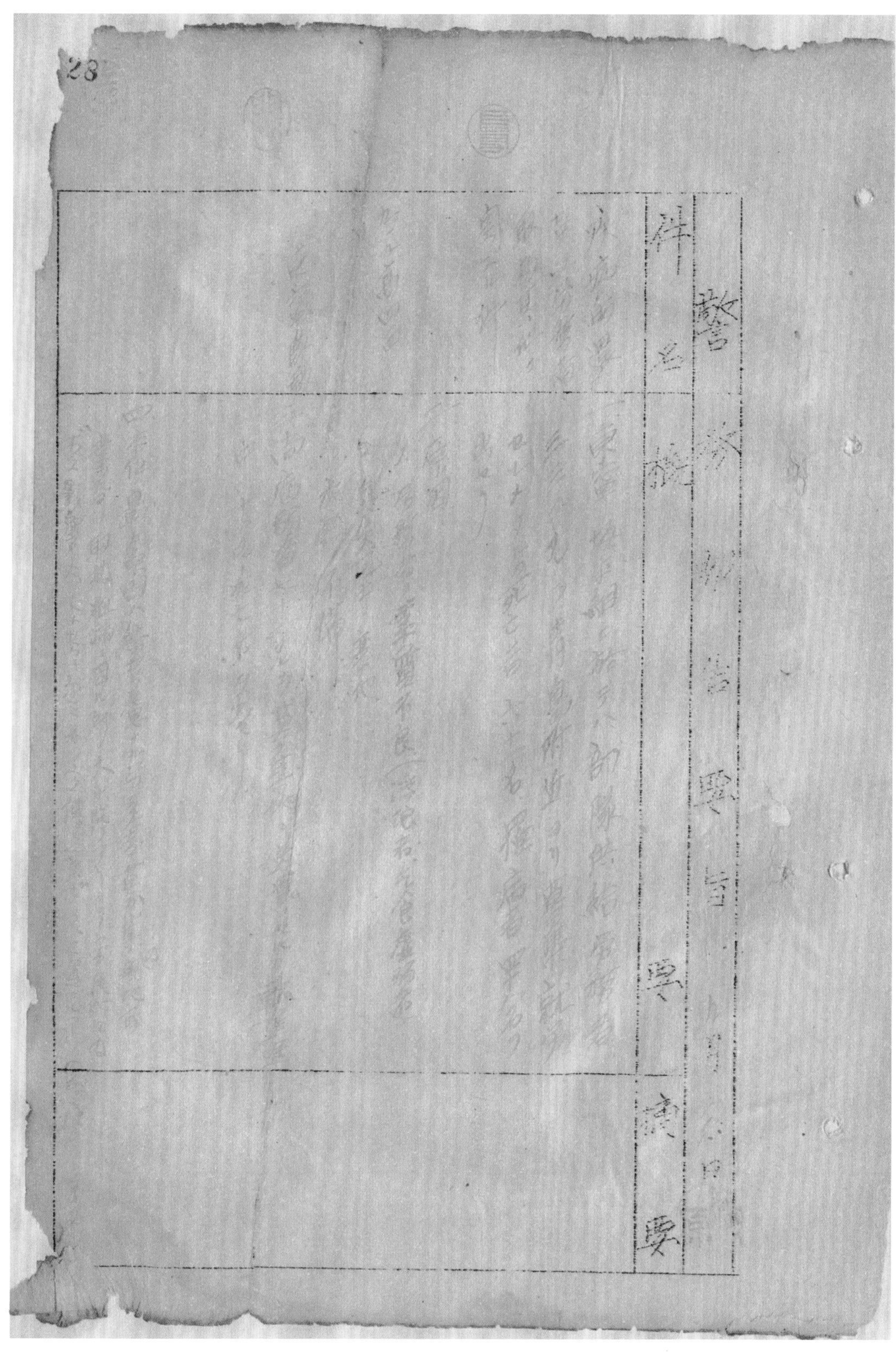

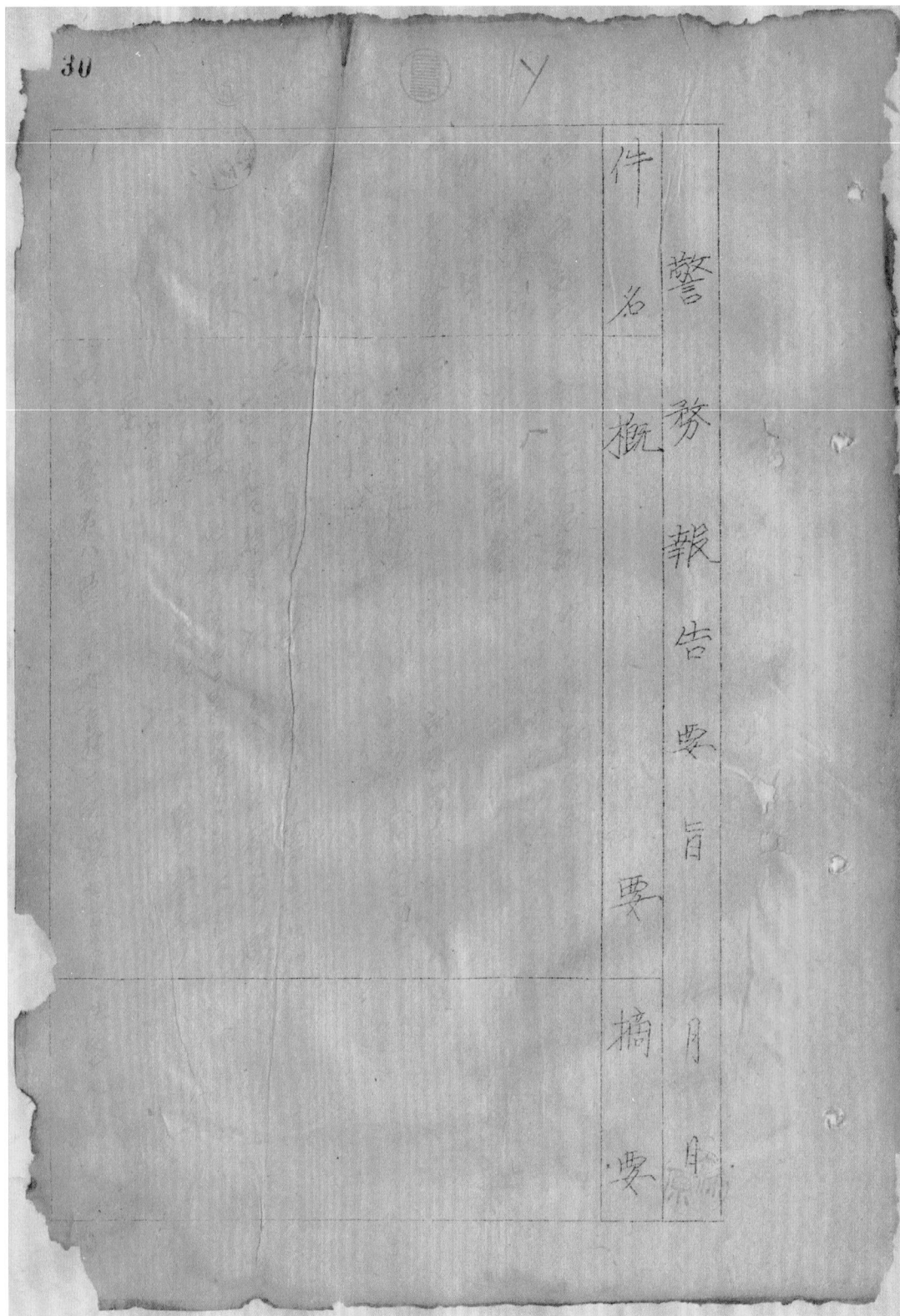

30

警務報告要旨　月　日

件名	概要	摘要

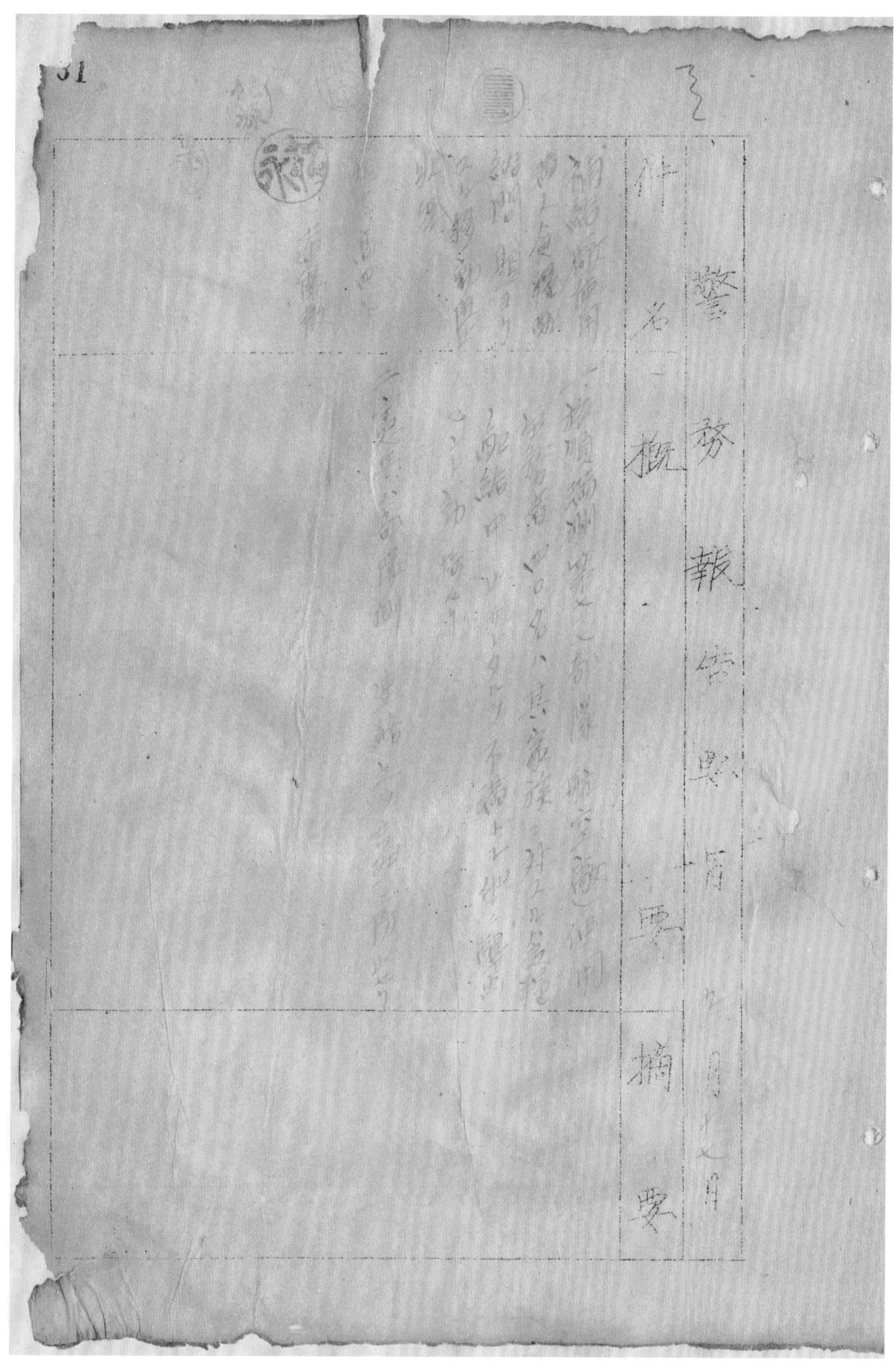

警務報告要旨

九月十七日

件名

概要

[illegible]

摘要

32

警務報告要旨　月　日

件名

概要

摘要

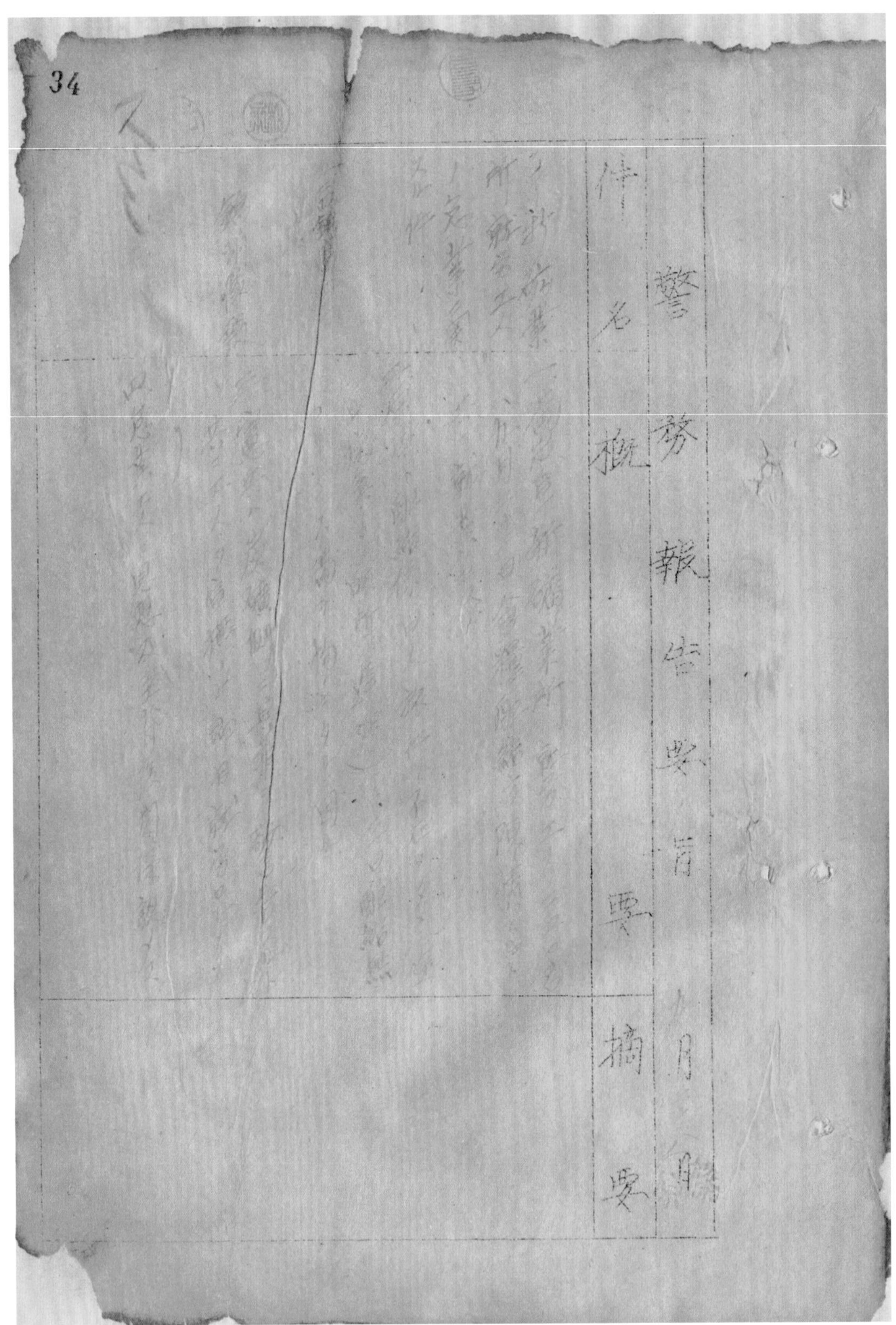

36
警務報告要旨
月 日
件名
概要
摘要

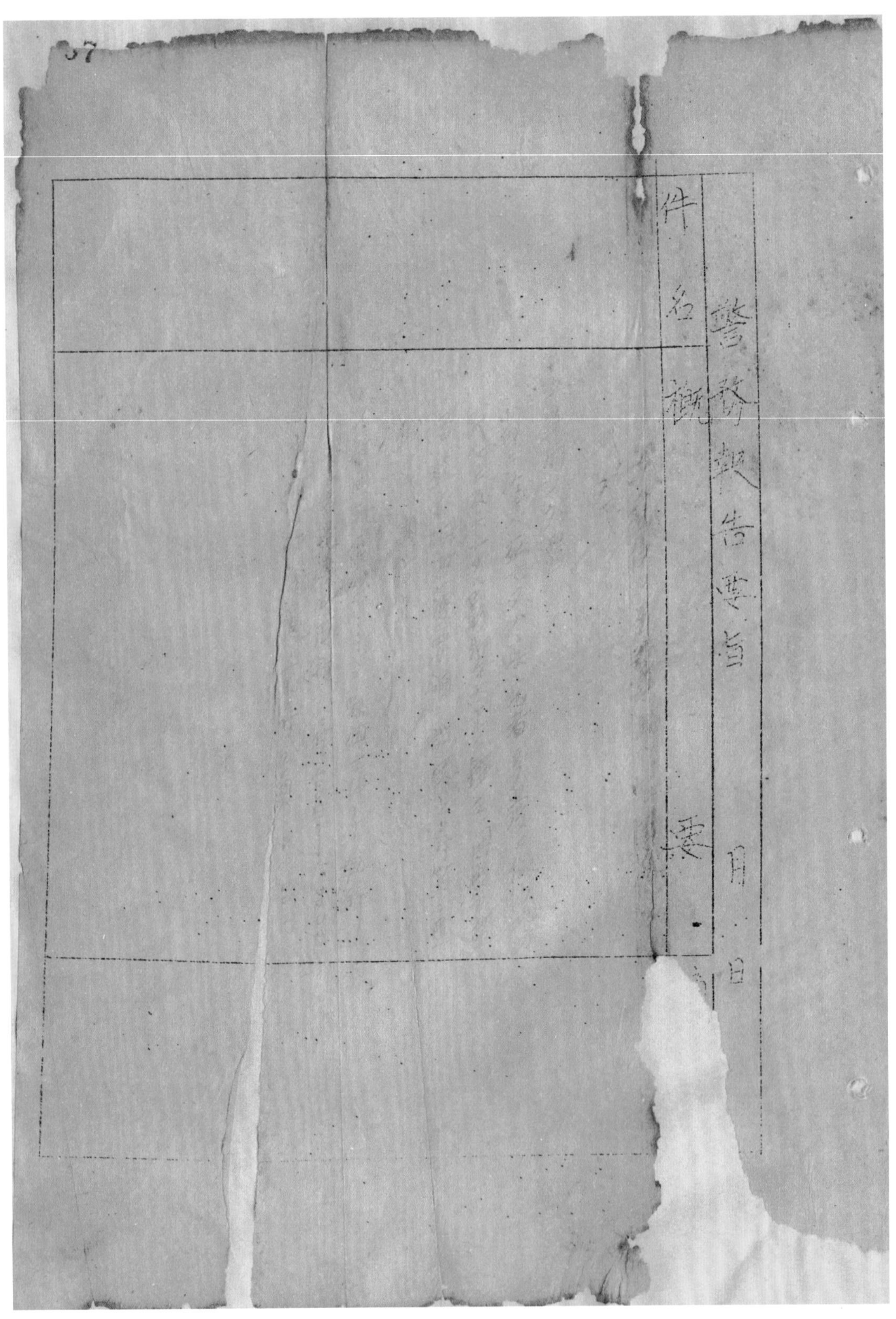

57

警務報告要旨　月　日

件名

概要

警務報告要旨摘要
件名
概要

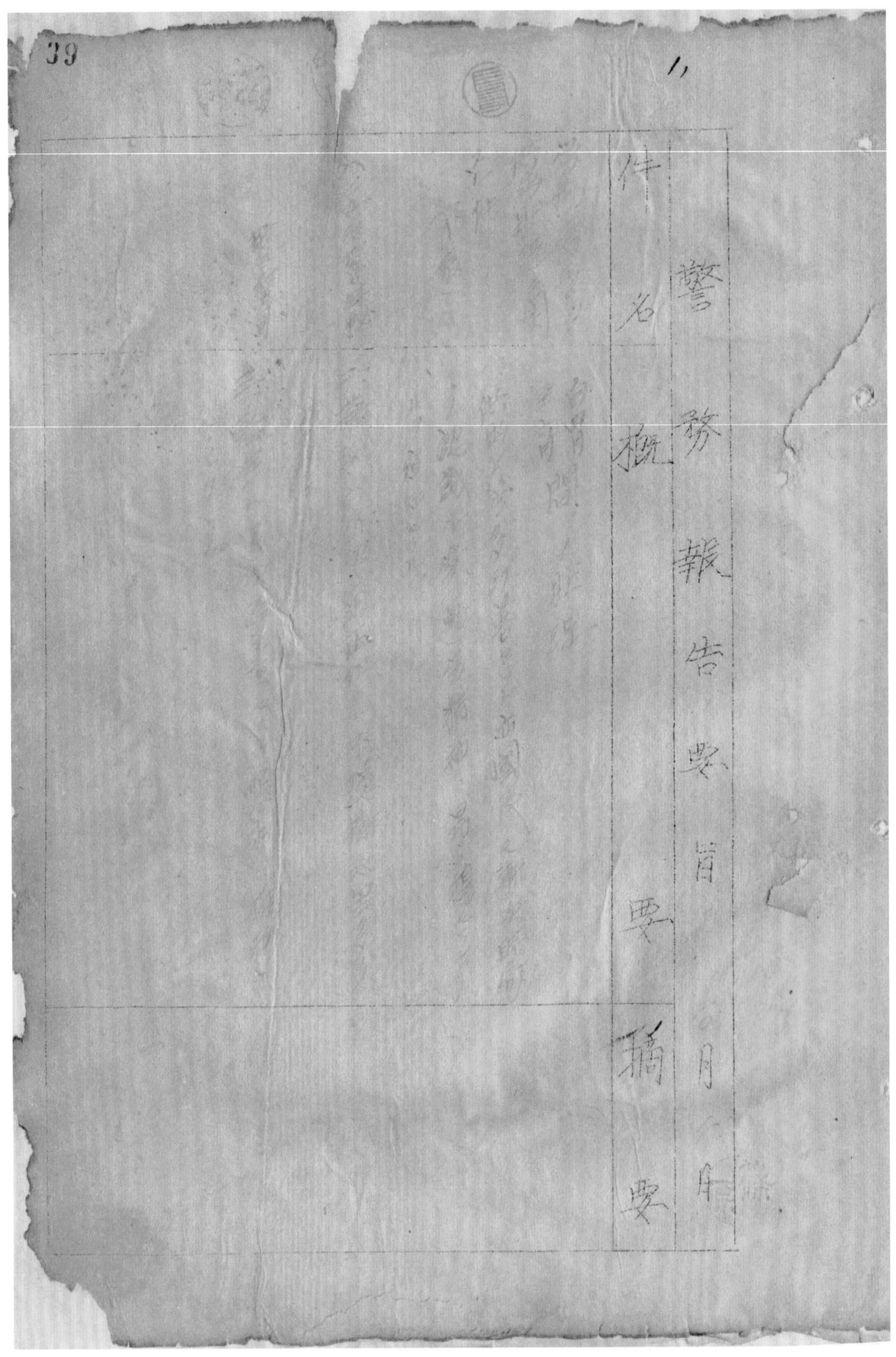

39

警務報告要旨　月　日

件名

概要

摘要

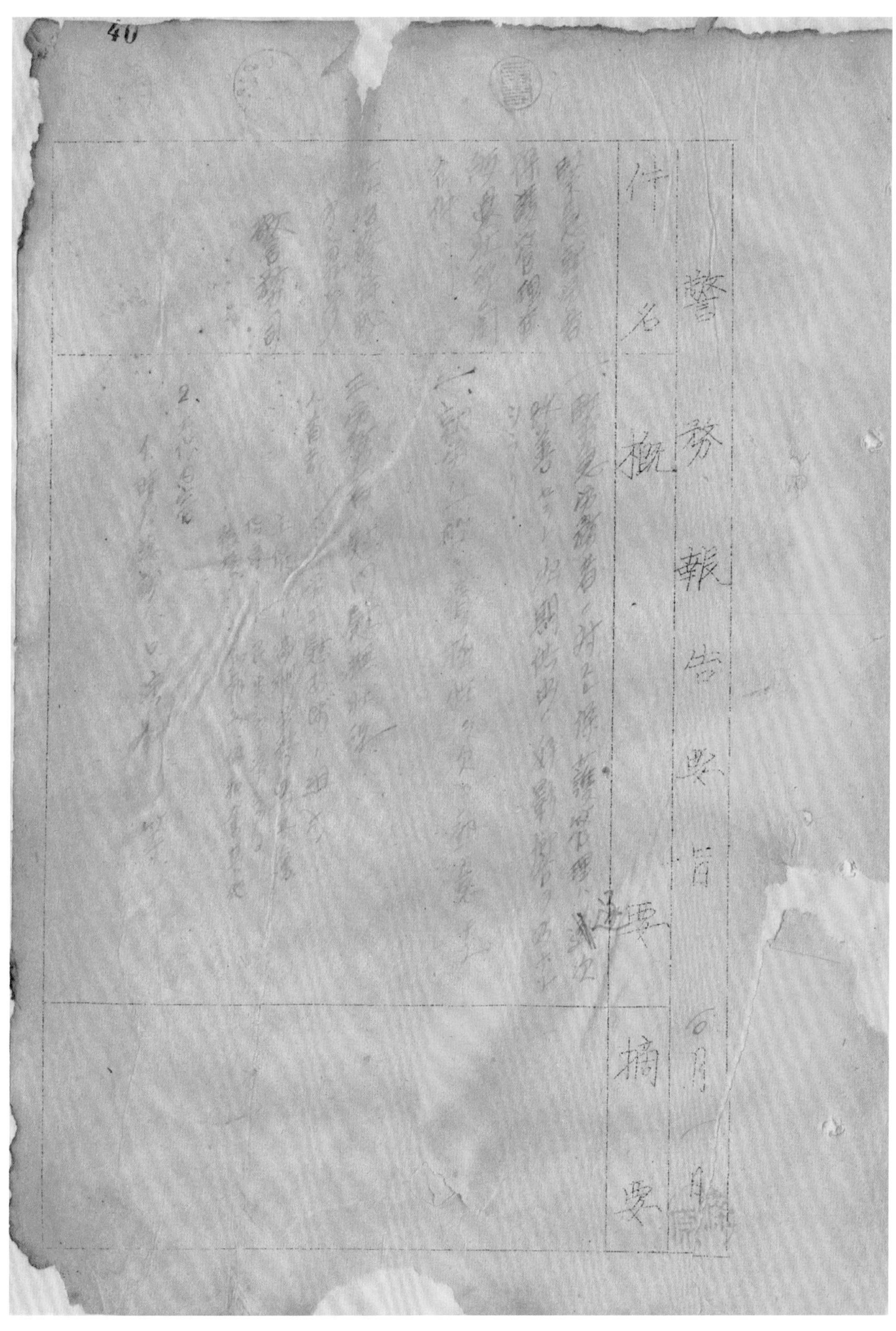

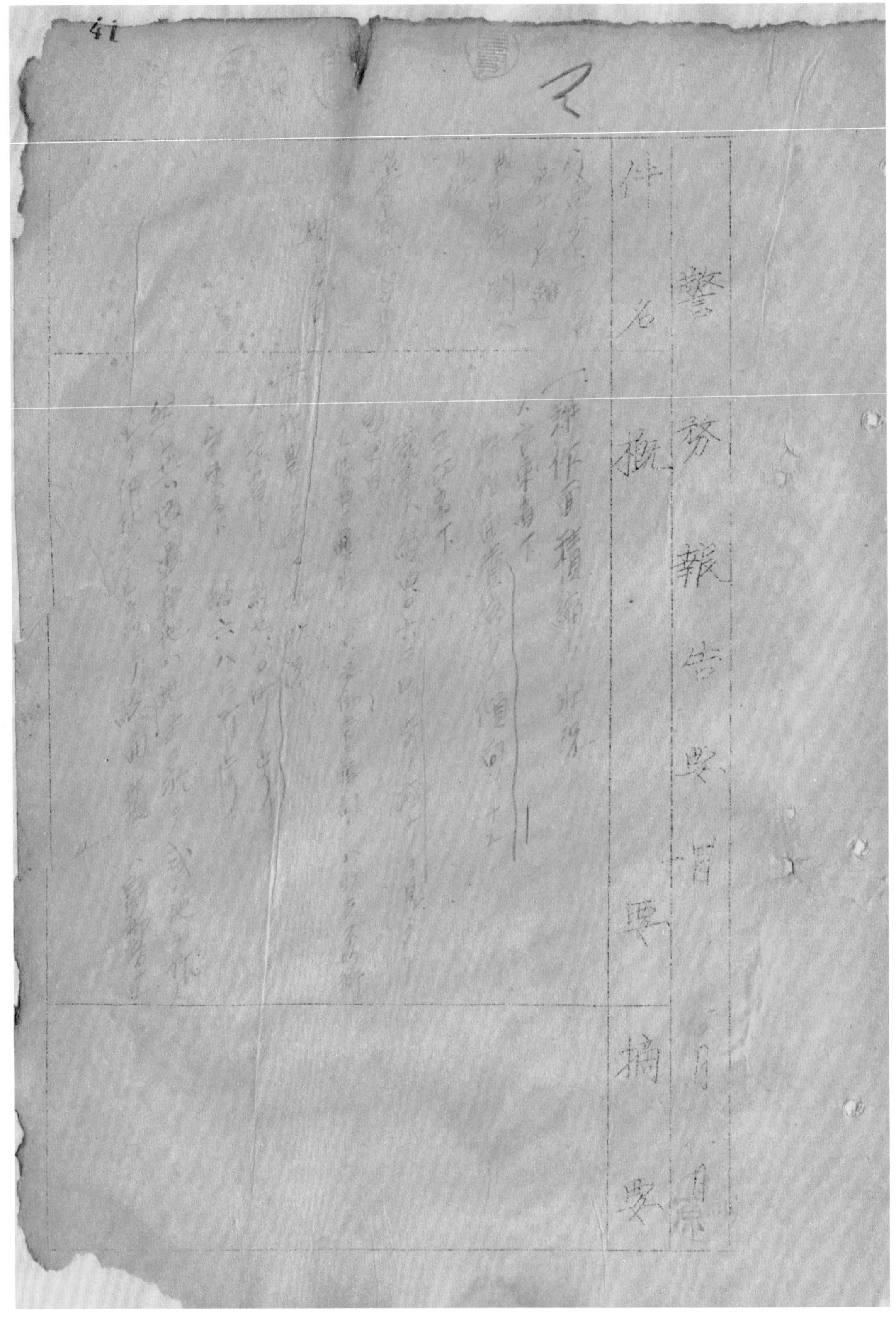

警務報告要旨　　月　日

件名

概要

摘要

42

警務報告要旨　六月　日

件名

概要

摘要

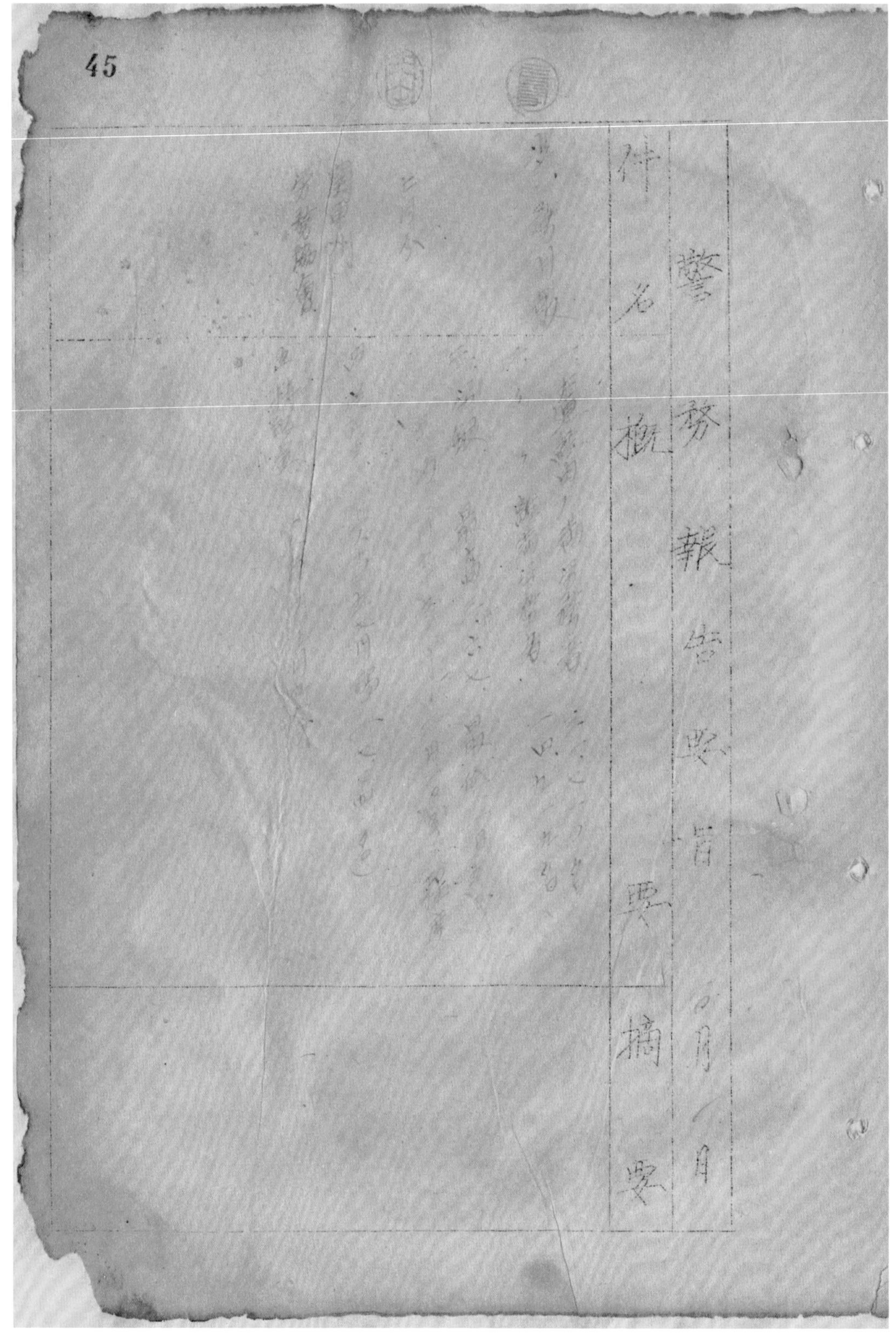

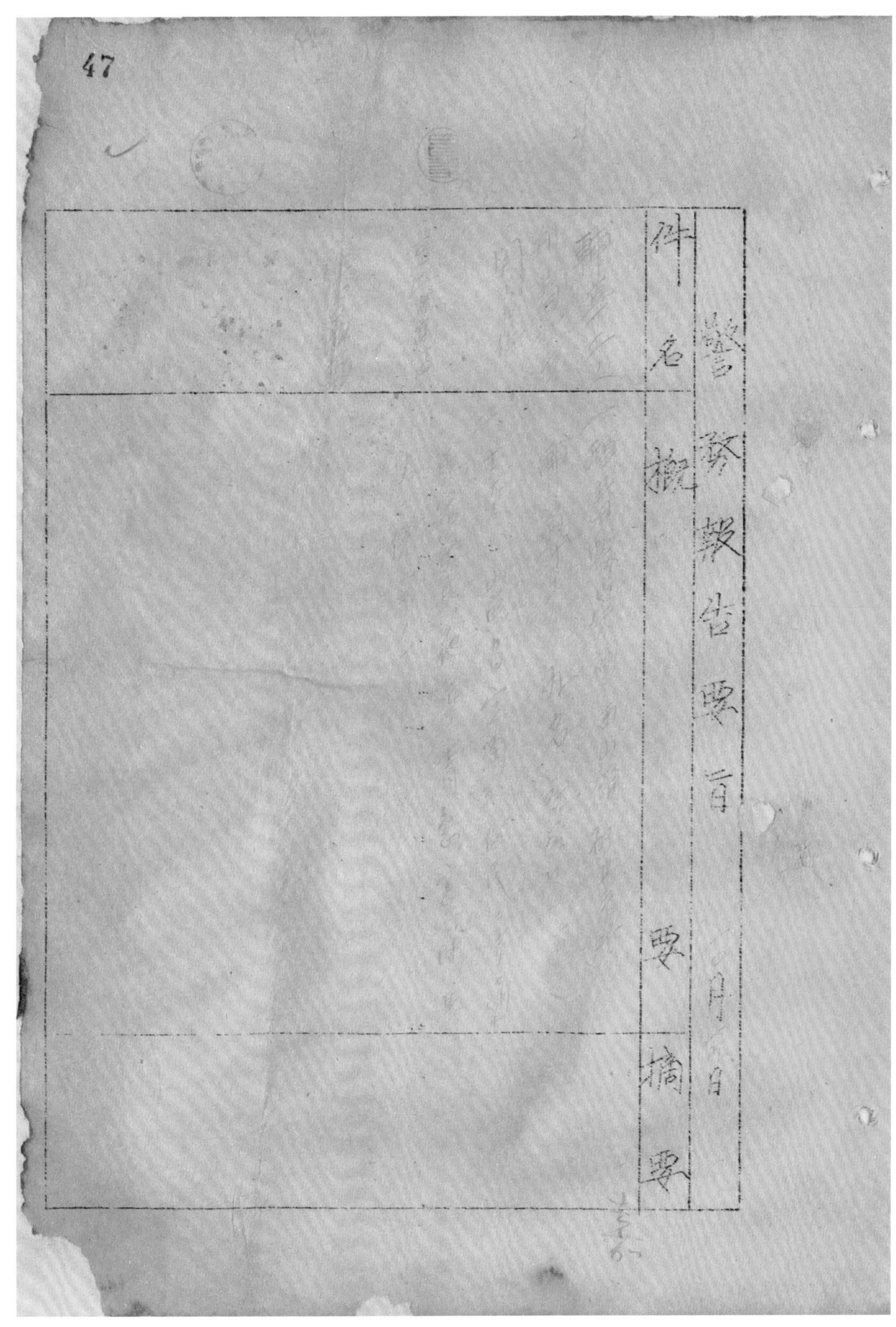

47

警務報告要旨　月　日

件名

概要

摘要

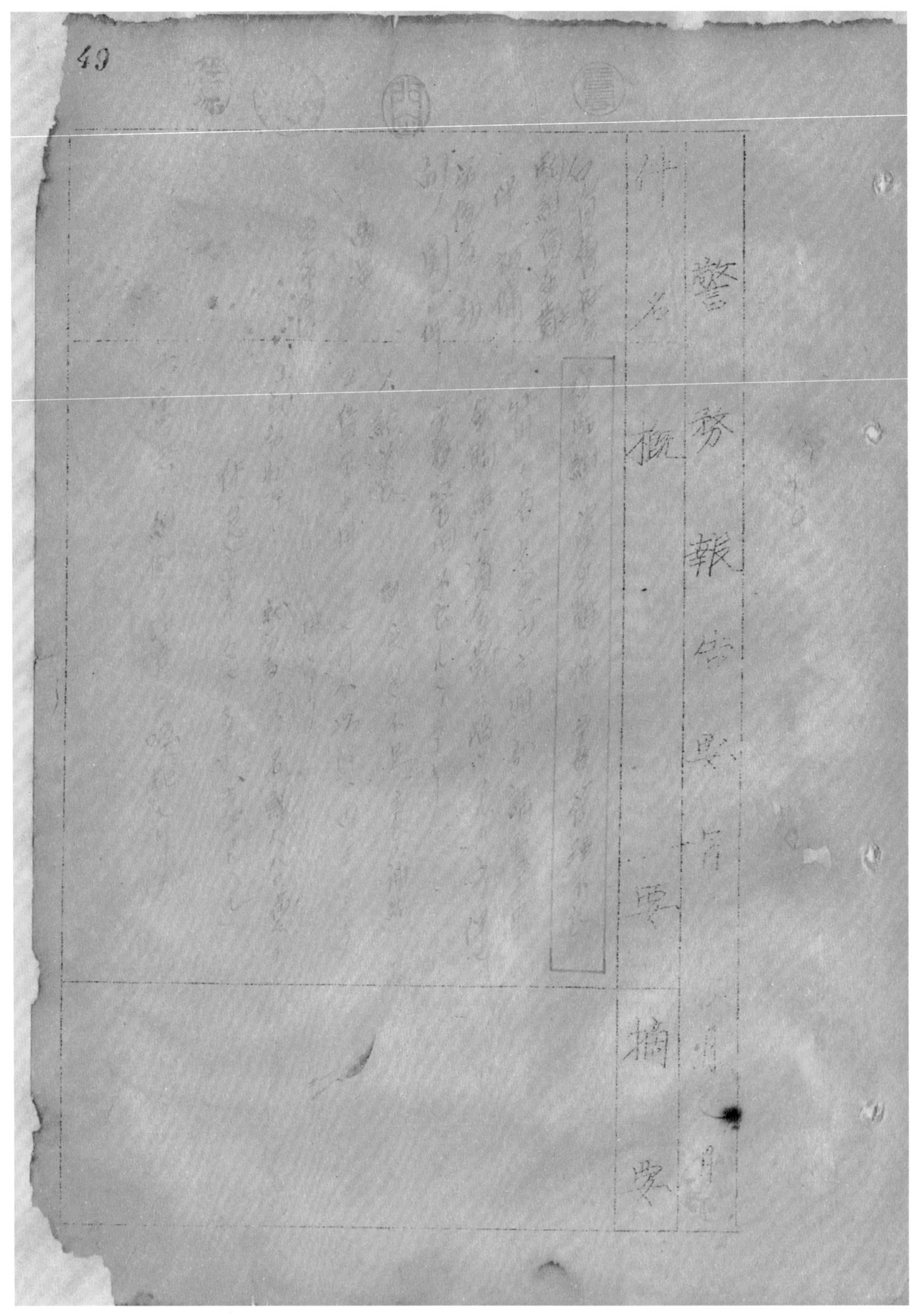

警務報告要旨

件名

概要

摘要

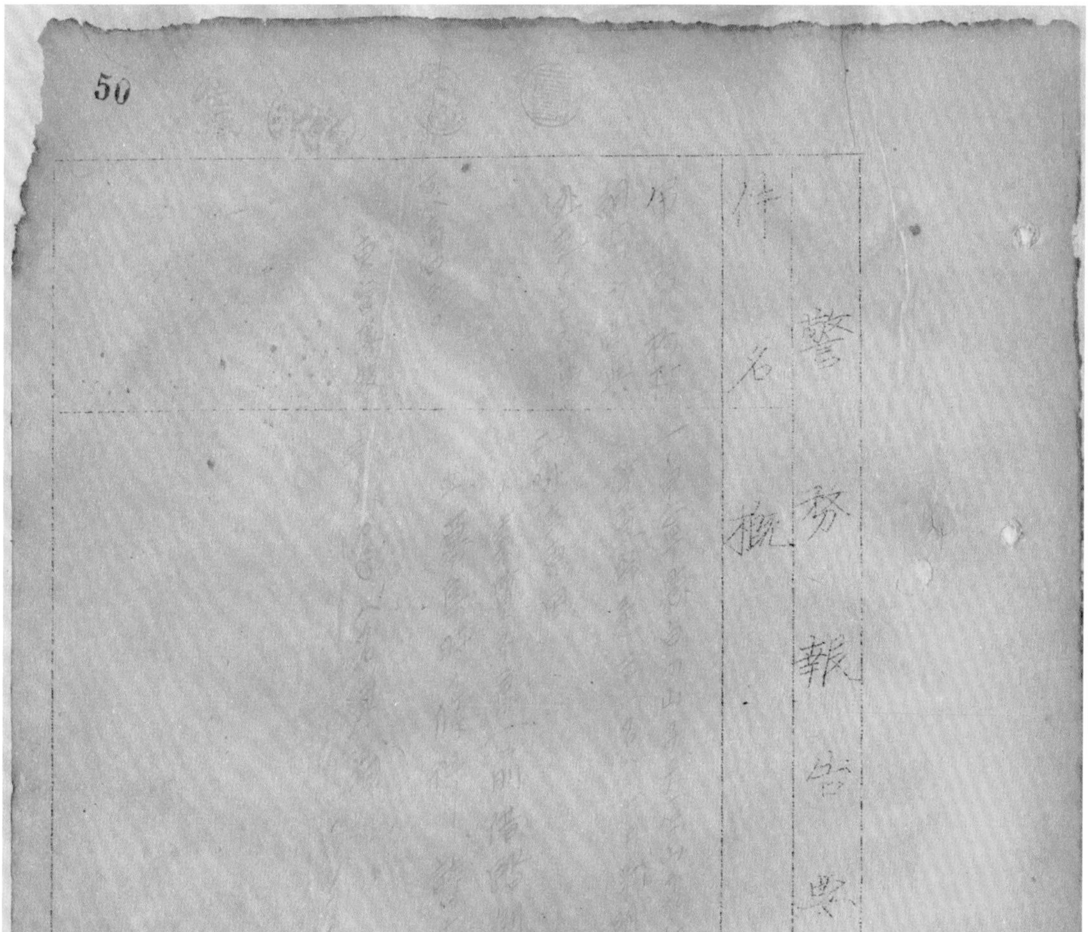

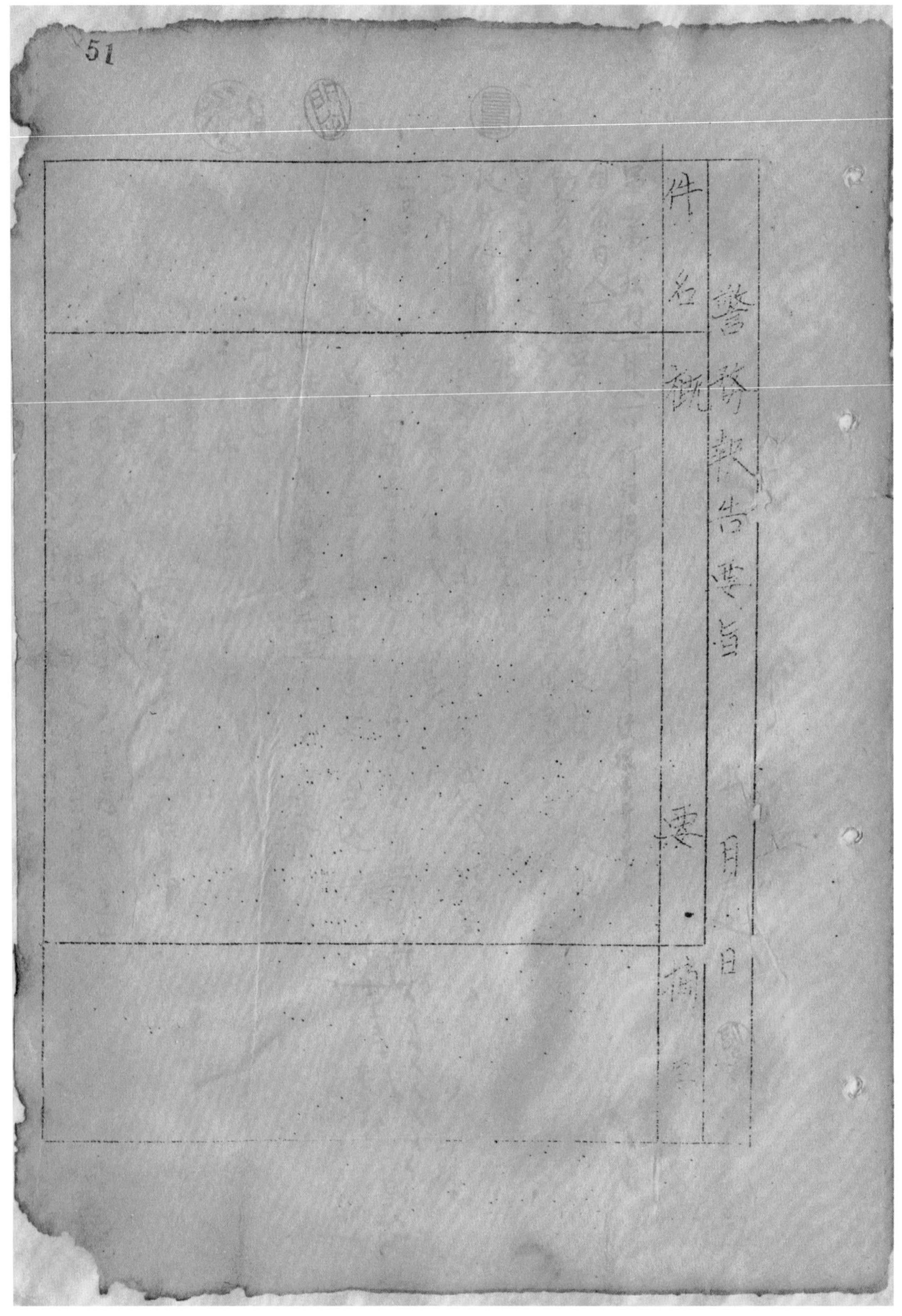
51
警務報告要旨　月　日
件名　概要　摘要

52

警務報告要旨摘要

件名

概要

摘要

56

警務報告要旨　　月　旬

件名

概要

摘要

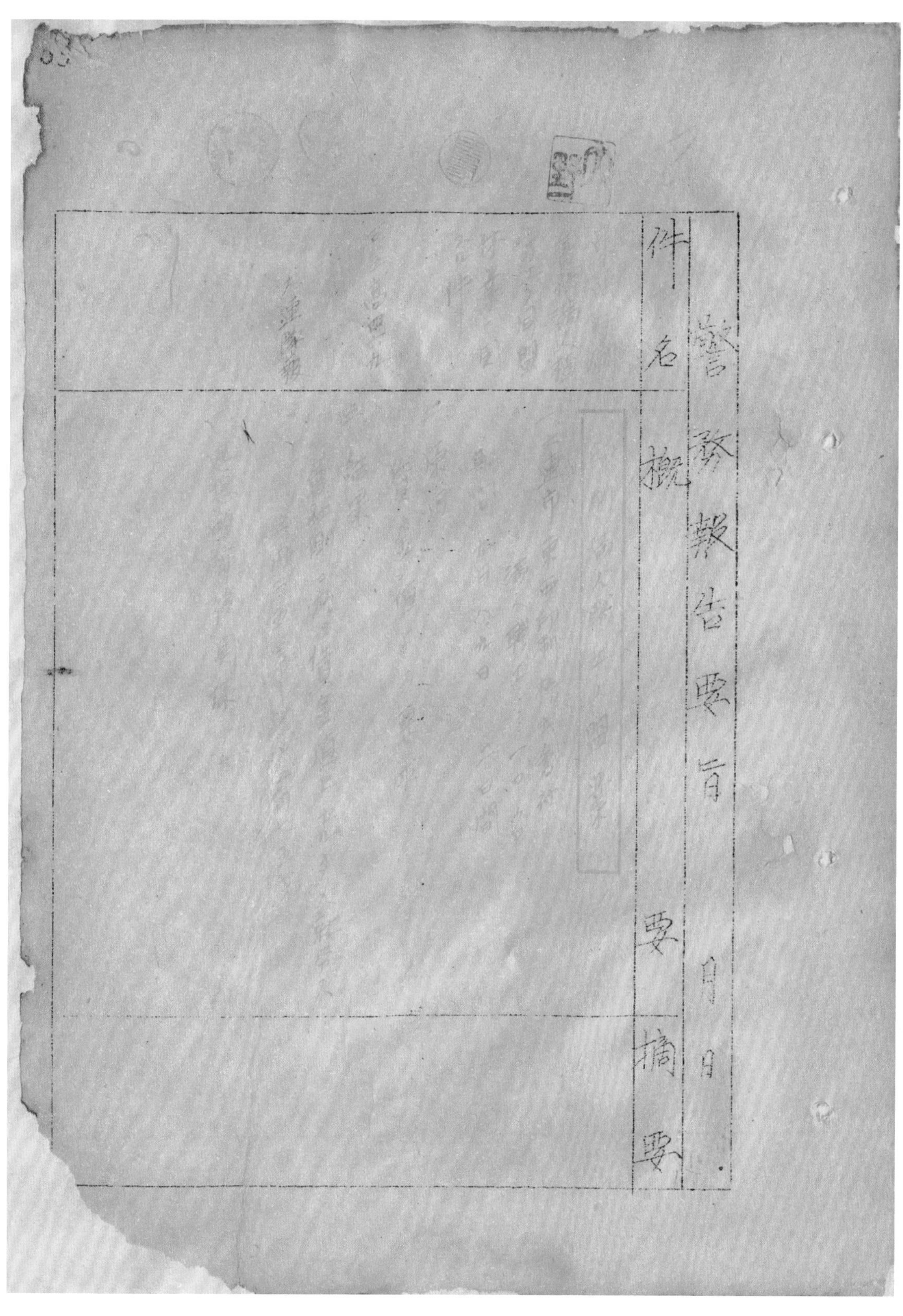

警務報告要旨　月　日

件名

概要

摘要

62

警務報告要旨　月　日

件名

概要

摘要

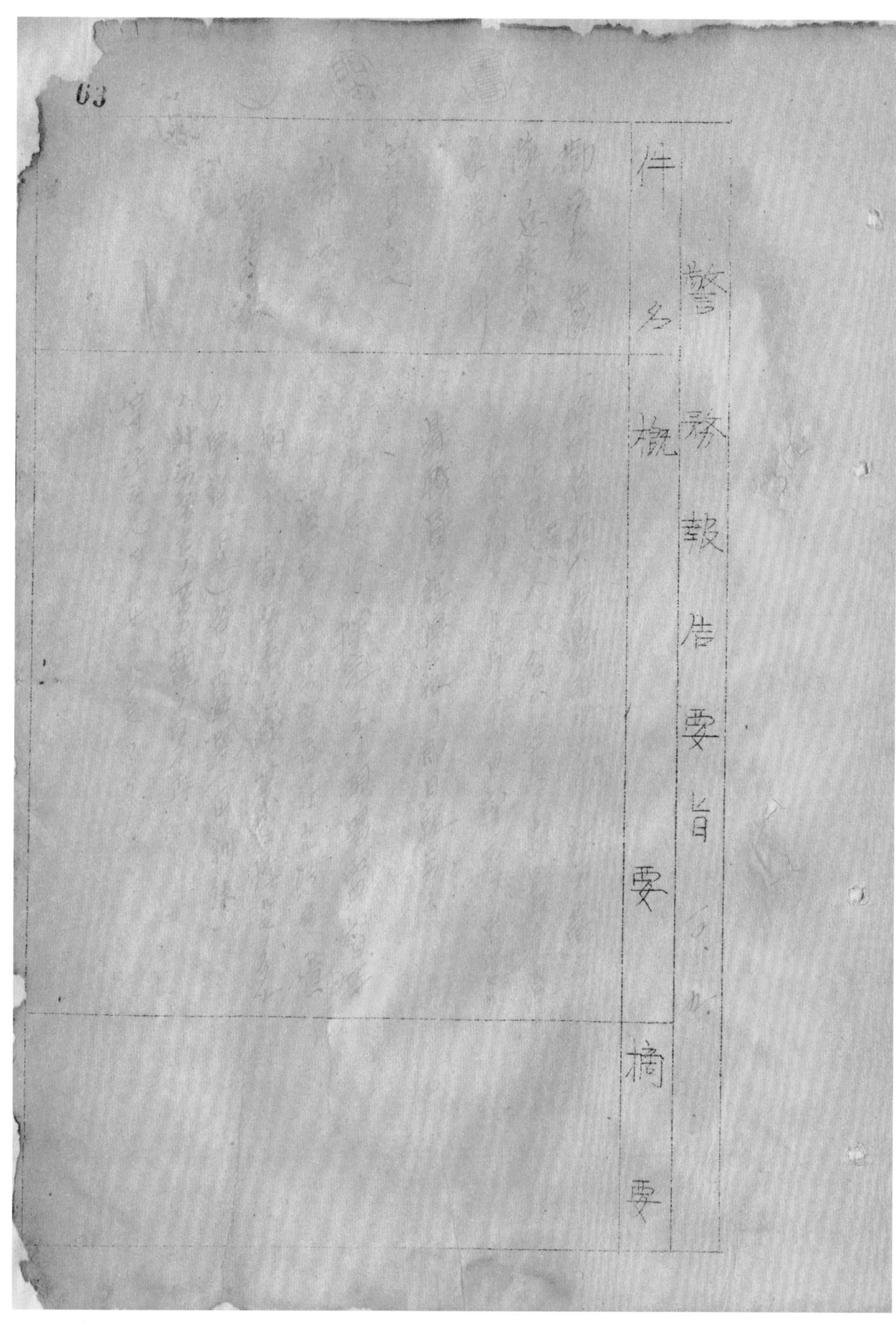

63

警務報告要旨

件名	概要	摘要

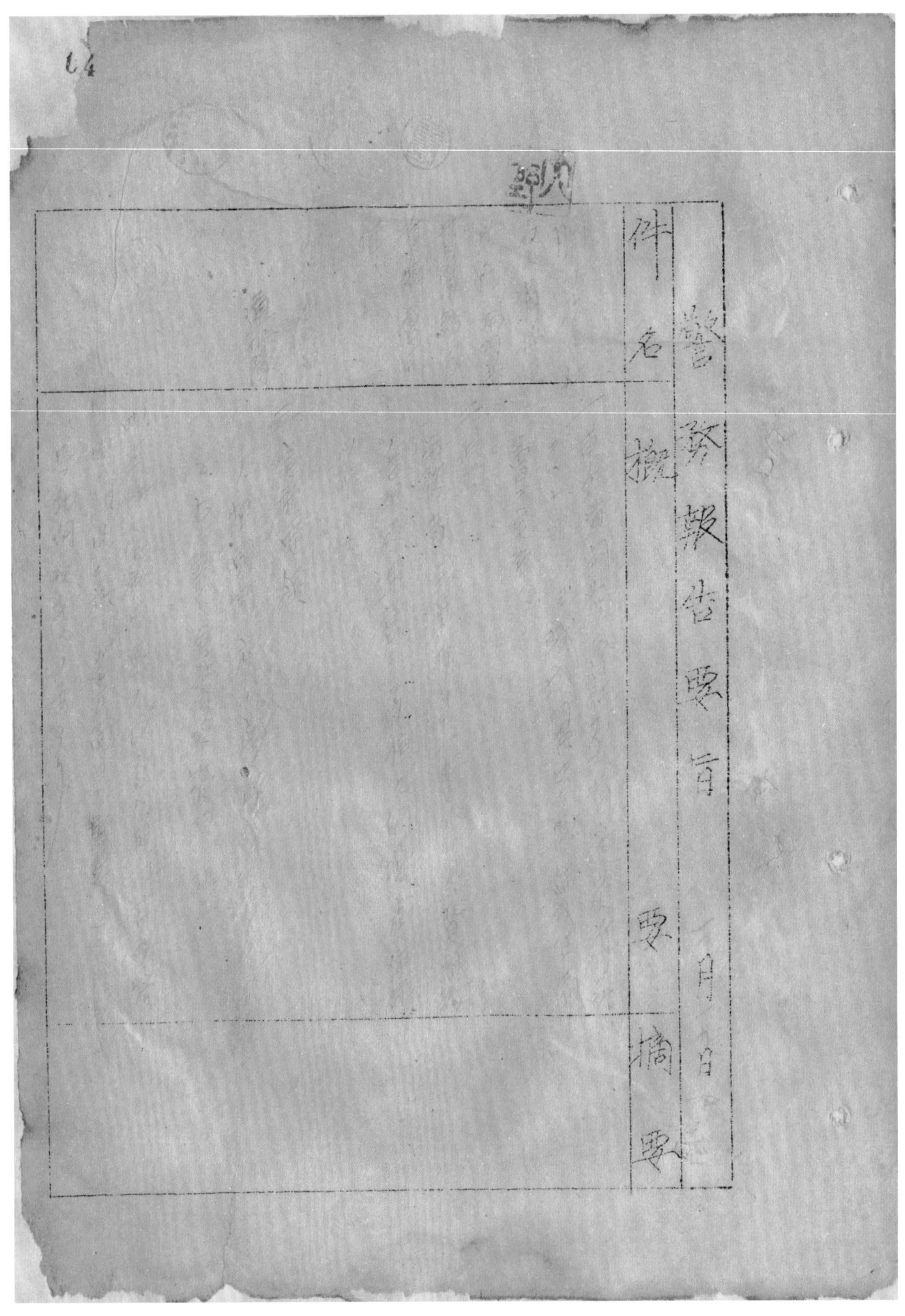

64

警察報告要旨　月　日

件名	
概要	
摘要	

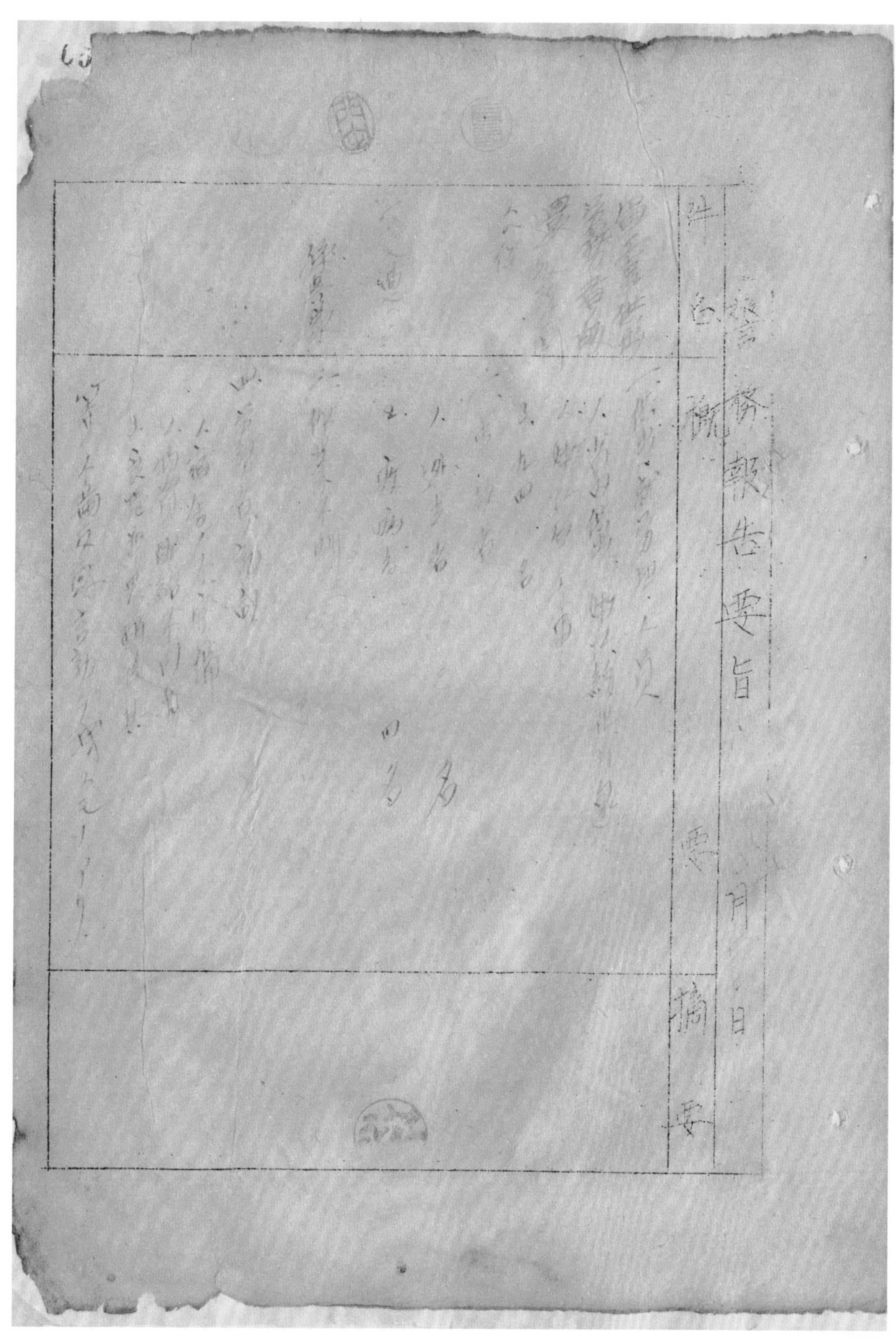

警務報告要旨

月　日

件名

概要

摘要

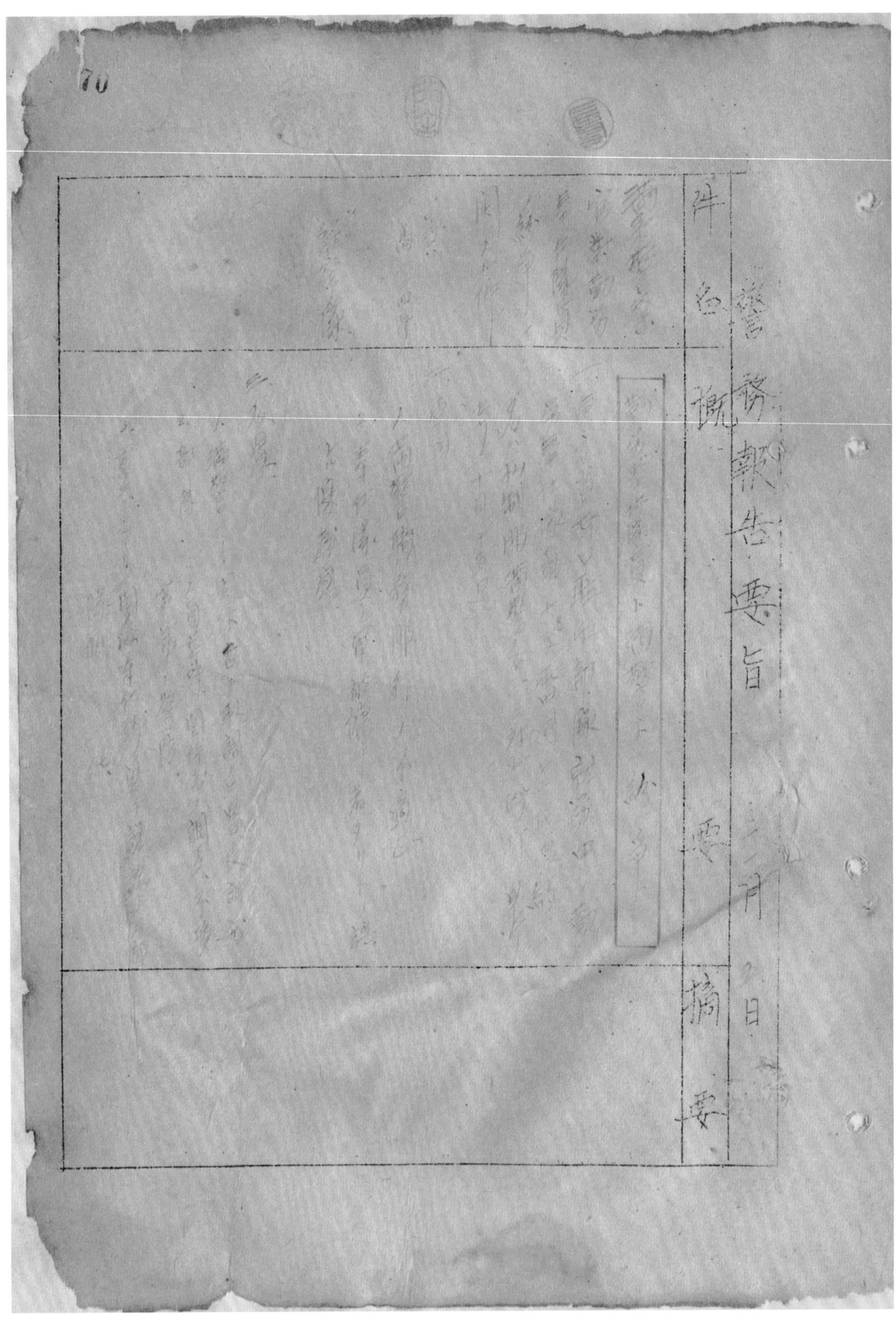

70

警務報告要旨

件名

概要

摘要

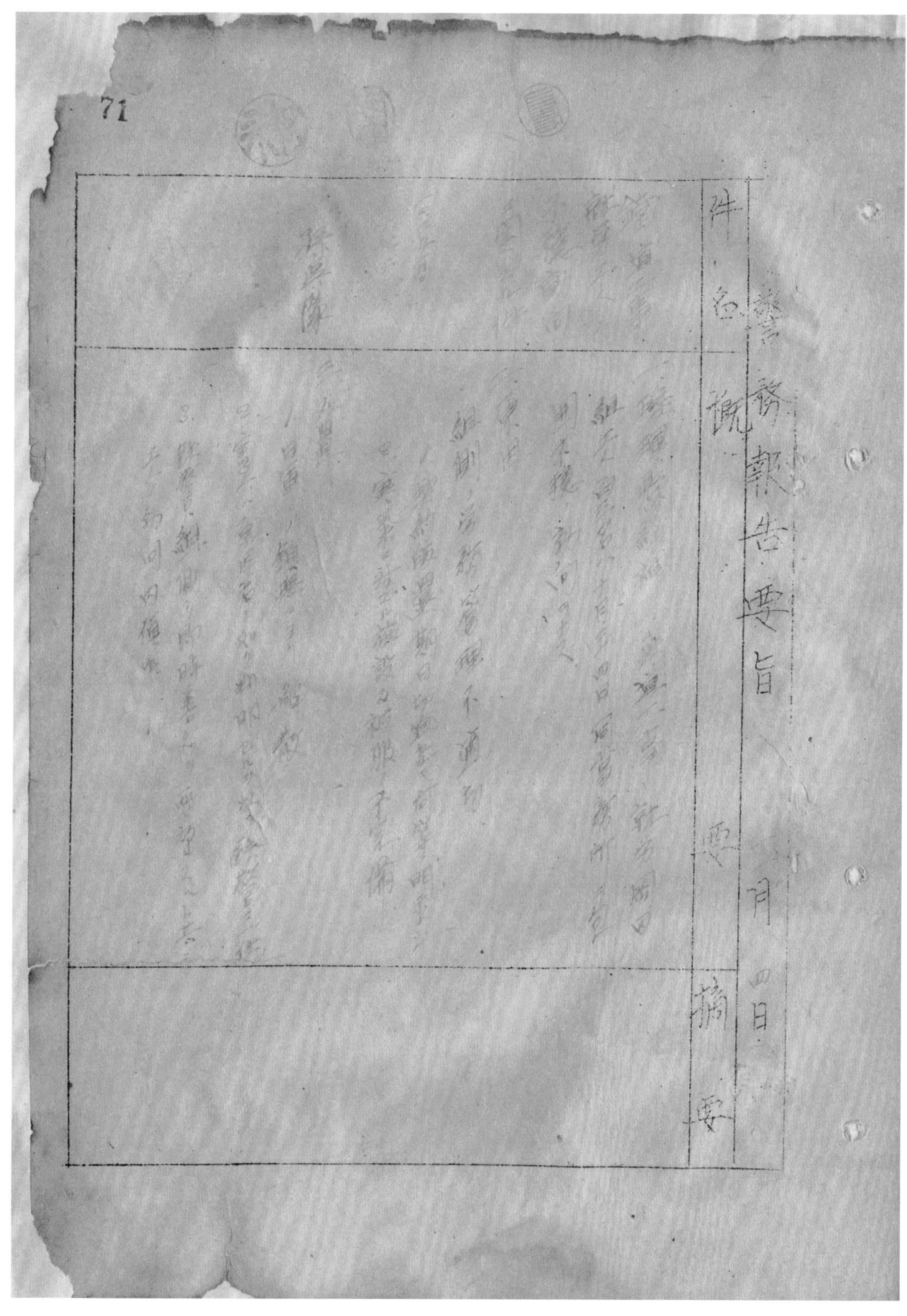

71

警務部報告要旨　　月四日

件名

概要

摘要

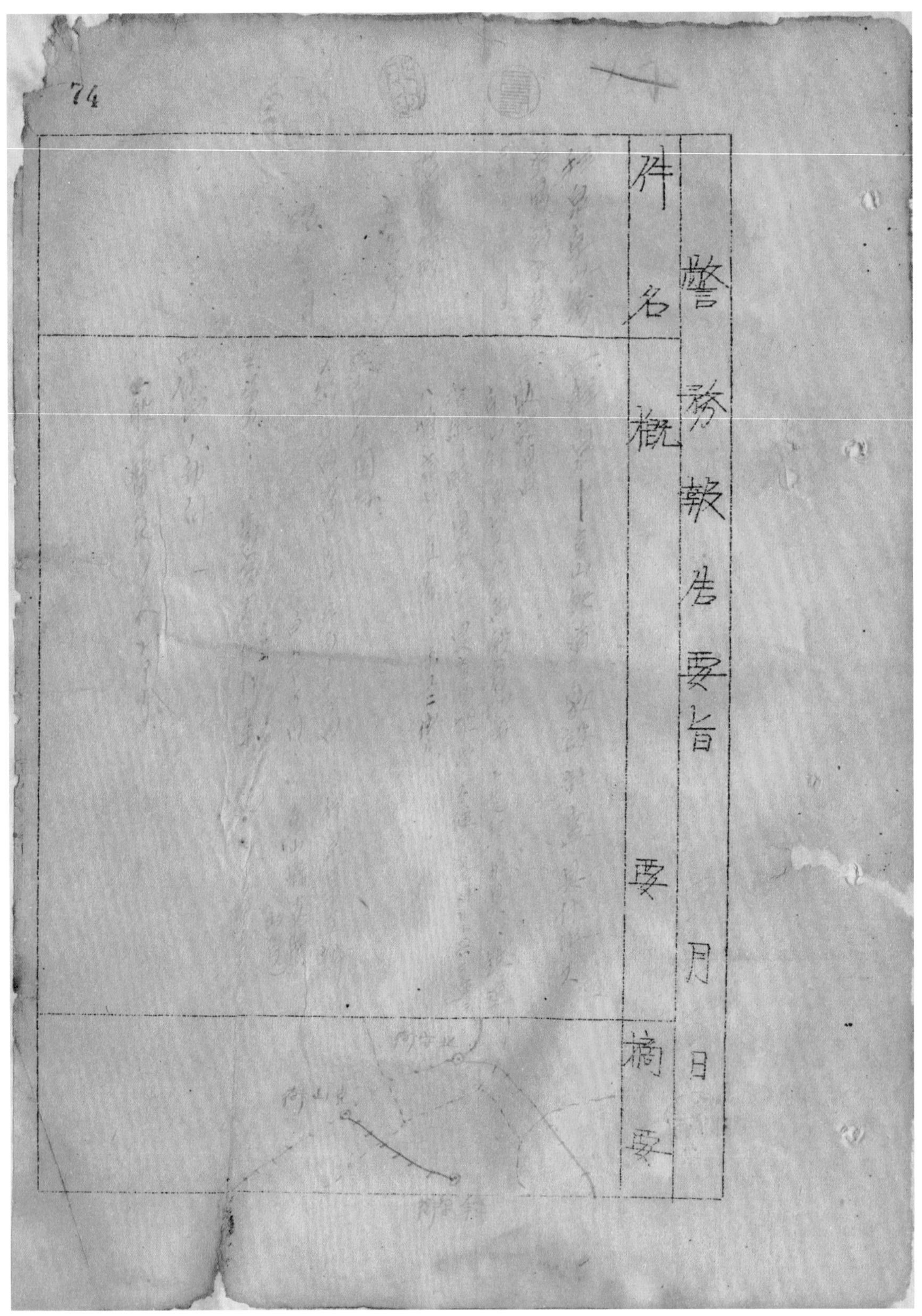

74

警務報告要旨　月　日

件名

概要

摘要

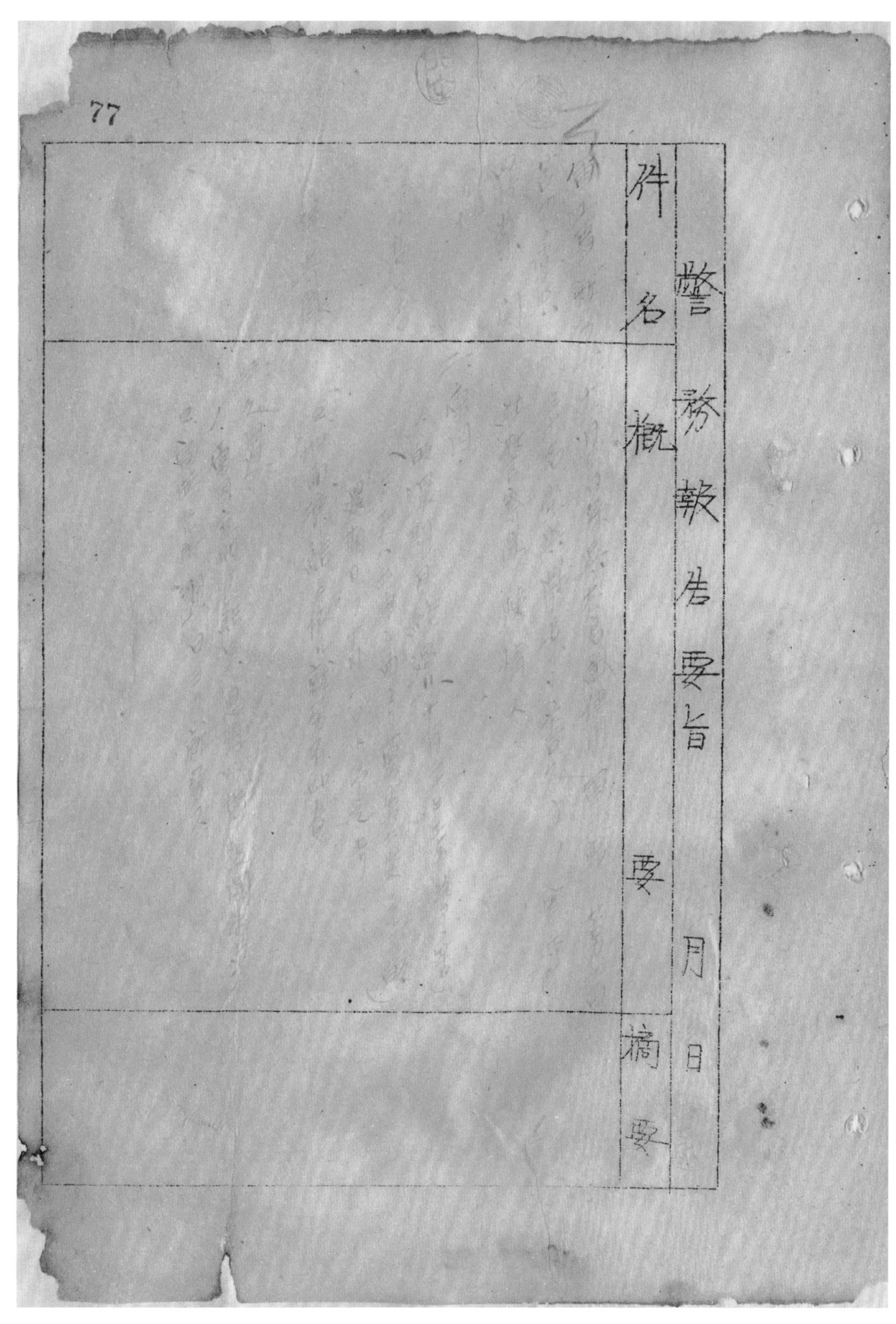
77

警務報告要旨　月　日

件名

概要

摘要

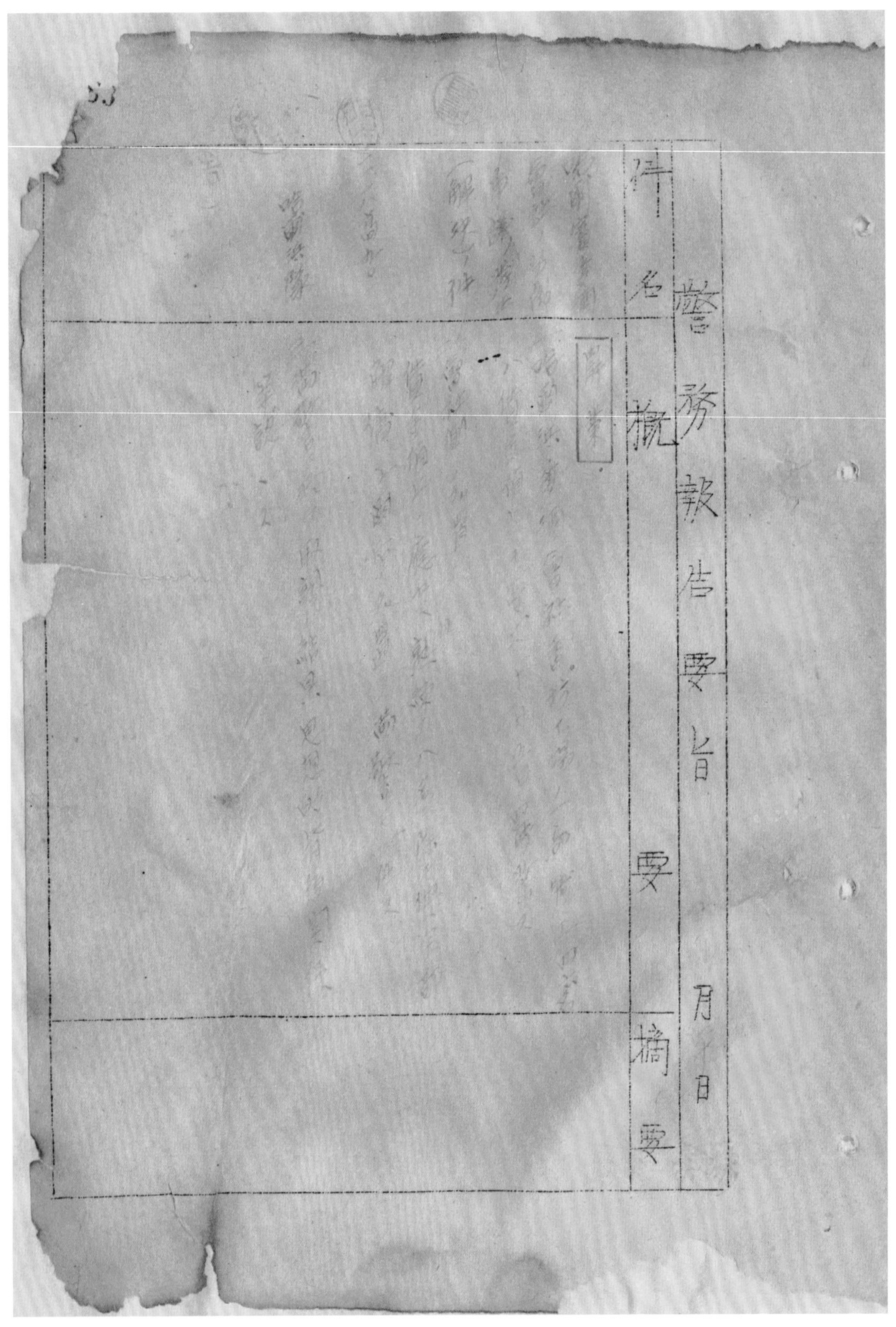

警務報告要旨　月　日

件名

概要

摘要

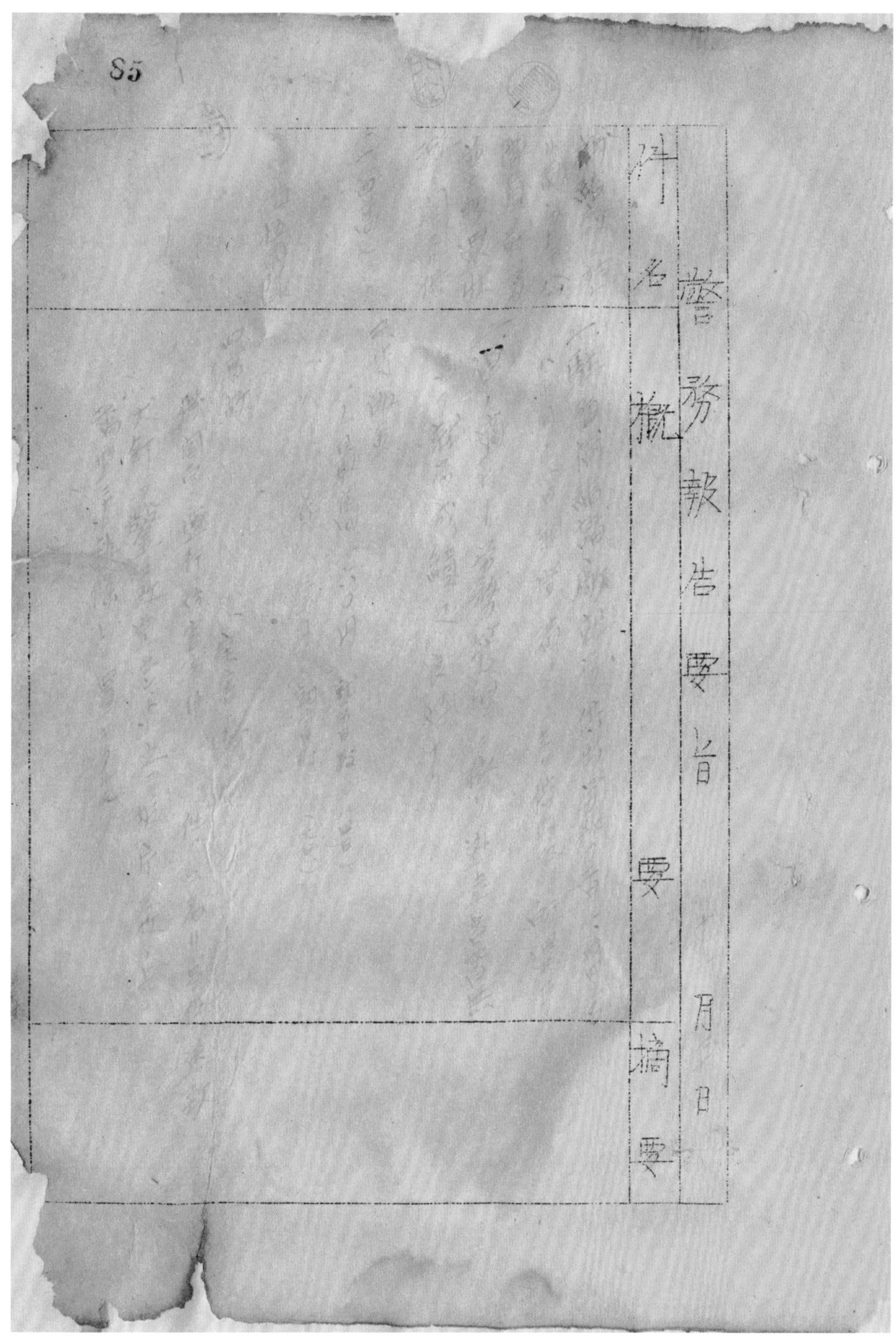
85

警務報告要旨　月　日

件名

概要

摘要

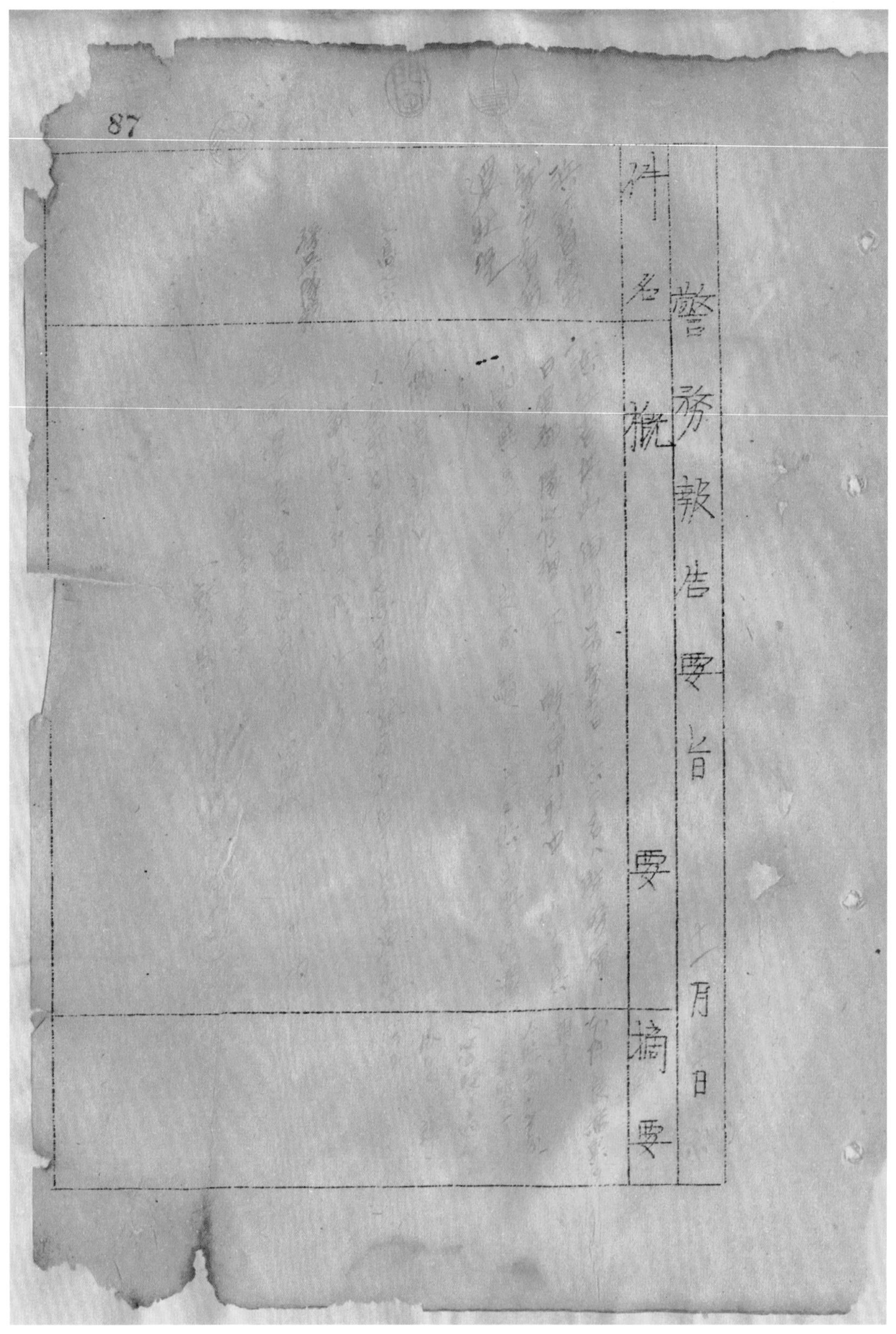
87

警務報告要旨　月　日

件名

概要

摘要

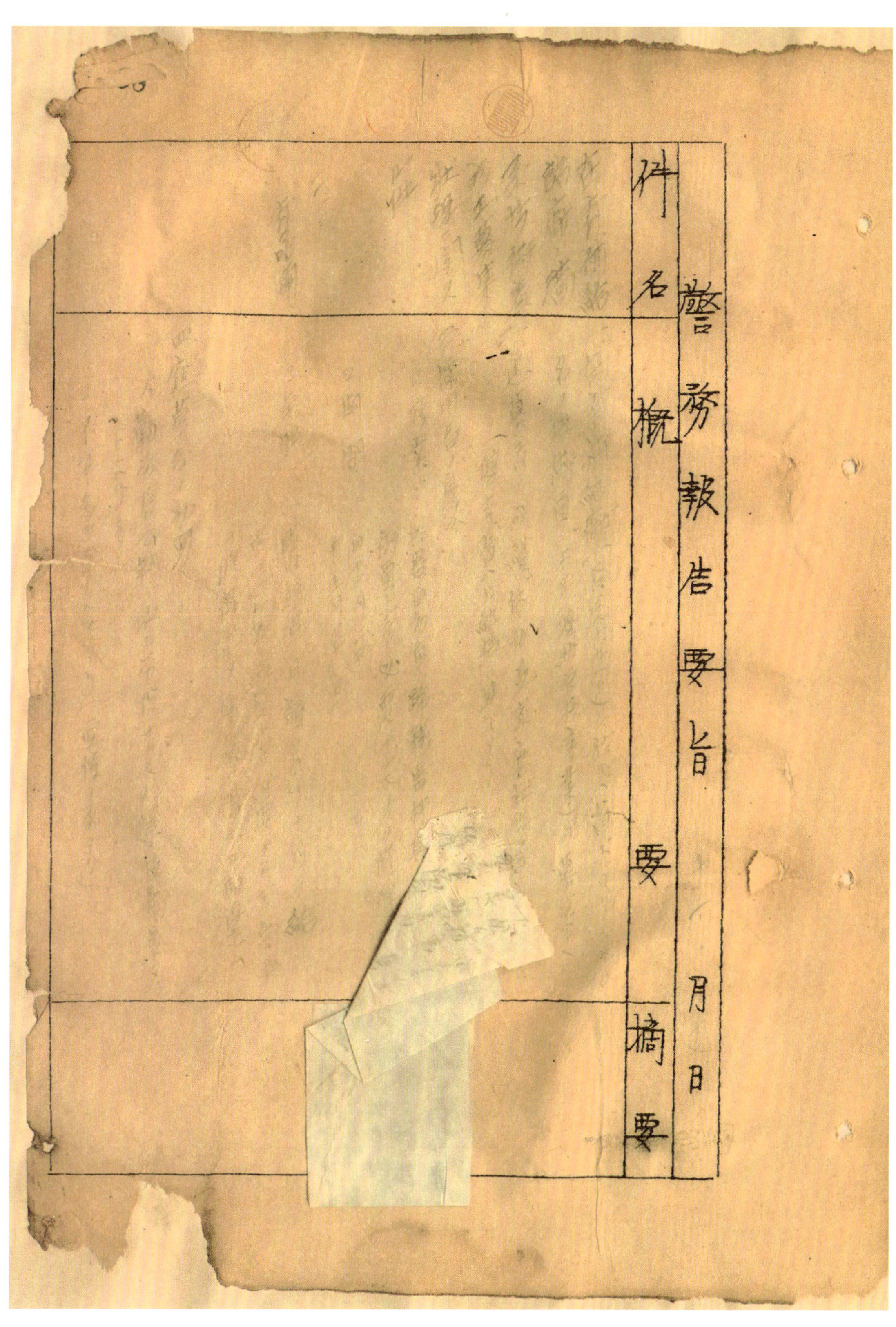

警務報告要旨　　月　日

件名

概要

摘要

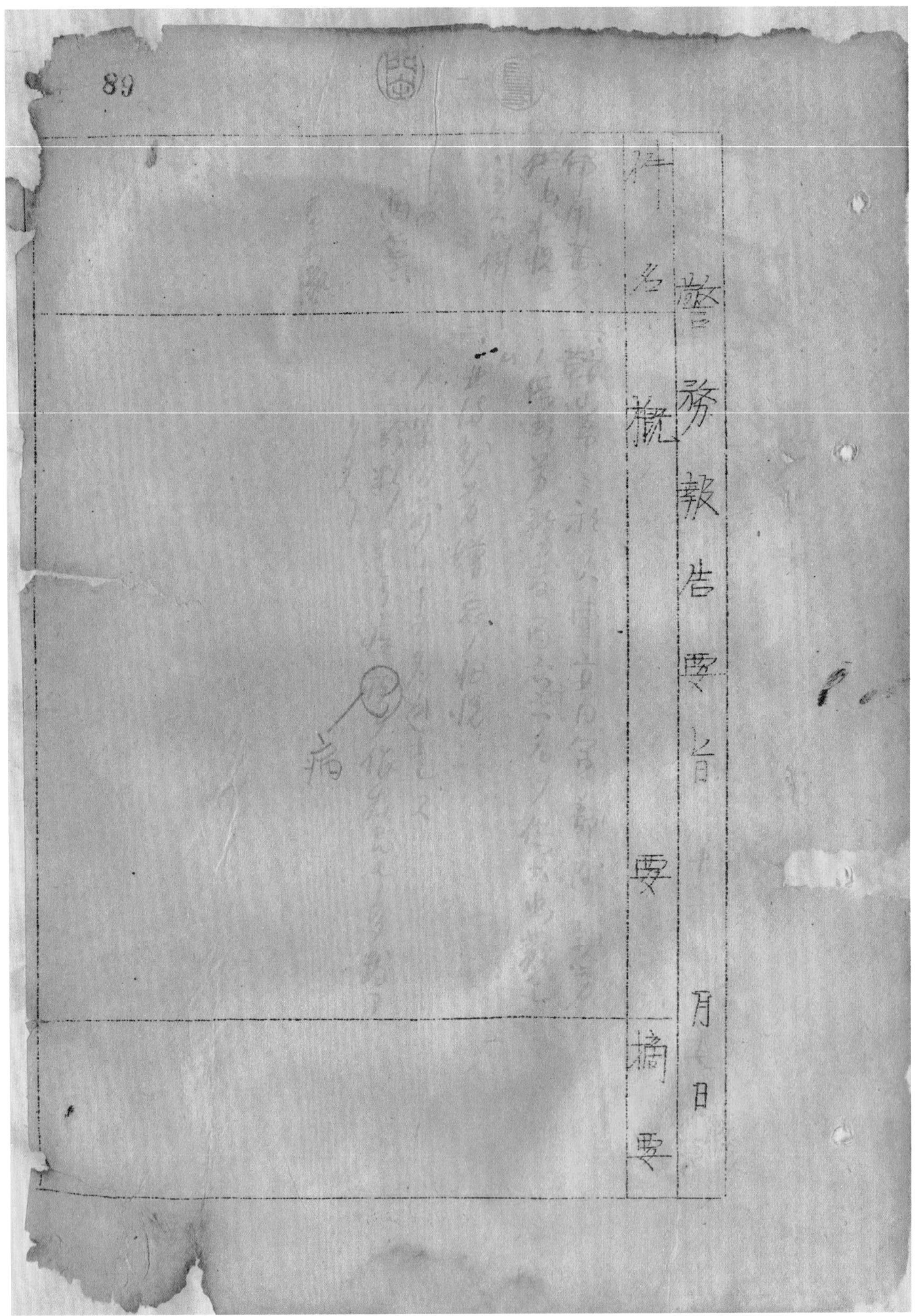

89

警務報告要旨　　月　日

件名

概要

摘要

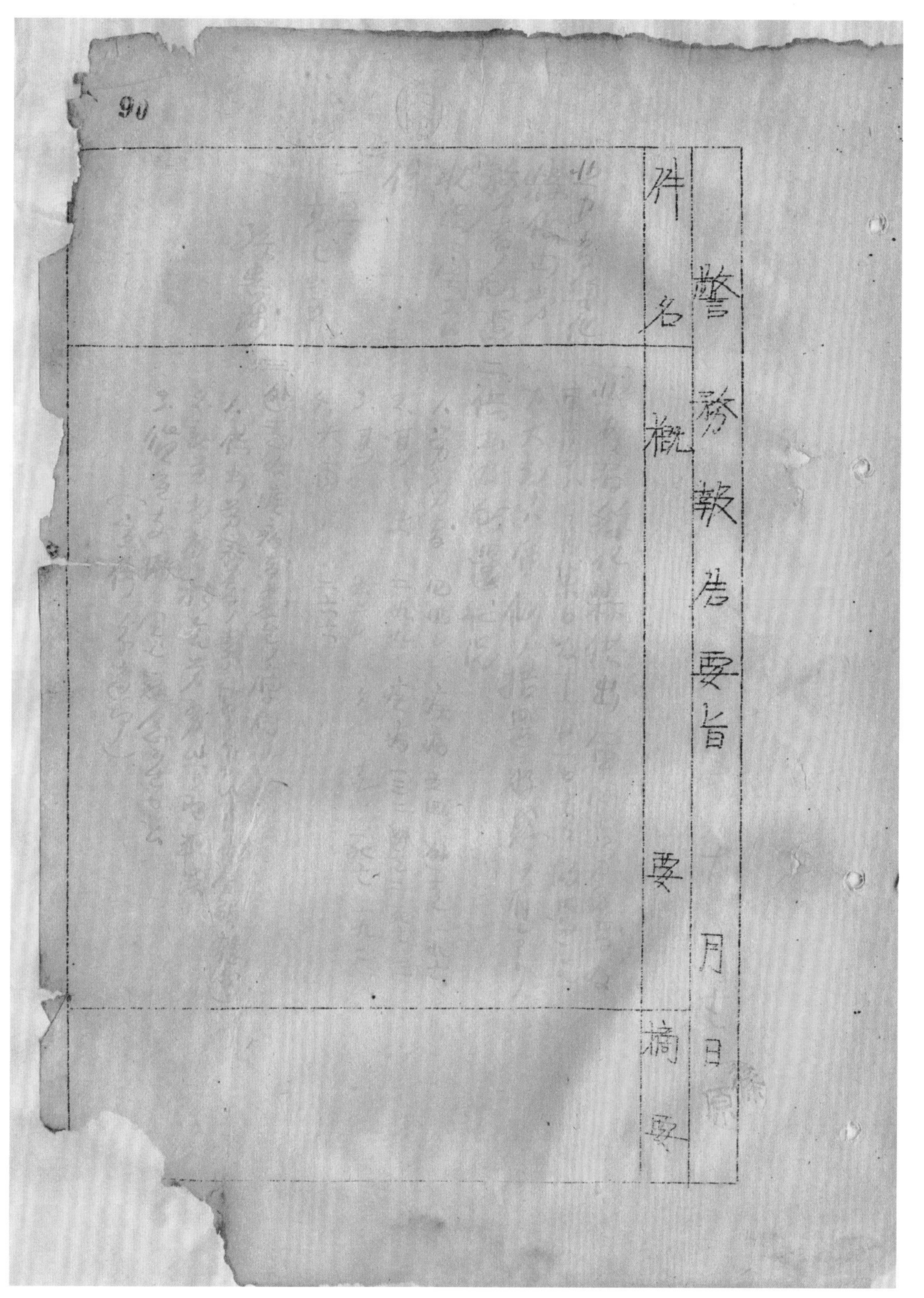

90

警務報告要旨　　月　　日

件名

概要

摘要

91

警務報告要旨

件名

概要

摘要

月 日

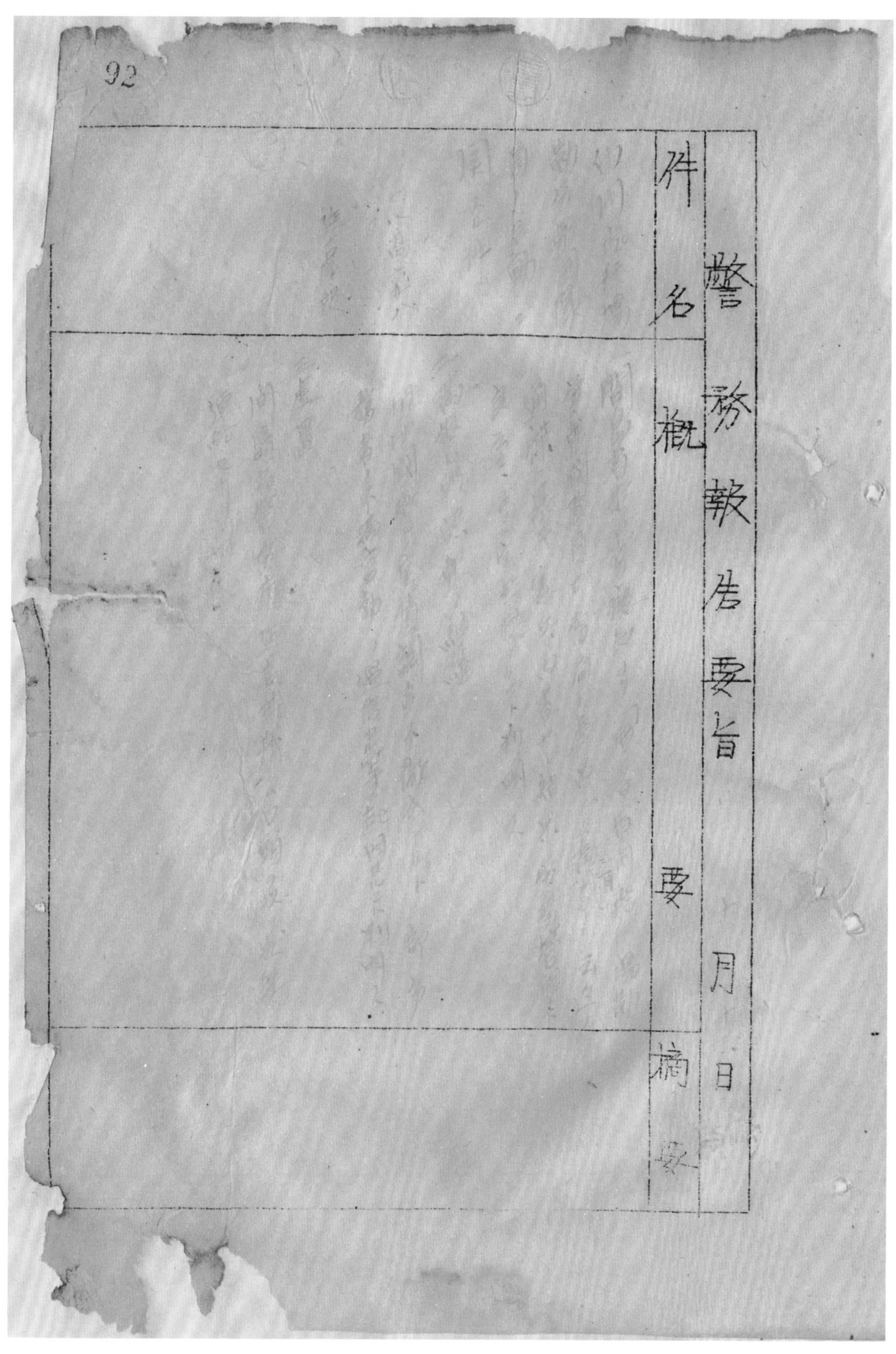

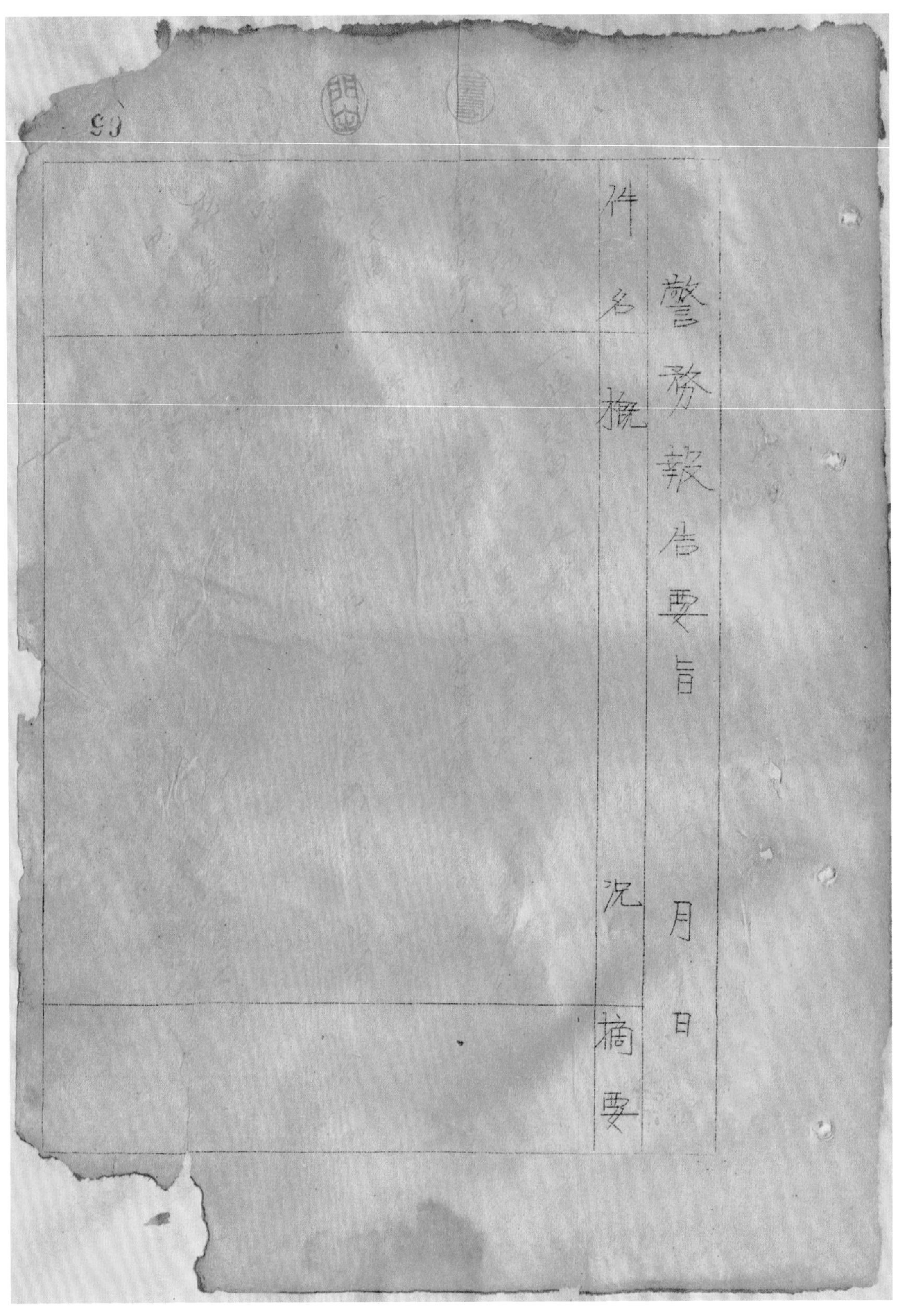
65

警務報告要旨 月 日

件名

概況

摘要

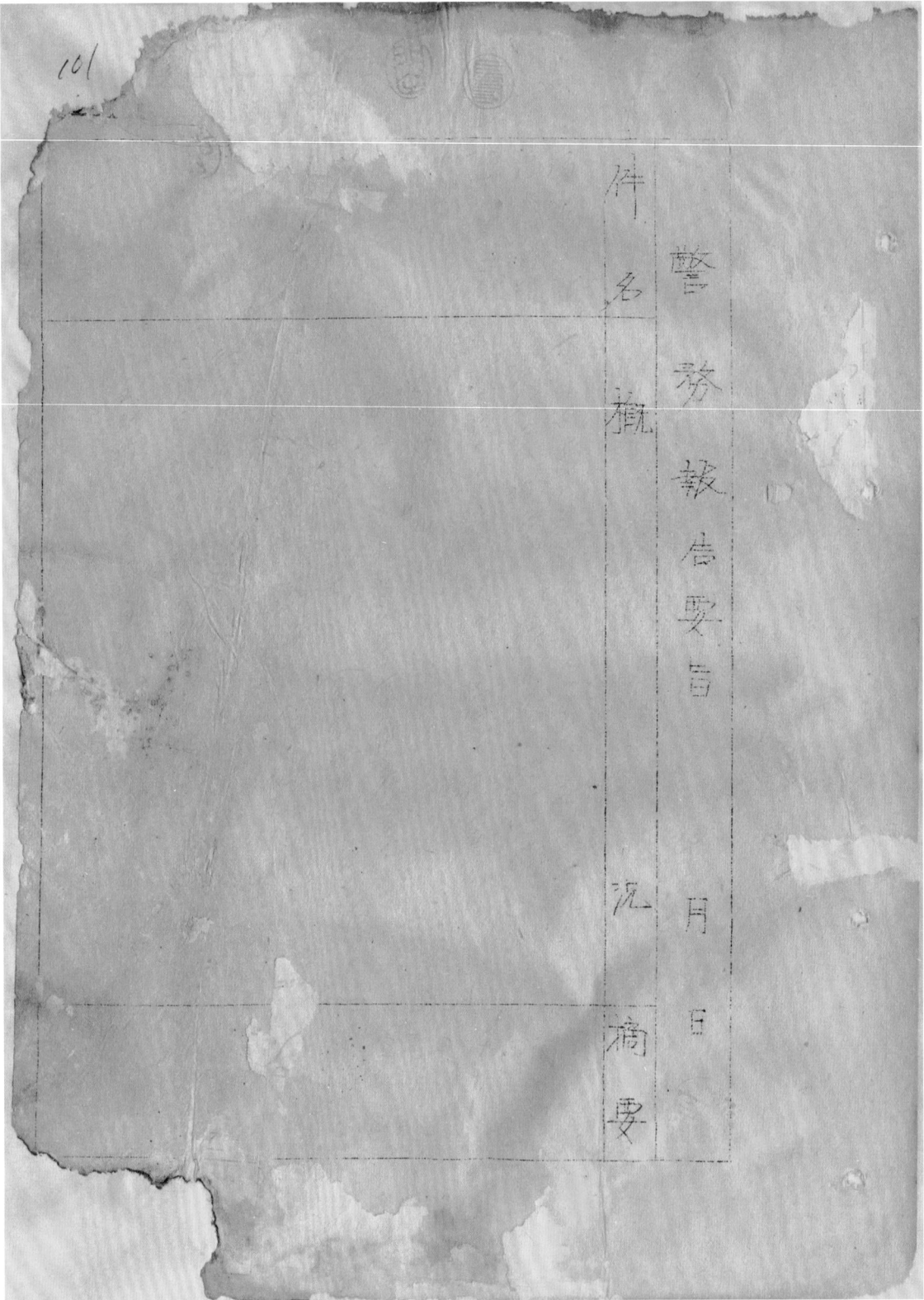

101

警務報告要旨　月　日

件名

概況

摘要

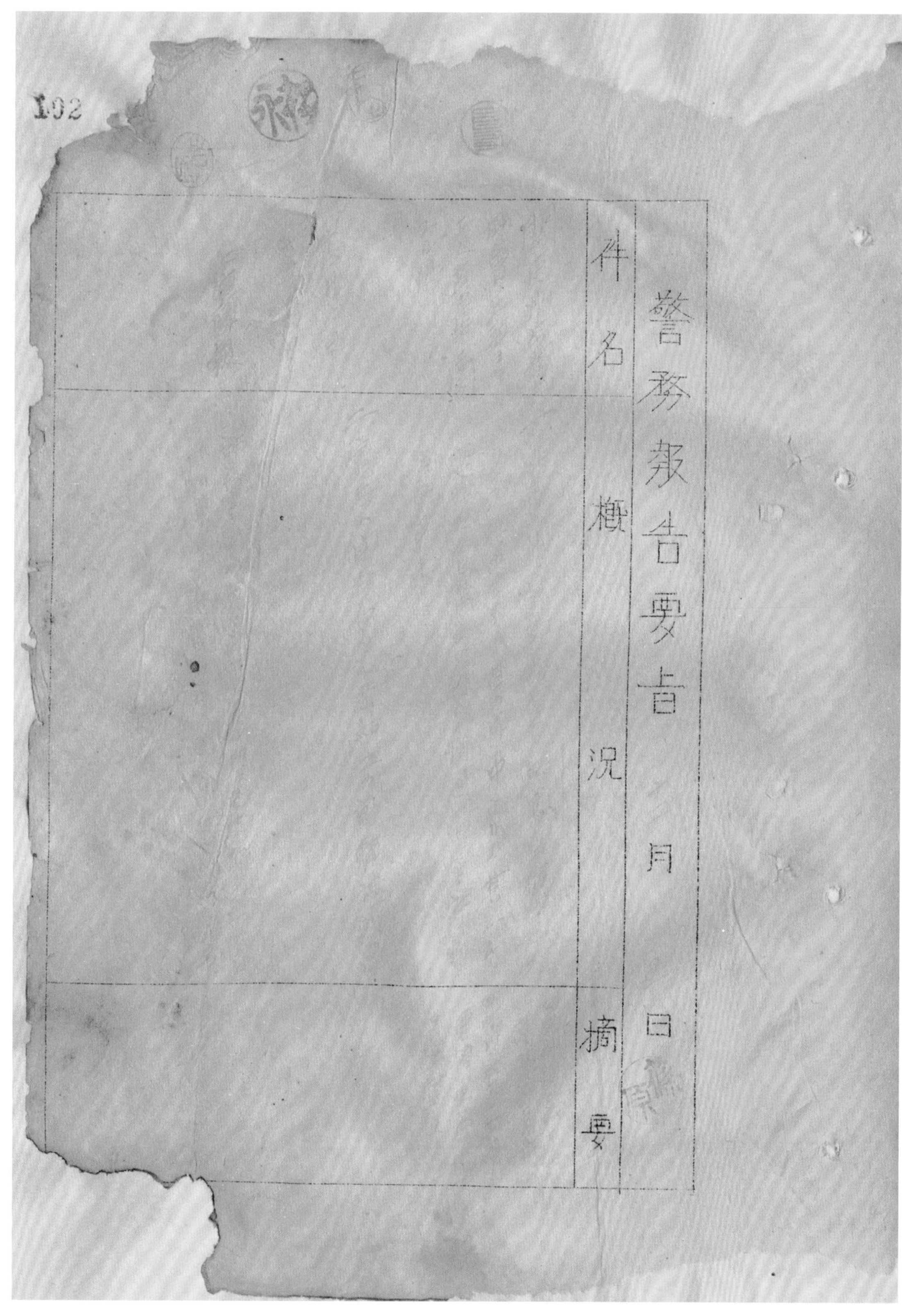

102

警務報告要旨　　月　　日

件名	
概況	
摘要	

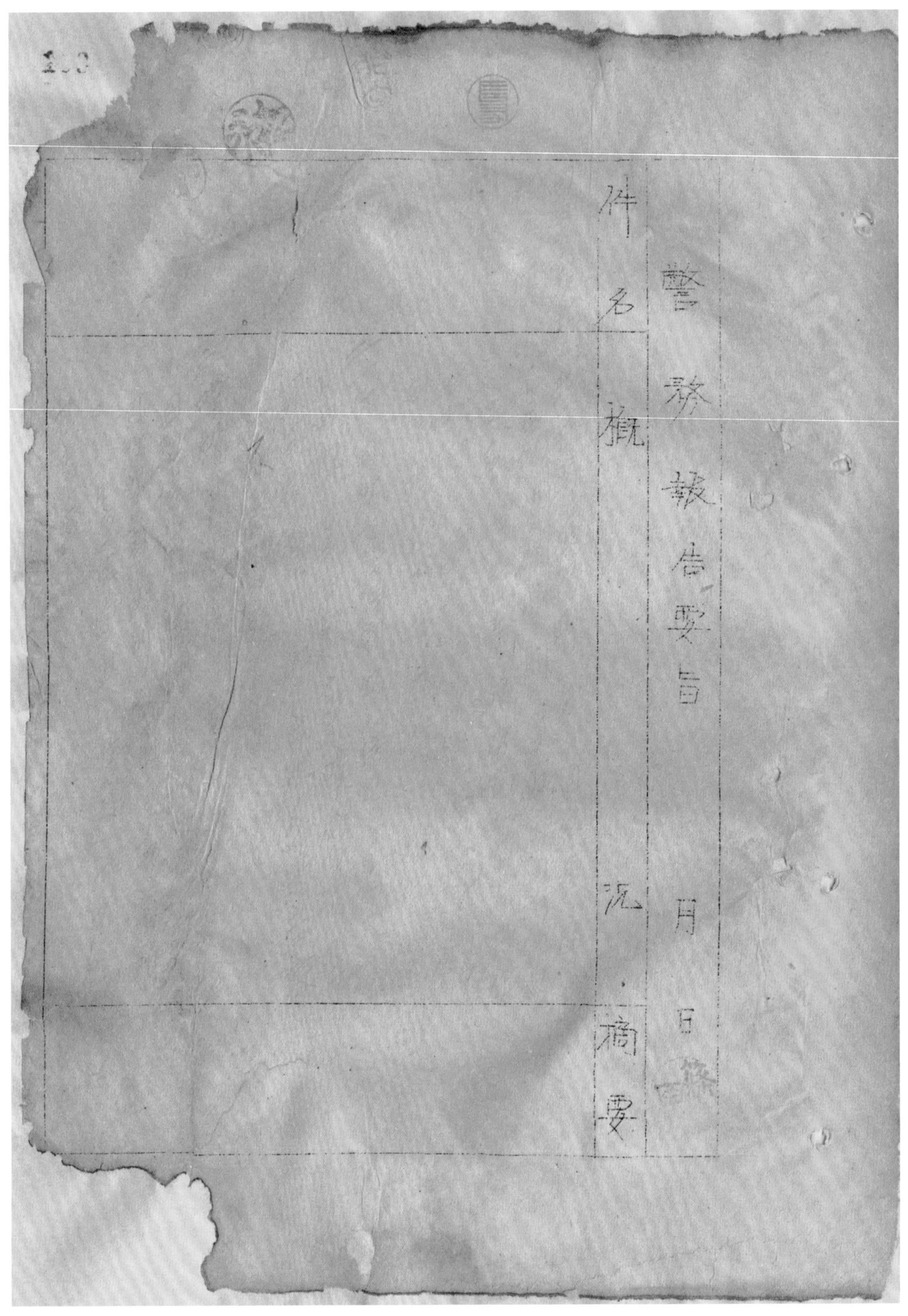

警務報告要旨

月　日

件名

概況

摘要

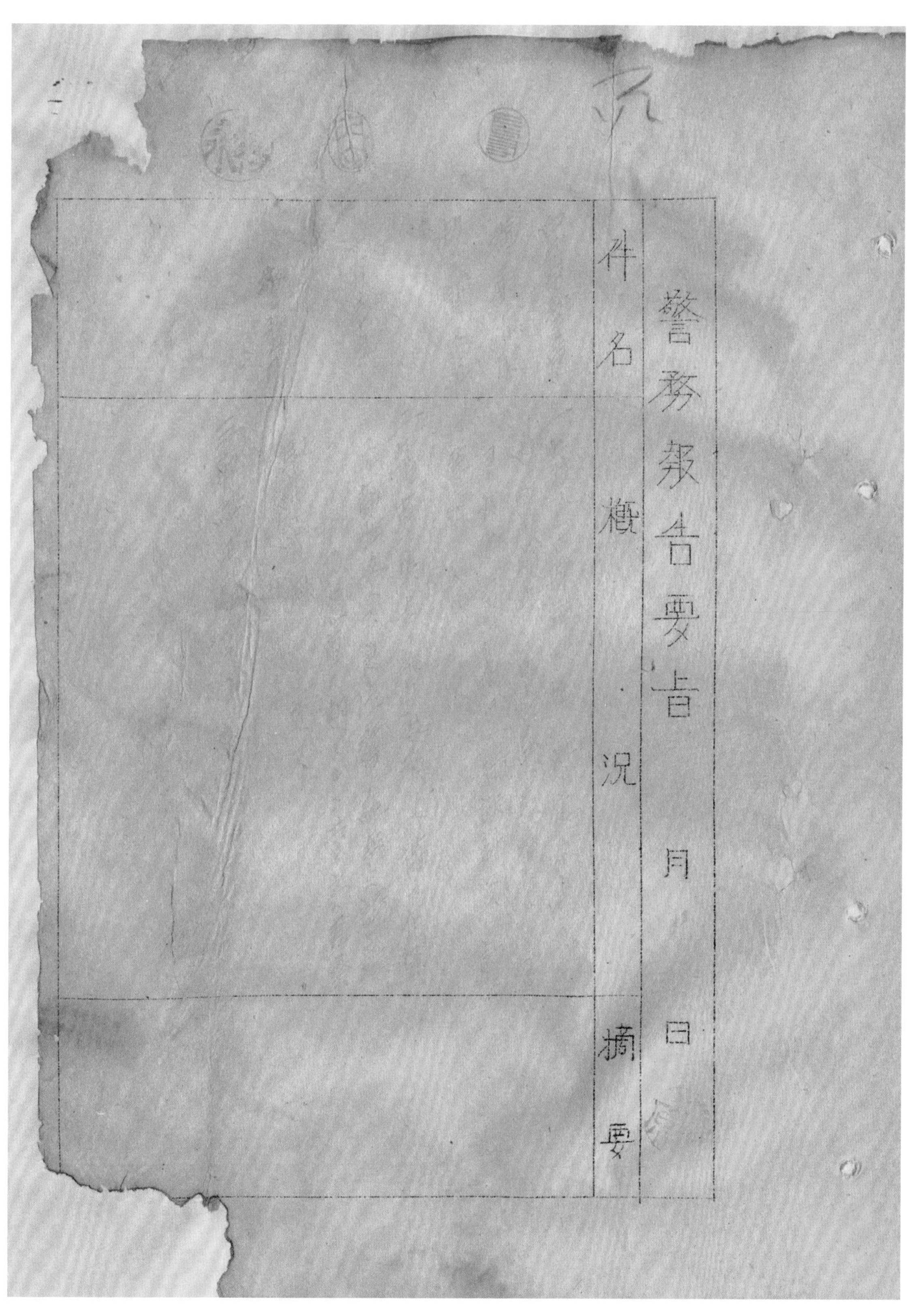

警務報告要旨　　月　　日

件名

概況

摘要

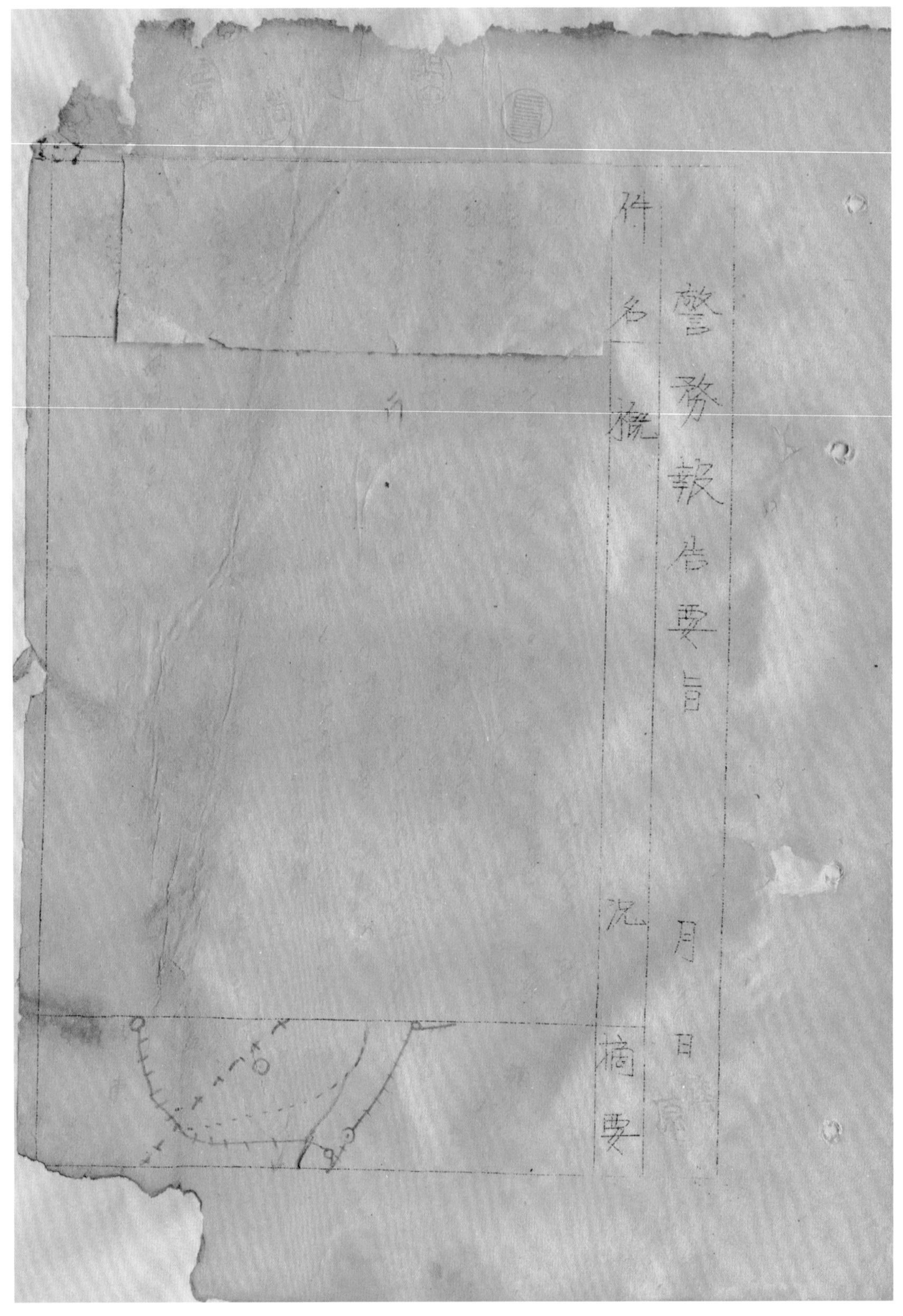
警務報告要旨
件名
概況
摘要
月　日

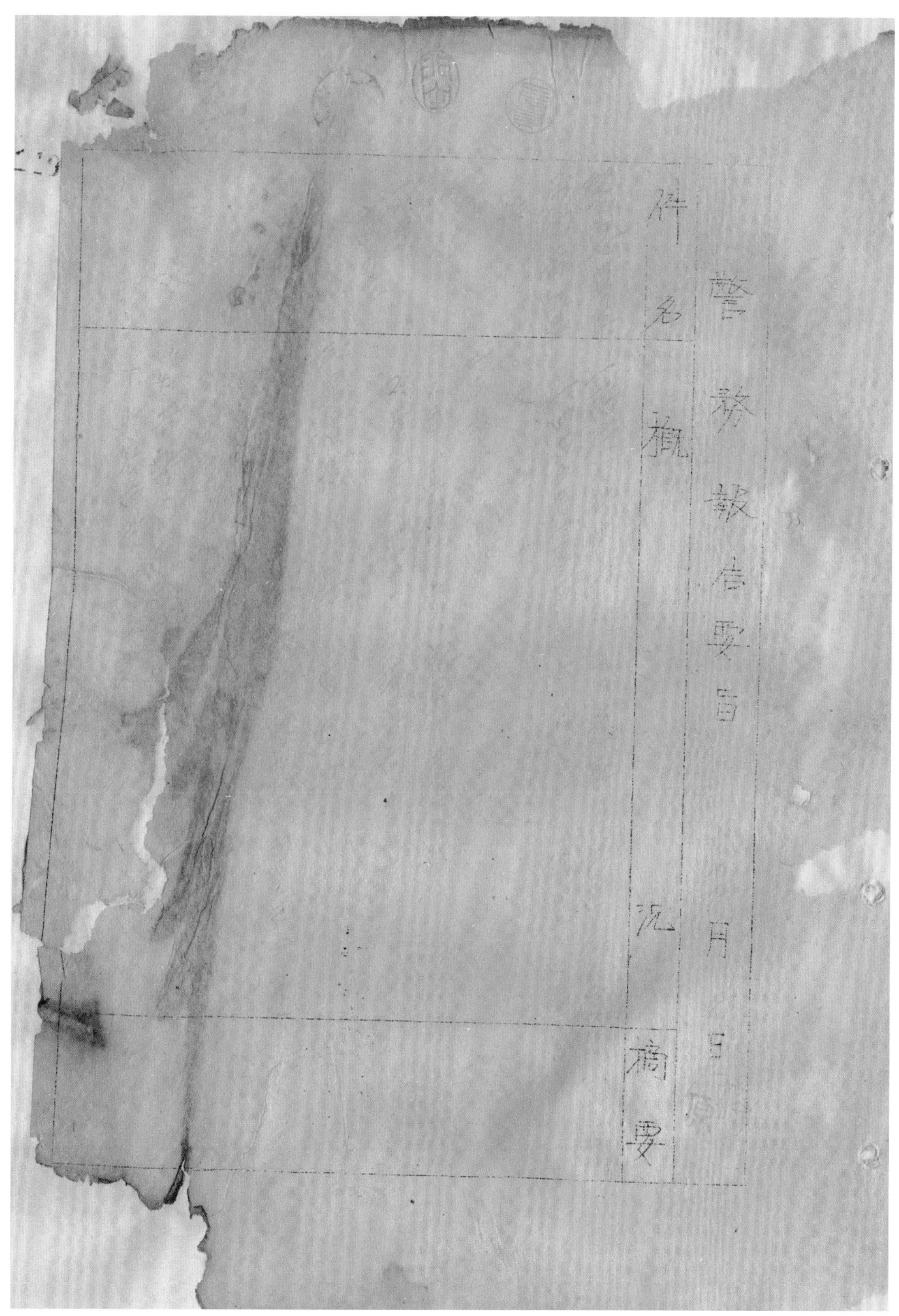

警務報告要旨　月　日

件名

概況

摘要

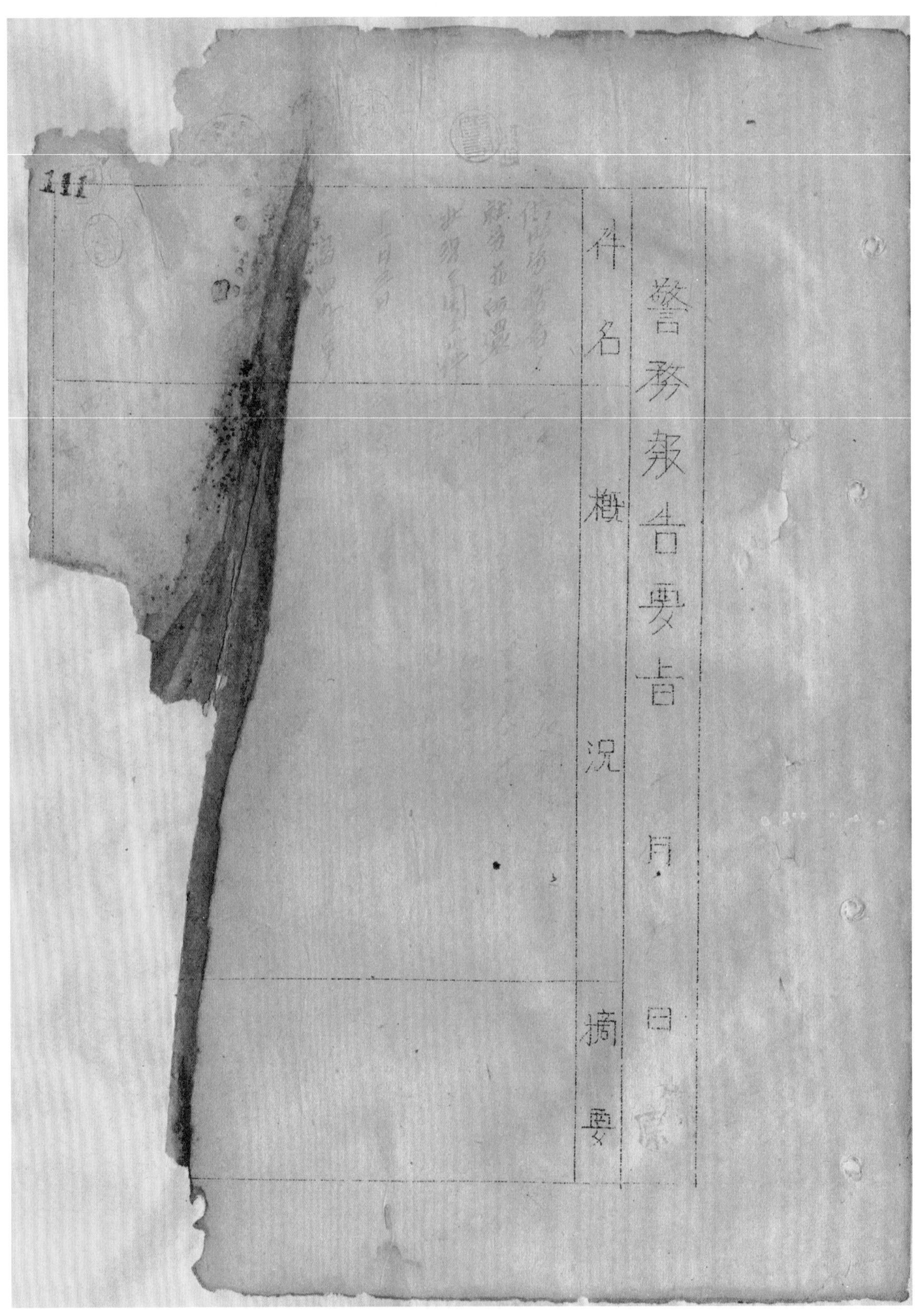

警務報告要旨　月　日

件名

概況

摘要

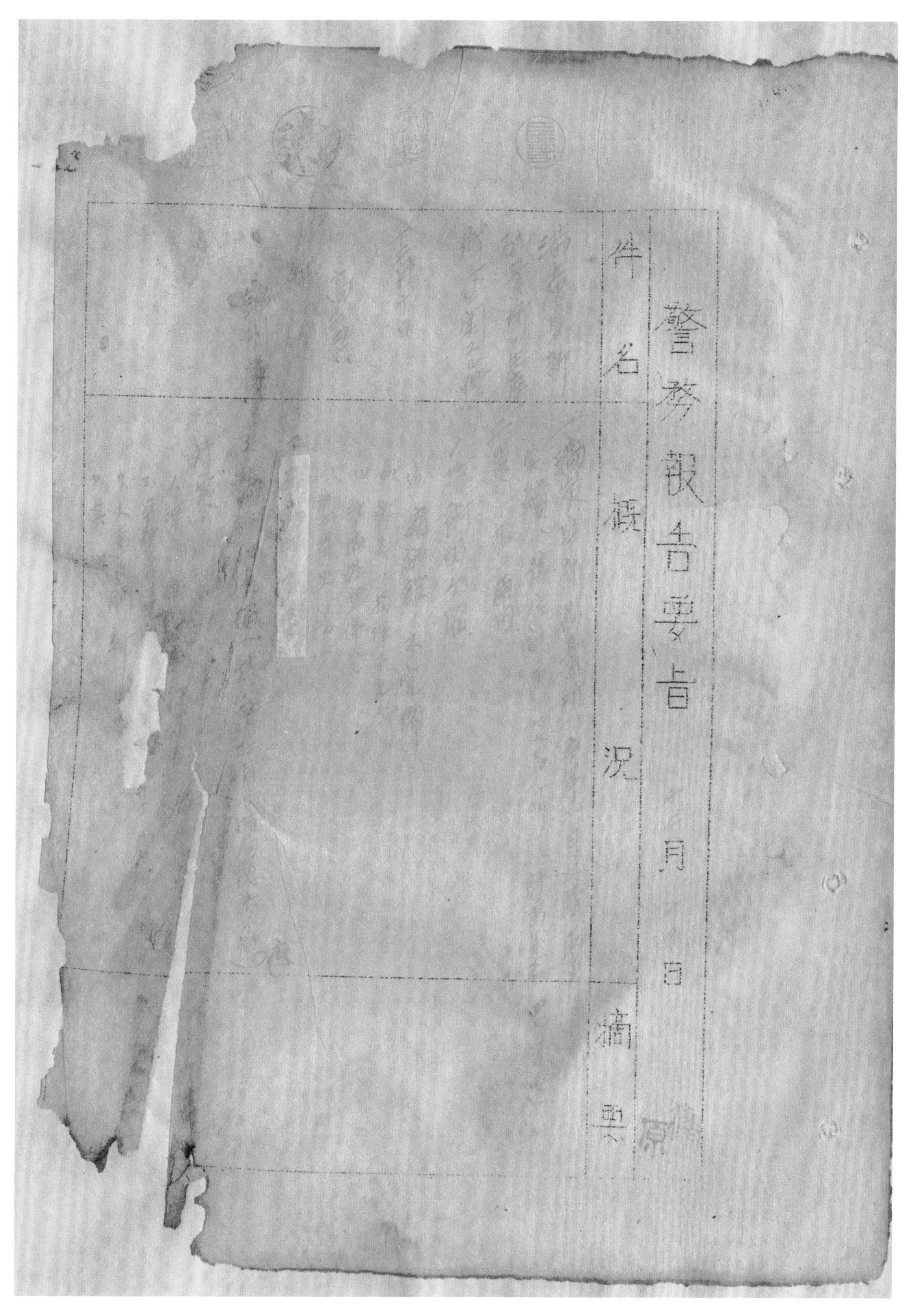

警務報告要旨　　月　　日

件名

概況

摘要

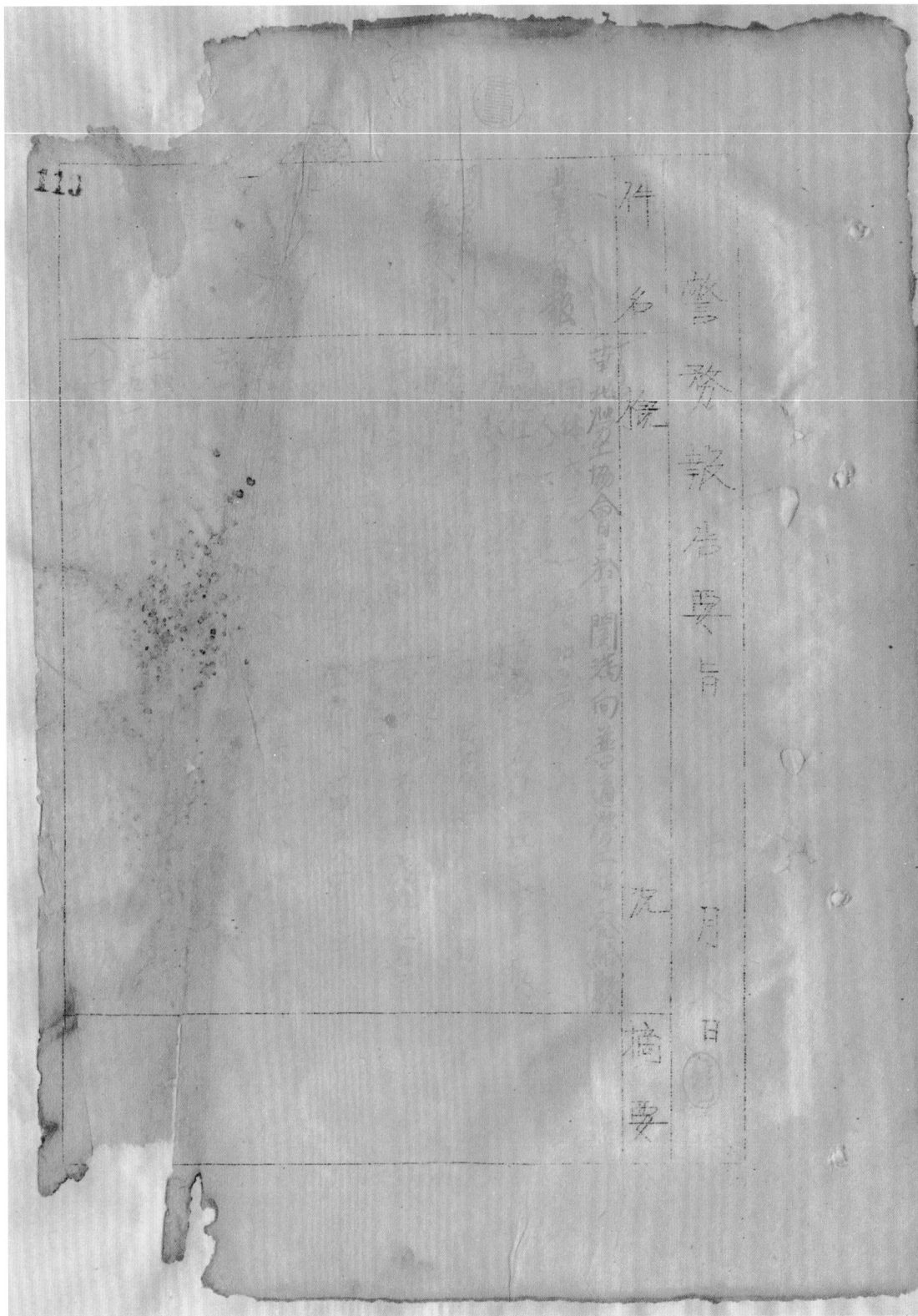

警務報告要旨　　月　日

件名　華北勞工協會ニ於ケル開[illegible]向善[illegible]狀況

摘要

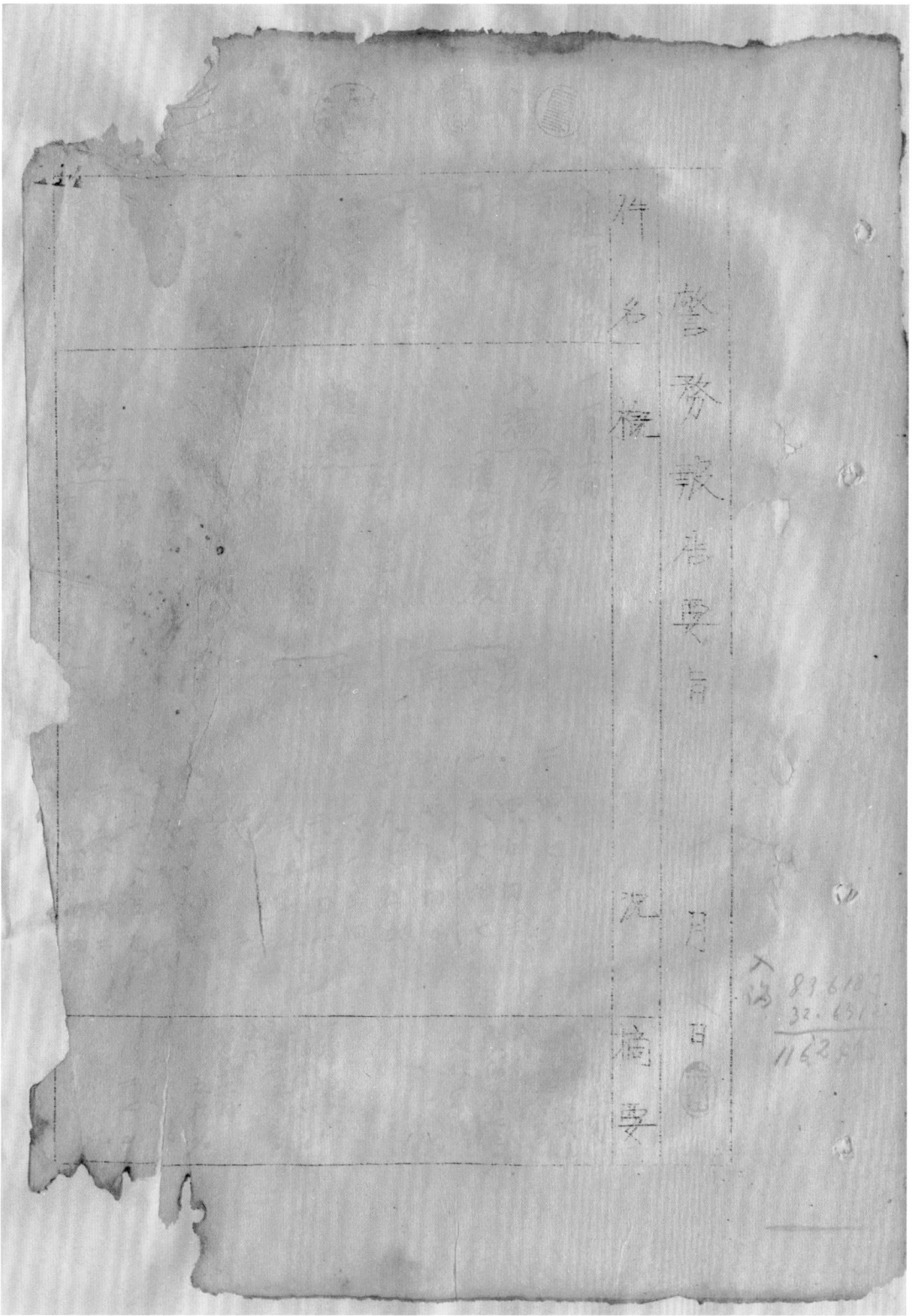

警務報告要旨　　月　日

件名

概況

摘要

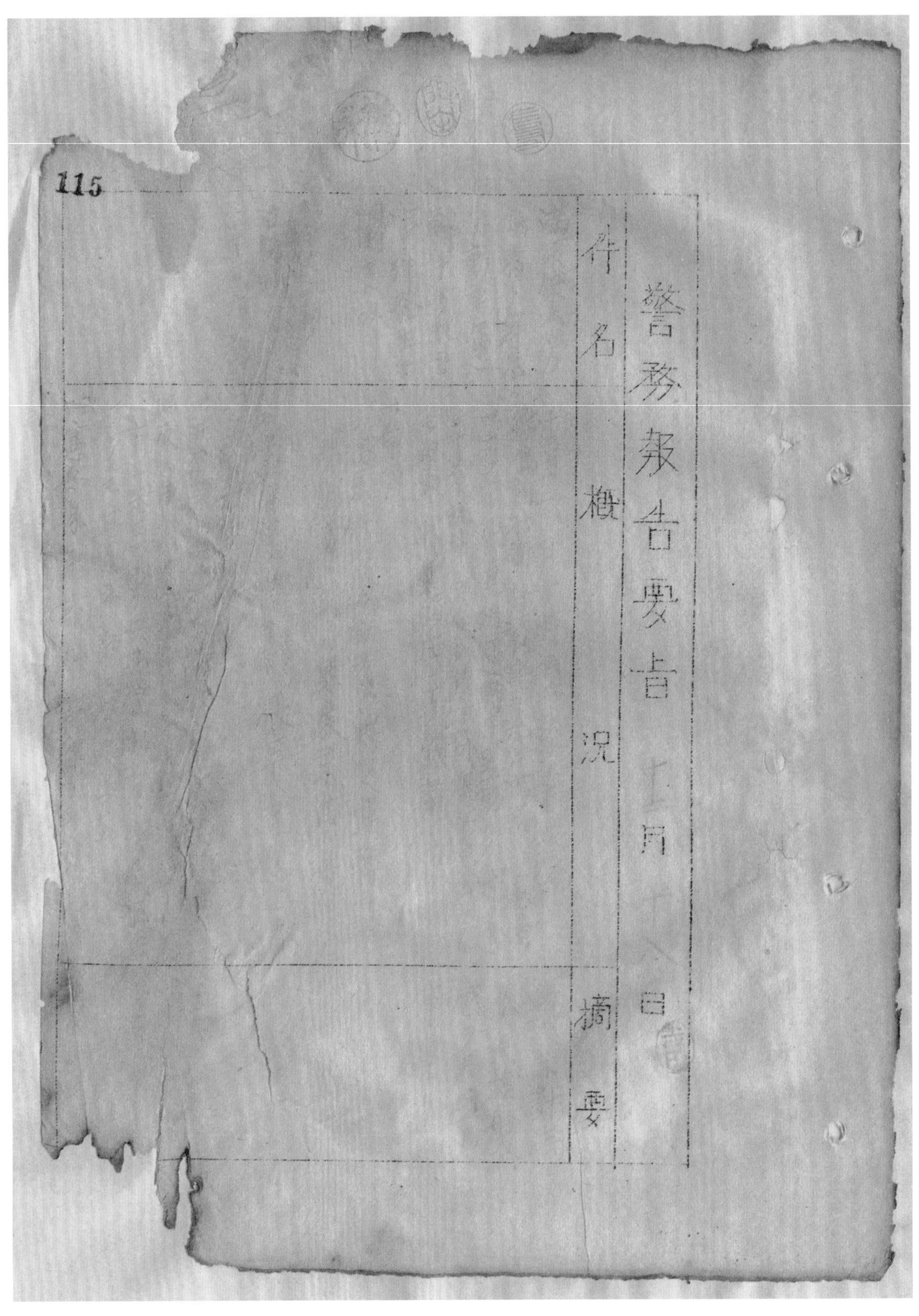

115

警務報告要旨 十一月 日

件名	
概況	
摘要	

117

警務報告要旨　月　日

件名

概況

摘要

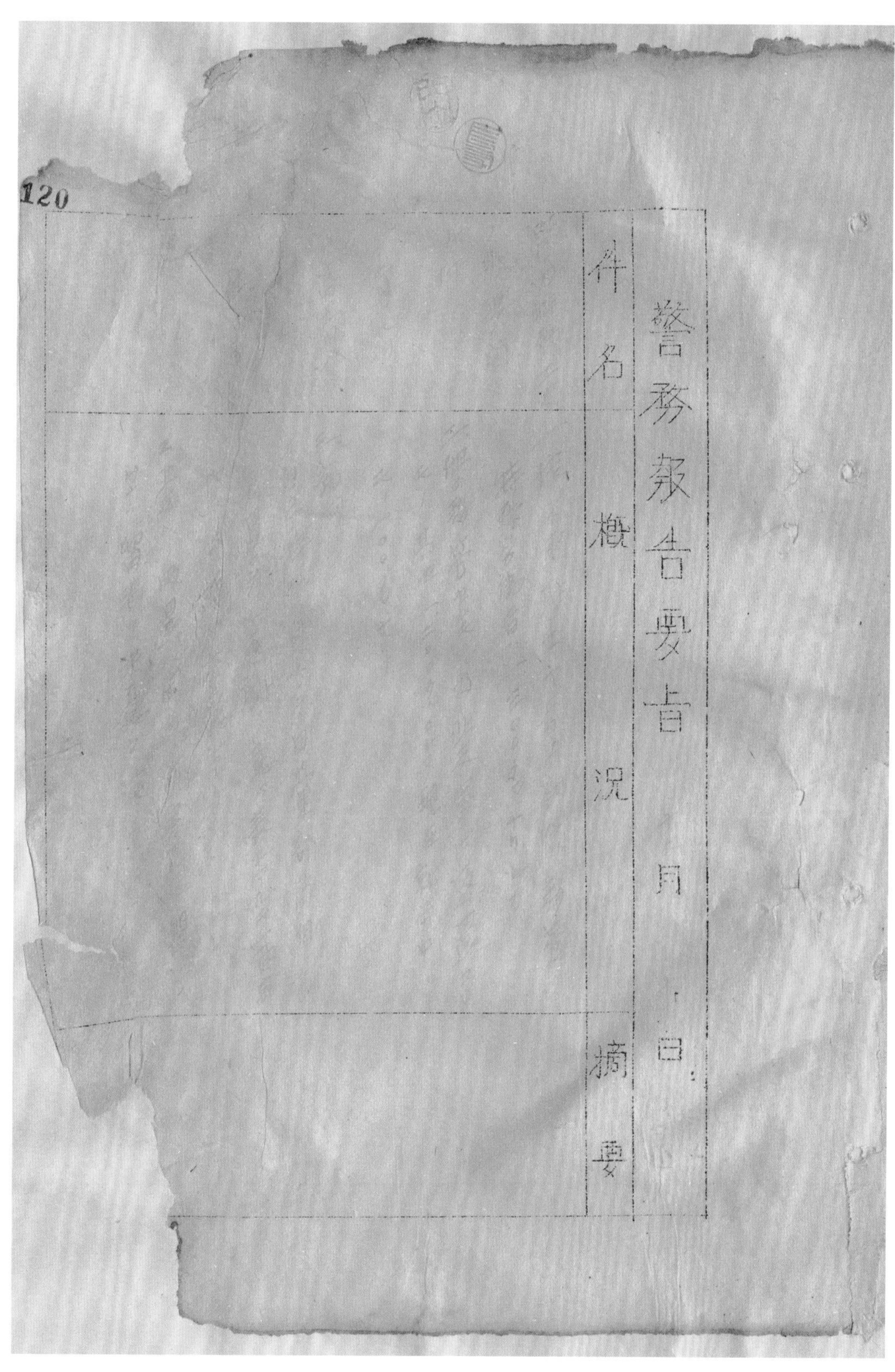
120
警務報告要旨
月 日
件名
概況
摘要

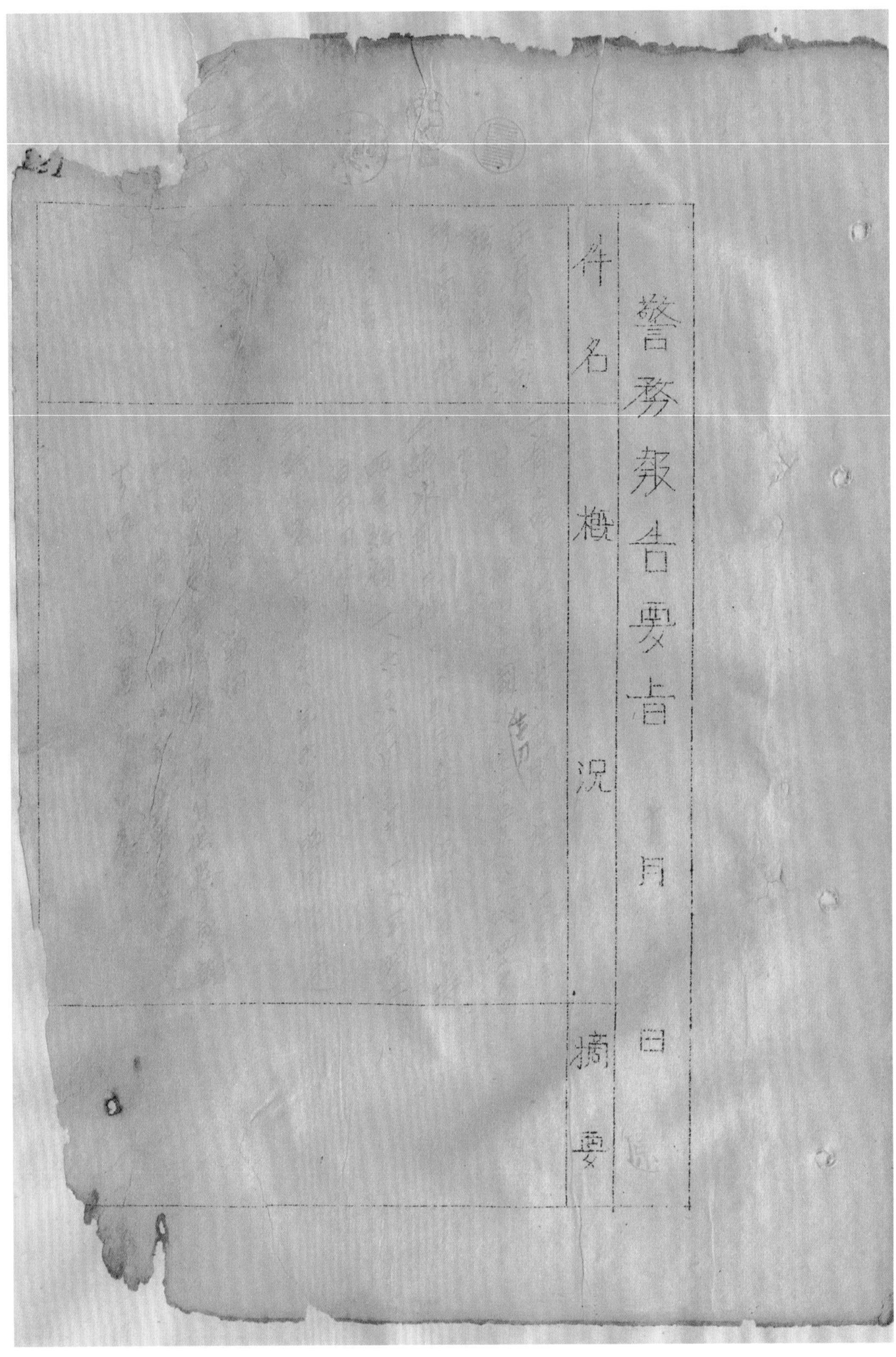

警務報告要旨　月　日

件名

概況

摘要

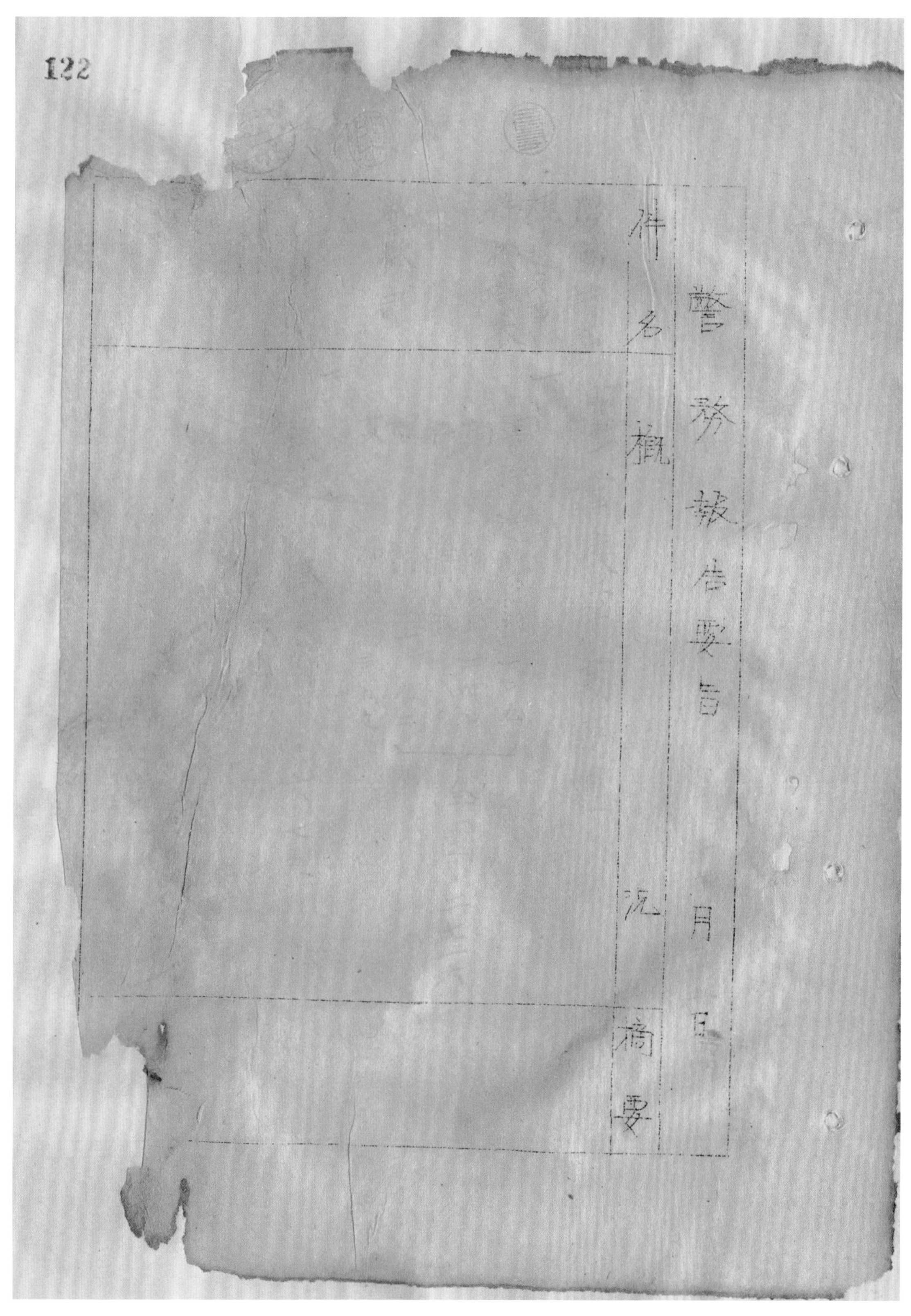
122
警務報告要旨　月　日
件名
概況
摘要

123

警务报告要旨　月　日

件名

状况

摘要

124

警務報告要旨　月　日

件名　抗　流

摘要

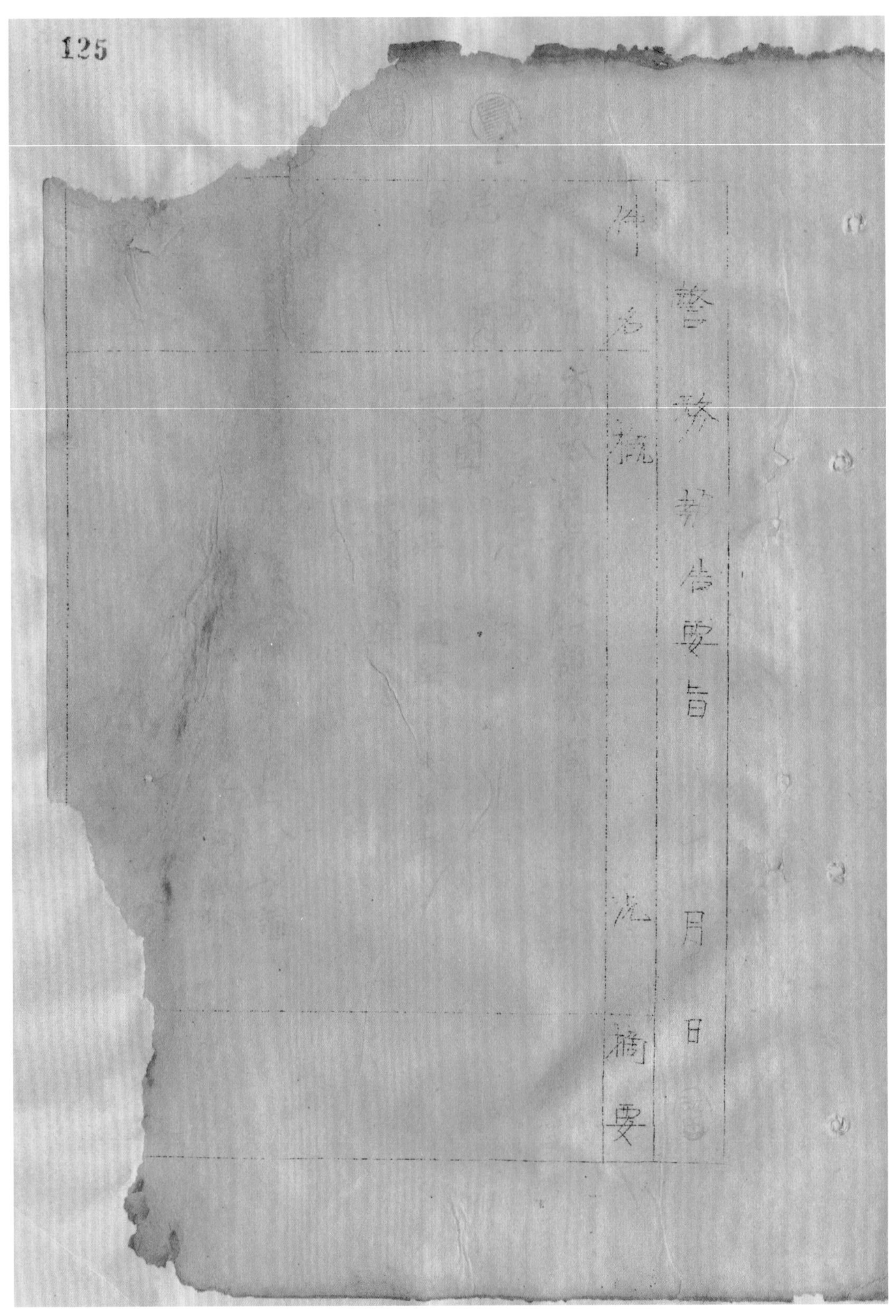
125

警务报告要旨　月　日

件名

概况

摘要

海拉尔宪兵队长谷家春雄关于扎赉煤矿苦力招募情况及苦力动向致日本关东宪兵队司令部等的报告（通报）（一九四二年）

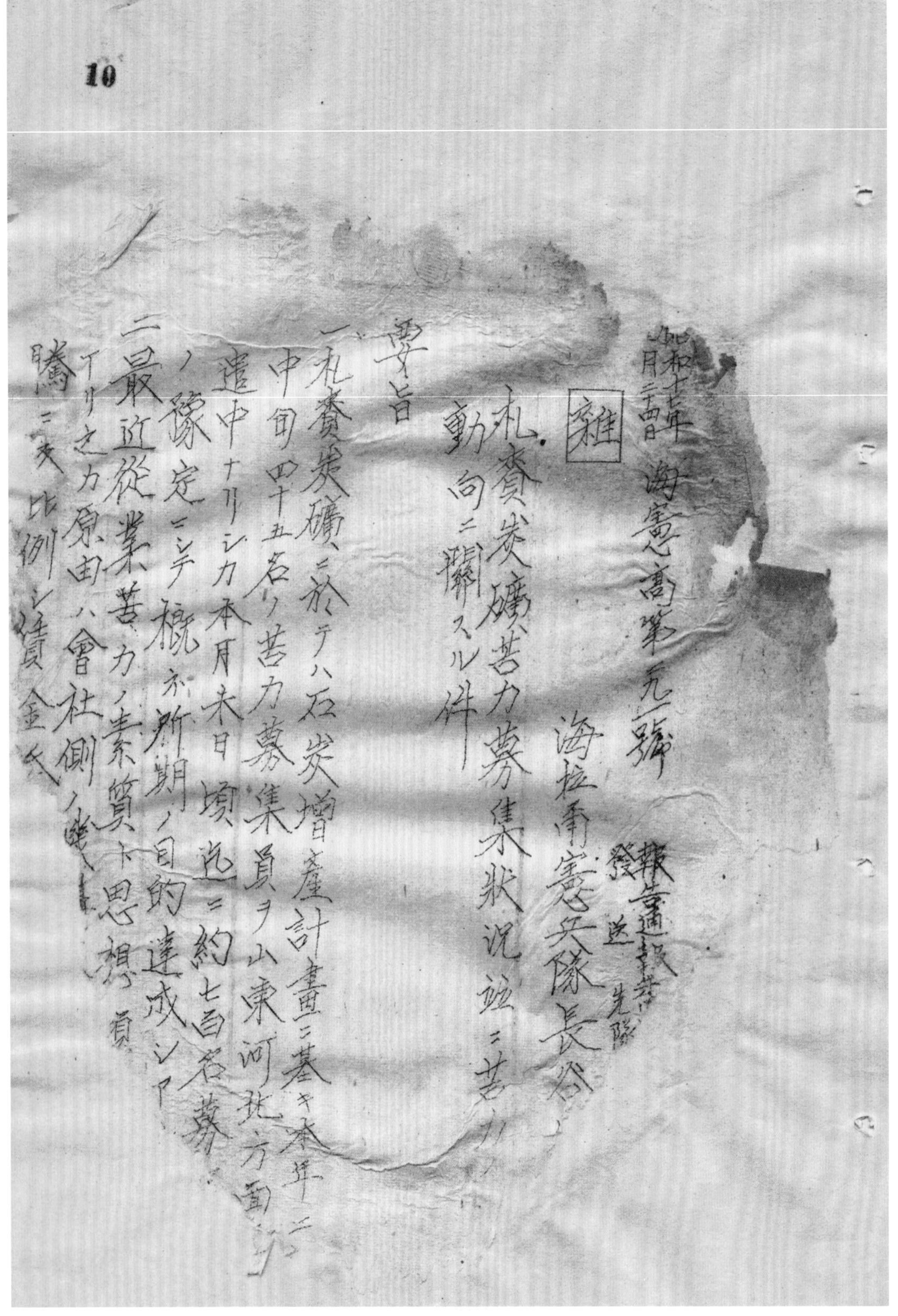

10

昭和十七年三月二十四日 海憲高第九一號

海拉爾憲兵隊長 谷[illegible]

報告通報先 [illegible]

發送先 [illegible]

雜

札賚炭礦苦力募集狀況竝ニ苦力動向ニ關スル件

要旨

一、札賚炭礦ニ於テハ石炭增産計畫ニ基キ本年二月中旬四十五名ノ苦力募集員ヲ山東河北方面ニ[illegible]派遣中ナリシカ本月末日頃迄ニ約七百名募集ノ豫定ニシテ概ネ所期ノ目的達成シア[illegible]

二、最近從業苦力ノ素質ト思想[illegible]ナリ之カ原由ハ會社側ノ[illegible]騰ニ比例シ賃金[illegible]

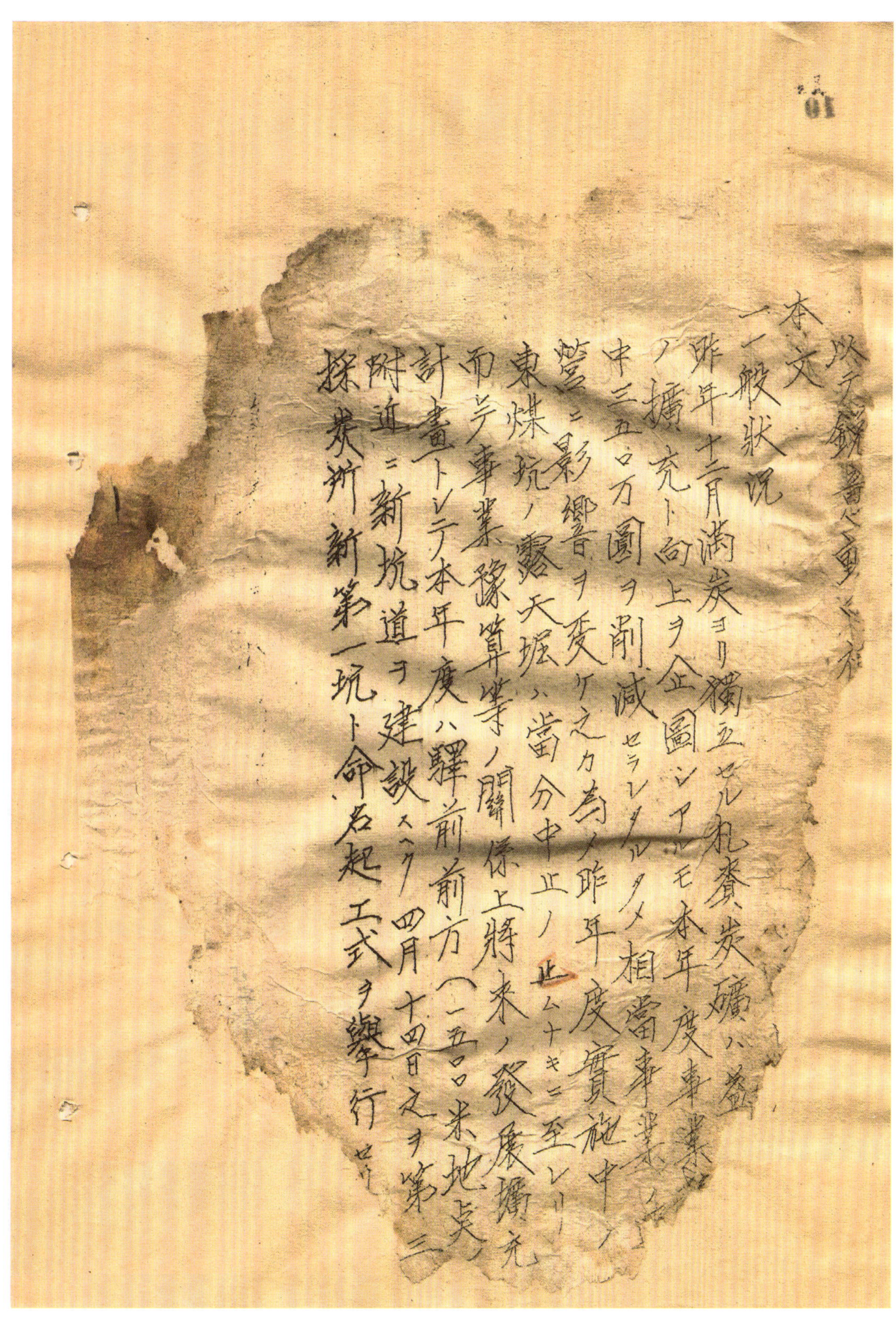

以テ鑛業ノ更ニ[illegible]

本文

一、一般狀況

昨年十二月滿炭ヨリ獨立セル札賚、炭礦ハ益

ノ擴充ト向上ヲ企圖シアルモ本年度事業

中三五〇万圓ヲ削減セラレタルタメ相當事業ノ[illegible]

營ニ影響ヲ受ケ之カ為メ昨年度實施中ノ

東煤坑ノ露天堀ハ當分中止ノ止ムナキニ至レリ

而シテ事業豫算等ノ關係上將来ノ發展擴充

計畫トシテ本年度ハ驛前前方（一五〇〇米地点）

附近ニ新坑道ヲ建設スヘク四月十四日之ヲ第三

採炭所新第一坑ト命名起工式ヲ擧行セリ

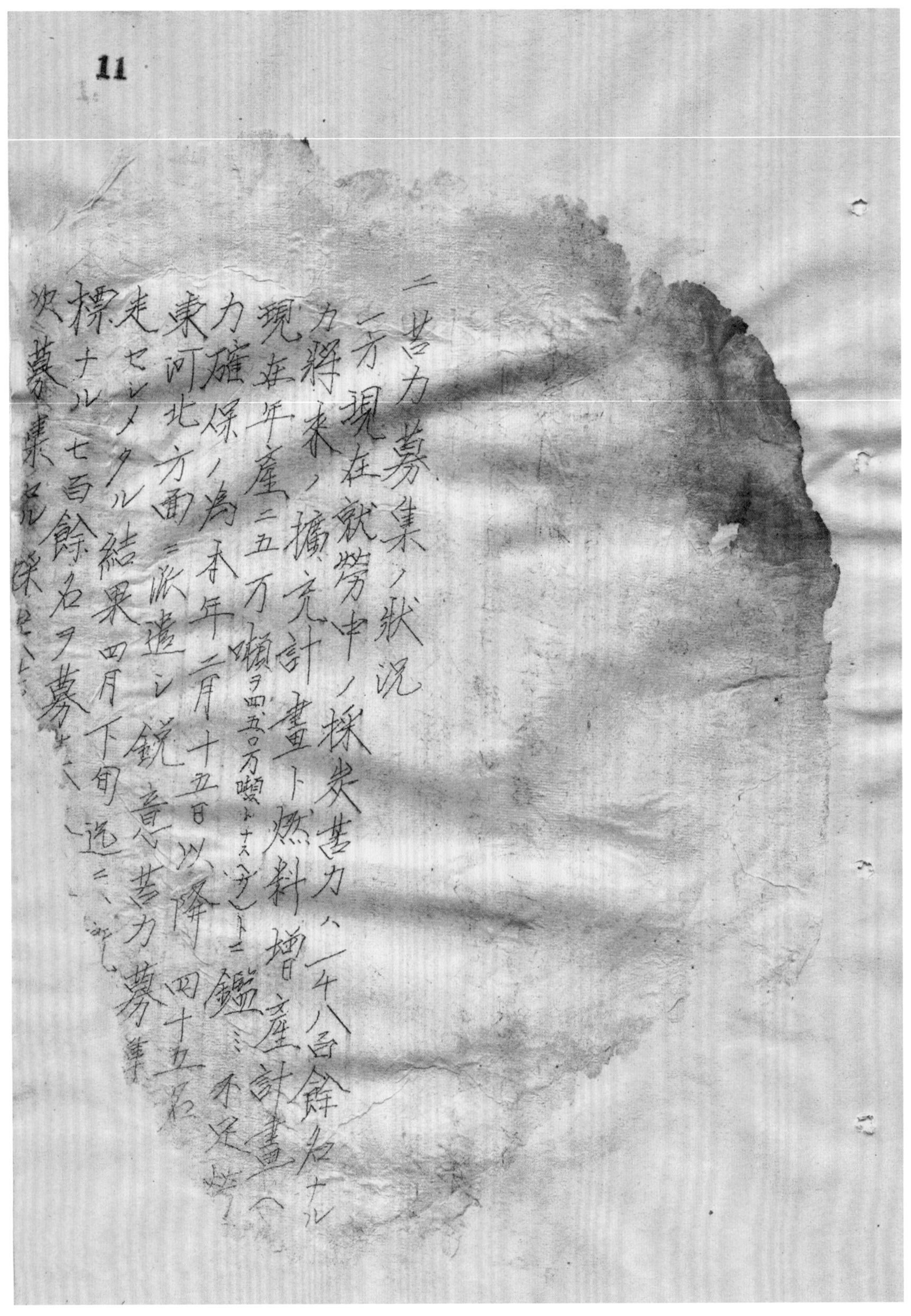

11

二 苦力募集ノ状況

一方現在就労中ノ採炭苦力ハ一千八百餘名ナル

力将来ノ擴充計畫ト燃料増産計畫（

現在年産二五万噸ヲ四五〇万噸トナス（予定）トニ鑑ミ不足苦

力確保ノ為本年二月十五日以降四十五名

東河北方面ニ派遣シ鋭意苦力募集

走セシメタル結果四月下旬迄ニハ[illegible]

標ナル七百餘名ヲ募集シ[illegible]

次ニ募集状況[illegible]

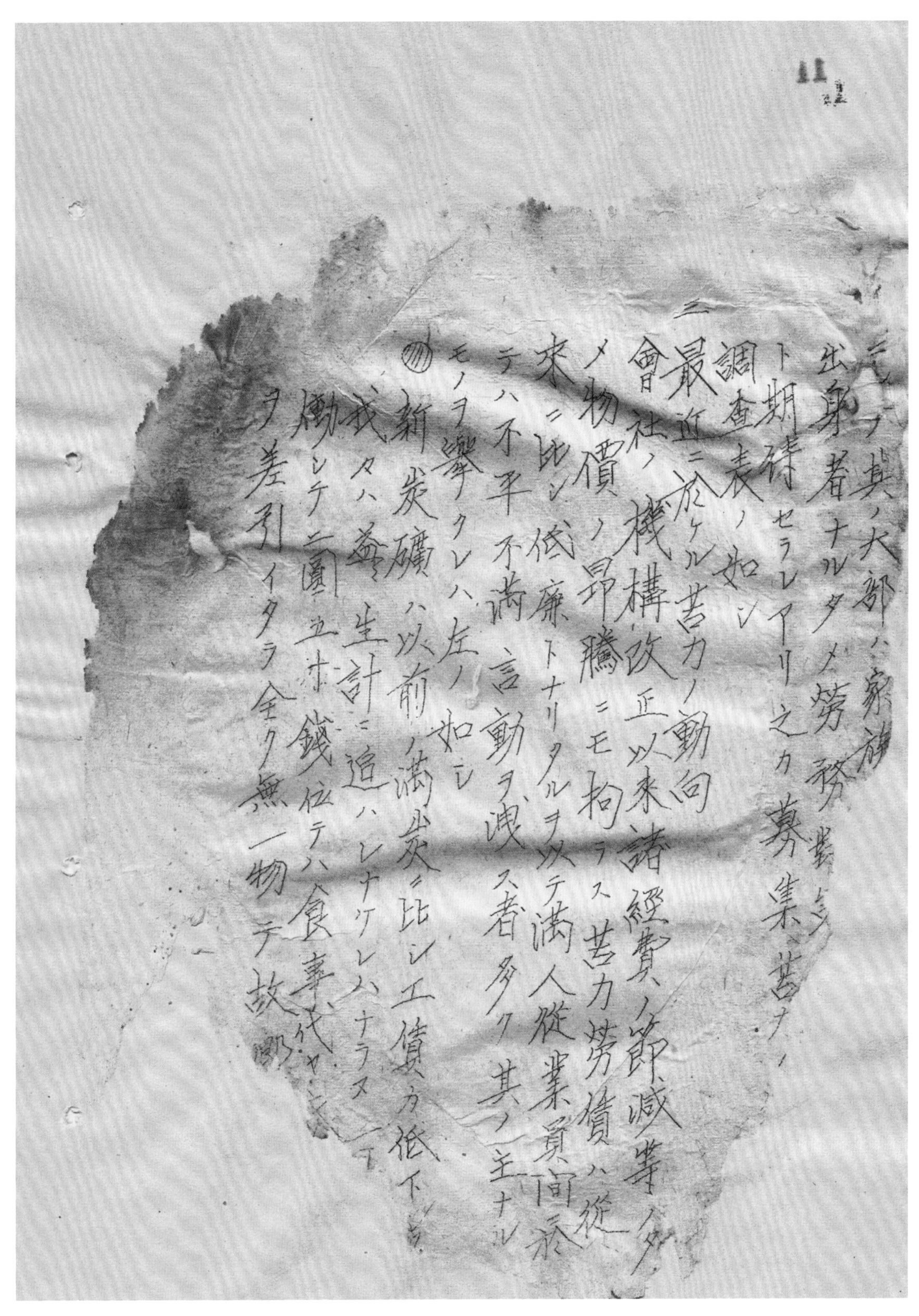
其ノ大部ハ家族
出身者ナルタメ勞務[illegible]ニ
ト期待セラレアリ之カ募集苦ナノ
調査表ノ如シ
三、最近ニ於ケル苦力ノ動向
會社ハ機構改正以來諸經費ノ節減等ノタ
メ物價ノ昂騰ニモ拘ラス苦力勞賃ハ従
來ニ比シ低廉トナリタルヲ以テ滿人従業員間ニ於
テハ不平不満ノ言動ヲ洩ス者多ク其ノ主ナル
モノヲ擧クレハ左ノ如シ
新炭礦ハ以前ノ滿炭ニ比シ工賃カ低下シタ
我々ハ益々生計ニ追ハレナケレハナラヌ
働シテ二圓五十錢位テハ食事代ヤ
ヲ差引イタラ全ク無一物テ故鄕

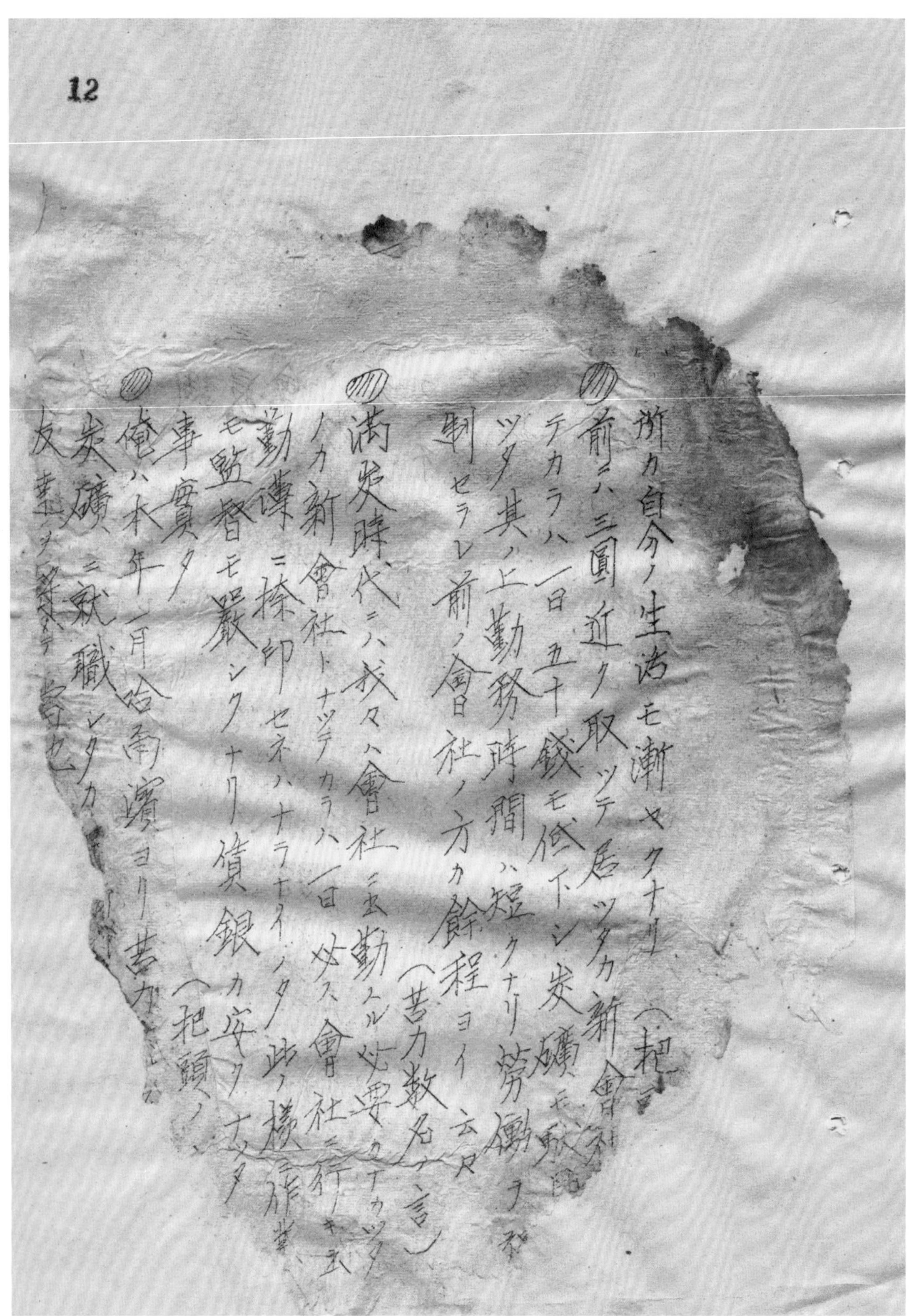
12

俺ガ自分ノ生活モ漸ヤクナリ（把頭
前ハ三圓近ク取ッテ居ッタカ新會社
テカラハ一日五十銭モ低下シ炭礦モ取[illegible]
ッタ其ノ上勤務時間ハ短クナリ労働ヲ[illegible]
制セラレ前ノ會社ノ方ガ餘程ヨイ」ト云フ
（苦力数名ノ言）
満炭時代ニハ我々ハ會社ニ出勤スル必要ガナカッタ
ノガ新會社トナッテカラハ一日必ス會社ニ行キ出
勤簿ニ捺印セネバナラナイノダ此ノ様ニ作業
モ監督モ厳シクナリ賃銀ガ安クナッタ
事実デアル（把頭ノ
俺ハ本年一月哈爾濱ヨリ苦力
炭礦ニ就職シタカ
友業ヲ経ズ寄セ[illegible]

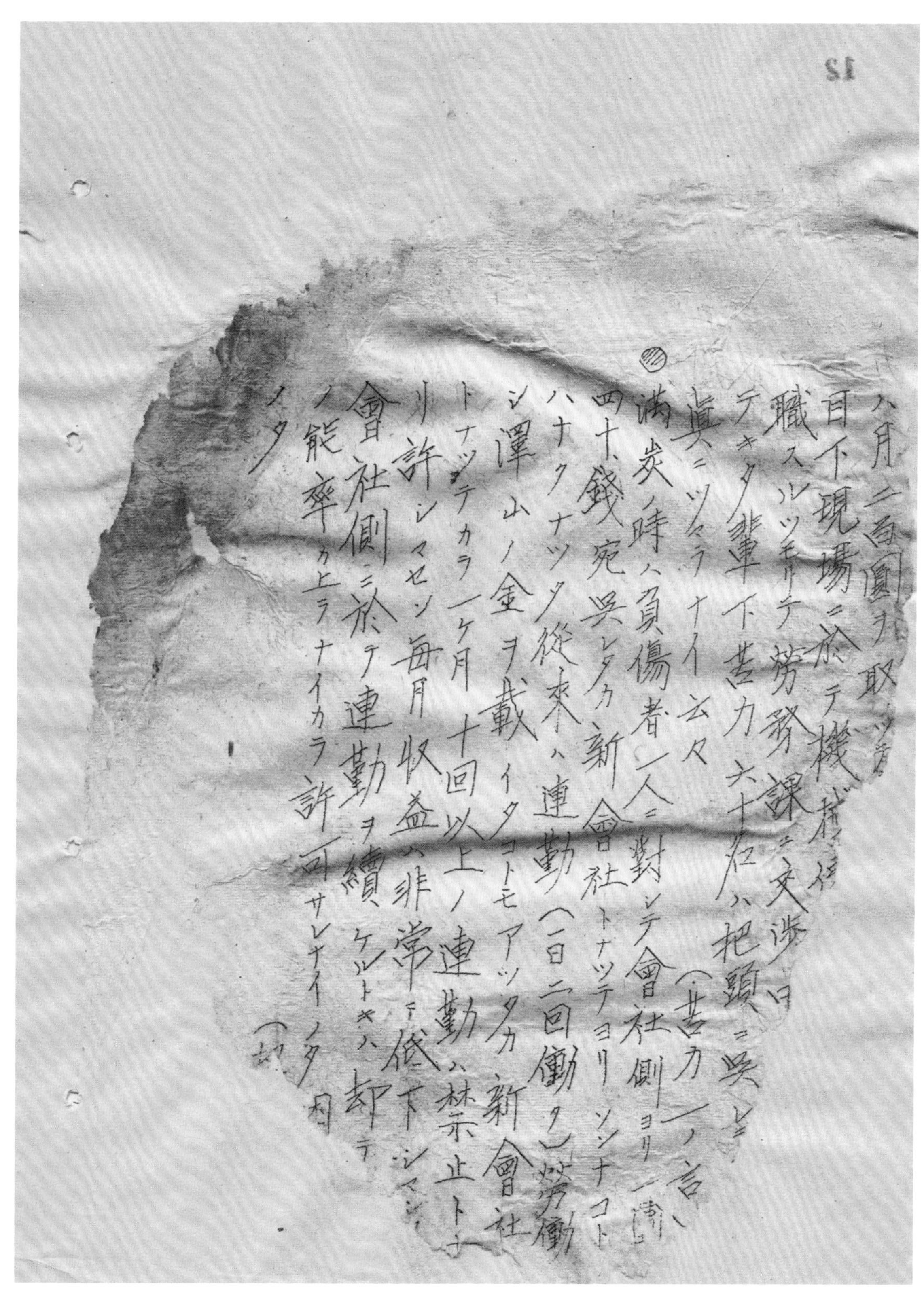

12

八月二百圓ヲ取ッテ居

目下現場ニ於テ機械係ニ轉

職スルツモリデ勞務課ニ交渉シタ

デキタノ輩下苦力六十名ハ把頭ニ呉レ

眞ニツマラナイ云々（苦力ノ言）

◎滿炭ノ時ハ負傷者一人ニ對シテ會社側ヨリ一圓

四十錢宛呉レタカ新會社トナッテヨリシナイコト

ハナクナッタ從來ハ連勤（一日二回働ク）勞働

シ澤山ノ金ヲ載イタコトモアッタカ新會社

トナッテカラ一ヶ月十回以上ノ連勤ハ禁止トナ

リ許シマセン毎月收益ハ非常ニ低下シマシ

會社側ニ於テ連勤ヲ續ケルトキハ却テ

ノ能率カ上ラナイカラ許可サレナイノダ相

ノダ（如）

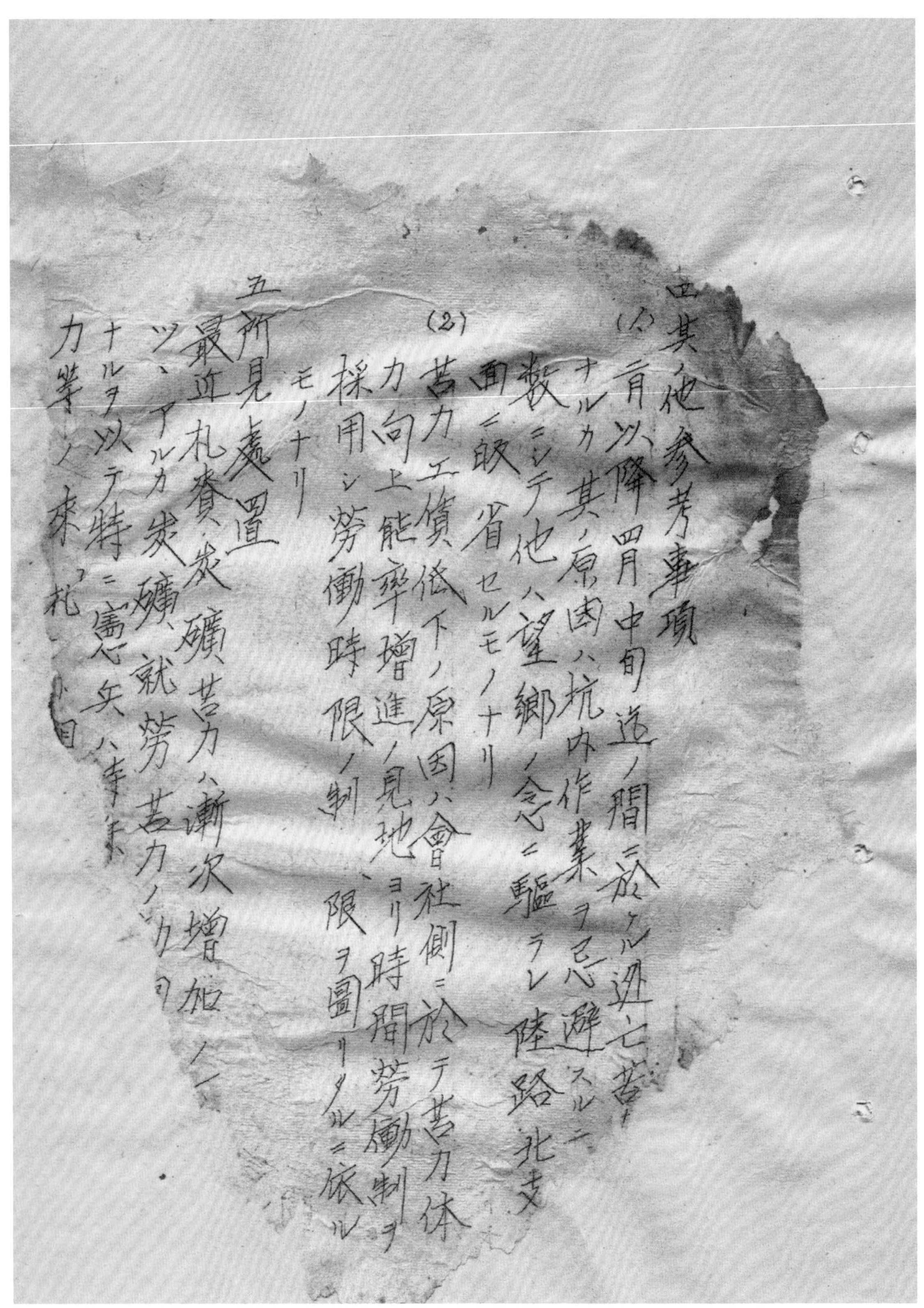

四、其他参考事項

(1)育以降四月中旬迄ノ間ニ於ケル逃亡苦力ナルカ其ノ原因ハ坑内作業ヲ忌避スルニ裂ニシテ他ハ望郷ノ念ニ驅ラレ陸路北支面ニ皈省セルモノナリ

(2)苦力工賃低下ノ原因ハ會社側ニ於テ苦力体力向上能率增進ノ見地ヨリ時間勞働制ヲ採用シ勞働時限ノ制、限ヲ圖リタルニ依ルモノナリ

五、所見處置

最近札賚炭礦苦力ハ漸次增加ノ一ツ、アルカ炭礦就勞苦力ノ內ナルヲ以テ特ニ憲兵ハ幸力等ノ來札ハ自

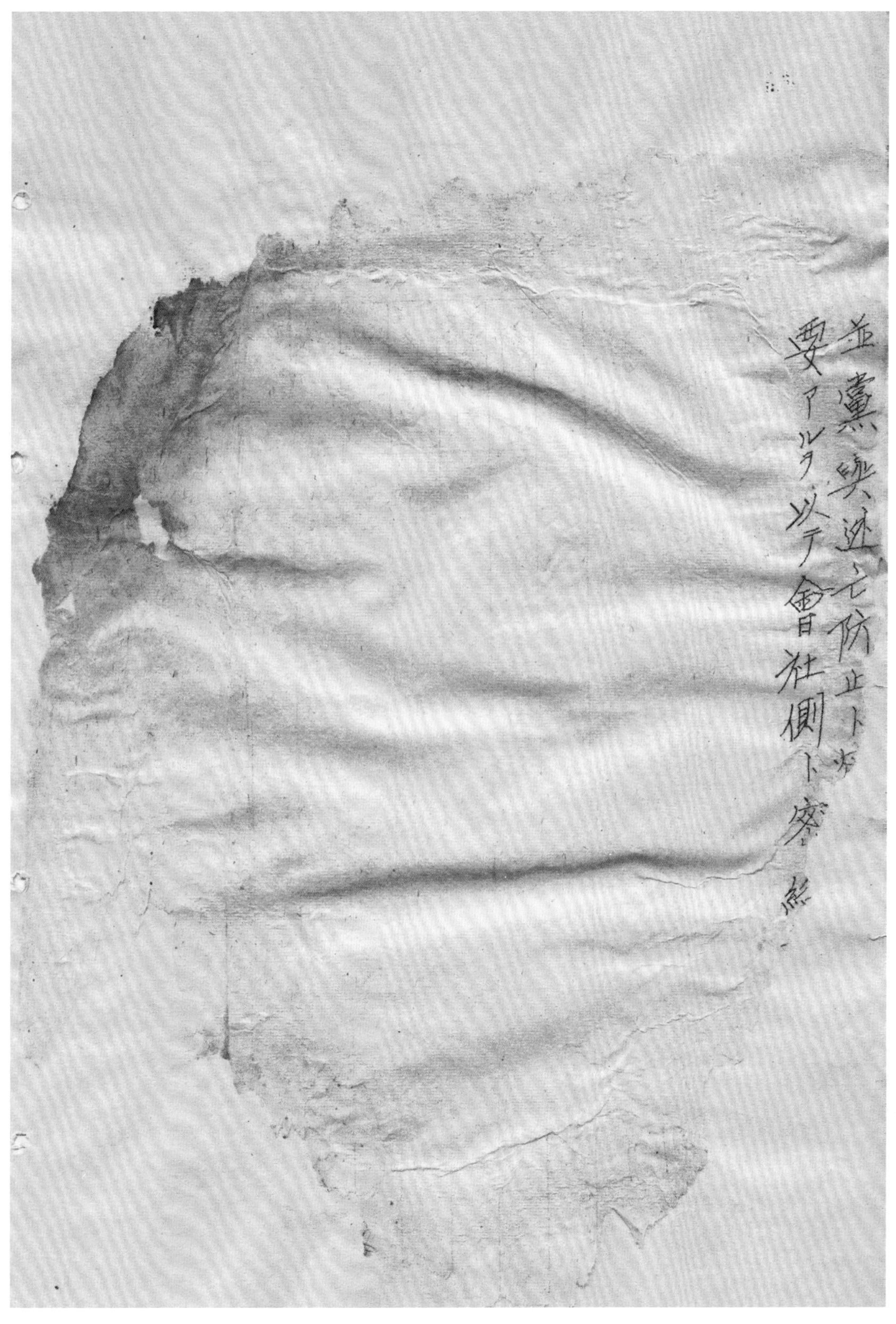

並黨與ノ迹ヲ防止ト共
要アルヲ以テ會社側ト密[illegible]

伪满民生部劳务司长斋藤武雄关于送交一九四二年四月出入伪满劳工统计月报致伪满中央银行调查课的函（一九四三年一月二十日）

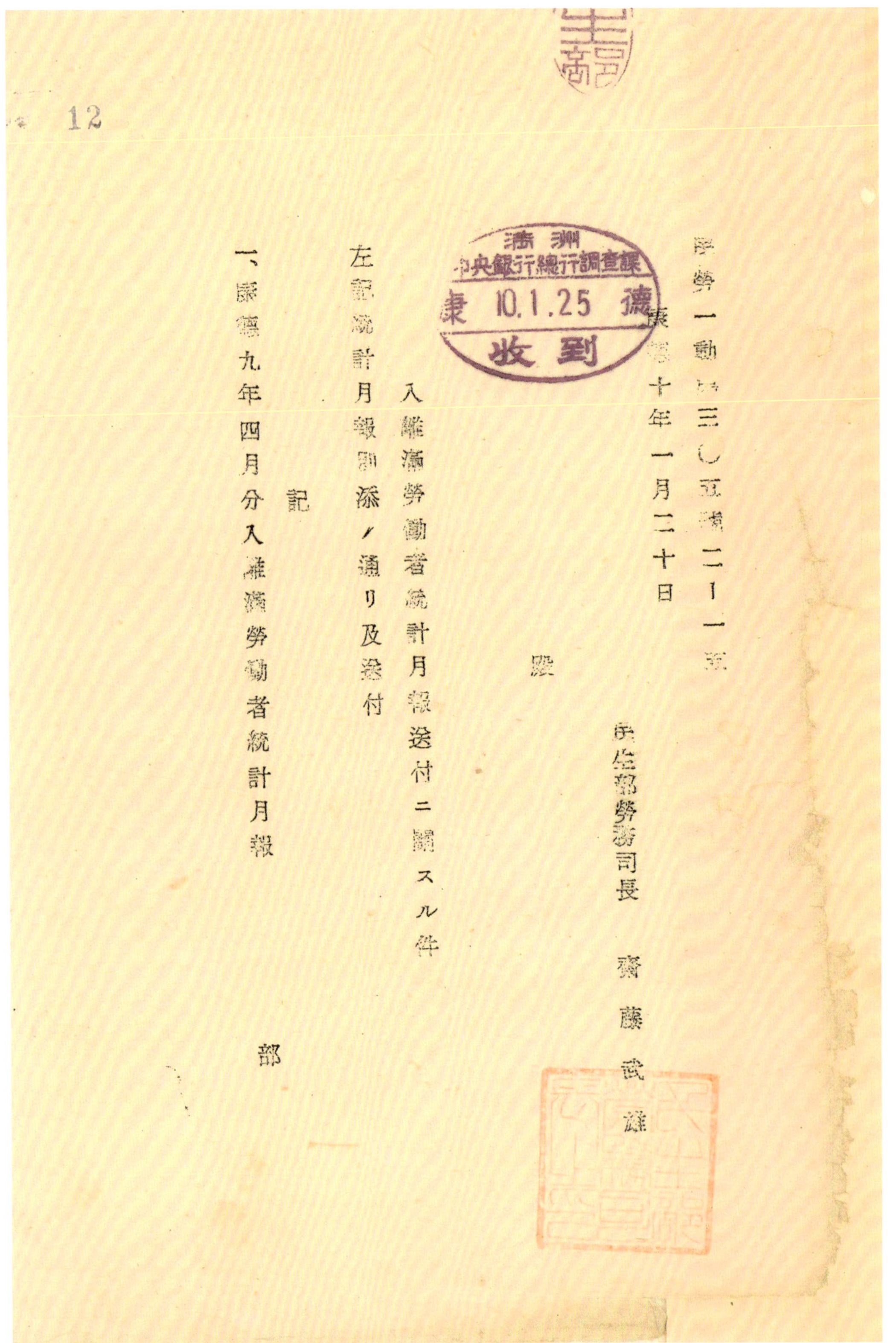

12

满洲中央银行总行调查课
康德 10.1.25
收到

劳一动统三○五号二一一五
康德十年一月二十日

殿

民生部劳务司长　斋藤武雄

入离满劳动者统计月报送付ニ关スル件

左记统计月报别添ノ通リ及送付

记

一、康德九年四月分入离满劳动者统计月报　部

附：伪满民生部劳务司编制的出入伪满劳工统计月报（一九四二年四月）

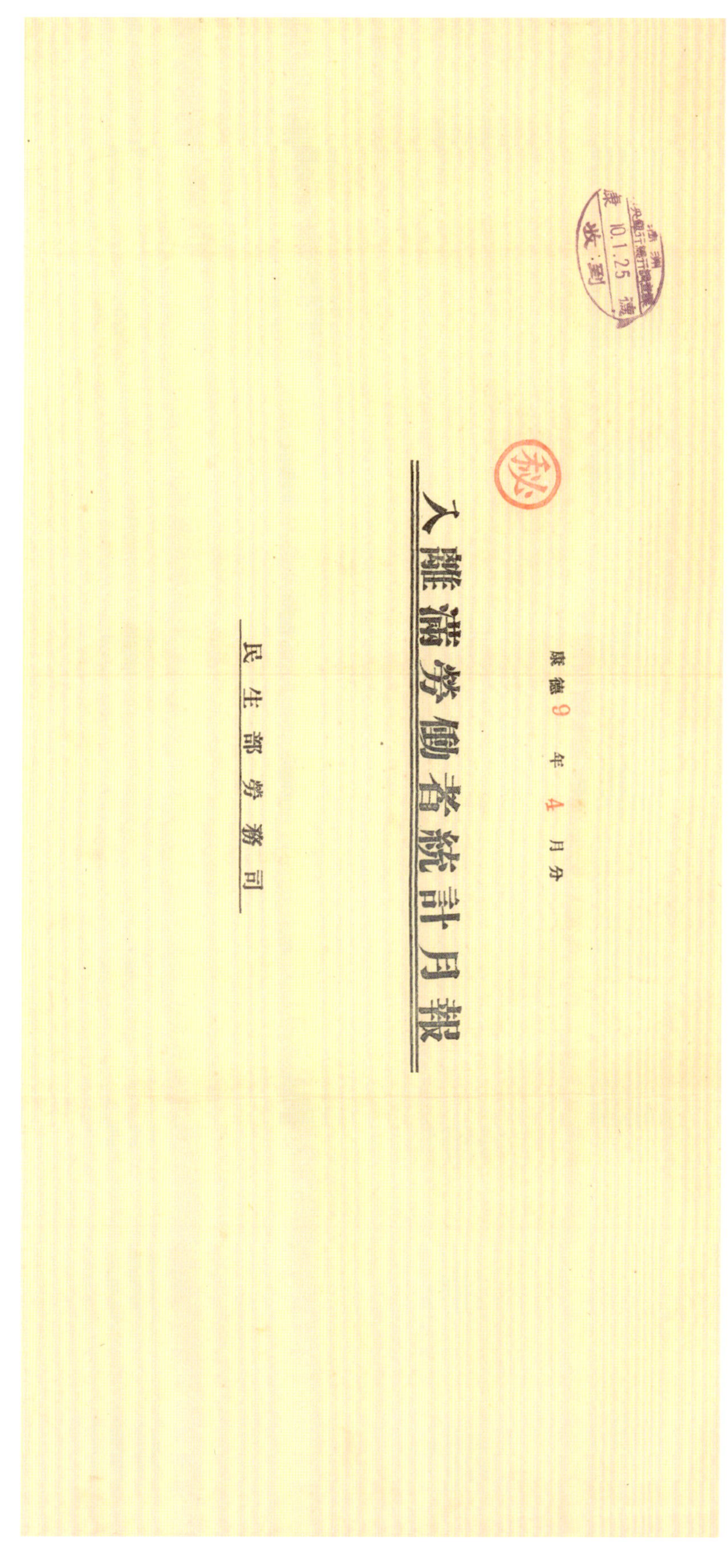

秘

康德9年4月分

入離滿勞働者統計月報

民生部勞務司

離滿勞働者滯滿省別、鄉關省別、產業(大分類)別調

康德　　年　　月分

7-593-13

鄉關地	產業大分類 ＼ 滯滿地	本年累計	合計	關東州	計	新京	吉林	龍江	北安	黑河	三江	東安	牡丹江	濱江	間島	通化	安東	四平	奉天	錦州	熱河	興西	興南	興東	興北
本年累計			190,561	16,058	154,503	11,861	9,957	3,742	2,385	211	4,194	6,014	6,399	3,384	349	1,702	2,757	1,515	74,561	10,335	1,147	191	636	218	902
合計	計	190,561	55,499	10,760	44,739	3,036	2,479	1,062	659	218	1,091	903	1,076	3,408	342	455	614	460	24,876	3,167	272	78	136	6	232
	農牧業	12,036	3,459	83	3,376	157	448	165	63	4	36	3	57	445	17	51	13	34	1,614	156	25	21	50	2	7
	林業	1,208	923	2	921	4	127	7	70	5	272	5	25	65	17	43		3	76	11				11	1
	漁業	145	33	7	26		2	1		2	2						2		3	14					
	鑛業	9,839	3,297	47	3,250	16	122	18	14	6	81	370	32	47	29	122	1	175	1,655	612	11	1		2	38
	工業	62,432	20,412	2,113	18,299	1,497	705	414	204	66	190	106	278	1,493	85	25	320	167	11,463	1,037	119	16	60	7	25
	土木業	23,835	3,499	396	3,102	135	195	57	56	47	141	133	232	204	52	44	34	14	1,464	239	4	1	8	3	42
	建築業	23,493	6,659	915	5,744	570	212	166	166	45	116	192	177	261	60	47	32	42	3,272	342	13	4	15	12	47
	商業	1,736	652	195	471	25	45	19	5	1	10	2	6	57	5	3	2	2	216	23	31	4	5	1	
	運輸業	12,966	4,159	1,353	2,806	133	136	53	25	22	49	19	33	268	17	27	38	36	1,638	221	11	3	7	17	4
	雜業	37,211	12,436	5,579	6,909	434	487	220	143	22	132	53	233	588	73	51	112	57	3,427	459	41	2	45	8	60
河北	計	31,945	22,407	944	21,463	1,393	1,248	458	356	20	225	26	448	1,656	143	179	77	273	16,168	2,169	232	57	152	40	130
	農牧業	4,306	1,574	15	1,559	76	132	63	36	2	3	2		165	9	16	2	21	317	57	23	17	39	4	5
	林業	725	271		291	3	44	4	20	1	69		12	25	3	16		3	57	10				6	1
	漁業	116	24	2	22		2	1		2	2								3	12					
	鑛業	3,924	1,406	3	1,403	10	48	10	4	1	21	137	7	16	6	31	1	37	631	400	7	1			33
	工業	33,330	11,611	168	11,443	239	397	152	57	15	62	44	28	716	42	40	28	112	7,637	764	35	15	48	3	12
	土木業	8,243	1,440	29	1,411	63	97	21	27	8	33	21	104	64	24	15	16	6	726	135	4	1	7	1	31
	建築業	11,343	3,793	43	3,749	391	140	52	67	25	53	43	96	164	24	19	23	27	2,370	202	17	3	12	10	24
	商業	942	331	22	309	12	29	10	3	1	1		5	28		2	1	1	146	21	29	2	7	1	
	運輸業	5,079	1,814	21	1,523	114	59	23	18	9	26	2	17	154	4	13	7	22	1,074	149	11	2	2	12	3
	雜業	13,337	5,163	565	4,573	321	300	122	20	6	55	37	107	345	26	26	25	62	2,360	337	46	14	37	3	21
山東	計	105,269	26,243	3,745	22,498	1,060	1,151	558	312	115	242	562	592	1,614	189	235	527	157	3,210	240	34	11	38	26	32
	農牧業	7,562	1,847	66	1,781	56	308	101	25	2	32	1	35	212	5	35	10	12	743	66	5	4	10		2
	林業	1,150	446	2	444		80	3	47	4	203	5	13	37	4	27			16	1				4	
	漁業	28	8	5	3															1					
	鑛業	5,606	1,732	44	1,688	3	71	7	10	5	60	193	25	27	20	76		35	750	133	4			2	5
	工業	32,495	8,385	1,942	6,443	477	281	245	105	36	120	57	159	703	33	51	289	47	8,451	312	20	1	10	6	12
	土木業	14,515	1,990	367	1,623	71	30	32	29	26	106	107	121	132	25	29	24	8	913	96			1	2	11
	建築業	11,970	2,787	816	1,921	193	70	50	35	18	63	143	101	58	35	27	66	15	551	133	1	1	2	2	25
	商業	787	291	153	138	6	12	6	5		3	2	1	24	4		1	2	53	5	1		1		
	運輸業	9,693	2,340	1,231	1,049	66	131	21	7	13	22	10	22	110	13	15	27	14	544	70		1	5	5	3
	雜業	23,433	7,117	5,103	2,108	114	156	87	47	14	127	44	117	217	49	25	24	24	623	63	3	4	3	5	34
山	計	1,100	587	4	583	20	37	11	1	4	13	14	15	62	5	3	6	4	338	28	2	5	1		
	農牧業	34	27	1	26	2	3		2		1			3					14	1	1				
	林業	10	6		6		2				2														
	漁業	1	1		1															1					
	鑛業	112	64		64		1					3	3						45	3					
	工業	436	275		275	10	10	4	2	2		2	11		3	2	2	4	177	9			1		1
	土木業	20	24		24			1					3	1					10	2					
	建築業												1												

離滿、鄉關省別(1)

西	商業	195	88		88	1	4	2	1		1		2	2	1			3	56	3	3	1			
	運輸業	31	15	1	14		2						1		1				7	1					
	雜業	33	19		19								2	2					15						2
河南	計	3,326	2,344	9	2337	18	352	25	15	82	337	292	18	12	3	13	11	[illegible]	879	101	37	2	1		15
	農牧業	95	68		68		2	10	4		1	34		4					1	11	1				
	林業	6	3		3									1					2						
	漁業																								
	鑛業	1,001	465	2	465		1				1	1				10		23	362	67					
	工業	320	175		173	8	57	1	4		1			4		1		5	57						
	土木業	1,466	1427		1427	3	286	1		82	330	230	17	33			10		366	10	22	2	1		
	建築業	32	10	2	8	1					1		1						1	1	1				15
	商業	302	153		153	6	5	11	5		1	7		18	3	2	1	6	77	2	3				
	運輸業	49	17	3	14		1	2						8					2	1	2				
	雜業	55	26		26				2		2			3				1	11	6					
江蘇	計	2136	1,591	235	1356	4	139		1	3	44	23	8	65			34	16	563	255	171			23	7
	農牧業	40	19	2	17		6											1	6	4					
	林業																								
	漁業																								
	鑛業	1,097	686		656						2	3						13	425	243					
	工業	64	23		23	2								16					4	1					
	土木業	637	621	33	588		133		1		41	17	8	48			34	2	115	4	171				
	建築業	31	26		26	1				2	1	1							2	1				5	7
	商業	9	3		3														2	1				18	
	運輸業	230	201	137	4	1				1									2						
	雜業	46	12	3	7									1					7	1					
安徽	計	1,093	866	59	807		10		1	114	438	17	2	14		2	5		198	4					
	農牧業	5	4		4						3								1						
	林業																								
	漁業																								
	鑛業	222	33		33											2			27	4					
	工業	6	1		1														1						
	土木業	812	809	46	763		10		1	114	435	19	2	14			5		163						
	建築業	9	5	1	4														4						
	商業																								
	運輸業	17	13	12	1														1						
	雜業	2	1		1														1						
其他	計	621	418	190	228	6	8	3	5	2	7		1	6		3			182	5					
	農牧業																								
	林業																								
	漁業																								
	鑛業	246	137		137											3			127	5					
	工業	119	70	4	66	5	7	2	2	1	1			3					45						
	土木業	21	16		16			1		1	5		1	3					5						
	建築業	3	1		1														1						
	商業	18																							
	運輸業	189	187	186	1				1																
	雜業	25	7		7				2										2						

入、郡、行、縣別（2）

入滿勞働者鄉關省別、行先省別、產業（大分類）別調

康德　　年　　月分

7-593-15

入、鄉、行、産別（1）

鄉關地	行先地／產業別	本年累計	合計	關東州	計	新京	吉林	龍江	北安	黒河	三江	東安	牡丹江
本年累計			268,808	38,039	214,769	13,186	12,106	2,765	1,713	1,451	2,820	8,422	8,888
合計	計	268808	180,741	21442	152,237	8,459	7,288	1,992	1,355	1,393	5,873	7,116	7,724
	農牧業	19648	11,083	745	10,338	592	1,184	440	326	28	192	88	281
	林業	513	274	1	273	1	15		14	3	13		3
	漁業	555	272	7	265		6	5			1		
	鑛業	39,420	27442	83	27,359	13	141	2	2	3	3,598	383	192
	工業	71,801	44,387	5,231	39,036	3,564	1,642	431	362	34	367	57	614
	土木業	45,442	42,679	1,999	40,152	476	4,505	422	221	1,069	3,318	4,541	3,380
	建築業	34,961	21,862	2,594	19,268	1,352	237	360	240	177	414	360	1,885
	商業	4,445	2,771	213	2,558	163	285	60	47	6	27	15	35
	運輸業	22,193	13,162	5,781	7,381	411	238	68	33	16	71	25	419
	雜業	29,850	16,863	4,436	12,377	951	637	145	103	20	218	11	338
河北	計	58,297	49,567	1,462	48,105	2,628	2,255	415	549	386	591	94	1,459
	農牧業	3,937	2,299	90	2,209	125	140	12	45	5	10	3	16
	林業	317	152	1	151		9		1		6		3
	漁業	393	193	5	188		1	2					
	鑛業	8,478	4,452	2	4,450	4	66				12	22	1
	工業	31,869	17,047	477	16,569	1,162	659	51	57	2	52	7	77
	土木業	9,200	7,852	112	7,740	175	630	136	131	203	421	54	975
	建築業	13,226	6,418	187	6,229	586	282	56	157	171	31	2	243
	商業	2,297	1,425	77	1,348	84	64	25	25	1	3	1	10
	運輸業	6,325	3,541	224	3,313	174	97	12	7		13	1	13
	雜業	12,073	6,189	279	5,910	210	310	41	58	4	57	4	9
山東	計	171,895	125,068	12,437	105,531	5,791	6,062	1,543	982	986	3,467	6,913	6,501
	農牧業	15,537	8,680	653	8,029	464	1,336	369	219	23	178	51	213
	林業	190	119		119	1	9		12	3	65		6
	漁業	182	79	2	77		5	3			1		
	鑛業	27634	21,165	31	21,084	9	74	2	2	3	3,564	1,354	171
	工業	39,168	26,352	4,812	22,140	2,625	215	398	297	31	313	30	571
	土木業	33,208	31,869	1,806	30,063	295	3,396	281	24	169	2,612	4,214	3,012
	建築業	21,585	15,363	2,701	12,664	1,362	476	322	53	24	411	354	1,697
	商業	1,626	1,102	120	986	73	212	22	16	5	26	3	17
	運輸業	13,131	9,182	5148	4,034	236	138	54	27	14	58	37	299
	雜業	17,614	10,555	4,148	6,407	170	322	104	69	16	196	73	302
山	計	1480	887	2	385	12	11	8	2		9	5	53
	農牧業	34	15		15								2
	林業												
	漁業												
	鑛業	761	504		504								
	工業	255	124		124	9	4	1			2		
	土木業	26	85		85			3	1		8	5	40
	建築業	75	37	1	36	2	1	2					

鄉關地	行先地／產業別	濱江	間島	通化	安東	四平	奉天	錦州	熱河	興安西	興安南	興安東	興安北
本年累計		25,929 20,167	2,407 1,674	5,183 3,039	4,473 3,209	6,281 3,056	104,984 66,598	18,590 11,395	1,945 1,403	134 92	335 202	872 838	1,517 1,424
合計	計	1,351	235	629	239	374	3,868	275	97	30	54	8	25
	農牧業	16	1	7	3	1	107	13	3			1	
	林業	15			1		54	152			1		
	漁業	22	507	1,441	9	1,390	12,792	5,657	3				326
	鑛業	6,549	356	193	1,130	660	19,649	2,405	607	38	83	14	57
	工業	7,930	213	151	736	183	3,580	997	353	2	2	574	758
	土木業	1,354	141	337	472	107	8,319	837	136	2	15	227	124
	建築業	378	16	13	23	62	1,170	83	111	10	5	2	12
	商業	747	47	70	209	51	4,759	167	26	2	3	7	13
	運輸業	1,755	168	200	362	228	6,260	741	67	8	33	5	31
	雜業	4,283	30	288	132	1,866	27,490	4,816	731	35	111	15	774
河北	計	228	17	13	7	73	1,185	142	68	10	24	3	13
	農牧業	5		3	2	1	102	19	2				
	林業	6			1		13	165					
	漁業	3	1	186		483	1,663	1,855	2				146
	鑛業	1,206	32	35	35	269	11491	1,277	174	6	36	2	21
	工業	2,034		2	90	10	1,962	235	160	2	2	1	447
	土木業	200	5	13	15	42	3,834	342	127	2	8	3	15
	建築業	117	4	8	3	25	770	63	30	9	5	1	7
	商業	182	6	6	27	27	2662	107	24	2		5	1
	運輸業	300	10	22	12	131	3912	633	62	4	36		14
	雜業	15,655	1,559	2,927	2,766	1,932	36,517	6,113	455	54	90	800	664
山東	計	1119	216	614	232	315	2662	115	28	20	30	5	7
	農牧業	10	1	4	1		3		1			1	
	林業	9					41	17			1		
	漁業	19	506	1,234	9	848	3659	3,199	1				230
	鑛業	5,316	324	159	1,095	385	9,353	1,114	390	30	46	12	31
	工業	5,790	213	149	597	171	7,017	705	16			568	270
	土木業	1,152	183	324	477	65	4450	543	4		7	216	28
	建築業	232	8	3	23	28	265	8	9			1	5
	商業	551	40	64	182	24	2145	58	2		3	2	10
	運輸業	1,443	38	178	350	96	2,322	151	4	4	3	5	17
	雜業	25	2	6	1	7	703	21	9	1			4
山	計						13						
	農牧業												
	林業												
	漁業			6		3	481	14					
	鑛業	4				1	38	3	1				1
	工業	8					12		5				
	土木業	2					27						1
	建築業												

西	商業	129	13	1	11	2			1					1					8						
	運輸業	100	6	1	5								1			1			3						
	雜業	312	13		13			1					2	1			1		7			1			
河南	計	2,810	97	1	96	1	2	3		1	4	1	6	6		8	1	2	47	7	1				1
	農牧業	161	3		3			1						2											
	林業	11	2		2									2											
	漁業																								
	鑛業	253	25		25						1					6			17	1					
	工業	351	32	1	31	1		1			2		4		2		1	2	14	4					
	土木業	587	3		3									1		2			5						1
	建築業	167	5		5							1	1						2	1					
	商業	87	8		8		1							1					5	1					
	運輸業	70	6		6					1					1			1	3						
	雜業	475	7		7		1	1			1		1		1				1						
江蘇	計	1,140	89	12	77	3		1		1	4	1	1	4	1	3			41	11	1				1
	農牧業	65	3		3														3						
	林業	7																							
	漁業																								
	鑛業	205	55		55						4	1		1	1	3			30	15					
	工業	129	7		7	3								3	2				2	2					
	土木業	433	6	1	5			1											1						
	建築業	54	4	1	3								1						2						
	商業	2																							
	運輸業	53	6	5	1					1															
	雜業	37	3	5	3														3						
安徽	計	301	69	1	68						3					4			12	2					
	農牧業	4																							
	林業	2																							
	漁業																								
	鑛業	113	53		58											4			6	2					
	工業	33	3		5											1			4						
	土木業	77																							
	建築業	25	4		4						2								2						
	商業	1																							
	運輸業	8	1		1						1														
	雜業	14	1	1																					
其他	計	153	21	13	8	1	1						2						4						
	農牧業																								
	林業																								
	漁業																								
	鑛業	11	2		2																				
	工業	55	8	5	3	1	1												2						
	土木業	10	1		1														1						
	建築業	2	1	1															1						
	商業	2																							
	運輸業	8	3	1	2								2												
	雜業	15	6	6																					

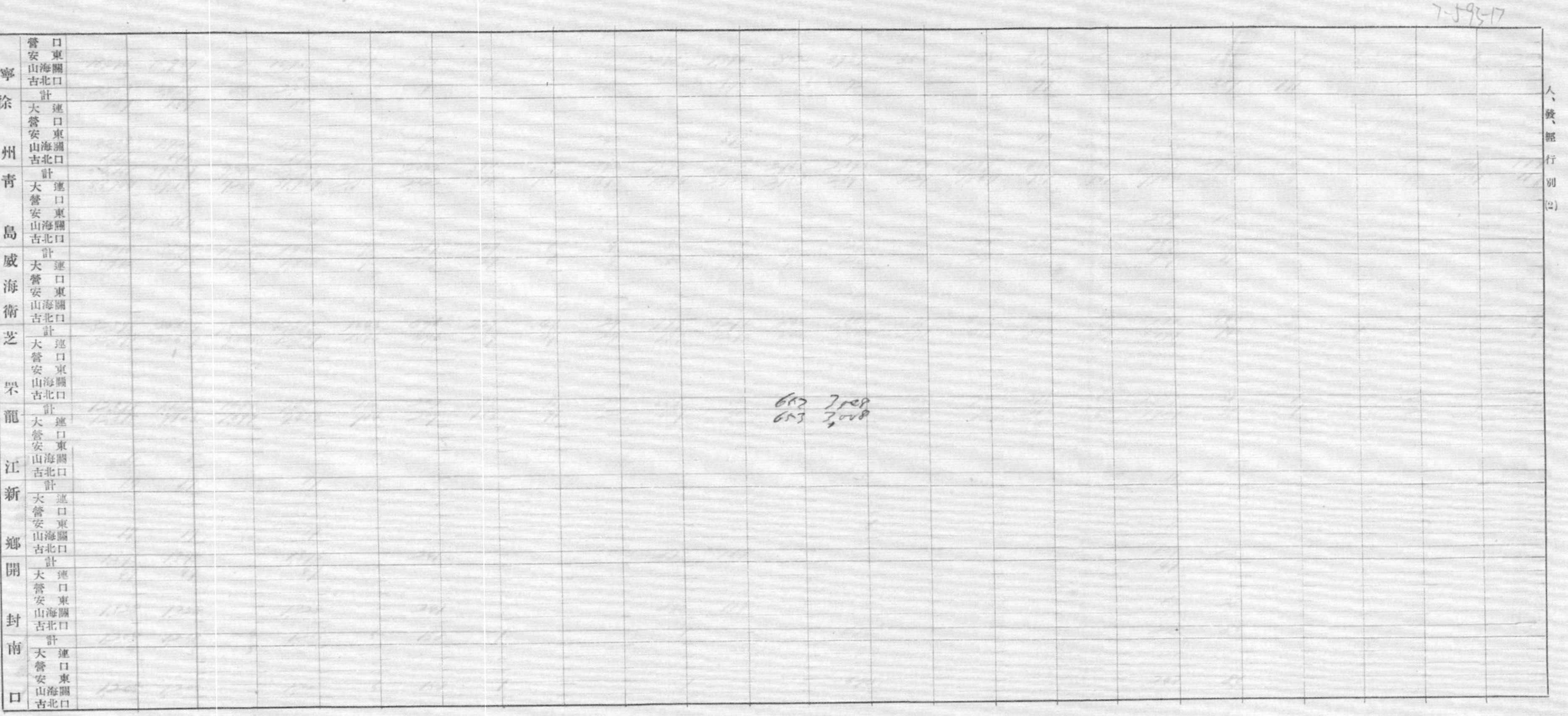

地区	口岸
寧	營口
	安東
	山海關
	古北口
	計
徐州	大連
	營口
	安東
	山海關
	古北口
	計
青島	大連
	營口
	安東
	山海關
	古北口
	計
威海衛	大連
	營口
	安東
	山海關
	古北口
	計
芝罘	大連
	營口
	安東
	山海關
	古北口
	計
龍江	大連
	營口
	安東
	山海關
	古北口
	計
新鄉	大連
	營口
	安東
	山海關
	古北口
	計
開封	大連
	營口
	安東
	山海關
	古北口
	計
南口	大連
	營口
	安東
	山海關
	古北口

人、錢、經行別(2)

7-593-18

入滿勞働者發證地別、經由地別、行先省別調

康德　年　月分

入、發、經行別(1)

發證地	經由地	本年累計	合計	關東州	計	新京	吉林	龍江	北安	黑河	三江	東安	牡丹江	濱江	間島	通化	安東	四平	奉天	錦州	熱河	興西	興南	興東	興北
本年累計																									
合計	計		180,741	21,442																					
	大連		78,158																						
	營口																								
	安東																								
	山海關																								
	古北口	1,494	1,114																						
北京	計	6,288	3,347	34																					
	大連	50	33	33																					
	營口																								
	安東																								
	山海關	5,593	2,877	1	2,876																				
	古北口	645	437		437																				
古北口	計	355	236		236																				
	大連																								
	營口																								
	安東																								
	山海關																								
	古北口	355	236																						
天津	計	56,006	30,817	1,770	29,047	2,250	1,142																		
	大連	5,562	2,584	1,711	873																				233
	營口																								224
	安東																								
	山海關	50,396	28,211	59	28,152	2,237																			
	古北口	98	22		22																				
山海關	計	38,791	21,105	18	21,087																				
	大連																								
	營口																								
	安東																								
	山海關	38,791	21,105																						
	古北口																								
德縣	計	6,581	5,238																						
	大連																								
	營口																								
	安東																								
	山海關																								
	古北口																								
濟南	計						2,377	361	265	15	2,802	1,156	1,041												
	大連						15	3			8	1	1												
	營口																								
	安東																								
	山海關	29,934	23,555	133	23,442		2,364	358	265	15	2,794	1,155	1,645	2,047											
	古北口	260	234		234	306																			
濟	計	18,423	19,320	317	17,003	153	635	189	121	217	2,078	1,398	806	3,938	350	33									
	大連	1,826	1,381	315	1,066	2	1					4	4	1											

勞働者入滿概況

康德　年　月分

許可不許可 區別 經由地	入滿ヲ許可セラレタル者							許可セラレザル者		
	勞工証所持者	勞工証所持者隨伴家族			特別勞工証所持者	特種勞工証所持者	其他	計	勞工証所持者	其他
		計	男	女						
本年累計	268,858									
前年同月增減比較（△印ハ減）	35,008									
月計	180,741									
大連	78,158									
營口										
安東										
山海關	101,469									
古北口	1,114									

勞働者離滿概況

康德　年　月分

區別 經由地	勞働者			勞働者隨伴家族			特別証所持者	特種証所持者	其他
	計	勞工証所持者	勞工証無所持者	計	男	女			
本年累計									
前年同月增減比較（△印ハ減）									
月計									
大連									
營口									
安東									
山海關									
古北口									

日本陆军少将滨田平关于华北苦力言论引发流言的报告（一九四三年二月二十二日）

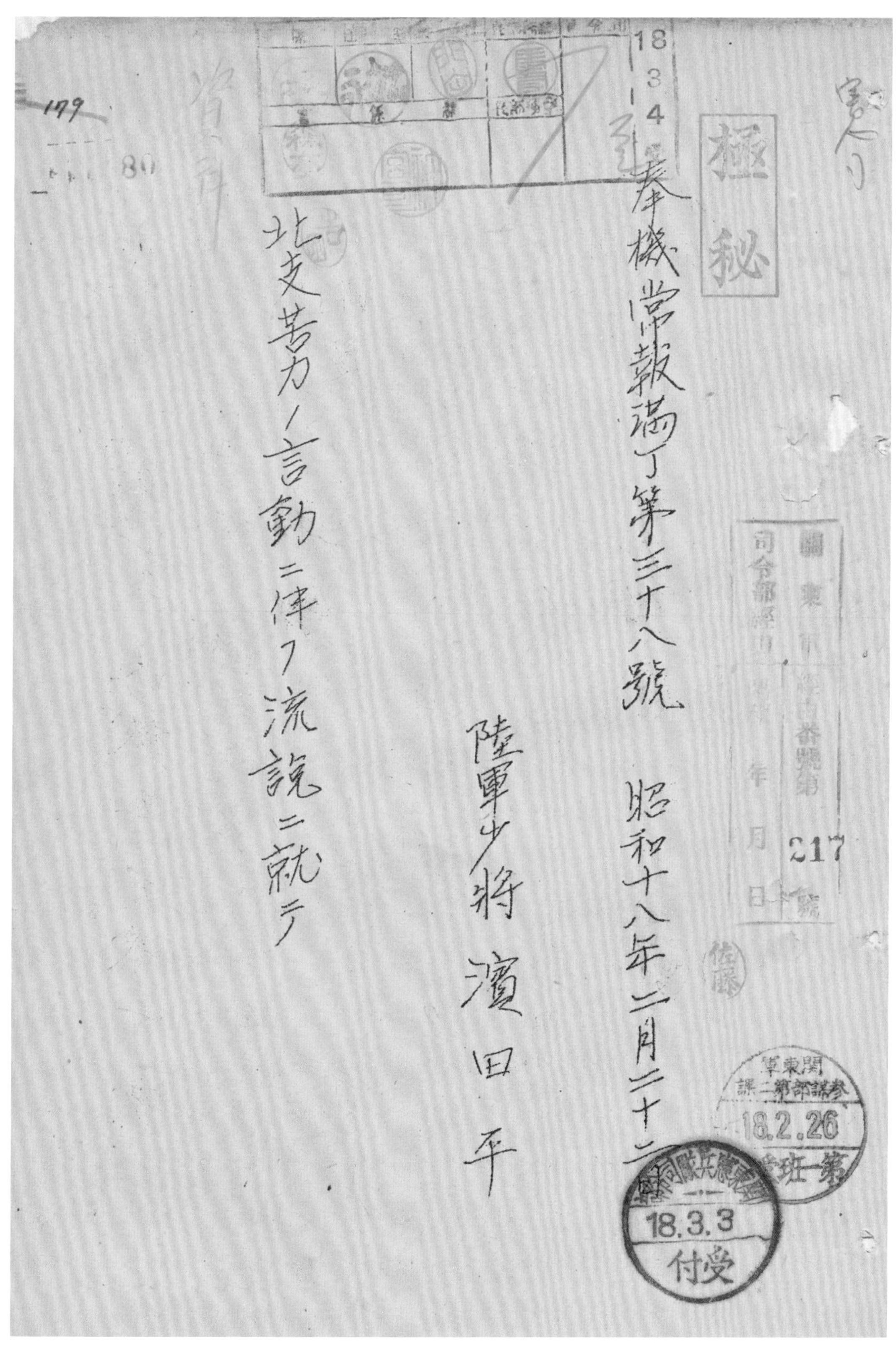
極秘

奉機常報滿丁第三十八號

昭和十八年二月二十二日

陸軍少將 濱田平

北支苦力ノ言動ニ伴フ流說ニ就テ

180

81

河北、山東省方面ヨリノ入満苦力ハ昨年末以来激増シアルカ之等ノ中ニ左記ノ如キ不穏言動ヲナス者アリ之カ為下層苦力間ニ北支ヨリノ移住者激増シアルハ食糧難或ハ共匪ノ壓迫ニ因ルモノニアラズシテ日本軍カ粛正ニ名ヲ籍リ良民ヲ射殺スル為生命ノ危険ヲ感シ避難シ来ルモノナリトノ流説行ハレアリ

左記

吾々カ郷里ニ於テ蔣系匪團或ハ共産軍ノ所在ヲ密告セハ討伐隊ハ直ニ出動シ恰モ全部落カ匪團ナルカ如ク解シ一斉ニ攻擊シ之カ爲匪團ト共ニ又ハ匪團逃走後良民ノミ射殺サルルコトアリテ何時斯カル危險ニ遭遇スルヤ計ラレス至極危險ナリ

伪满民生部劳务司编制的一九四三年三月出入伪满劳工统计月报（一九四三年三月）

入離滿勞働者統計月報

康德10年3月分

民生部勞務司

勞工證發給概況

康德　　年　　月分

發給概況 / 發證地			本年累計	前年同月增減比較（△印ハ減）	月計	北京	古北口	天津	山海關	德縣	濟南	濟寧	徐州	青島	威海衛	芝罘	龍口	新鄉	開封	[illegible]
出國（境）	來所者		[illegible]	[illegible]	[illegible]	[illegible]	287	17,076	23,118	3,978	1,224	8,236	100	8,107	1,316	11,060	5,065	1,088	1,612	672
	一見拒否		[illegible]	[illegible]	[illegible]			240	2,173	447	6	2		65	7	2,137	220	162	4	
	受付																			
	不合格																			
	制限拒否																			
勞工證	受給者	計	976,641	[illegible]	92,122	5,040	287	16,336	20,991	3,531	1,218	8,294	100	8,042	1,309	8,923	4,345	926	1,608	672
		單獨	770,451	△3,519	53,254	3,522	219	11,695	12,778	1,950	751	4,676	100	4,268	925	6,448	3,173	641	1,247	661
		家族同伴者	206,130	18,904	39,568	1,518	68	3,441	8,213	1,581	467	3,618		3,774	384	2,475	1,672	285	361	11
	隨伴家族	計	460,424	[illegible]	76,939	3,932	184	12,216	22,118	4,125	1,226	8,397		9,052	951	6,310	4,248	729	800	21
		男	125,066	17,074	23,042	1,228	67	3,464	6,121	1,249	382	2,318		2,578	214	1,836	1,150	232	237	6
		女	335,358	56,233	53,897	2,704	117	8,752	16,117	2,876	844	6,079		6,474	737	4,474	3,098	497	563	15
特別證	受給者	本年累計	6,770		6,770	62	134	3,471	51	4		2		20	421	143	385	1		736
		月計		△530	290	9	16	163	14			2		2	5	49	10			
	返納者	本年累計																		
		月計																		
	失効者	本年累計																		
		月計																		
特種證	受給者	本年累計	8,790		8,790															
		月計																		

勞働者入滿概況

康德　年　月分

許可不許可 區別 經由地	入滿ヲ許可セラレタル者							許可セラレザル者		
	勞工証所持者	勞工証所持者隨伴家族			特別勞工証所持者	特種勞工証所持者	其他	計	勞工証所持者	其他
		計	男	女						
本年累計	1034477	481173	131003	350170	5822		194930	430	432	
前年同月增減比較（△印ハ減）	41406	81862	25934	55928	△471					
月計	159051	103123	30701	72422	301		28402			
大連	29480	22683	6228	16455	47		5606			
營口										
安東										
山海關	128782	80023	24389	55634	237		22782			
古北口	789	417	134	283	14		14			

勞働者離滿概況

康德　年　月分

區別 經由地	勞働者			勞働者隨伴家族			特別証所持者	特種証所持者	其他
	計	勞工証所持者	勞工証無所持者	計	男	女			
本年累計	493729			100820	32796	68024	1740		89296
前年同月增減比較（△印ハ減）	333835			△9000	175	△10917			
月計	85969			13262	4763	8499			446
大連	35187			3844	583	3261			446
營口									
安東									
山海關	50307			7401	1877	5524			
古北口	475			17	3	14			

離滿勞働者滯滿省別、鄉關省別、產業(大分類)別調

康德　　年　　月分

鄉關地	產業大分類＼滯滿地	本年累計	合計	關東州	計	新京	吉林	龍江	北安	黑河	三江	東安	牡丹江	濱江	間島	通化	安東	四平	奉天	錦州	熱河	興西	興南	興東	興北
本年累計		509754		126214	383540	26187	23486	11346	6449	4254	12826	13166	15440	37164	3193	6269	8497	2909	178603	23680	2073	489	1515	1062	2639
合計	計	509754	56482	11629	44856	2082	2804	2061	783	1598	5454	2620	2266	4143	216	950	556	264	10720	2800	302	38	379	199	640
	農牧業	26906	1144	244	900	44	108	89	26	9	19	3	24	169	12	14	3	22	259	22	30	14	7		1
	林業	5956	397		397	4	76	2	13	30	72	2	41	69	6	29	1		8					45	1
	漁業	440	38	16	22				1		7			1					7	6					
	鑛業	32862	2634	61	2573	16	100	6	1	1	177	165	20	22	43	151	5	53	1562	214	1		2		40
	工業	171146	16639	2240	14399	2199	353	669	286	124	244	258	895	1938	71	147	591	69	4625	2205	192	11	25	13	12
	土木業	66428	20849	749	20100	90	2956	1890	226	1188	4492	2928	1433	1446	18	476	70	12	1832	156	6		370	65	556
	建築業	58112	4884	1705	3179	245	85	326	153	105	241	116	390	239	22	79	118	11	826	133	29	2	8	36	16
	商業	6464	251	142	109	6	9	3	3	1	4		5	24	2	2	5	2	69	13	36	6	1		
	運輸業	37579	3163	1982	1181	52	61	75	29	100	102	18	69	157	11	32	36	27	569	20	4		1	34	1
	雜業	102261	6386	4658	1728	123	126	68	45	15	126	130	144	180	31	70	91	8	577	31	14	5	5	6	13
河北	計	187065	11344	860	10484	635	948	282	334	204	835	290	577	519	52	144	28	59	1692	690	140	28	242	68	478
	農牧業	9618	196	15	181	9	7	11	4		1		5	32	1	1		2	71	7	19	8	3		1
	林業	2067	123		123	2	32		3	12	11		4	28	1	10			4					25	1
	漁業	295	22	13	9				1										6	2					
	鑛業	12610	994	3	991	2	32	1	1		7	19	3	5	11	55		10	411	147			4		19
	工業	94329	3364	158	3206	386	106	122	113	18	35	22	72	289	16	55	12	23	1321	541	52	6	7	6	6
	土木業	18119	4119	167	3952	74	695	79	78	90	690	209	389	81	4	12	2	4	596	78	4		229	7	428
	建築業	24208	1134	69	1065	128	30	46	113	6	39	21	64	60	2	32	6	5	764	85	38	1	4	14	9
	商業	9167	125	21	104	5	6		2					7	2			2	44	12	20	4			
	運輸業	12412	728	79	649	31	18	11	10	77	33	6	12	86	6	4	4	4	366	14	4			14	1
	雜業	20240	499	235	264	53	22	14	12	1	19	15	23	32	10	5	4	3	189	24	13	4	2	2	3
山東	計	313442	43711	10431	33280	2083	2669	2958	402	941	4224	2111	1958	3481	163	768	857	202	6454	1830	143	8	118	129	145
	農牧業	16864	925	225	700	35	100	95	21	9	18	3	19	135	12	13	3	20	209	13	9	3	3		
	林業	3986	268		268	2	52	2	9	19	59	2	37	39	5	19	1		4					30	
	漁業	144	16	3	13						7			1					1	4					
	鑛業	18989	1814	58	1756	8	65	5		1	167	104	17	17	32	95	5	37	1088	83	1				21
	工業	93867	13023	2075	10998	1983	219	534	170	101	198	234	319	1639	54	90	585	44	7224	1641	127	4	17	7	5
	土木業	44932	15269	577	14692	65	2442	1491	116	673	3420	2526	1036	1293	14	469	78	8	879	70	2		89	58	105
	建築業	33357	3686	1636	2050	118	54	295	40	98	198	83	326	176	20	42	112	6	454	44	1		4	21	4
	商業	2986	209	151	58	1	2	1	1	1	3		5	15		2	4		19	1	2		1		
	運輸業	24851	2415	1694	721	21	42	23	19	21	68	11	59	71	5	18	32	83	216	6			1	19	
	雜業	72568	5596	4312	1284	80	93	52	32	14	123	109	146	75	21	25	87	4	339	7	1	1	3	4	10
山	計	2009	183	1	182	7	10	9		1	14	8	6	8				1	140	3	3	6	2	1	3
	農牧業	140	2		2																	2			
	林業	32	2		2		1																		
	漁業	1																							
	鑛業	398	37		37		1			1									36						
	工業	1251	57		59	7		4				1	2	2				1	35	3		1			1
	土木業	219	40		40		6	2			14	6	1	1					8				2		
	建築業	[illegible]	22		22			1						1					19			1			2

籍貫、郷黨別 (2)

西	商業	173	11		11									2											
	運輸業	122	3		3		1	2											2		3	2			
	雜業	356	9	1	8		1					1	3	2					1					1	
河南	計	4483	969	2	967	54	181		23	191	270	68	10	12					1						
	農牧業	199	13		13			12	1					1	1	7	1	2	71	25	16	1	4	1	12
	林業	52						3											3	1	2	1	1		
	漁業																								
	鑛業	331	23		23		1				1	1													
	工業	1267	153	1	152	52	28		2	51	1	1	2	4		1			8	11					
	土木業	1682	727		727		150	3	20	184	265	60	9	5	1	2		1	26	11	13				
	建築業	215	27		27	2	1			1	1	2	2	2					18	1			3		12
	商業	128	6		6		7	3			1								9	1				1	
	運輸業	93	7		7					1	1	1					1		2		1				
	雜業	516	13	1	12			1				3	2						3						
江蘇	計	1787	461	18	443	4	20	2	17	6	92	138	3	60				1	4						
	農牧業	79	8	4	4		1							1					17	59			7		
	林業	17	4		4		1		1		2								1	1					
	漁業																								
	鑛業	392	24		24		1				2	1													
	工業	187	28	1	27	1			1					5					18	2					
	土木業	840	372	3	369	1	19		14	6	37	133	3	54					14	6					
	建築業	69	9		9	2														47			7		
	商業	5																	4	3					
	運輸業	72	5	5																					
	雜業	126	11	5	6				1		1	4													
安徽	計	1101	332		332		46		4	235	19		1	12											
	農牧業	4														1			4	4			5		1
	林業	2																							
	漁業																								
	鑛業	133	2		1																				
	工業	69	4		4														1	1					
	土木業	822	318		318		46		4	235	19			12					1	7					
	建築業	36	4		4						1		1						1				5		1
	商業	2														1									
	運輸業	11																							
	雜業	22	4		4						3														
其他	計	169	23	15	8						3			1					1						
	農牧業	2																	2				1		1
	林業																								
	漁業																								
	鑛業	14																							
	工業	76	8	5	3									1											
	土木業	19	4	2	2						2								1				1		
	建築業	7	2		2						1														1
	商業	3																							
	運輸業	18	5	4	1																				
	雜業	33	4	4															1						

伪满民生部劳务司长斋藤武雄关于送交一九四二年七月出入伪满劳工统计月报致伪满中央银行调查课长的函（一九四三年四月十七日）

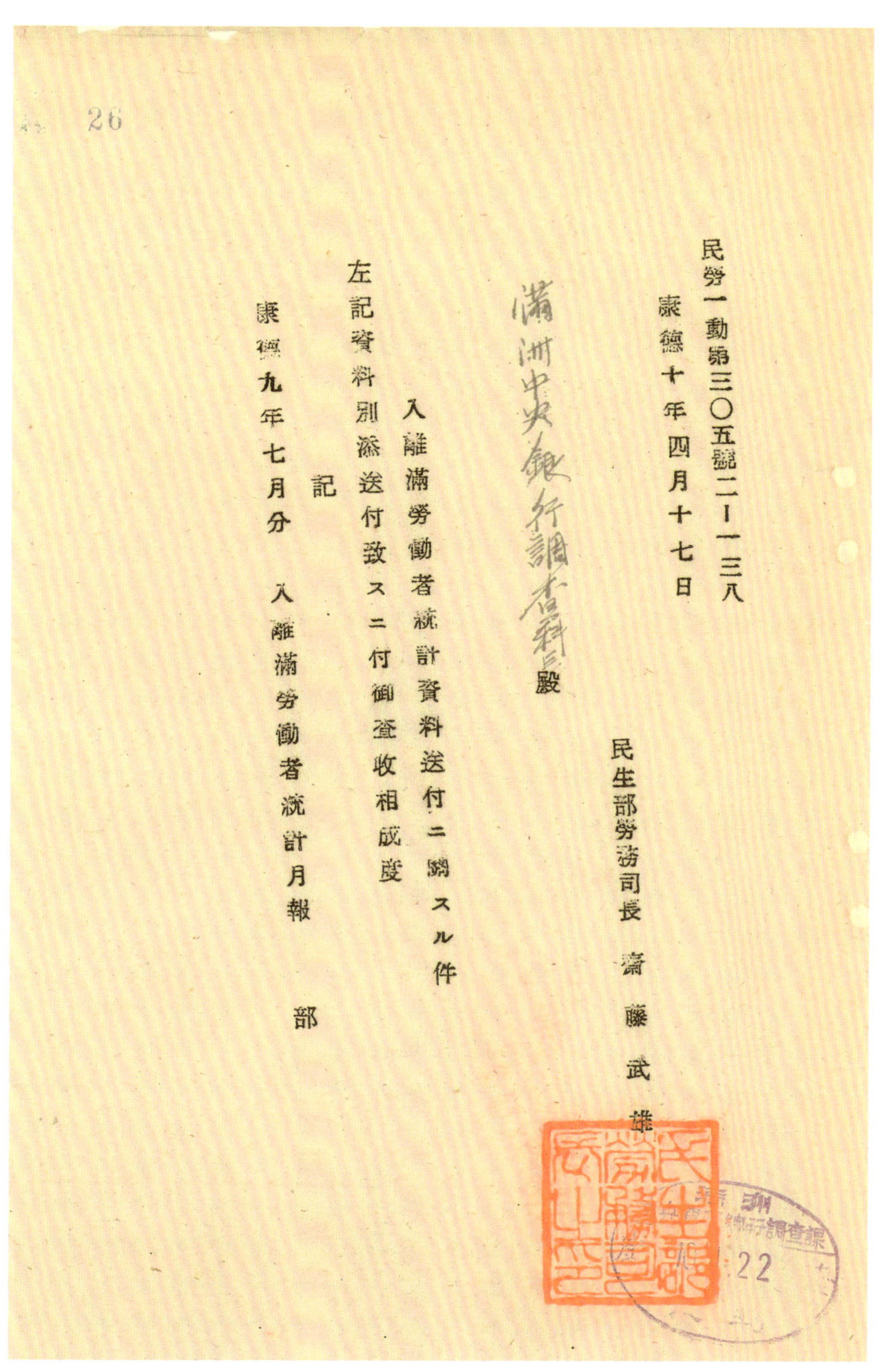

26

民労一動第三〇五號二一一三八
康德十年四月十七日

民生部勞務司長　斎藤武雄

滿洲中央銀行調查科長殿

入離滿勞働者統計資料送付ニ關スル件

左記資料別添送付致スニ付御査收相成度

記

康德九年七月分　入離滿勞働者統計月報　部

附：伪满民生部劳务司编制的出入伪满劳工统计月报（一九四二年七月）

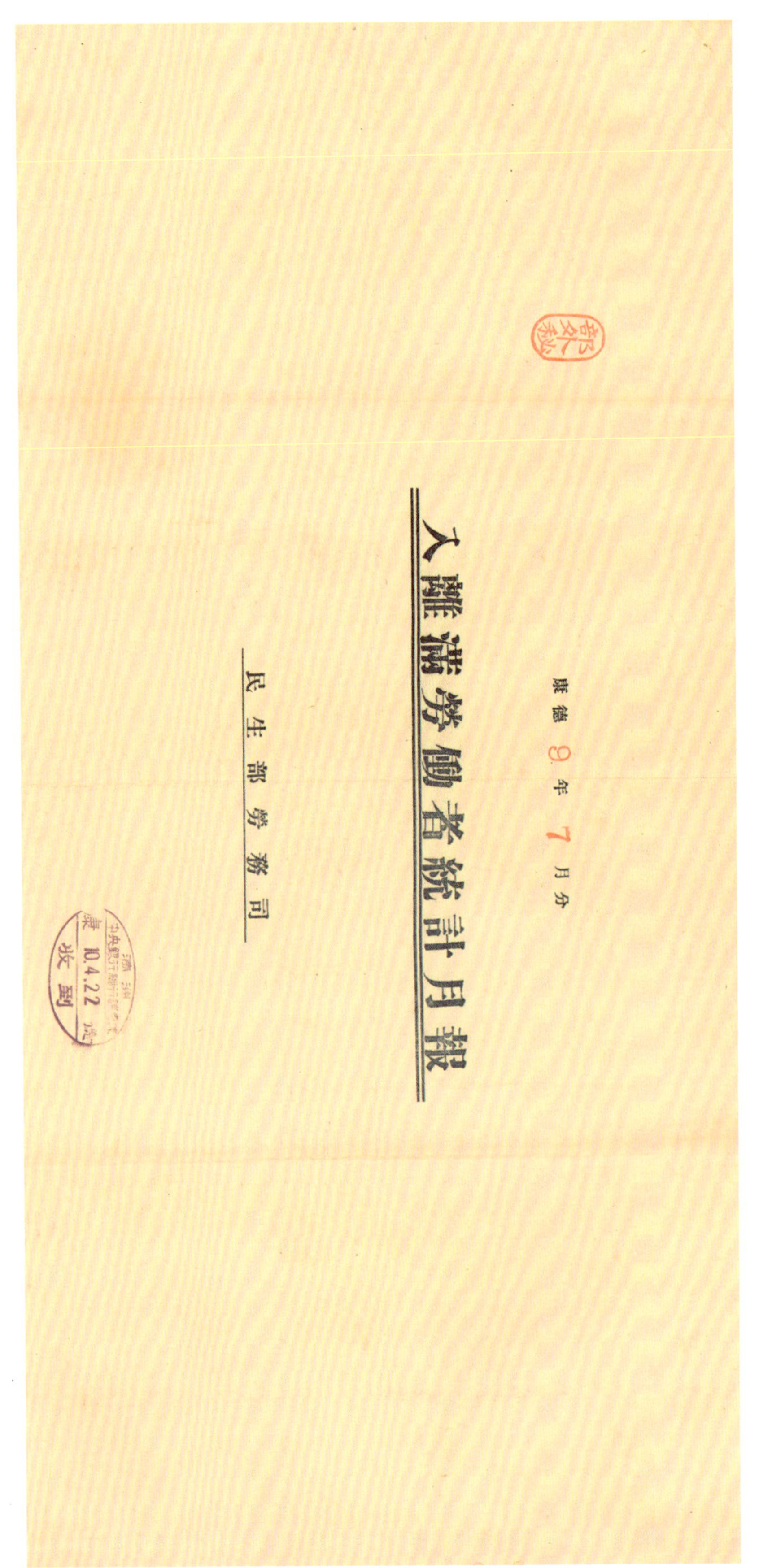

入離滿勞働者統計月報

康德 9 年 7 月分

民生部勞務司

勞工證發給概況

康德　　年　　月分

發給概況＼發證地		本年累計	前年同月增減比較（△印ハ減）	月計	北京	古北口	天津	山海關	德縣	濟南	濟寧	徐州	青島	威海衛	芝罘	龍口	滄縣	開封	石門口
出國（境）	來所者	578,080	△18,862	101,621	3,270	166	18,643	14,414	2,601	12,136	2,709	1,042	20,927	2,347	14,333	6,851	719	696	837
	一見拒否	13,487	734	3,084	38		1,132	715	394	24	9	89	123	23	286	102	55	94	
	受付																		
	不合格																		
	制限拒否																		
勞工證 受給者	計	564,513	△15,773	98,537	3,232	166	17,561	13,779	2,207	12,118	2,700	953	20,604	2,324	14,049	6,749	664	602	837
	單獨	415,811	△16,817	79,899	2,891	149	15,247	11,172	1,789	10,808	2,437	931	15,457	1,597	10,201	5,204	623	576	837
	家族同伴者	88,782	844	18,638	361	17	2,314	2,607	418	1,304	263	22	5,147	727	3,846	1,545	41	26	
隨伴家族	計	185,814	3,231	41,309	371	32	3,981	5,595	789	3,043	509	35	12,480	1,429	9,352	3,553	89	31	
	男	47,808	110	10,114	101	7	700	1,173	164	886	134	10	3,573	201	2,253	867	24	21	
	女	138,006	3,121	31,195	270	25	3,281	4,422	625	2,157	375	25	8,907	1,228	7,097	2,686	65	10	
特別證 受給者	本年累計	4,143	344	4,193	24	78	2,310	314	3				67	455	607	274	1		
	月計		△357	410	3	11	227	63	1				6	83	17	51			
特別證 返納者	本年累計																		
	月計																		
特別證 失効者	本年累計																		
	月計																		
特種證 受給者	本年累計	3,271	1,483	3,271	1,831		4								1,406				
	月計		47	197	155										42				

勞働者入滿概況

康德　　年　　月分

經由地＼區別＼許可不許可	入滿ヲ許可セラレタル者							許可セラレザル者		
	勞工証所持者	勞工証所持者隨伴家族			特別勞工証所持者	特種勞工証所持者	其他	計	勞工証所持者	其他
		計	男	女						
本年累計	413,915	161,865	48,237	126,628	3,953		1,651	435		
前年同月增減比較（△印ハ減）	2,421	1,578	△209	1,789	329		△6,332			
月計	101,560	41,765	10,054	31,711	476		6,155			
大連	48,967	27,815	7,355	20,480	196		5,929			
營口										
安東										
山海關	52,125	13,883	2,130	11,183	283		428			
古北口	468	67	17	48	11					

勞働者離滿概況

康德　　年　　月分

經由地＼區別	勞働者			勞働者隨伴家族			特別証所持者	特種証所持者	其他
	計	勞工証所持者	勞工証無所持者	計	男	女			
本年累計	244,221			[illegible]	14,669	38,?71	1,382	1	33,639
前年同月增減比較（△印ハ減）	3,563			5,217	1,372	3,844	△52		4,775
月計	52,778			15,803	4,560	11,243	160		11,018
大連	13,601			7,604	1,799	5,810	113		11,018
營口									
安東							47		
山海關	31,432			8,186	2,747	5,421			
古北口	185			26	14	12			

入滿勞働者發證地別、經由地別、行先省別調

康德　年　月分

入、發、經、行別(1)

發證地	經由地	本年累計	合計	關東州	計	新京	吉林	龍江	北安	黑河	三江	東安	牡丹江	濱江	間島	通化	安東	四平	奉天	錦州	熱河	興西	興南	興東	興北
本年累計			543,915	75,267	468,648	26,271	23,437	8,895	5,351	11,239	18,050	17,553	22,879	51,741	4,322	12,100	7,255	11,679	114,817	27,211	3,438	366	421	1,323	5,651
合計	計	543,915	101,560	15,657	84,403	4,941	4,736	2,442	966	3,568	1,844	2,641	4,440	7,085	659	2,340	1,763	2,188	32,462	7,345	567	134	143	278	1,535
	大連	239,413	48,967	16,431	32,536	2,450	1,725	571	300	1,565	1,054	1,604	2,082	6,501	502	2,009	1,351	608	7,862	571	7	67	12	264	278
	營口																								
	安東																								
	山海關	301,810	52,125	226	51,899	2,091	3,209	1,840	626	2,003	990	487	2,863	3,512	157	331	381	1,544	22,510	7,269	151	28	131	14	1,257
	古北口	2,692	465		468		1	1						4			1	1	10	4	407	37			
北京	計	13,188	3,123	146	2,713	54	38	78	14		14	1	9	118	1	9	8	24	1,413	364	1	3	3	1	
	大連	209	146	146																					
	營口																								
	安東																								
	山海關	11,695	2,718	5	2,713	54	38	78	14		14	1	9	118	1	9	8	24	1,173	364	1	3	3	1	
	古北口	1,231	257		257													1	2	2	224	30			
古北口	計	687	163		163		1	1						4			1		8	2	138	8			
	大連																								
	營口																								
	安東																								
	山海關																								
	古北口	667	163		163		1	1						4			1		8	2	138	8			
天津	計	107,795	19,343	1,628	17,994	1,082	256	121	341	456	260	333	217	1,048	18	53	137	563	9,541	3,547	31	7	14	4	36
	大連	10,358	1,714	1,539	175	4	1	2		1	4		4	2		1	3	1	148	4					
	營口																								
	安東																								
	山海關	91,362	17,665	80	17,588	1,078	255	119	341	455	256	338	213	1,046	18	52	136	562	7,373	3,243	20	9	14	4	36
	古北口	75	11		11																11				
山海關	計	74,528	13,413	10	13,403	530	832	91	91	12	52	62	63	440	12	49	13	528	7,544	2,436	121	16	87	3	417
	大連																								
	營口																								
	安東																								
	山海關	74,528	13,413	10	13,403	530	832	91	91	12	52	62	63	447	12	48	13	528	7,544	2,436	121	16	87	3	417
	古北口																								
德縣	計	13,602	2,347	28	2,319	90	287	150	22	186	5	146	55	321	1	10	4	39	778	141	4		3	3	54
	大連	313	45	27	68			1										1	66						
	營口																								
	安東																								
	山海關	13,272	2,249	1	2,248	90	287	149	22	186	5	146	55	321	1	10	4	38	732	141	1		3	3	54
	古北口	17	3		3																3				
濟南	計	65,391	12,150	250	11,900	275	1,584	1,075	99	419	395	331	2,024	1,223	115	312	15	324	2,440	604	38		13	2	552
	大連	4,951	1,007	246	761	20	15	10	2		13		1	14	1	110	11	2	559	3					
	營口																								
	安東																								
	山海關	59,991	11,113	4	11,109	255	1,569	1,065	97	419	382	331	2,023	1,209	114	202	84	322	1,881	601	8		13	2	552
	古北口	449	30		30																30				
濟	計	33,206	2,678	161	2,518	82	157	371	60	271	76	40	381	293	10	15	5	41	381	118		1	1	1	115
	大連	3,249	234	37	254			4	3				2			7			231						

寧	營口																								
	安東																								
	山海關	27,706	2,349	124	2,255	62	187	367	57	291	73	40	377	223	10	6	1	47	142	115			6	1	175
	古北口	3	1		1																	1			
徐州	計	7,446	957	87	370	1	24		2	162	5	32		139			135		208	161	1				
	大連	714	291	85	206														206						
	營口																								
	安東																								
	山海關	6,532	665	2	163	1	24		2	162	5	32		137			135		2	161					
	古北口	200	1		1																1				
青島	計	115,769	22,382	5,339	17,043	1,424	1,321	167	186	1,458	245	736	1,228	2,275	328	1,505	411	456	4,140	516	1		6	260	6
	大連	115,159	22,335	5,339	16,996	1,423	1,321	167	186	1,457	244	735	1,212	2,274	328	1,501	411	440	4,139	516	1		6	260	6
	營口																								
	安東																								
	山海關	610	47		47	1				1	1	1	16	1		4		20	1						
	古北口																								
威海衛	計	11,131	2,430	1,331	1,077	58	66	4	10	1	28	6	44	88	49	30	162		511	12		25			
	大連	11,131	2,430	1,331	1,077	58	66	4	10	1	28	6	44	88	49	30	162		511	12		25			
	營口																								
	安東																								
	山海關																								
	古北口																								
芝罘	計	65,882	14,054	6,767	7,285	513	176	200	77	86	285	662	365	875	96	313	662	96	2,637	28	7		6	4	215
	大連	65,882	14,054	6,767	7,285	513	176	200	77	86	285	662	365	875	96	313	662	96	2,637	28	7		6	4	215
	營口																								
	安東																								
	山海關																								
	古北口																								
龍江	計	26,874	6,358	910	5,449	432	157	176	80	26	380	51	458	2,256	28	45	132	62	1,117	8	1	42			
	大連	26,873	6,353	910	5,449	432	157	176	80	26	380	51	457	2,256	28	45	132	62	1,117	8	1	42			
	營口																								1
	安東																								
	山海關	1																							
	古北口																								
新鄉	計	1,251	818		818														818						
	大連																								
	營口																								
	安東																								
	山海關	1,351	818		818														818						
	古北口																								
開封	計	3,067	652		652					250	1								265	136					
	大連	523	240		240														240						
	營口																								
	安東																								
	山海關	2,544	412		412					250	1								25	136					
	古北口																								
南口	計	4,018	646	2	644	20	17	1	2	246	1	41	105	5	1			58	55	67					23
	大連	10	3	2	1														1						
	營口																								
	安東																								
	山海關	4,008	643		643	20	17	1	2	246	1	41	105	5	1			58	54	67					23
	古北口																								

入滿勞働者鄉關省別、行先省別、產業(大分類)別調

康德　　年　　月分

鄉關地	產業別／行先地	本年累計	合計	關東州	計	新京	吉林	龍江	北安	黑河	三江	東安	牡丹江	濱江	間島	通化	安東	四平	奉天	錦州	熱河	興西	興南	興東	興北
本年累計			543,915	75,269	468,646	25,271	25,739	8,855	5,301	11,274	13,050	9,053	23,217	51,841	4,322	12,100	9,255	11,669	194,817	37,311	3,438	366	721		
合計	計	543,915	101,560	16,657	84,903	4,541	4,936	2,442	986	3,568	1,844	2,641	4,946	9,085	659	2,340	1,763	2188	32,462	7,845	567	134	143		5,681
	農牧業	59,767	8,377	510	7,867	500	1,165	271	144	20	127	32	209	1,000	117	507	148	360	2,859	275	73	20	45	2	1,535
	林業	1,066	215	1	214	1	21		14	1	44	1	10	31	1	8			62	11	2	6	1		18
	漁業	715	50	4	46	1		5						1			1		4	33		1			
	鑛業	70,585	12,684	65	12,619	8	85	1	1	2	14	116	86	1	130	1,110		968	6,018	4,048	6	2			
	工業	131,458	22,377	3,185	18,392	1,471	744	276	166	27	352	123	361	2,756	64	147	567	435	9,348	1,294	156	32	41	6	23
	土木業	118,397	22,638	1,143	21,495	177	1,749	1,490	377	3,335	775	1,842	3,310	2,557	146	168	358	33	2,555	1,055	13	2	1	242	22
	建築業	68,062	10,777	1,724	9,053	1,188	348	131	109	174	288	400	610	991	105	185	286	55	3,707	253	62	30	12	15	220
	商業	11,758	3,450	212	3,238	217	186	72	43	5	38	8	42	249	12	20	28	100	1,765	246	165	23	14	3	201
	運輸業	41,957	7,973	4,866	3,107	245	167	45	25	56	49	15	73	356	26	56	122	32	1,721	97	13	1	3	1	3
	雜業	57,968	13,019	4,147	8,872	733	531	125	112	48	155	54	245	1,143	56	137	251	205	4423	503	77	17	26	4	4 27
河北	計	176,674	34,172	1,370	32,802	1,516	1,070	61	389	692	246	399	338	1,401	36	125	130	920	18,406	5,838	473	56	102	5	386
	農牧業	8,820	1,900	51	1,849	131	125		29	4	7		10	147	4	12	10	71	931	187	60	16	22	4	10
	林業	604	103		103	1	5				7		3	9		2			61	11	2	1	1		
	漁業	441	44	4	40	1		5						1					4	29					
	鑛業	21,225	6,734	10	6,724	4	50				8	3		1		29		410	3251	3,006	6				
	工業	56,332	8,754	429	8,324	517	279	33	44	2	25	6	29	308	11	25	15	174	5,684	1,006	96	8	30		16
	土木業	23,353	4,825	204	4,621	77	95	35	201	649	153	242	207	415	8	7	82	7	1,461	652	13				15
	建築業	23,815	3,214	103	3,111	311	89	23	21	3	14	138	38	113	4	11	11	32	2015	203	61	4	11		317
	商業	7,381	2,379	43	2,336	142	134	42	26	2	14	1	18	125	4	13	2	70	1,344	219	150	17	12	1	9
	運輸業	10,827	1,445	170	1,275	93	58	10	9	12	5		7	72	3	9	4	23	875	73	11	1	2		1
	雜業	23,826	4,714	360	4,354	234	235	39	51	20	13	9	26	210	2	17	6	133	2780	452	74	9	24		18
山東	計	348,071	69,071	14,671	44,400	2,990	3,835	2,146	577	2,490	1,522	2,117	4,529	7,450	621	2,183	1,508	1223	12,960	1,619	76	70	38	269	1,116
	農牧業	30,823	6,436	458	5,978	369	977	230	105	16	122	32	199	840	115	445	138	289	1,915	85	12	2	21	3	8
	林業	452	111	1	110		15		14	1	37	1	7	22	1	6			1			5			
	漁業	224	6		6												1			4		1			
	鑛業	43,956	4,558	28	4,830	3	33	1	1	2	6	113	86		130	1,058		531	2133	724		2			7
	工業	73,675	13,431	3549	9,882	939	462	217	121	25	324	117	332	2431	52	126	554	260	3,538	281	54	24	11	6	7
	土木業	86,383	16,723	872	15,851	95	1645	1,454	162	2,800	556	1,586	3024	1,959	137	161	155	26	1,066	400		2	1	242	880
	建築業	43,989	7,521	1,619	5,902	876	257	108	83	71	274	262	572	876	101	174	275	23	1,662	47	1	26	1	13	200
	商業	3,195	738	166	572	67	43	17	15	3	18	6	23	108	8	4	22	13	212	5	4		1	1	2
	運輸業	23,758	6,009	4201	1,808	147	108	35	16	44	44	15	64	283	23	47	118	9	824	24	2		1	1	3
	雜業	35,816	8,238	3,777	4,461	474	245	84	60	28	141	45	218	925	54	117	245	72	1,609	49	3	8	2	3	9
山	計	2,950	492	7	485	8	7	2	1	54	1	4	32	20	1		2	11	272	47	8	7			8
	農牧業	89	23		23		2	2						3					11	2	1	2			
	林業																								
	漁業																								
	鑛業	1,231	96		96	1	1											7	56	31					
	工業	550	112		112	4	1						1	4	1			1	93	4	3				
	土木業	385	112	6	106	3			1	54		4	31	3					1	1					8
	建築業	149	27		27									2					24	2					

西	商業	[illegible]	83	1	[illegible]		1							5			2	2	61	6	4	5			
	運輸業	61	17		17		1							1					15						
	雑業	82	15		15						1			2					11	1					
河南	計	8,200	1,596	33	1,563	10	10	19	11	276	70	59	48	169	1	12	55	21	546	231	10	1	3	1	10
	農牧業	134	13		13			4	2					3					1	1			2		
	林業	9	1		1		1																		
	漁業																								
	鑛業	2,036	545		545											8		7	350	180					
	工業	532	23	2	21	1	1		1				1	2					9	3	3				
	土木業	4,503	755	29	726	1		1	5	276	64	58	45	155	1		53		26	31					10
	建築業	53	7		7	1	1												4	1					
	商業	734	233		233	7	6	13	2		6	1	1	9		3	2	14	144	15	7	1	1	1	
	運輸業	61	4	2	2														2						
	雑業	104	15		15		1	1	1				1			1			10						
江蘇	計	4,646	695	302	393	2	11		8	18	3	2	2	17		6	48	7	158	97				3	11
	農牧業	59	4	1	3		1							1					1						
	林業	1																							
	漁業																								
	鑛業	1,654	272	27	245		1									6		7	134	97					
	工業	101	14	6	8	1					1			1					5						
	土木業	2,023	121	6	115	1	9		8	18	2	2	2	14			48								11
	建築業	42	6	2	4														2					2	
	商業	18	6	2	4														4						
	運輸業	673	254	250	4														4						
	雑業	75	18	8	10									1					8					1	
安徽	計	2,089	220	39	181					58	2		1	10		9	20	5	83	11					2
	農牧業	40																							
	林業																								
	漁業																								
	鑛業	376	102		102											9		5	80	8					
	工業	12	4		4						2								2						2
	土木業	1,602	99	26	73					38			1	10			20		1	1					
	建築業	10																							
	商業	2	1		1															1					
	運輸業	42	13	13																					
	雑業	5	1		1															1					
其他	計	1,219	314	235	79	15	3	1					18	18				1	31	2					2
	農牧業	1																							
	林業																								
	漁業																								
	鑛業	306	17		17													1	14	2					
	工業	259	40	3	37	9	1						10	10					17						2
	土木業	30	3		3								1	1											
	建築業	4																							
	商業	30	5		5	1	2						2												
	運輸業	534	231	230	1																				
	雑業	54	18	2	16	5		1					5												

離滿勞働者滯滿省別、鄉關省別、產業(大分類)別調

康德　　年　　月分

離滯、鄉產別(1)

鄉關地	產業大分類＼滯滿地	本年累計	合計	關東州	計	新京	吉林	龍江	北安	黑河	三江	東安	牡丹江	濱江	間島	通化	安東	四平	奉天	錦州	熱河	興西	興南	興東	興北
本年累計			299221	62,158	237,063	17,921	14,161	5,847	3,750	1,410	6,367	7,590	8,564	20,351	2,082	2,117	4,530	2,541	118,499	15,435	1,076	307	939	355	311
合計	計	299,221	50,778	12,769	38,014	2,783	2047	951	727	262	973	933	1,142	3,392	373	550	1,051	670	14,276	2,170	278	61	121	77	17
	農牧業	18,560	3,067	71	2,916	210	286	167	69	23	40	15	52	414	16	68	55	40	1280	136	32	14	26	7	
	林業	3,648	693	3	690	8	154	7	84	7	98	16	49	105	10	40	3		64	7			1	24	11
	漁業	274	35	2	33	1		1		2		1	2	4			2		10	10					
	鑛業	17,617	3,698	51	3,647	84	108	34	28	19	133	436	47	115	40	108	39	127	1,127	565	7	3	5	2	20
	工業	105,584	17,679	2748	14,931	1214	584	323	191	71	286	133	310	1,419	127	132	633	219	8,404	656	124	19	39	10	32
	土木業	29,471	2,795	389	2406	169	100	60	64	41	89	131	186	208	25	46	54	50	495	148	10	4	9	3	19
	建築業	36,158	5,672	1,063	4,609	472	110	151	102	43	101	117	203	277	59	61	64	45	2436	203	23	4	7	18	33
	商業	3,545	861	209	652	36	41	11	13	1	10	1	6	72	3	3	5	5	353	37	33	5	7	2	
	運輸業	21,655	4,313	1677	2636	178	169	63	54	25	57	31	62	230	37	40	55	60	1,343	144	15	2	8	1	14
	雜業	62,711	11,965	6,551	5414	416	409	132	122	30	159	52	225	528	56	62	166	74	2614	254	34	10	19	10	32
河北	計	130,846	21,159	1,034	20125	1508	454	423	327	135	299	262	330	1,544	172	259	165	383	11288	1,538	207	40	103	33	85
	農牧業	7,226	1,332	18	1,314	108	85	67	37	14	17	4	22	177	4	17	14	54	537	84	29	9	22	4	2
	林業	1,328	245		245	6	54	4	19	3	17	6	13	44	6	11			48	6			1	3	4
	漁業	206	29	2	22	1		1		1		1	1	1					6	10					
	鑛業	7,623	1,542	5	1,537	42	45	17	15	6	32	79	18	59	14	44	18	57	687	354	3	2	3	1	11
	工業	53,675	8,495	265	8,230	723	273	122	87	[illegible]	79	66	110	604	68	69	62	136	5171	485	75	13	35	2	14
	土木業	10,494	379	32	347	51	48	20	16	19	26	19	61	68	15	25	11	26	418	94	7	4	7	2	10
	建築業	17,945	2,807	48	2,759	230	106	89	71	26	40	50	65	169	28	35	12	26	1623	123	19	1	5	14	19
	商業	1,893	476	21	455	24	29	10	8	1	5	1	1	43	3	2	1	5	245	34	31	5	6	1	
	運輸業	8,485	1,587	128	1459	101	82	25	19	13	35	17	22	116	21	20	16	33	816	98	11		8		6
	雜業	21,971	3,672	515	3,157	222	232	68	55	16	46	19	67	263	28	33	31	46	1727	220	32	6	16	6	19
山東	計	163,157	28,712	11,697	17,015	1221	1,034	493	379	123	654	586	747	1,728	177	279	903	278	7617	588	55	20	16	42	75
	農牧業	11,020	1,656	53	1,603	94	193	96	31	9	19	9	27	226	7	21	39	35	713	46	3	5	3	3	4
	林業	2254	438	3	435	2	99	4	63	4	81	9	36	59	4	26	3		16	1				21	7
	漁業	67	11		11					1			1	3			2		4						
	鑛業	9,413	1,971	46	1,925	39	57	12	12	12	99	283	29	52	25	64	20	66	769	170	4	1	2	1	8
	工業	50,167	8850	2,480	6,370	473	283	187	94	35	203	63	195	761	56	58	571	82	3076	162	38	5	3	8	17
	土木業	17,814	1,774	357	1,417	106	51	37	46	21	60	111	124	137	10	21	45	23	565	48	3		2	1	8
	建築業	17,902	2815	1,015	1,800	236	82	61	30	17	61	66	137	103	31	28	52	19	775	76	3	3	2	4	14
	商業	1,494	354	187	167	9	19	1	5		5		5	26			4		84	2			1	1	
	運輸業	12,990	2,678	1,537	1141	75	84	36	35	11	20	14	39	108	16	19	37	26	566	43	2	2		1	7
	雜業	40,036	8,165	6,019	2,146	187	166	59	63	13	106	31	154	253	28	22	132	27	344	40	2	4	3	2	10
山	計	1,839	331		331	21	17	15	6	2	6	6	8	47		4	3	3	175	11	2	1			2
	農牧業	105	46		46	4	5	2			2	2	3	6			1		18	3					
	林業	17	3		3			1	1					1											
	漁業	1																							
	鑛業	194	42		42	1	1	4	1			2		3			1	1	27	1					
	工業	329	145		145	9	6	4	2		1		2	26		2	1	1	84	4	1	1			1
	土木業	146	13		13	2		2	2		2							1	4						
	建築業	114	13		13	1								2					9						

西	商業	95	14		14								2					10	1					
	運輸業	78	16		16			1		1			4		1			5	1	1				
	雜業	260	39		39	3	4	1		1	1	2		5				18						1
河	計	2,233	403	7	396	20	37	20	12	2	11	19	6	46	3	8	9	5	141	29	14		2	1
	農牧業	148	28		25	3	3	2	1					4				1	10	3				
	林業	43	7		7		1		1			1		1		3								
	漁業																							
	鑛業	164	54		54	2	9	1		1		14		1				2	22	6				
	工業	746	163	1	162	5	14	10	6		2	3	3	27	3	3	4		61	5	10		1	
	土木業	519	23		23	3		1		1	1	1	1	2					6	6				
	建築業	135	28		28	2	2	1	1				1	3					14	3	1			
南	商業	59	16	1	15	2								1		1			7		2			
	運輸業	51	18	2	16	1	1	1			2			1			2	1	4	2	1			
	雜業	368	66	3	63	2	7	4	3		6		1	6		1	3	1	21	4			1	
江	計	898	134	24	110	10	3		3		2	44	1	3	1		1	1	36	4			1	
	農牧業	58	5		5	1								1			1		2					
	林業	5																						
	漁業																							
	鑛業	177	73		73		1				2	43			1			1	21	4				
	工業	33	14	2	12	2	2		2										6					
	土木業	412	3		3	2													1					
	建築業	40	5		5	3						1							1					
蘇	商業	2																						
	運輸業	41	12	8	4								1	1					2					
	雜業	70	22	14	8	2			1					1					3				1	
安	計	145	27	2	25		1				1	14		1					8					
	農牧業	3																						
	林業	1																						
	漁業																							
	鑛業	43	14		14							13							1					
	工業	40	5		5						1	1							3					
	土木業	77	3		3		1							1					1					
	建築業	19	3		3														3					
徽	商業	1																						
	運輸業	7	2	2																				
	雜業	4																						
其	計	53	12		12	3	1					2		1					5					
	農牧業																							
	林業																							
	漁業																							
	鑛業	3	2		2							2												
	工業	34	7		7	2	1							1					3					
	土木業	9																						
	建築業	1	1		1														1					
他	商業	1	1		1	1																		
	運輸業	3																						
	雜業	2	1		1																			

伪满民生部劳务司编制的一九四三年五月出入伪满劳工统计月报（一九四三年五月）

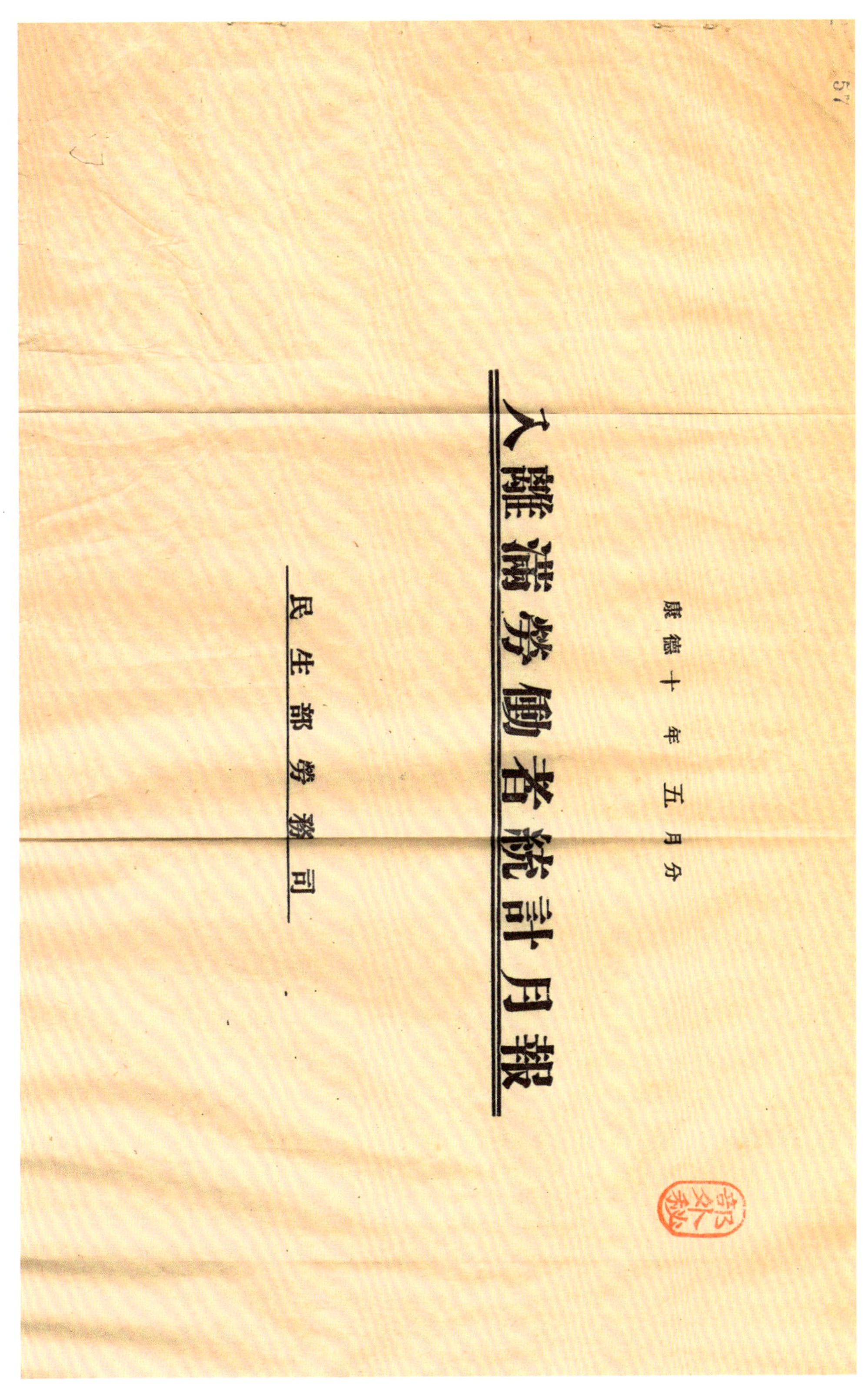

57

康德十年五月分

入離滿勞働者統計月報

民生部勞務司

離滿勞働者鄉關地(道)別．產業(大分類)別調

康德　年　月分

離、鄉、道、產、別、(1)

道別＼產業別		本年累計	月計	農業	漁業	鑛業	工業	土建業	交通業	商業	其他ノ產業
本年累計	計	94800		3600	66	4863	26456	35878	6161	1389	16387
河北省	計	20349		1195	35	1502	6728	7106	1287	434	2062
	冀東道	3924		335	18	497	1558	759	190	149	418
	燕京道	897		116		76	223	273	42	77	90
	津海道	3535		141	14	179	628	1514	361	79	619
	渤海道	8031		336		449	2937	3133	503	60	613
	保定道	1653		143	3	117	463	700	65	37	125
	眞定道	1009		55		48	393	370	43	21	79
	順德道	427		14		27	165	152	21	6	42
	冀南道	873		55		109	361	205	62	5	76
山東省	計	72588		2311	31	3068	19288	27923	4819	704	14244
	登州道	33332		380	17	340	9592	11475	2189	666	8673
	萊濰道	17197		423	5	671	4324	7830	719	245	2980
	青州道	2304		119	2	203	463	805	275	13	424
	沂州道	3181		151	2	223	357	1237	277	13	921
	武定道	1676		106		128	595	539	110	19	179
	濟南道	2447		57		169	1204	771	112	9	120
	泰安道	3816		295	4	429	757	1622	336	20	353
	兗濟道	2475		166	1	363	443	1130	178	5	189
	東臨道	3199		346		291	996	1040	269	11	246
	曹州道	2961		268		251	552	1474	254	3	159
山西省	計	426		23		71	214	60	11	18	29
	雁門道	288		17		37	146	50	8	12	18
	上黨道	94		3		31	47	5	2	1	5
	冀寧道	43		3		2	21	5	1	5	6
	河東道	1				1					
河南省	計	732		53		82	148	389	6	30	24
	豫北道	490		50		75	145	164	4	30	22
	豫東道	242		3		7	3	225	2		2
江蘇省	蘇北道	488		14		94	44	290	27		19
安徽省	淮北道	128		2		10	12	99			5
其他		89		2		36	22	11	11		4

離、郷、道、產、別、(2)

道別		本年累計	月計	農業	漁業	鑛業	工業	土建業	交通業	商業	其他ノ產業
計		46,400	9,264	612	17	690	2,785	1,234	936	210	2,779
河北省	計	20,549	2,002	261	8	217	643	276	187	70	337
	冀東道	3,924	411	64	2	74	160	42	24	10	35
	燕京道	871	142	39		10	36	13	4	22	18
	津海道	3,535	419	29	5	20	82	52	66	9	136
	渤海道	8,031	672	70		66	234	131	75	16	80
	保定道	1,653	120	10	1	18	45	17	7	3	19
	眞定道	1,009	95	19		11	35	7	3	6	12
	順德道	427	38	2		2	11	2	2	2	17
	冀南道	873	105	11		16	40	10	6	2	20
山東省	計	22,588	7,088	322	9	445	2,085	943	731	132	2,221
	登州道	33,332	3,964	60	7	42	1,254	469	387	109	1,636
	萊濰道	17,197	1,194	43	1	117	360	152	97	13	411
	青州道	2,304	291	23		28	54	71	37	1	77
	沂州道	3,181	288	20		22	49	29	33	1	134
	武定道	1,676	118	11		13	40	23	10	3	18
	濟南道	2,447	173	6		25	91	16	16		19
	泰安道	3,816	315	57	1	65	57	41	45	3	46
	兗濟道	2,475	266	23		57	38	21	25		22
	東臨道	3,199	287	51		38	86	36	33	2	41
	曹州道	2,961	192	28		38	36	25	48		17
山西省	計	426	47	7		7	20	4	1	3	5
	雁門道	288	31	6		2	14	2	1	3	3
	上黨道	94	7			3	4				
	冀寧道	43	9	1		2	2	2			2
	河東道	1									
河南省	計	732	72	17		14	21	6		5	9
	豫北道	490	67	14		13	21	6		5	8
	豫東道	242	5	3		1					1
江蘇省	蘇北道	488	29			4	6	3	11		5
安徽省	淮北道	108	7	1		2	2	1			1
其他		29	19	2		1	8	1	6		1

離滿勞働者．滯滿省別．產業（中分類）別調

康德　　年　　月分

產業中分類 ＼ 滯滿省		本年累計	合計	關東州	計	新京	吉林	龍江	北安	黑河	三江	東安	牡丹江	濱江	間島	通化	安東	四平	奉天	錦州	熱河	興西	興南	興東	興北
本年累計		94.800		45934	58866	4481	2625	1.628	1.420	1.093	2153	5.048	5624	3983	882	1064	2583	642	20.033	2998	1.481	104	192	373	[illegible]
合計			9264	4998	4266	236	297	101	100	37	187	83	229	283	110	71	195	200	1.412	234	367	17	16	33	5
農業	計	3.600	613	37	574	13	78	13	18	4	19	3	20	84	10	15	6	12	94	15	139	9	6	[illegible]	[illegible]
	農耕	2510	454	39	415	13	44	12	8	1	3	–	10	30	8	5	6	12	92	15	139	9	6	1	[illegible]
	畜產業	8	–	–																					
	林業	1087	159		159		34	1	10	3	16	3	10	54	2	10			2					14	
漁業		66	17	9	8						1									2					3
鑛業	計	4863	690	11	679	2	72	1			39	32	25	2	19	36	3	6	376	35	3				8
	鐵鑛業	988	99		99						3	1	1	1	2	16		1	70	1					3
	炭鑛業	3.612	557	11	546	1	66	1			29	31	23	1	16	20	3	5	288	54	3				5
	其ノ他ノ鑛業	263	34		34	1	6				7		1		1				18						
工業	計	26450	2785	1.174	1.611	130	63	46	34	11	51	15	64	121	19	19	131	163	572	51	105	3	5	4	4
	窯業及土石加工業	5260	308	72	236	37	7	12	10	2	10	5	14	6	2	4	11	2	87	6	15		1		
	金屬工業	624	125		125	1	3	1	2		2	1	3	2		1	1	1	45	7	51	2	1		1
	機械器具製造裝置業	7347	681	315	366	24	10	16	5	2	16		14	18	3	3	12	59	158	20			1	3	2
	運搬用具製造業	136	32	13	19	1		2		1	3	2		2			1	2	3	2					
	精巧工業	124	25	15	10	1	1		1				1			1			3		2				
	化學工業	604	136	81	55	1	7	1						4			3	13	25					1	
	紡織工業	1.954	330	117	213	14	7	1	2		2		3	10	1		58	56	53	3	3				
	被服身裝品製造業	2034	280	204	76	11	1				6	1	2	23	1		15	3	6	1	6				
	紙工業、印刷業	887	131	66	65	4	6		2		1			6	1	1	3	21	12	4	4				
	皮革、骨、羽毛品類製造業	256	27	11	16	1							1	6	1			1	6						
	木竹、草蔓類製造業	2698	285	93	192	14	16	6	4	2	3	2	9	17	5	5	21	2	76	3	5		1		1
	製鹽業	24	6	1	5														5						
	飲食料品製造業	1.087	210	99	111	7	2	6	6	1	4	2	4	16	4	1	2	2	40	1	11	1	1		
	電氣瓦斯水道業	722	70	13	57	8	2		1	1	2	2	4	5		1	1	1	25	4					
	其ノ他ノ工業	1.757	139	74	65	6	1	1	1	2	2		4	1	1	2	3		28		8				
土建業	計	35.878	1.234	554	680	53	17	29	31	5	38	22	67	20	50	12	22	5	166	89	36		3	14	1
	土木業	20.583	537	154	383	19	7	10	13	4	21	17	26	7	43	8	6	3	97	81	15		3	3	
	建築業	15.295	697	400	297	34	10	14	18	11	17	5	41	13	7	4	16	2	69	8	21			11	1
交通業		6.161	936	711	225	8	30	5	3	11	18	5	12	10	4	5	9	9	67	13	7		2	4	3
商業		1.389	210	124	86	2	2				2		2	5		1	1	1	12	1	56	1			
其ノ他ノ產業		16.387	2779	2376	403	28	35	7	14	6	19	6	39	41	8	3	23	4	125	8	21	4		1	11

入滿勞働者鄉關省別.行先省別.產業(大分類)別調

康德10年4月分

入、鄉、行、產、別 (1)

鄉關省別 \ 產業別 \ 行先省		本年累計	合計	關東州	計	新京	吉林	龍江	北安	黑河	三江	東安	牡丹江	濱江	間島	通化	安東	四平	奉天	錦州	熱河	興西	興南	興東	興北
本年累計		577.263		54440	521.853	34141	39070	24433	7714	7222	16413	10974	22260	53771	4360	14259	19107	17295	177062	29167	8447	1543	4279	885	6373
合計	計		144374	11978	132896	8256	5594	8112	1744	3333	3307	4024	6929	15228	923	2836	3995	3859	42378	12561	2789	486	1303	270	1369
	農業	178450	49425	891	48534	3470	5491	3251	849	86	444	92	1176	6686	318	902	289	2603	15529	3965	1763	410	921	181	199
	漁業	427	47	6	41			3						10					8	19					1
	鑛業	51553	8788	17	8771	16	166	1	2	3	327	16	35	10	7	613	1	251	4582	2731	8				4
	工業	93695	24150	2994	21156	2006	736	366	142	112	251	1160	731	3744	108	125	626	320	7801	2087	526	26	68	33	199
	土建業	166900	43108	2707	40401	1198	1249	4136	619	3093	2128	2695	4637	2805	387	971	2570	434	8664	3000	205	20	242	30	918
	交通業	26773	5462	2068	3384	309	321	80	21	11	25	10	89	669	21	69	96	70	1631	178	47		16	6	24
	商業	8656	1093	149	944	90	45	32	16	2	6	4	18	144	4	6	27	13	358	33	128	16	1		1
計	其他ノ產業	50809	12211	3141	9065	868	586	237	75	26	126	68	2444	1261	78	160	287	268	4005	548	108	11	56	20	23
河	計	189829	56980	1525	55455	3872	3263	2619	772	1663	497	358	1621	4522	259	327	732	2061	21708	7019	2105	398	1001	116	562
	農業	67716	24372	320	24052	1813	1992	1610	391	26	120	74	309	2428	123	214	82	1209	8467	2741	1399	340	696	97	72
	漁業	232	16	1	15			1											7	7					
	鑛業	13136	3249	1	3248	5	114	1	1		22	3	1	2	1	19		209	1931	929	8				2
	工業	30378	8304	352	7952	727	262	69	33	60	31	44	41	887	24	23	29	173	3918	1153	249	20	35	3	171
	土建業	48722	14096	323	13773	690	463	901	291	1555	298	278	1190	579	93	35	562	262	4213	1614	194	16	217	10	292
	交通業	8189	1848	210	1638	147	167	23	10	2	6		22	211	7	11	29	25	772	134	47	3	11		11
	商業	4550	670	29	641	56	19	13	5		2	2	10	45	3	4	7	5	231	16	114	8	1		1
北	其他ノ產業	16906	4525	289	4236	434	246	101	41		18	7	48	370	8	21	23	168	2169	426	94	11	42	6	13
山	計	364507	81406	10368	71038	4251	5118	5159	858	1485	2782	3603	5245	10492	661	2380	2772	1595	18547	4252	544	63	273	151	807
	農業	104142	22927	569	22358	1551	3329	1493	353	57	308	67	855	4081	193	663	196	1118	6262	1121	262	55	201	81	127
	漁業	196	31	5	26			2						10					1	12					1
	鑛業	33029	3629	16	3613	10	50		1	3	305	12	34	2	6	594	1	41	1670	876					2
	工業	61661	15655	2637	13018	1271	464	296	108	52	220	1047	687	2848	84	79	596	140	3818	933	260	4	33	30	28
	土建業	111113	27702	2313	25389	806	779	3178	327	1337	1820	2414	3401	2221	294	840	1635	151	4364	1143	8	3	22	20	686
	交通業	18470	3588	1857	1731	162	153	64	11	9	19	10	66	358	14	48	66	23	649	44			4	6	13
	商業	2879	411	118	293	30	17	10	2	1	4	2	2	92	1	1	17	5	79	11	7	1			
東	其他ノ產業	33018	7463	2853	4610	421	326	126	51	26	106	51	194	869	69	135	261	95	1734	112	7		13	14	10
山	計	1768	716	1	715	20	49	27	6	4	6		6	62		1		8	469	17	28	18	2	2	
	農業	1052	546		546	17	38	18	4		5		4	44		1		6	310	5	21	9	2	2	
	漁業																								
	鑛業	86	8		8		1												2	5					
	工業	307	28	1	27		1						1	1				1	21	1		1			
	土建業	117	24		24	1	1	1		3	1		1	3					11	1		1			
	交通業	16																							
西	商業	212	45		45		5	4	2	1								1	17	2	4	7			
	其他ノ產業	179	65		66	2	3	4						4					46	3	3				

入、郷、行、處、別 (2)

地方別	産業別 行先省	本年累計	合計	關東州	計	新京	吉林	龍江	北安	黑河	三江	東安	牡丹江	濱江	間島	通化	安東	四平	奉天	錦州	熱河	興西	興南	興東	興北
河南	計	19,958	5,058	75	4,983	109	154	302	107	194	15	63	55	145	3	125	486	180	1,634	1,265	112	6	27	1	
	農業	5,382	1,536	2	1,534	89	122	232	101	3	11	1	7	121	2	23	11	155	446	95	86	5	23	1	
	漁業																								
	鑛業	4,941	1,899		1,899		1											1	980	917					
	工業	1,249	144	1	143	5	9	1	1			59	1	2		2	1	6	36	3	16	1			
	土建業	6,645	1,255	70	1,185	1	6	55		191	2	3	44	1		95	468	1	72	240	3		3		
	交通業	32	14		14		1	3					1						9						
	商業	1,014	67	2	65	4	4	5	2					7		1	3	2	29	5	3				
	其他ノ産業	645	143		143	10	11	6	3		2		2	14	1	4	3	15	62	5	4		1		
江蘇	計	529	69	5	64	1	10	4	1		7		1	9		1		13	11	5		1			
	農業	154	41		41		10	4						6		1		13	3	3		1			
	漁業																								
	鑛業	242	3		3														3						
	工業	52	9	2	7	1							1	2					2	1					
	土建業	49	12	1	11				1		7			1					2						
	交通業	12	1		1														1						
	商業	1																							
	其他ノ産業	17	3	2	1															1					
安徽	計	320	20		20					7			1			1	5	2	2	7					
	農業	5	2		2													2							
	漁業																								
	鑛業	59																							
	工業	4	1		1														1						
	土建業	247	17		17					7			1			1	5		1	2					
	交通業	1																							
	商業																								
	其他ノ産業	4																							
其他	計	155	26	4	22	3		1						8		1			8	1					
	農業		1		1														1						
	漁業																								
	鑛業	60																							
	工業	42	9	1	8	2								4		1			1						
	土建業	8	2		2			1											1						
	交通業	2	1	1																					
	商業	2																							
	其他ノ産業	40	13	2	11	1								4					5	1					

入滿勞働者.行先.省別.產業（中分類）別調

康德10年4月分

產業中分類 ＼ 行先省		本年累計	合計	關東州	計	新京	吉林	龍江	北安	黑河	三江	東安	牡丹江	濱江	間島	通化	安東	四平	奉天	錦州	熱河	興西	興南	興東	興北
本年累計		577,263		55,410	521,853	34,141	39,070	26,433	7,714	7,222	16,413	10,974	22,560	53,771	4,358	14,257	19,107	17,295	172,842	49,167	8,447	1,543	4,279	885	6,373
合計			144,274	11,978	132,296	8,256	8,594	8,112	1,744	3,333	3,307	4,024	6,929	15,228	923	2,836	3,995	3,859	43,378	12,561	2,789	436	1,303	270	1,369
農業	計	178,450	49,426	891	48,534	3,470	5,491	3,257	849	86	444	92	1,175	6,685	318	902	289	2,503	15,629	3,965	1,768	410	921	181	199
	農耕	177,831	49,306	887	48,419	3,463	5,483	3,256	845	85	436	92	1,171	6,666	317	899	289	2,500	15,488	3,958	1,768	410	919	176	198
	畜產業	219	29	4	25	6	2	1	1					3				1	11						
	林業	400	90		90	1	6		3	1	8		4	16	1	3		2	30	7			2	5	1
漁業		427	47	6	41			3						10					8	19					1
鑛業	計	51,553	8,788	17	8,771	15	166	1	2	3	327	16	35	10	7	613	1	251	4,582	2,731	8				4
	鐵鑛業	15,830	568		568					2		1				485			60	13	7				
	炭鑛業	35,017	8,178	17	8,161	12	164	1	1	1	327	14	34	8	7	128	1	261	4,509	2,698	1				4
	其ノ他ノ鑛業	686	22		42	3	2		1				1	2					13	20					
工業	計	93,695	24,160	2,994	21,156	2,006	736	366	142	112	251	1,150	731	3,744	108	125	626	320	7,801	2,087	526	26	68	33	199
	窯業及土石加工業	29,139	8,552	338	8,214	883	209	109	38	80	42	1,098	380	1,038	56	37	157	46	2,231	1,335	203	1	10	14	167
	金屬工業	901	176	5	171									1		1	2	1	31	3	129	3			
	機械器具製造製置業	19,342	4,256	664	3,599	339	128	67	44	8	61	14	90	695	10	25	58	73	1,721	297	26	4	16	6	10
	運搬用具製造業	803	201	63	138	11	2	4		1	8		6	28			9	4	57	5				2	1
	精巧工業	469	139	31	108	7	7	3	2	1	4	1	4	23			5	4	43	2					
	化學工業	1,174	324	110	214	7	28	3	1		8	1	2	39	1	3	11	5	97	7					1
	紡織工業	9,389	2,307	312	1,995	120	64	23	7		12	2	18	366	2	9	210	52	1,035	67	6	1	3		6
	被服身裝品製造業	8,797	2,376	557	1,819	156	58	37	6	2	35	6	52	668	7	11	56	37	559	77	28	3	16	1	4
	紙工業、印刷業	2,312	678	166	512	49	26	11	3	1	15	2	12	98		2	26	12	199	30	22	2	1		1
	皮革、骨、羽毛品類製造業	1,499	400	32	368	12	6	7	1	1	1	1	3	95	4	1	1	5	190	20	5	1		2	12
	木竹、草蔓類製造業	11,177	2,782	391	2,391	247	113	68	24	11	30	15	102	477	21	21	60	40	903	166	76	7	10	5	15
	製鹽業	176	52	1	51														31	20					
	飲食料品製造業	4,648	1,134	203	931	92	58	23	10	7	15	5	36	210		6	13	26	27	320	45	20	4	12	2	1
	電氣瓦斯水道業	901	230	34	196	15	9	8	2		10	2	10	25			3	4	95	12				1	
	其他ノ工業	2,668	543	87	456	66	28	3	2		10	3	16	91	1	2	3	10	189	21	10				1
土建業	計	166,900	43,108	2,707	40,401	1,498	1,249	4,136	619	3,093	2,128	2,695	4,637	2,805	387	971	2,670	2,434	8,664	3,000	205	20	242	30	918
	土木業	127,831	32,355	1,547	30,808	743	865	3,911	389	2,811	1,755	1,941	3,472	1,708	316	859	2,327	241	5,998	2,275	92	8	215	13	869
	建築業	39,069	10,753	1,160	9,593	755	384	225	230	282	373	754	1,165	1,097	71	112	343	193	2,666	725	113	12	27	17	49
交通業		26,773	5,452	2,068	3,384	309	321	80	21	11	25	10	89	569	21	59	75	70	1,631	178	47	3	15	6	24
商業		8,856	1,093	149	944	90	45	32	16	2	6	4	18	144	4	6	27	13	358	33	128	16	1		1
其ノ他ノ產業		60,809	12,211	314	9,065	868	586	237	95	26	126	68	244	1,261	78	160	287	268	4,015	548	108	11	56	20	23

入、郷、經、行、別 (2)

籍別	入郷地 \ 行先省	本年累計	合計	關東州	計	新京	吉林	龍江	北安	黑河	三江	東安	牡丹江	濱江	間島	通化	安東	四平	奉天	錦州	熱河	興西	興南	興東	興北
江蘇	計	529	69	5	64	1	10	4	1		7		1	9		1		13	11	5		1			
	大連	71	11	3	8	1					6		1												
	營口																								
	安東																								
	山海關	458	58	2	56		10	4	1		1			9		1		13	11	5		1			
	古北口																								
安徽	計	320	20		20					7			1			1	5	2	2	2					
	大連	2																							
	營口																								
	安東																								
	山海關	318	20		20					7			1			1	5	2	2	2					
	古北口																								
其他	計	154	25	4	21	3		1						8		1			7	1					
	大連	72	21	4	17	3		1						8		1			4						
	營口																								
	安東																								
	山海關	82	4		4														3	1					
	古北口																								

入滿勞働者鄉關省別、經由地別、行先省別調

康德10年11月分

人、鄉、經、行、別 (1)

鄉關別	經由地＼行先省	本年累計	合計	關東州	計	新京	吉林	龍江	北安	黒河	三江	東安	牡丹江	濱江	間島	通化	安東	四平	奉天	錦州	熱河	興西	興南	興東	興北
本年累計		577,263		55,410	521,853	34,141	139,070	26,433	7,714	7,222	16,413	10,974	22,560	53,771	4,388	14,259	19,107	17,296	177,842	49,167	8,447	1,543	4,219	865	6,373
合計	計		144,274	11,978	132,296	8,256	8,594	8,112	1,744	3,333	3,307	4,024	6,929	15,228	923	2,836	3,995	3,059	42,308	12,561	2,789	486	1,303	270	1,367
	大連	138,200	32,781	11,171	21,610	1,688	1,247	970	184	735	825	1,504	2,158	3,706	278	885	1,636	160	4,757	368			31	72	37
	營口																								
	安東																								
	山海關	430,860	108,998	807	108,191	6,565	7,344	7,139	1,559	2,598	2,479	2,520	4,771	11,321	644	1,945	2,360	3,705	37,409	12,193	535	301	1,272	198	1,332
	古北口	8,203	2,495		2,495	2	3	3	1		3			1		6		4	12	20	2,264	185			
河北	計	189,826	56,980	1,525	55,455	3,372	3,263	2,619	772	1,643	457	368	1,621	4,522	259	327	732	2,061	21,708	7,019	2,105	398	1,001	116	562
	大連	7,687	2,599	1,273	1,326	4	110	246		217	29	196	339	7	1		8	2	104	3					
	營口																								
	安東																								
	山海關	176,531	52,565	252	52,313	2,866	3,151	2,370	772	1,426	465	162	1,282	4,515	258	321	724	2,067	21,593	7,000	461	271	1,001	116	562
	古北口	5,608	1,816		1,816	2	2	3			3					6		2	11	16	1,644	127			
山東	計	364,510	81,406	10,368	71,038	4,251	5,118	5,159	858	1,485	2,782	3,603	5,245	10,492	661	2,380	2,772	1,596	18,547	4,252	544	63	273	161	807
	大連	130,206	30,137	9,887	20,250	1,680	1,137	719	184	517	788	1,306	1,758	3,891	277	884	1,627	148	4,569	345			31	72	37
	營口																								
	安東																								
	山海關	232,231	50,760	481	50,269	2,670	3,980	4,444	674	968	1,994	2,297	3,487	6,600	384	1,496	1,145	1,447	13,698	3,903	70	25	442	79	770
	古北口	2,073	619		619	1	1							1						4	474	38			
山西	計	1,968	716	1	715	20	49	27	6	4	6		6	52		1		8	469	17	28	18	2	2	
	大連	3	1	1																					
	營口																								
	安東																								
	山海關	1,868	672		672	20	49	27	6	4	6		6	52		1		8	469	17		3	2	2	
	古北口	97	43		43																28	15			
河南	計	19,958	5,058	75	4,983	109	164	302	107	174	16	63	55	145	3	125	486	180	1,634	1,265	112	6	27	1	
	大連	161	12	3	9			4		1	2	2													
	營口																								
	安東																								
	山海關	19,272	4,929	72	4,857	109	164	298	106	193	13	61	55	145	3	125	486	178	1,633	1,265	4	1	27	1	
	古北口	425	117		117				1									2	1		108	5			

勞働者入滿概況

康德　　年　　月分

區別／經由地	勞働者			隨伴家族									特別証所持者	特種証所持者
				計			團體			個人				
	計	團體	個人	計	男	女	計	男	女	計	男	女		
本年累計	577,263	190,041	387,222	391,658	123,193	268,465							648	
前年同月增減比較（△印ハ減）	△29,273			55,936	19,757	36,179							△584	
月計	144,274	45,226	99,048	109,772	33,230	76,542	4,524	1,333	3,191	105,248	31,891	73,351	155	
大連	32,781	9,683	23,098	18,243	4,920	13,323	1,240	346	894	17,003	4,574	12,429	27	
營口														
安東														
山海關	108,998	35,413	73,585	89,697	27,594	62,103	3,283	987	2,296	86,414	26,607	59,807	115	
古北口	2,495	130	2,365	1,832	716	1,116	1		1	1,831	716	1,115	13	

勞働者離滿概況

康德　　年　　月分

區別／經由地	勞働者			隨伴家族									特別証所持者	特種証所持者
				計			團體			個人				
	計	團體	個人	計	男	女	計	男	女	計	男	女		
本年累計	94,800	16,686	78,114	19,629	7,081	12,548							13	
前年同月增減比較（△印ハ減）	△4,866			△12,623	△3,276	△9,347							△190	
月計	9,264	125	9,139	1,674	483	1,191				1,674	483	1,191	16	
大連	6,052	61	5,991	741	163	578				741	163	578	6	
營口														
安東	2,811	64	2,747	922	314	608				922	314	608		
山海關														
古北口	401		401	16	6	5				11	6	5	9	

齐齐哈尔宪兵队长关于部队常雇伙夫与村公所员发生争执致日本关东宪兵队司令部等的报告（通牒）（一九四三年六月十九日）

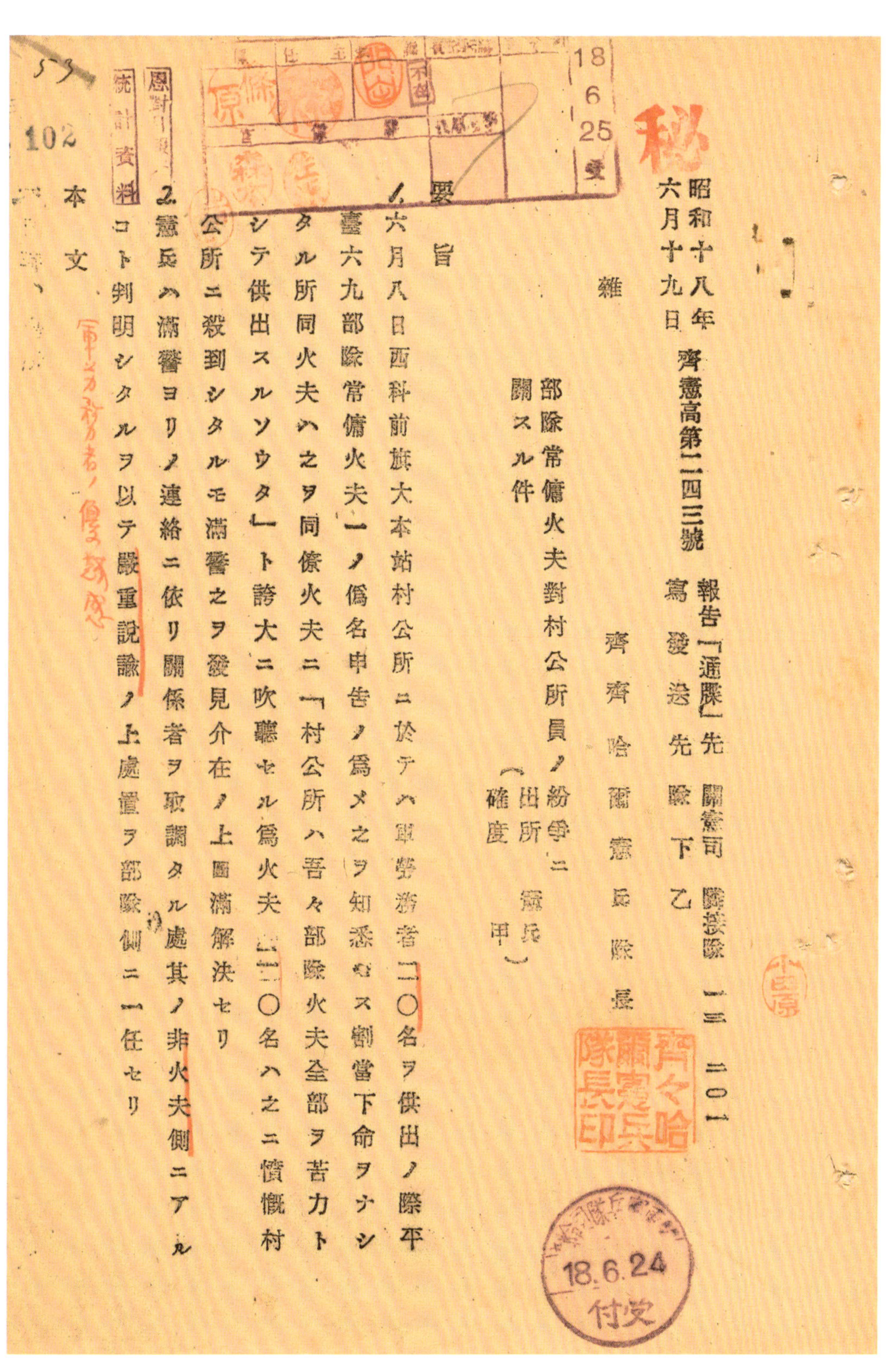

秘

昭和十八年六月十九日　齊憲高第二四三號

雜

報告「通牒」先　關憲司　隣接隊　二三　二〇一

寫發送先　隊下　乙

齊齊哈爾憲兵隊長

部隊常傭火夫對村公所員ノ紛爭ニ關スル件

（出所　憲兵
確度　甲）

要旨

1.六月八日西科前旗大本站村公所ニ於テハ軍勞務者二〇名ヲ供出ノ際平臺六九部隊常傭火夫一ノ僞名申告ノ爲メ之ヲ知悉セス割當下命ヲナシタル所同火夫ハ之ヲ同僚火夫ニ「村公所ハ吾々部隊火夫全部ヲ苦力トシテ供出スルソウタ」ト誇大ニ吹聽セル爲火夫二〇名ハ之ニ憤慨村公所ニ殺到シタルモ滿警之ヲ發見介在ノ上圓滿解決セリ

2.憲兵ハ滿警ヨリノ連絡ニ依リ關係者ヲ取調タル處其ノ非火夫側ニアルコト判明シタルヲ以テ嚴重説諭ノ上處置ヲ部隊側ニ一任セリ

本文

統計資料

102

一、日時、場所
昭和十八年六月八日十九時三十分頃
於　興安南省西科前旗大本站村公所

二、關係者
1.平臺第六九部隊常傭火夫
路得田
外一九名
2.興安南省西科前旗大本站村公所員

三、紛爭ノ原因
部隊火夫一カ村公所ニ對シ氏名ノ屆出相違ヨリ同所ヨリ軍供出勞務者ヲ割當テラルヽヤ之ヲ部隊同僚火夫ニ對シ誇大ニ虛僞ノ宣傳ヲ爲シタルヲ以テ同僚火夫カ憤慨セルニ因ル

四、紛爭狀況
1.六月八日大本站村公所ニ於テハ旗公署ノ命ニ依リ德伯斯ノ軍工事向勞務者二〇名ヲ同所管內ヨリ供出スヘク戶口調查ヲ實施シタルニ大

106

本站居住平臺六九部隊火夫王振東ノ母ハ王振東ノ本名ヲ王達忠（二十七才）ト偽名申告シタル為メ村公所ニ於テハ部隊火夫ナルコトヲ知ラス本供出勞務者ニ割當テタルヲ王振東ハ部隊ヨリ歸宅後聞知シ直チニ村公所ニ出向部隊稼働中ナル為メ應募不能ナル旨申出タルニ依リ村公所ニ於テハ交替者ヲ供出セリ

2 然ルニ王振東ハ歸途部隊苦力宿舎ニ至リ同僚火夫ニ對シ「大本站村公所ニ於テハ大本站居住ノ部隊火夫ハ全部苦力トシテ供出スルソウダ」ト誇大ニ虚偽ノ吹聽ヲナシタル為部隊火夫ハ村公所員ノ部隊火夫ニ對スル態度横暴ナリト憤慨路得田外下二〇名ハ長サ約一米ノ棍棒ヲ携行シ村公所員ヲ毆打スヘク大本站村公所ニ闖入シ喧噪中ヲ滿警發見之ニ介在適處シタルヲ以テ双方共被害ナク解決セリ

三、處置

憲兵ハ滿警ヨリノ連絡ニ接スルヤ關係者一同ヲ白城子憲兵分隊ニ連行取調ヘタル處狀況叙上ノ如ク判明シタルヲ以テ本人及部隊勞務者ニ對シ其ノ非ヲ諭シ其後ノ處置ヲ部隊側ニ一任セリ

六、所　見

狀況敍上ノ如ク本件ハ部隊就勞火夫一ノ虛構ナル吹聽ニ基クト雖モ部隊就勞多數人不和雷同紛議ノ惹起スルニ於テハ直ニ以テ軍ヲ背景トスル横暴行爲ナルカ如ク誤解サレ易ク延テハ軍ノ威信ヲ失墜スルノ虞アルヲ以テ之カ監督指導ヲ適切ナラシムルノ要アリト認ム

（了）

齐齐哈尔宪兵队长关于讷河县紧急供出军用劳工后的动向致日本关东宪兵队司令部等的报告（通牒）

（一九四三年六月二十八日）

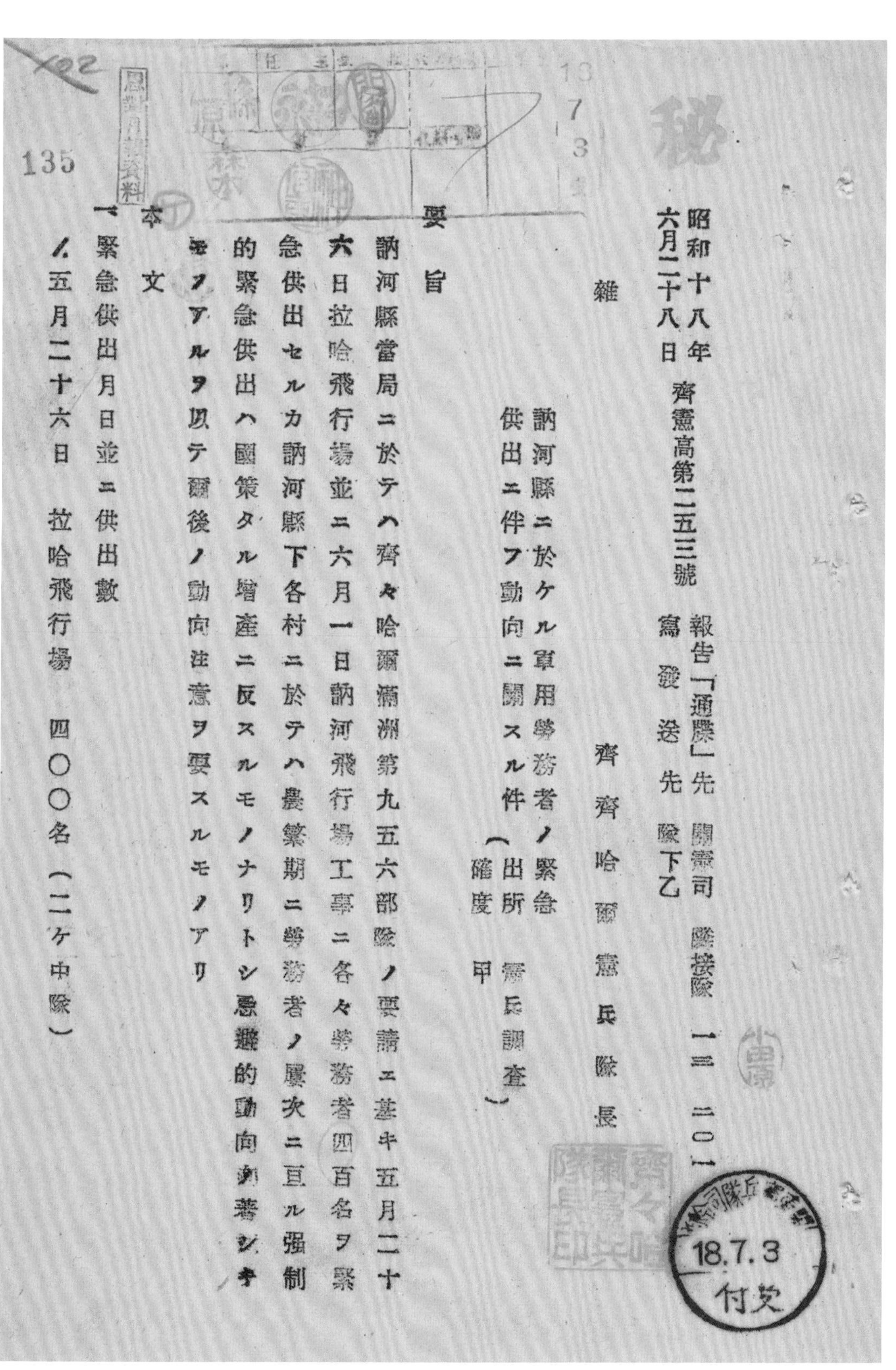

秘

報告「通牒」先　關憲司　隣接隊　一三　二〇一

寫　發　送　先　隊下乙

昭和十八年

六月二十八日　齊憲高第二五三號

雜　齊齊哈爾憲兵隊長

訥河縣ニ於ケル軍用勞務者ノ緊急

供出ニ伴フ動向ニ關スル件（出所　憲兵調査）

（確度　甲）

要旨

訥河縣當局ニ於テハ齊々哈爾滿洲第九五六部隊ノ要請ニ基キ五月二十六日拉哈飛行場並ニ六月一日訥河飛行場工事ニ各々勞務者四百名ヲ緊急供出セルカ訥河縣下各村ニ於テハ農繁期ニ勞務者ノ屢次ニ亘ル强制的緊急供出ハ國策タル增產ニ反スルモノナリトシ忌避的動向顯著シキモノアルヲ以テ爾後ノ動向注意ヲ要スルモノアリ

本文

一、緊急供出月日並ニ供出數

イ、五月二十六日　拉哈飛行場　四〇〇名（二ケ中隊）

六月一日　訥河北飛行場　二〇〇名（一ケ中隊）

訥河西飛行場　二〇〇名（一ケ中隊）

計　八〇〇名

二、使用部隊

齊々哈爾滿洲第九五六部隊

三、供出村別ノ状況

訥河（西北）飛行場

村別	供出數
九井村	四二
進化村	二五
善隣村	三七
聚和村	五一
孔國村	四九
保安村	三五
龍河村	五七
訥南村	四〇
仁愛村	三九
河南村	二五
計	四〇〇

拉哈飛行場

村別	供出數
維新村	三七
福民村	六一
人和村	四九
祥雲村	三〇
富海村	四八
通南村	五〇
新安村	二八
興隆村	三九
奎南村	五八
計	四〇〇

四、供出狀況

訥河縣勞務股ニ於テハ五月二十日齊々哈爾滿洲第九五六部隊ノ要請ニ基キ拉哈飛行場並ニ訥河西、北兩飛行場ノ擴張工事勞務者トシテ縣下ヨリ十八才乃至四十五才ノ該當者八百名ヲ緊急供出計畫シ之カ人員ヲ各村ニ緊急割當供出ヲ命シ之等供出勞務者ヲ以テ勞働報國隊ヲ編成セシメ五月二十六日拉哈二ケ中隊六月一日訥河二ケ中隊ヲ供出セリ

五、緊急供出ニ伴フ動向

訥河縣ニ於テハ曩ニ補給廠就勞者ノ供出並ニ國民勤勞奉公隊ノ第一次動員割出等屢次ニ亘リ勞務者ノ强制的供出アリテ更ニ今次緊急供出行ハレタルカ各村共偶々除草等農繁期ニ於ケル屢次ニ亘ル農村ニ勞力不足ヲ招來シ勞務者ノ供出ハ益々增産國策ニ反スルモノナリトスル忌避的動向著シキモノアリテ之カ表現事象ヲ擧クレハ左ノ如ク

1. 替玉ニヨリ供出セルモノ　二六名

2. 不具者ヲ供出セルモノ　七名

3. 十八才未満ノモノヲ十八才以上トシ供出セルモノ　八名

4.其ノ他家庭ノ都合ニヨリ各村長ニ免除方申出タルモノ
三一名

ニシテ尚供出勞務者中ニ於テモ農村ニ於ケル騰勞賃ハ現在九圓ニ暴騰シアリテ報國隊日給二圓（食費ヲ含ム）ニ比シ其ノ差額著シキタメ滿人ノ打算的觀念ヨリ何レモ軍工事就勞ヲ嫌忌シアルカ各中隊幹部ノ適切ナル指導ニ依リ目下逃走罷業等ノ事象ナキモ爾後ノ動向注意ヲ要スル現況ニ在リ

六、縣當局ノ處置

縣ニ於テハ農繁期ニ於テ新種勞務者ノ供出ハ必然農民ノ忌避的事象表現スルモノト豫想シ各村協和會員ヲ動員宣撫ニ努ムルト共ニ各村長ヲシテ積極的ニ協力ヲ命シ忌避的動向者ニ對シテハ斷乎タル態度ヲ以テ臨ム等緊急供出ノ圓滑ヲ期シタリ

七、其他參考事項

1.訥河北飛行場ハ本年四月上旬軍ニ於テ滿航ヨリ買收セルモノナリ

2.勞働報國隊ノ供出期間ハ九月末日迄トス

六、所見

狀況叙上ノ如ク農繁期ニ於ケル斯種勞務者ノ供出ハ時期的ヨリ且又農村ノ闇勞賃暴騰シアル現況ヨリ忌避的動向著シキモノアルニ鑑ミ就勞後ノ監督指導ヲ適切ニシ勞務管理ノ萬全ヲ期スルト共ニ爾後ニ於ケル供出地農民ノ對增產動向注意ノ要アリト思料ス

（了）

齐齐哈尔宪兵队长关于军用劳工供出状况致日本关东宪兵队司令部等的报告（通牒）（一九四三年六月三十日）

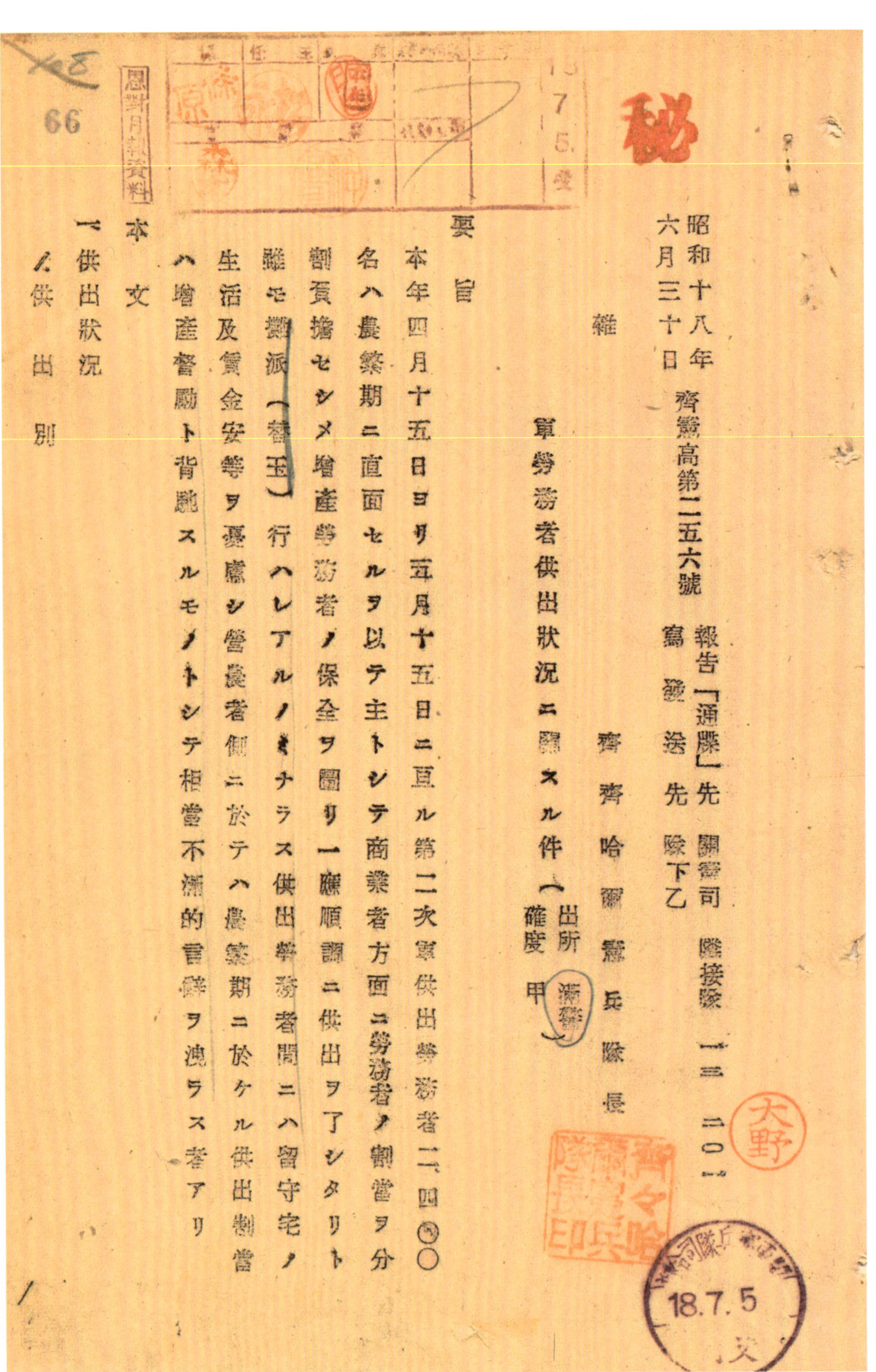

恩對月報資料

秘

昭和十八年六月三十日　齊憲高第二五六號

報告「通牒」先　關憲司　隣接隊　一、三　二〇一

寫發送先　隊下乙

維

齊齊哈爾憲兵隊長

軍勞務者供出狀況ニ關スル件（出所 滿警 確度 甲）

要旨

本年四月十五日ヨリ五月十五日ニ亘ル第二次軍供出勞務者二、四〇〇名ハ農繁期ニ直面セルヲ以テ主トシテ商業者方面ニ勞務者ノ割當ヲ分割負擔セシメ增產勞務者ノ保全ヲ圖リ一應順調ニ供出ヲ了シタリト雖モ攤派（替工）行ハレアルノミナラス供出勞務者間ニハ留守宅ノ生活及賃金安等ヲ憂慮シ營農者側ニ於テハ農繁期ニ於ケル供出割當ハ增產督勵ト背馳スルモノトシテ相當不滿的言辭ヲ洩ラス者アリ

本文

一、供出狀況

1、供出別

縣別	使用者	就勞地	供出割當	供出人員	供出月日	備考
洮南縣	榊谷組	阿古廟	二〇〇	二〇〇	四、二五	普通學工
訥河縣	〃	韓家屯	二五〇	二五〇	〃	
齊々哈爾市	新京昭和工務所	王爺廟	二〇〇	二〇〇	五、一〇	
瞻榆縣	〃	〃	四〇〇	四〇〇	〃	
醴泉縣	新京興亞建築株式會社	西口	二〇〇	二〇〇	五、一五	
〃	榊谷組	索倫	二〇〇	二〇〇	五、一	
龍江縣	飛島組	洮南	五〇〇	五〇〇	四、一五	
〃	伊賀原組	五叉溝	四五〇	四五〇	〃	
計			二四〇〇	二四〇〇		

備考　使用部隊
滿洲第九六五部隊

2 供出方法

イ、各縣共供出人員ノ割當ヲ商業者方面ニ分割シ農村ニ於ケル勞

働力保全ヲ圖ル

ロ、供出前日身體檢査ヲ實施シ健康ナル勞務者供出ニ萬全ヲ期ス

ハ、時局下ニ於ケル勤勞愛國ニ依ル勞務者ノ責務就勞地、就勞期間、其ノ他留守宅ニ對スル對策等ニ關シ詳細ニ知悉セシメ盛大ナル壯行會ヲ催シ出發セシム

3. 攤派、替玉ノ狀況

イ、攤派

體泉縣ニ於テ三十圓乃至百八十圓ヲ生活補助費ノ名目ニテ支給セラレアリテ詳細調査中

ロ、替玉

各縣增產ニ對スル憂慮並ニ賃金ノ低廉ナルヲ嫌ヒ勞務者ヲ忌避センカ爲病者或ハ虛弱者ヲ供出セントスル傾向アルト共ニ資產家又ハ商人ハ月五十圓乃至八十圓ヲ以テ替玉ヲ雇傭セルモノアリ

4. 營農並供出勞務者ノ言動

○凡有方法ヲ以テ宣傳シテモ擱ヲシテマテ進ンテ行クモノハ無イ
モウ少シ當局ニ於テ待遇ヲ考慮シテ貰ヒ度イ

○縣ニ在ツテハ眞心ヲ以テ勞工ヲ待遇シテ吳レルカ現地ニ行クト
牛馬ト同様ニ取扱レル　（以上洮南縣）

○夏季ハ我々ノ播入時タ長期ノ勞工ニ行ケハ安イ賃金テ多イ家族
ハ養ツテ行ケヌ　（訥　河　縣）

○現農耕ニ支障ヲ來ス農民ヨリ大都市ノ不良遊休者ノ活用ヲ考慮
シテ貰ヒ度イ

○契約濟ノ勞青ヲ勞工ニ供出セサルヲ得ヌ爲増産ニ依ル割當數ノ
出荷ハ困難ト思フ　（以上瞻楡縣）

○

○時局下ノ勞工ハ必要テシヨウカ賃金カ安イ爲一般ニ市内テ働ク
コトヲ望ンテ居ル　（齊々哈爾市）

68

○之カラ増産トイフタメニ百姓ハカリ勞工トシテ連レテ行カレ春ニナレハ増産秋ニナレハ出荷ト云ツテ相當喧シク言ツテ來ルノニ之テハ百姓ハ全ク救ハレヌ（醴泉縣）

二、所見

狀況叙上ノ如ク本供出ハ農繁期ニ直面セル外且商業方面ノ出身者多數占メアル關係モアリ一般ニ攤派（替玉）行ハレアルノミナラス不平不滿深刻ナルモノアルニ鑑ミ使用者側ニ於テハ勞務管理ノ適切ヲ期スルト共ニ供出地ニ於テハ關係當局ニ於テ適切ナル宣傳宣撫ヲ實施シ不正供出ニ對スル取締ノ要アリト思料ス

（了）

伪满民生部劳务司编制的一九四三年六月出入伪满劳工统计月报（一九四三年六月）

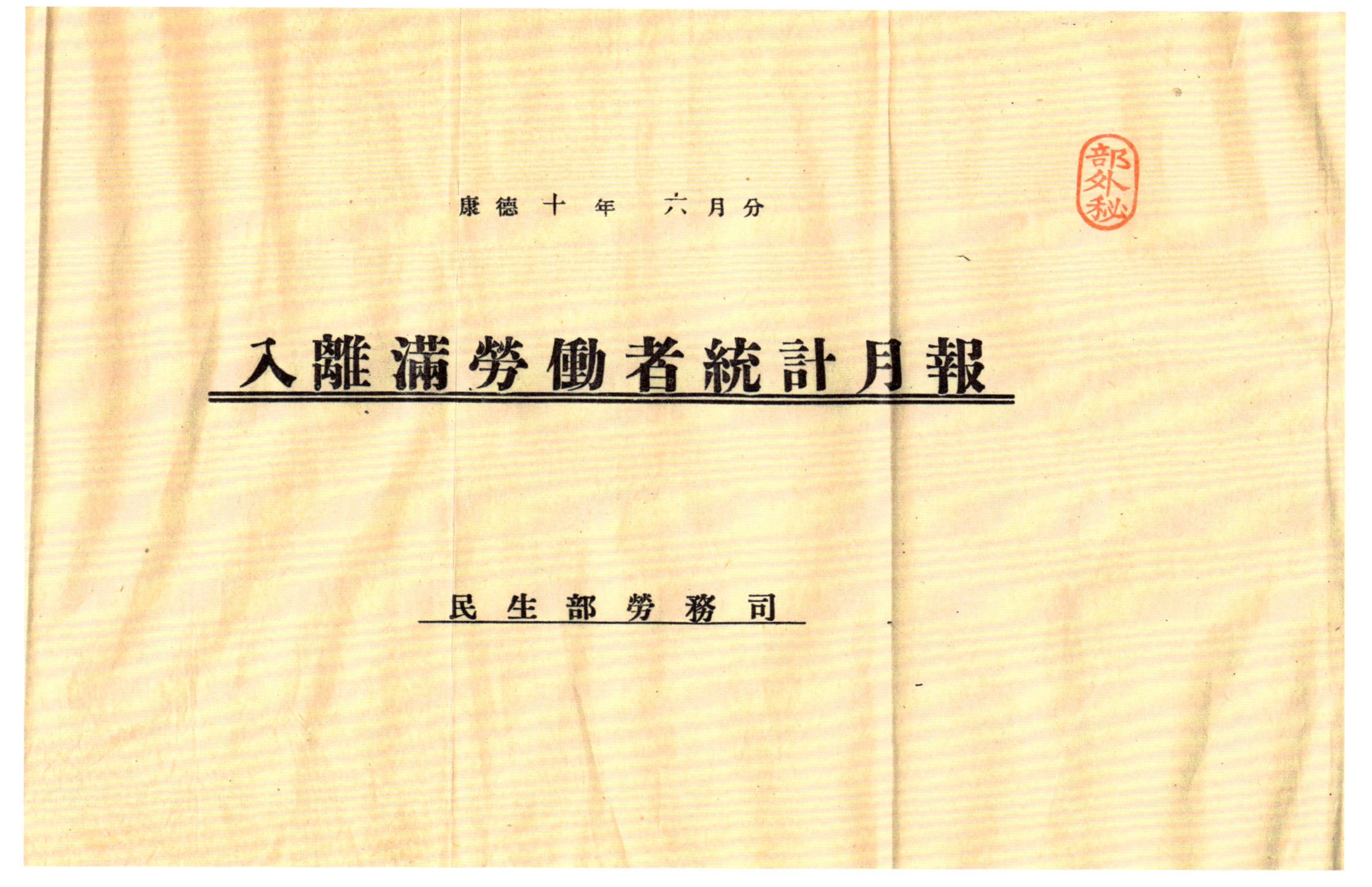

部外秘

康德十年　六月分

入離滿勞働者統計月報

民生部勞務司

離滿勞働者郷關地(道)別．產業(大分類)別調

康德　年　月分

離、郷、道、産、別、(1)

道別		産業別	本年累計	月計	農業	漁業	鑛業	工業	土建業	交通業	商業	其他ノ産業
本年累計		計	104,273		4469	78	5644	27176	37031	7159	1621	19095
河北省		計	21,994		1524	43	1664	7187	7327	1422	496	2331
	冀東道		4270		429	17	548	1,665	793	204	162	450
	燕京道		1,065		189		87	248	295	46	93	107
	津海道		3804		163	17	195	696	1,545	402	87	697
	渤海道		8,524		382	1	504	3090	3221	557	69	700
	保定道		1,766		178	3	132	490	715	69	39	140
	眞定道		1,115		77		50	435	384	60	27	92
	順德道		466		23	1	29	178	159	26	7	43
	冀南道		984		83		119	385	215	68	12	102
山東省		計	80262		2814	35	3644	21519	28843	5674	1061	16672
	登州道		37,116		439	19	412	10924	11,911	2558	786	10,067
	萊濰道		18,544		486	6	781	4718	8,004	931	171	3,447
	青州道		2622		179	2	232	520	834	327	16	512
	沂州道		3,614		176	2	264	440	1,267	329	18	1,118
	武定道		1,835		125		149	646	569	123	20	203
	濟南道		2,605		74		205	1,262	782	133	9	140
	泰安道		4353		372	5	530	849	1,710	408	22	457
	兗濟道		2,854		240	1	439	513	1,163	237	5	256
	東臨道		3,451		407		329	1,058	1,072	293	11	281
	曹州道		3,268		316		303	589	1,531	335	3	19[illegible]
山西省		計	461		29		73	228	62	12	22	35
	雁門道		315		22		38	156	52	9	15	23
	上黨道		98		3		31	51	5	2	1	5
	冀寧道		46		4		3	21	5	1	5	7
	河東道		2				1				1	
河南省		計	810		82		104	156	376	8	39	25
	豫北道		561		79		70	153	171	6	39	23
	豫東道		249		3		14	3	225	2		2
江蘇省	蘇北道		516		15		108	46	292	32		23
安徽省	淮北道		134		3		14	12	100			5
其他			96		2		37	28	11	11	3	4

離、郷、道、産、別、(2)

道別 \ 產業別		本年累計	月計	農業	漁業	鑛業	工業	土建業	交通業	商業	其他ノ產業
計		104273	9.473	869	12	731	2720	1.153	498	232	2708
河北省	計	21994	1.645	329	8	162	459	221	135	62	264
	冀東道	4270	346	94	1	51	107	34	14	13	32
	燕京道	1.065	168	73		11	25	22	4	16	17
	津海道	3.804	269	22	5	16	68	31	41	8	78
	渤海道	8.524	493	46	1	55	153	88	54	9	87
	保定道	1.766	113	35		15	27	15	4	2	15
	眞定道	1.115	106	22		2	42	14	7	6	13
	順德道	466	39	7	1	2	13	7	5	1	1
	冀南道	984	111	28		10	24	10	6	7	26
山東省	計	80.262	7.674	503	4	576	2231	920	855	157	2428
	登州道	37.116	3.784	59	2	72	1.332	436	369	120	1.394
	萊濰道	18.544	1.347	63	1	110	394	174	112	26	467
	青州道	2.622	318	60		29	57	29	52	3	88
	沂州道	3.614	433	25		41	83	30	52	5	197
	武定道	1.835	159	19		21	51	30	13	1	24
	濟南道	2.605	158	17		36	53	11	21		20
	泰安道	4353	507	77	1	101	92	88	72	2	104
	兗濟道	2.854	379	14		76	70	33	59		6[illegible]
	東臨道	3.451	252	61		38	62	32	24		35
	曹州道	3.268	309	48		52	37	57	81		32
山西省	計	461	35	6		2	14	2	1	4	6
	雁門道	315	27	5		1	10	2	1	3	6
	上黨道	48	4				4				
	冀寧道	46	3	1		1					1
	河東道	2	1							1	
河南省	計	810	78	29		22	8	7	2	9	1
	豫北道	561	71	29		15	8	7	2	9	1
	豫東道	249	7			7					
江蘇省	蘇北道	516	28	1		14	2	2	5		4
安徽省	淮北道	134	6	1		4		1			
其他		96	7			1	6				

離滿勞働者．滯滿省別．產業（中分類）別調

康德　　年　　月分

產業中分類＼滯滿省		本年累計	合計	關東州	計	新京	吉林	龍江	北安	黑河	三江	東安	牡丹江	濱江	間島	通化	安東	四平	奉天	錦州	熱河	興西	興南	興東	興北
本年累計		104273		41234	63037	2674	3005	1721	1493	1223	2361	5127	5791	4241	999	1201	2748	697	21460	3190	1897	125	204	413	469
合計			9473	5300	4173	193	380	93	73	130	208	79	167	258	117	137	165	55	1427	192	416	21	12	41	9
農業	計	4169	869	53	816	30	125	24	18	1	16	4	21	74	8	21	9	29	151	30	209	15	5	26	
	農耕	3261	751	51	700	30	90	24	7	1	7	1	16	64	3	11	9	29	149	30	209	15	5		
	畜產業	8																							
	林業	1205	118	2	116		35		11		7	3	5	10	5	10			2					26	
漁業		18	12	8	4									2						1					1
鑛業	計	5644	781	37	744	1	75				90	43	6	1	80	88	2	4	274	77	2			1	
	鐵鑛業	1210	222	3	219		4				1	3	3			79		1	126		2				
	炭鑛業	4147	535	34	501	1	63				84	38	3	1	79	9	2	3	141	76				1	
	其ノ他ノ鑛業	287	24		24		8				5	2			1				7	1					
工業	計	29176	2720	1293	1427	90	91	20	13	8	49	7	61	121	14	16	103	8	689	40	87		3	3	4
	窯業及土石加工業	5486	226	78	148	10	11	4	3		8	2	6	13	2	1	10	1	65	4	6		1	1	
	金屬工業	716	92	1	91	4	1	1					2	1		2		1	38	2	39				
	機械器具製造裝置業	8058	711	372	339	15	16	9	2	3	13	2	11	23	2	4	8		216	13				1	1
	運搬用具製造業	164	28	18	10	1					2	1					2	1	1		2				
	精巧工業	145	21	15	6						1						1		3		1				
	化學工業	781	177	132	45	1	14	1			1		1	3		1			20		2			1	
	紡織工業	2344	390	157	233	8	5		2		2		3	14			47	1	150	1					
	被服身裝品製造業	2287	253	205	48	8	2		1		1		2	12			3	1	13		3		2		
	紙工業、印刷業	1038	149	67	82	7	15		2	1	1		1	9		2	6		29	6	3				
	皮革、骨、羽毛品類製造業	292	36	13	23								2	8	2				6		4				1
	木竹、草蔓類製造業	3039	341	115	226	18	19	4	2	4	11	1	24	16	4	2	19	1	76	5	18				2
	製鹽業	35	11		11														10	1					
	飲食料品製造業	1234	147	73	74	5	4	1	1		5	1	4	12	3	2	4	1	30		1				
	電氣瓦斯水道業	777	55	13	42	6	2				3		4	4		1	2		15	4	1				
	其ノ他ノ工業	2042	83	34	49	7	2				1		1	6	1	1	1	1	17	4	7				
土建業	計	37031	1153	513	640	51	15	37	33	115	36	19	45	14	8	3	15	8	164	24	43		2	6	2
	土木業	21123	540	147	393	25	10	13	18	115	20	4	16	4	2	3	5	3	109	15	19		2	4	1
	建築業	15908	613	366	247	26	5	24	15		16	10	29	10	6		10	5	55	9	24			2	1
交通業		7159	998	824	174	5	34	8	3	3	7		11	11	5	2	11	3	47	9	7	2		5	1
商業		1621	232	156	76		3		1	1		2	1				2		15	3	46	2			
其ノ他ノ產業		17095	2708	2416	292	16	37	4	5	2	10	4	22	35	2	7	23	3	87	8	22	2	2		1

入、鄕、行、產、別 (2)

籍別	業別	本年累計	合計	關東州	計	新京	吉林	龍江	北安	黑河	三江	東安	牡丹江	濱江	間島	通化	安東	四平	奉天	錦州	熱河	興西	興南	興東	興北
河南	計	22822	2864	14	2556	85	83	174	220		11	1	12	77	2	12	7	175	1308	429	70	4	37		1
	農業	4450	1068	5	1063	61	62	168	45		7		10	12		10	5	155	286	47	56	2	37		
	漁業																								
	鑛業	6201	1260		1200		2											1	809	447			1		
	工業	3325	76	1	75	8	8	6					1	4	1	1		9	32	1	3	1			
	土建業	6966	321	4	317	7	1	14	172		1	1	1	3			1	17	22	76			1		
	交通業	57	5	2	3														3						
	商業	1023	29		29	1	2	3	1		2							5	1	2	2				
	其他ノ產業	250	105	2	103	8	8	3	2		1			8	1	1	1	8	45	6	9	1			1
江蘇	計	543	14	5	9	1						1		2				1	3	1					
	農業	158	4		4									2				1	1						
	漁業																								
	鑛業	244	2		2														1	1					
	工業	56	2	2																					
	土建業	54	5	2	3	1						1							1						
	交通業	12																							
	商業	1																							
	其他ノ產業	18	1	1																					
安徽	計	336	16	1	15				4	1				1					3	4					
	農業	6	1		1															1					
	漁業																								
	鑛業	59																							
	工業	6	2		2									1					1						
	土建業	260	13	1	12				4	1									2	5					
	交通業	1																							
	商業																								
	其他ノ產業	4																							
其他	計	170	16	1	15									3					10	2					
	農業																								
	漁業																								
	鑛業	67	7		7														6	1					
	工業	19	7	1	6									1					4	1					
	土建業	8																							
	交通業	2																							
	商業	2																							
	其他ノ產業	42	2		2									2											

入滿勞働者鄉關省別.行先省別.產業(大分類)別調

康德10年5月分

入、鄉、行、產、別(1)

鄉關省別	產業別 \ 行先省	本年累計	合計	關東州	計	新京	吉林	龍江	北安	黑河	三江	東安	牡丹江	濱江	間島	通化	安東	四平	奉天	錦州	熱河	興西	興南	興東	興北
本年累計		174,685		46,054	119,631	41,186	47,626	31,318	9,253	7,766	17,596	12,606	25,175	65,788	4,928	16,397	20,516	31,262	207,130	57,775	9,785	1,985	5,305	1,080	6,663
合計	計	174,685	97,422	9,644	87,778	6,585	8,326	4,935	1,339	543	1,182	1,632	2,615	12,217	570	1,188	1,409	3,970	29,288	8,608	1,538	442	1,026	195	270
	農業	218,032	39,582	784	38,798	2,694	5,771	3,778	798	58	348	52	1,100	6,513	212	666	280	2,167	10,072	3,789	1,081	371	839	113	106
	漁業	475	48	10	38		1	4						10	1		3		6	10					3
	鑛業	61,890	10,337	26	10,311	11	117	4			22	15	48	13	135	21	1	903	5,618	3,336	5		1	1	20
	工業	119,536	15,841	2,112	13,729	1,183	788	499	127	31	142	571	399	2,547	47	129	322	341	5,232	809	207	16	75	25	38
	土建業	183,839	16,939	2,877	14,062	1,390	361	1,213	321	427	523	890	761	1,219	108	161	530	257	3,780	1,085	121	32	68	27	38
	交通業	30,826	4,053	1,096	2,957	362	290	105	14	9	19	7	89	522	11	33	78	74	1,161	126	23	5	9	5	13
	商業	5,270	614	88	526	43	34	16	4	2	6	5	21	73	3	3	13	16	238	71	16		2		7
計	其他ノ產業	60,817	10,018	7,661	2,357	822	894	256	76	16	102	50	207	1,100	53	135	222	203	2,978	442	86	18	62	22	33
河	計	223,368	38,369	1,333	37,026	3,242	2,207	1,576	447	124	183	141	540	4,158	121	316	192	1,656	15,180	4,699	1,061	387	595	60	101
	農業	84,124	16,408	222	16,186	1,331	1,379	1,092	313	18	91	29	293	2,176	65	189	76	817	5,025	1,815	744	293	467	47	36
	漁業	258	26	6	20			3						1			3		5	8					
	鑛業	17,291	4,155	4	4,151	6	48				8	2	2	7	11	13	1	426	2,395	1,225	5				2
	工業	36,797	6,419	318	6,101	555	256	127	44	12	19	28	71	911	12	44	18	132	3,191	498	100	12	52	3	18
	土建業	54,645	5,923	310	5,613	753	284	240	46	71	49	77	133	592	19	32	51	128	2,192	718	111	25	41	6	26
	交通業	9,625	1,436	157	1,279	167	113	23	9		3	2	71	178	3	4	14	42	571	91	23	4	7	1	3
	商業	4,822	272	13	259	26	12	3		1	2		9	23	1	2	1	6	153	5	13		1		1
北	其他ノ產業	20,626	3,720	303	3,417	464	175	88	35	2	11	3	71	370	10	32	28	106	1,648	341	66	13	27	3	16
山	計	420,262	55,765	8,290	47,465	3,165	5,957	3,142	667	418	584	1,428	2,159	7,919	467	810	1,209	2,115	12,656	3,254	402	82	390	133	168
	農業	125,784	21,842	557	21,285	1,294	4,311	1,610	439	40	260	63	803	4,333	167	467	159	1,193	4,611	869	278	72	324	64	68
	漁業	217	22	4	18		1	1						9	1				1	2					3
	鑛業	37,932	4,903	22	4,881	5	67	4			34	13	46	5	124	8		276	2,412	1,657				1	38
	工業	70,972	9,311	1,790	7,521	620	521	366	83	19	123	543	327	1,630	34	84	303	200	2,137	310	104	2	23	22	20
	土建業	121,701	10,665	2,560	8,108	629	576	1,018	99	335	403	811	617	822	89	119	478	122	1,557	286	10	7	26	21	13
	交通業	21,081	2,611	937	1,674	195	177	82	6	9	16	7	68	344	8	29	64	32	686	35		1	2	4	10
	商業	3,178	299	75	224	16	18	7	3	1	2	5	12	69	2	1	12	3	68	4	1		1		
東	其他ノ產業	39,117	6,099	2,345	3,754	407	286	184	38	14	86	46	186	706	42	102	193	87	1,284	91	9		14	21	16
山	計	2,366	398		398	12	29	23	1		4	1	4	57			1	3	228	17	5	9	2	2	
	農業	1,311	269		259	8	19	18	1				4	40				1	161	7	3	4	1	2	
	漁業																								
	鑛業	96	10		10														5	5					
	工業	331	24		24		3										1		18	1		1			
	土建業	126	9		9			1						2					6						
	交通業	16	1		1														1						
	商業	226	14		14	1	2	3						1				1	1						
西	其他ノ產業	260	81		81	3	5	1			4	1		14				1	47	4	3	4	1		

入滿勞働者.行先.省別.產業（中分類）別調

康德10年5月分

產業中分類＼行先省	本年累計	合計	關東州	計	新京	吉林	龍江	北安	黑河	三江	東安	牡丹江	濱江	間島	通化	安東	四平	奉天	錦州	熱河	興西	興南	興東	興北
本年累計	674,685		65,054	609,631	40,646	47,426	31,368	9,053	7,765	17,595	12,606	25,175	65,988	4,928	15,397	20,516	21,265	202,130	57,775	9,985	1,985	5,305	1,080	6,643
合計		97,422	9,644	87,778	6,505	8,356	4,935	1,337	543	1,182	1,632	2,645	12,217	570	1,138	1,409	3,970	29,228	8,608	1,538	442	1,026	195	270
農業 計	218,032	39,582	784	38,798	2,694	5,771	2,778	798	58	348	92	1,100	6,513	212	666	240	2,167	10,074	2,789	1,081	371	829	113	104
農業 農耕	217,308	39,477	777	38,700	2,692	5,761	2,777	796	56	340	92	1,091	6,492	205	666	237	2,165	10,056	2,787	1,081	371	827	106	103
農業 畜產業	250	31	7	24	2	3	1						4				1	11				2		
農業 林業	474	74		74		7		2	2	8		9	17	7		3	1	7	2				8	1
漁業	475	48	10	38		1	4						10			3		6	10					3
鑛業 計	61,890	10,337	26	10,311	11	117	4			42	15	48	13	135	21	1	703	5,618	3,336	5		1	1	40
鑛業 鐵鑛業	15,920	90		90		2							1		1		1	78	5					2
鑛業 炭鑛業	45,220	10,203	26	10,177	10	114	4			41	15	48	8	135	20		901	5,590	3,307	5			1	38
鑛業 其ノ他ノ鑛業	730	44		44	1	1				1			4			1	1	10	24			1		
工業 計	109,536	15,841	2,112	13,729	1,183	788	499	127	31	142	571	399	2,547	47	129	322	341	5,433	809	207	16	75	25	38
工業 窯業及土石加工業	33,673	4,534	125	4,409	271	325	271	29	11	19	546	207	796	9	26	27	155	1,390	214	24		24	7	8
工業 金屬工業	953	52	4	48									2			2	1	4	5	32	1	1		
工業 機械器具製造裝置業	23,089	3,247	599	2,648	284	99	52	29	5	37	6	50	369	14	21	38	44	1,297	211	70	5	10	3	4
工業 運搬用具製造業	945	142	42	100	7	4	3			3	1	3	14		1	2	1	69	8	4				
工業 精巧工業	541	72	21	51	2	4				2		3	15		1	2	1	19		1		1		
工業 化學工業	1,453	279	59	220	6	18	6	4		7	1	3	31		3	9	2	121	8			1		
工業 紡織工業	11,112	1,723	239	1,484	132	33	11	7	1	7	2	16	285	3	17	116	43	760	49	7	2	9	2	2
工業 被服身裝品製造業	10,165	1,368	400	968	75	42	17	15	3	22	3	23	299	3	11	42	16	318	48	17		6	3	6
工業 紙工業、印刷業	2,761	449	91	358	41	23	10	2	2	10		9	60		4	11	3	134	40	3		2	1	1
工業 皮革、骨、羽毛品類製造業	1,776	277	22	255	12	6	5	1		1		4	64		2	4	3	133	9	3	2	2		4
工業 木竹、草蔓類製造業	13,419	2,242	274	1,968	226	146	78	20	7	12	4	51	347	16	30	38	46	790	92	31	4	14	6	11
工業 製鹽業	205	29		29														4	22					
工業 飲食料品製造業	5,464	916	162	754	76	65	36	16	2	15	7	20	188		8	25	14	252	15	5	1	5	4	
工業 電氣瓦斯水道業	1,066	165	19	146	13	10		1		5	1	3	10		1		5	76	19	2				
工業 其他ノ工業	2,914	346	55	291	38	13	10	3		2		7	67	2	2	6	9	106	14	8	1			3
土建業 計	183,639	16,939	2,877	14,062	1,390	861	1,273	321	427	523	890	751	1,419	108	151	530	267	3,780	1,086	151	32	68	27	28
土建業 土木業	138,651	10,820	1,998	8,822	688	557	1,114	274	404	392	576	339	718	57	77	319	172	2,258	706	[illegible]	18	47	12	26
土建業 建築業	45,188	6,119	879	5,240	702	304	159	47	23	131	314	412	701	51	74	211	96	1,522	380	62	14	21	15	12
交通業	30,826	4,053	1,096	2,957	362	290	105	10	9	19	9	89	572	11	33	78	74	1,161	126	23	5	9	5	13
商業	9,270	611	88	526	43	34	16	4	2	6	5	21	93	3	3	13	16	238	11	16		2		1
其ノ他ノ產業	60,817	10,008	2,651	7,357	822	492	256	75	16	100	50	207	1,100	53	135	222	203	4,978	842	85	18	42	44	33

入滿勞働者鄉關省别、經由地别、行先省别調

康德10年5月分

入、鄉、經、行、别 (1)

鄉關别	經由地 \ 行先省	本年累計	合計	關東州	計	新京	吉林	龍江	北安	黑河	三江	東安	牡丹江	濱江	間島	通化	安東	四平	奉天	錦州	熱河	興西	興南	興東	興北
本年累計		674.685		15.054	409.631	40.646	47.426	31.368	9.053	7.765	17.595	12.606	28.175	65.988	4.928	15.397	20.516	21.265	207.130	51.775	9.985	1.985	5.305	[illegible]	[illegible]
合計	計		97.422	9.644	87.778	6.505	8.366	4.935	1.339	443	1.182	1.632	2.615	1.227	570	1.138	1.409	3.970	29.288	8.608	1.538	442	1.026	195	[illegible]
	大連	169.256	21.056	9.149	11.907	977	681	409	128	463	679	803	971	2.134	317	444	1.001	114	2.436	342			12	65	31
	營口																								
	安東																								
	山海關	506.514	75.654	495	75.159	5.528	7.675	4.523	1.211	78	603	829	1.644	10.083	253	694	408	3.855	26.867	8.254	901	390	1.014	130	239
	古北口	8.915	712		712			3		2								1	5	12	637	52			
河北	計	228.368	38.359	1.333	37.026	3.242	2.287	1.576	447	124	83	141	540	4.168	121	316	192	1.656	15.180	4.699	1.061	347	595	60	101
	大連	8.831	1.473	1.144	329	4	20	81		79	7	59		4			8	3	63	1					
	營口																								
	安東																								
	山海關	212.905	36.374	189	36.185	3.238	2.267	1.494	447	43	76	82	540	4.154	121	316	184	1.652	15.112	4.691	608	304	595	60	101
	古北口	6.120	512		512			1		2								1	5	7	453	43			
山東	計	430.265	55.755	3.290	47.445	3.165	4.957	3.142	667	418	984	1.488	2.059	7.919	447	810	1.209	2.115	12.656	3.254	402	82	390	133	168
	大連	149.764	19.558	7.987	11.571	973	661	328	128	383	572	742	971	2.128	317	444	993	111	2.371	341			12	65	31
	營口																								
	安東																								
	山海關	268.269	36.038	303	35.735	2.192	5.296	2.812	539	35	412	746	1.038	5.791	130	366	216	2.004	11.285	2.908	258	74	378	68	137
	古北口	2.232	159		159			2												5	144	8			
山西	計	2.366	398		398	12	29	23	1		4	1	4	57			1	3	228	17	6	9	2	2	
	大連	4	1		1														1						
	營口																								
	安東																								
	山海關	2.261	393		393	12	29	23	1		4	1	4	57			1	3	227	17	2	8	2	2	
	古北口	101	4		4																3	1			
河南	計	22.822	2.864	14	2.851	85	83	194	220		11	1	12	77	2	12	7	195	1208	629	70	4	39		1
	大連	173	12	11	1							1													
	營口																								
	安東																								
	山海關	22.187	2.816	3	2.812	85	83	194	220		11		12	77	2	12	7	195	1208	629	33	4	39		1
	古北口	662	37		37																37				

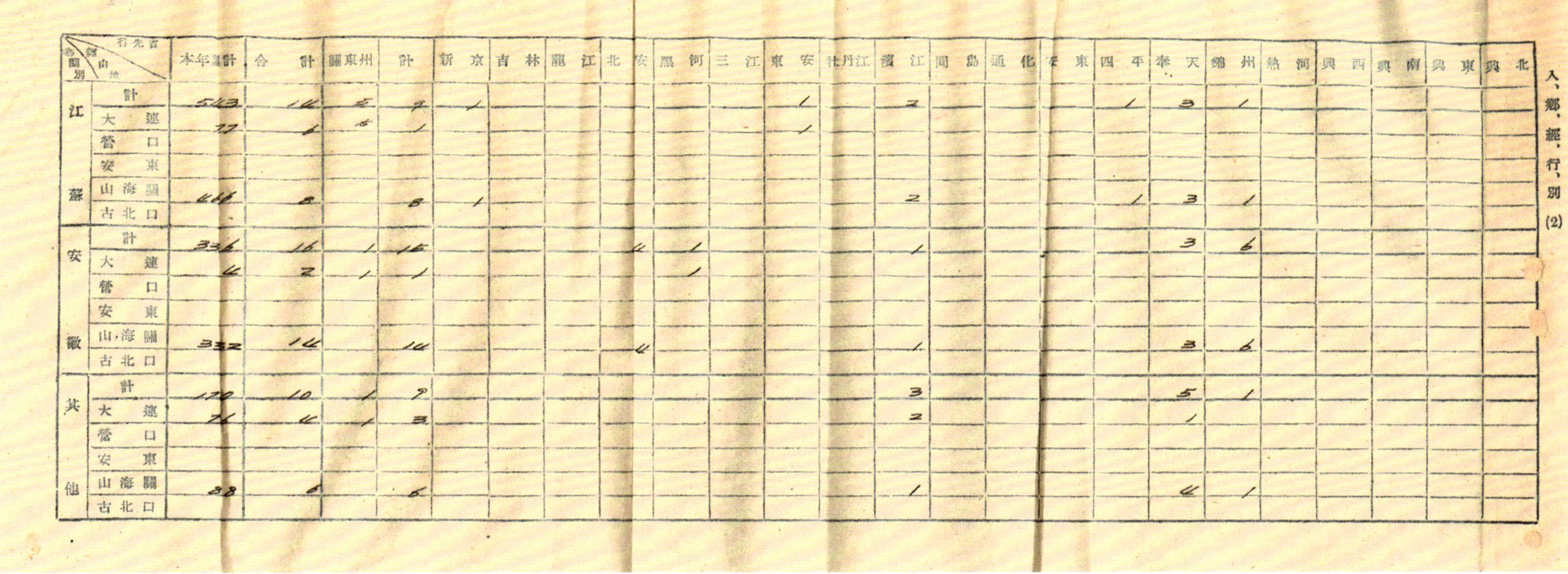

入、鄉、經、行、別 (2)

省別	經由地 \ 行先省	本年累計	合計	關東州	計	新京	吉林	龍江	北安	黑河	三江	東安	牡丹江	濱江	間島	通化	安東	四平	奉天	錦州	熱河	興西	興南	興東	興北
江蘇	計	543	14	5	9	1						1		2				1	3	1					
	大連	77	6	5	1							1													
	營口																								
	安東																								
	山海關	466	8		8	1								2				1	3	1					
	古北口																								
安徽	計	336	16	1	15				4	1				1					3	6					
	大連	4	2	1	1					1															
	營口																								
	安東																								
	山海關	332	14		14				4					1					3	6					
	古北口																								
其他	計	170	10	1	9									3					5	1					
	大連	76	4	1	3									2					1						
	營口																								
	安東																								
	山海關	88	6		6									1					4	1					
	古北口																								

勞働者入滿概況

康德10年5月分

區別 / 經由地	勞働者			隨伴家族									特別証所持者	特種証所持者
				計			團體			個人				
	計	團體	個人	計	男	女	計	男	女	計	男	女		
本年累計	674,685	215,614	459,071	489,975	152,600	337,375							809	
前年同月增減比較(△印ハ減)	△4,036			56,552	19,353	37,199							△313	
月計	97,422	15,573	81,849	98,317	29,407	68,910	2,882	889	1,993	95,435	28,518	66,917	163	
大連	21,056	4,386	16,670	13,575	3,737	9,838	485	143	342	13,090	3,595	9,496	29	
營口														
安東														
山海關	75,654	11,187	64,467	84,221	25,440	58,781	2,397	747	1,650	81,824	24,693	57,131	133	
古北口	712		712	521	230	291				521	230	291	1	

勞働者離滿概況

康德　年　月分

區別 / 經由地	勞働者			隨伴家族									特別証所持者	特種証所持者
				計			團體			個人				
	計	團體	個人	計	男	女	計	男	女	計	男	女		
本年累計	104,273	16,932	87,341	21,718	7,676	14,042							21	
前年同月增減比較(△印ハ減)	△51,220			△5,915	△3,116	△2,799							△152	
月計	9,473	246	9,227	2,089	595	1,494	64	29	35	2,025	566	1,459	8	
大連	6,392	111	6,281	898	190	708	4	1	3	894	189	705	5	
營口														
安東														
山海關	2,624	135	2,489	1,179	399	780	60	28	32	1,119	371	748		
古北口	467		467	12	6	6				12	6	6	[illegible]	

新京宪兵队长关于军队直佣劳工供出反响致日本关东宪兵队司令部等的报告（通报）（一九四三年七月二日）

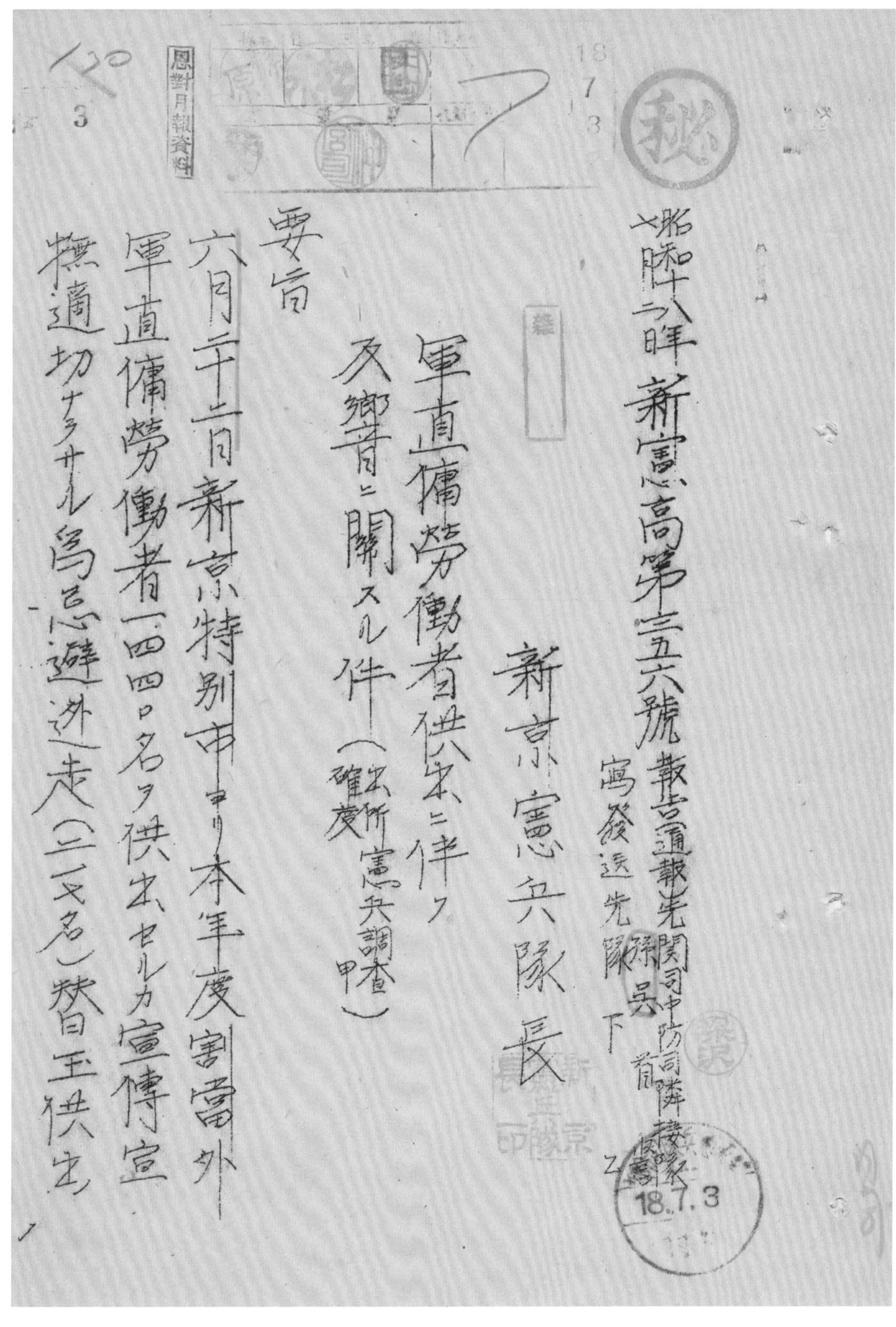

秘

昭和十八年七月二日　新憲高第二五六號

新京憲兵隊長

軍直傭労働者供出ニ伴フ反響ニ関スル件（確度甲　出所憲兵調査）

要旨

六月二十二日新京特別市ヨリ本年度割当外軍直傭労働者一四〇〇名ヲ供出セルカ宣傳宣撫適切ナラサル為忌避逃走（二一七名）替玉供出

（約一五〇名）攤派（大部）其他ニ蘇聯關係聽測言動ヲ洩スモノ等アリタリ

本文

一、供出月日供出先供出数等ノ状況

供出月日	就労期間	供出先	就労地	供出数	供出地	募集月日
六、二三	自六、二三 至二〇中旬	孫呉 満洲第八四〇部隊	黒河省 孫呉	一四四〇名（労働者）	新京特別市	自六、一四 至六、二三

二、供出状況

新京特別市當局ニ於テハ本年度割當外軍直傭労働者一、五〇五名ノ供出ヲ命セラレ六月八日ヨリ十日ノ

4

六月二日ヨリ區長會議ヲ開催各區ニ對シ供出割
當ヲ為シ六月二十二日九時市内三不管廣場ニ之
等供出者一六二六名ヲ集合セシメ日軍側ノ行フ身
体検査合格者一四〇〇名ヲ同日十六時新京駅
於テ現地部隊ニ引渡シタリ
尚引續キ不足人員六五名ヲ再供出ノ豫定ナリシ
モ現地部隊ヨリ供出ノ要ナキ旨連絡アリタリ
各区ニ對スル割當各区ノ供出身体検査不合
格者数等別表ノ如シ

三反響

今次供出ニ當リ各区責任者ノ宣傳宣撫適切ナラサル為被供出者ハ逃避逃走セルモノ二一七名不参集者二名替玉供出約二五〇名（一五％）攪拠（大部）其他日蘇關係臆測言動ヲ洩ス者等アリタリ

主ナル事象左ノ如シ

イ、逃走及不参集

◎逃走者　二一七名　（詳細別表）

「註」替玉供出者ニシテ一部前渡金ヲ取得逃走セルモノ

約半数ニ達シアルモノ、如シ

◎不参集者　二名

2. 替王及攤派ノ概況

◎替王供出　約二五〇名（一五%）

被供出者一名ニ対シ一ヶ月一〇〇円乃至一八〇円

◎攤派（大部ナ）

被供出者一名ニ対シ一ヶ月八〇円乃至一四〇円

3. 言動

◎十日前ニ荷馬車等ノ供出ガアリ更ニ引續キ　ノ如

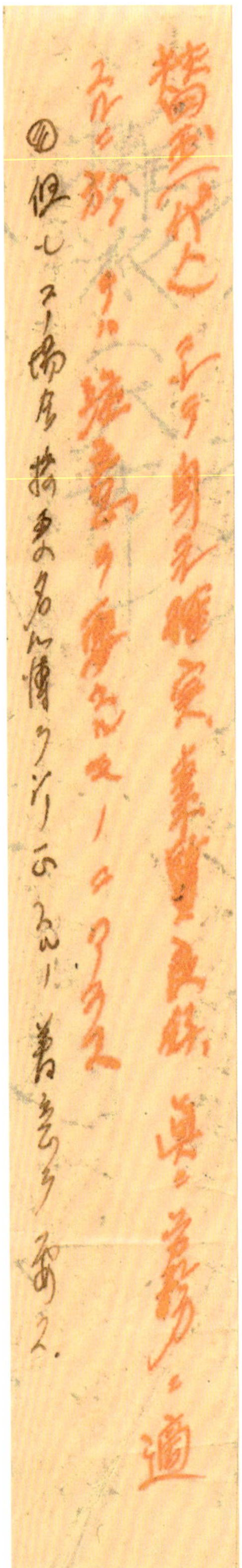

特要（以上）ニシテ身元確実素質良好且ツ若年労務ニ適
スルモノヲ採リ強壮ヲ要スルモノトス
但シ之ノ帰属指導者ノ名簿ヲ別ニ定メ置キ善導ヲ要ス。

斯多數ノ勞働者ノ供出スルハ日蘇關係愈々切迫セルニ因ルモノナラン（大同區滿系組長ニ）

◎南方作戰モ一段落シ今後日本ノ鋭鋒ハ蘇聯ニ轉移サルヘシ今回ノ勞働者供出モ之カ準備ナラン（長春區滿系事務員）

◎最近日蘇關係險惡ナル由斯ル際危險極マル國境地區軍工事ニ供出セラルヽハ眞平ナリ

（長春區逃走者二）

（大同區逃走者二）

◎被供出者ハ勞銀以外ニ概ネ一ケ月一〇〇圓程度

6

收入（撫恤金）アルヲ以テ賃銀ニ關シテハ不服ナキモ宿舍施設ノ不備開戰ニ際スル危険其他駆使セラレザルヤ等ヲ憂慮シアリテ之カ啓蒙慰撫ノ善導ハ並大抵ナラズ（大同區事務所主任）

◎供出ニ應セハ重要物資配給通帳ヲ得ラル、モ危険ナル國境軍工事ニ就勞スルコトハ一考ヲ要ス（和順區華北難民五）

四其他參考事項

區長以下各責任者ニ於テ被供出者ニ対シ積極

的ニ供出趣旨ノ徹底其他慰撫ニ努メタル区ハ進出者ナク且動揺等尠カラサルモ之ヲ為サヽリシ大同、長春、和順合邑等ハ動揺進出者等アリタリ

五、所見

当局ニ於テハ区長以下各責任者ノ活動特ニ被供出者ニ対スル啓蒙、宣撫ハ更ニ適切且積極的ナラシム如ク指導ノ要アリ

（了）

附：各区供出不合格者以及逃跑者调查表

别表

各区别供出不合格、逃走者调

区名＼種别	供出割當数	逃走者及不参者数	供出数	身体検査不合格者数	供出實数
敷島	一〇〇		一一五	八	一〇七
寛城	七六		七八	三	七五
長春	三〇〇	七〇	二三四	二六	二〇八
大同	三二五	一一九	二三〇	一二	二一八
順天	一二		一三	|	一三
安民	三		三	|	三
西陽	二		二	|	二
東光	三六		三五	四	三一
和順	三六五	二（二七）	三三六	四五	二九一
東榮	三一六	一	三一五	五〇	二六五
淨月	二六		二六	三	二三

南河東	一四		一四	二	一二
北〃	五		五	一	五
合隆	一七〇		一七〇	二六	一四四
大化	三〇		三〇	五	二五
雙德	二〇		二〇	二	一八
計	一八〇〇	二（二七）	一六二六	一八六	一四四〇
備考	一、供出割当ノ一、八〇〇名ハ身体検査ニ不合格者等ヲ見越シ余分ニ供出セシメントシタルモノナリ 二、括弧内数字ハ不参集者トス				

东宁宪兵队长关于特殊工人出现死亡、逃跑等状况致日本关东宪兵队司令部等的报告（通牒）

（一九四三年七月五日）

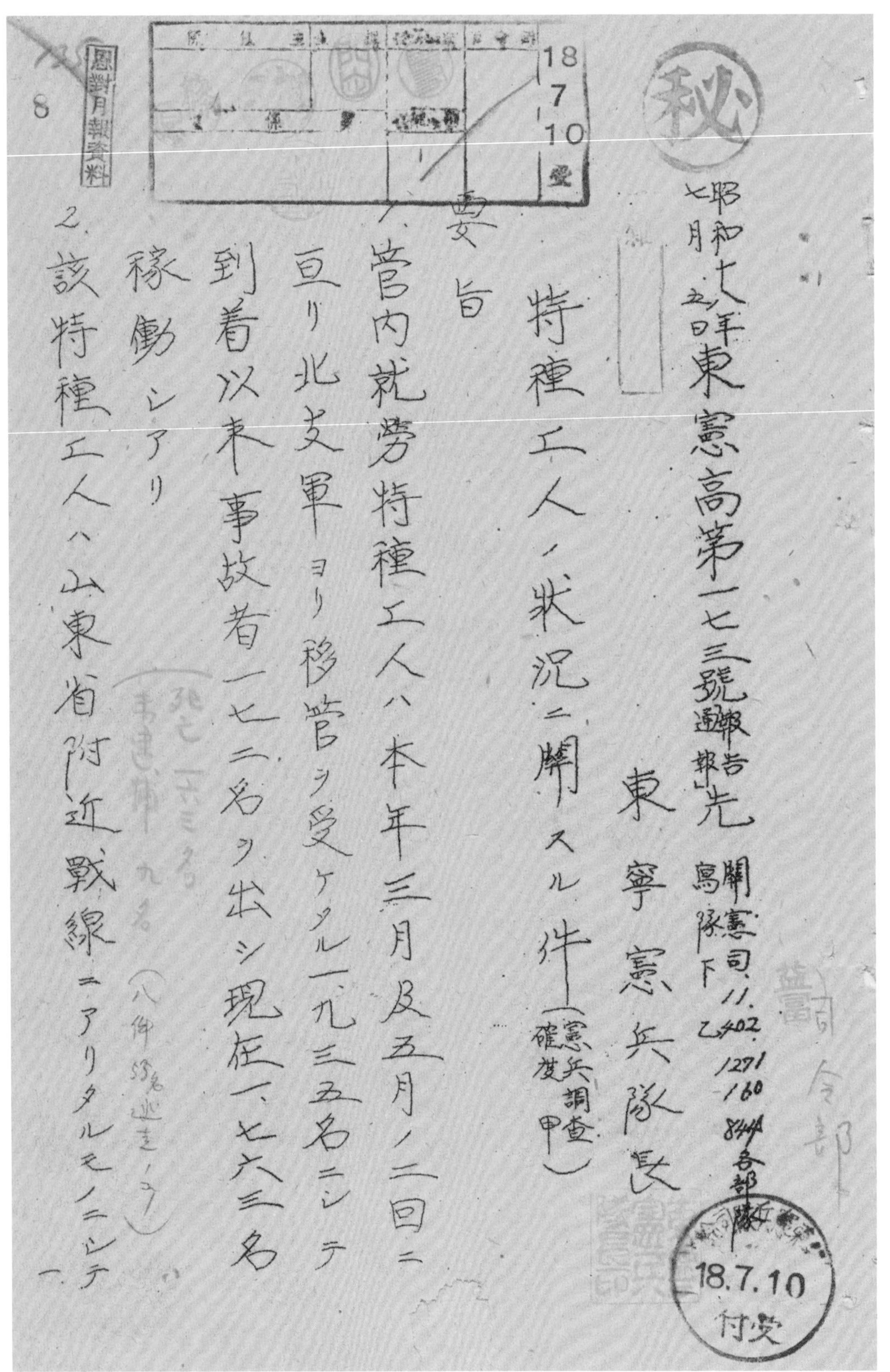

秘

思想月報資料

18.7.10 受

昭和十八年七月五日 東憲高第一七三號 通牒 報告先 関憲司 11.402. 島隊下乙 1271 160 844 各部隊

東寧憲兵隊長

特種工人ノ状況ニ関スル件（憲兵調査 確度甲）

要旨

1、管内就労特種工人ハ本年三月及五月ノ二回ニ亘リ北支軍ヨリ移管ヲ受ケタル一九三五名ニシテ到着以来事故者一七二名ヲ出シ現在一、七六三名稼働シアリ

2、該特種工人ハ山東省附近戦線ニアリタルモノニシテ

18.7.10 付受

榮養不良ニ由リ身体極度ニ衰弱シアリタル爲到着直後短期間ニ於テ死亡者一六三名ヲ出シタルモ漸次良況ニ向ヘリ

然共管理適正ヲ缺キタルト思想良好ナラサル爲現在迄ニ逃走八件五三名（逮捕四四 未逮捕九）ヲ出シアリ

本文

一、一般狀況

イ、管内就勞特種工人ハ三月二十六日及五月七日ノ二回ニ亘リ北支軍ヨリ移管ヲ受ケタルモノ

ニシテ到着人員一、九三五名中事故者一七二名ヲ
出シ現在就労人員一、七六三名ナリ
之等ハ山東省附近ニ蟠踞シアリタル蒋直系
軍約六〇％其ノ他八路軍並雑軍ニシテ身
体極度ニ衰弱シアリタル為到着直後死亡者
續出現在迄ニ一六三名ヲ出シタルモ漸次良況ニ
向ヒアリ
又部隊側管理不適正並工人望郷ノ念ニ
驅ラレタルトニ依リ現在迄ニ逃走八件五三名ヘ

ニ

内逮捕四四名未逮捕九名）ヲ出セリ

2.之等工人ハ満洲第一三七一、一六〇、八四四、三六二各部隊ニ配属セラレ就労

一三七一部隊配属工人ハ花黒山、黒營附近ニ於テ國防道路建設作業ニ服シ其ノ他ハ各隊作業ニ服シアリ

3.工人ハ前記ノ如ク當初衛生状態不良ナリシモ漸次良況ニ向ヒ現在約九〇%ノ就労率ヲ示シアリ

134

10

特種工人一般狀況左表ノ如シ

特種工人一般狀況

配属部隊	配属工人	事故者 死亡	事故者 逃走(未逮捕)	現在員	就労地
一三七一部隊	八〇五	八	九	七八八	老黒山黒營附近道路工人
二六〇部隊	五五九	三〇		五二九	自隊軍工事
八四四部隊	三四一	一八		三二三	自隊軍工事
三六二一部隊	二三〇	一〇七		一二三	雜役並疾病者
計	一、九三五	一六三	九	一、七六三	

二、管理狀況

當初工人ノ榮養不良ニ由ル身体極度ノ衰弱ト諸施設不備ノタメ死亡疾病續出セシモ

三

漸次諸施設完備シ目下概ネ關東軍勞務處理要領ニ準シ管理ノ適正ヲ期シアリ然共警備兵力ノ寡少或ハ監視不適當等ヨリ前記ノ如ク逃走者ハ件 五十三名ヲ出シタルハ遺憾ナリ

逃走者ノ状況左表ノ如シ

特種工人逃走状況

月日	使用部隊	逃走状況 逃走者	逃走状況 逮捕	未逮捕	原因動機前後ノ状況	摘要
四、七	林部隊	六	六		食糧不足看視ノ隙ヲ窺ヒ	党與
五、一五	三六二一	一	一		神経衰弱	〃
五、二二	〃	四	四		望郷ノ念	〃

六、五	一二之一〃	二八	二八		〃	完與 未遂
六、九	〃	五	三	二	〃	完與
六、九	〃	二		二	〃	〃
六、二五	關東軍後方演習部隊	五		五	〃	〃
六、二六	八四	二	二		〃	〃
計		五三	四四	九		
備考	關東軍後方演習參加特種工人ハ一二之一部隊使用中ノモノヲ臨時配屬セルモノナリ					

三、思想動向

工人ノ本質ヨリシテ思想状況ハ一部ヲ除キ善良ナラス前項ノ如ク望郷ノ念ニ驅ラレ多数ノ逃走

者ヲ出シ又皈郷時期不明ヨリ将来ヲ杞憂スルモノ多数アリテ主ナル言動左ノ如シ

1. 吾々ヲ此様ナ山ノ中ニ押込メテ何時迄働カス積リナリヤ結局仕事カ終レハ殺サレルモノナラン

（一六部隊工人数名ノ言）

2. 吾々ノ戦友ハ毎日病氣ノタメ死亡スルカ俺達モ此ノ身体テ此處ニ居タラ死スルテアロウ一刻モ早ク安住ノ地ヘ解放サレタキモノナリ

（第三六二一部隊收容疾病工人ノ言）

3 着隊直後ハ食糧モ充分テアツタカ漸次減給セラレアリ将来ハドウナル事ヤラ何ラカノ解放策ヲ講スヘキナリ

（第三六二一部隊工人多数ノ言）

4 同僚ニシテ逃走逮捕セラレ手酷イ目ニ遭ハサレタル者数名アルカ馬鹿ナ奴タ此處テ眞面目ニ働イテ居レハ何時カハ解放サルゝナラン

五

（第一六〇部隊工人二ノ言）

5. 吾々ハ戰爭ニ驅リ立テラレ隨分危險ナコトヲヤツテ來タカ此處ヘ來テ生命ノ危險ヨリハ逃レタノテ解放サレタ樣ナ氣カスル

（第一六〇部隊工人一ノ言）

四. 其ノ他參考事項

1. 東寧滿洲第一三七一部隊監督下ニ老黑山黑營（老黑山西南方約十六粁）附近ニ於テ國防道路建設中ノ特種工人八〇五名中五〇〇名ハ六月十

13

斷ルコトナル
調査ノ誤リナルベシ（係ニ連絡）

五日ヨリ關東軍後方演習参加部隊ニ臨時配
属セラレアリ

乙、駐東寧縣石門子（東寧南ニ東十八粁）第八
四四部隊稼働中ノ解放工人（特種工人ニ
シテ本年一月北支軍ニ移管再度来満セルモノ）
一九二名中

本籍 陝西省盩厔縣

亢少尉 張 春 隆

當二十五年

六

以下二三名

ハ給與粗悪並監督軍属ニ對スル反感等ヨリ
六月二十一日党與逃走入蘇セリ
（詳細六月二十九日東憲高第一六六號参照）

五、所見

狀況叙上ノ如クニシテ特種工人ハ望郷ノ念ニ驅ラレ且將來ヲ杞憂シアルノミナラス蘇聯ニ党與逃走本國服還ヲ企圖セル事例少カラサルヲ以テ宣傳宣撫ニ努ムルト共ニ過早ニ之ヲ解放監視ヲ解

◎防諜ニ於テ処理
◎解放工人ノ當管理状況ニ関シ現地部隊ニ遺憾ノ点アルヲ以テコレカ嚴視方軍係ニ連絡スヘシ

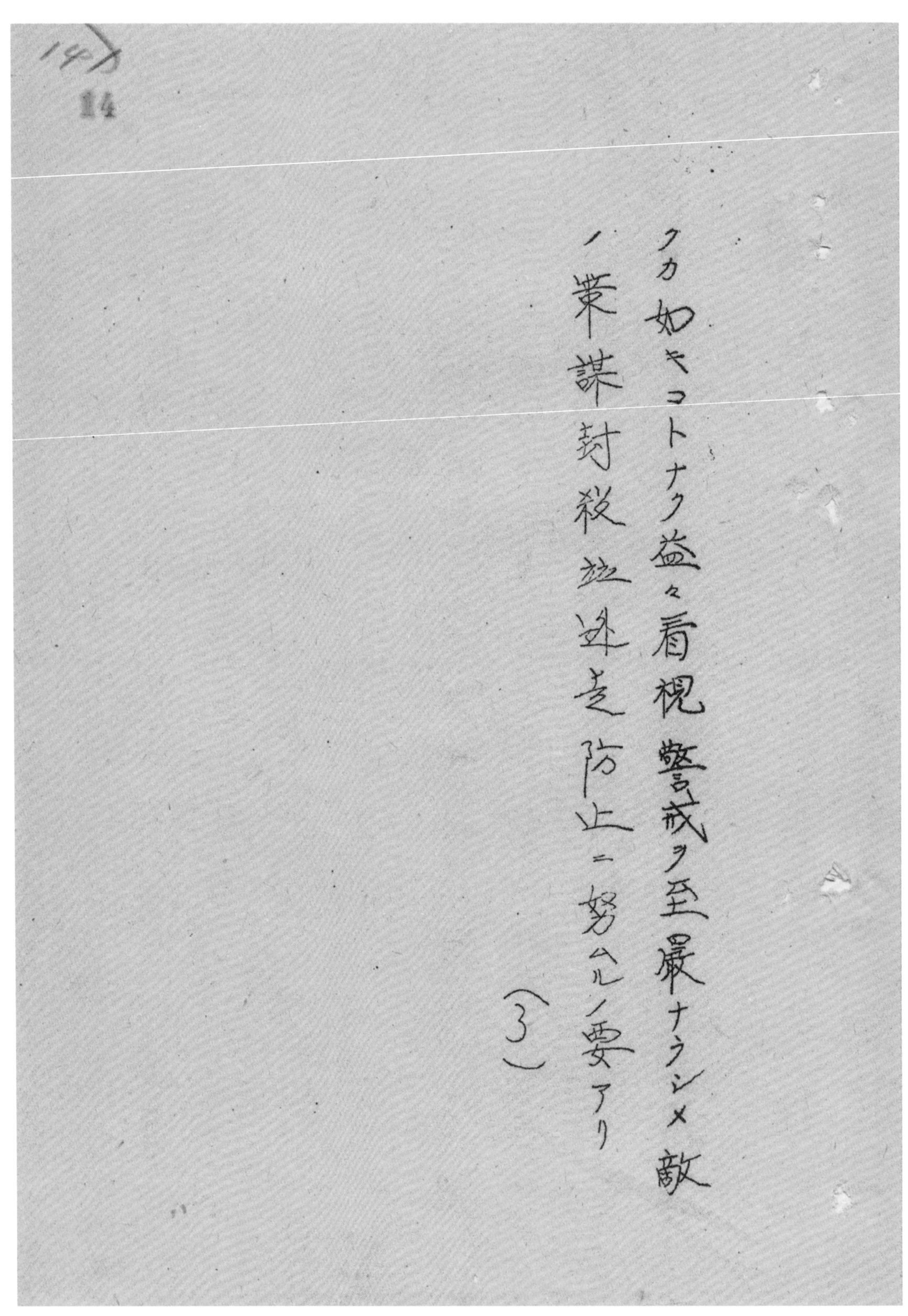

14

クカ如キコトナク益々看視警戒ヲ至嚴ナラシメ敵ノ策謀封殺並逃走防止ニ努ムルノ要アリ

（3）

通化宪兵队长关于劳工紧急供出状况致日本关东宪兵队司令部等的报告（通牒）（一九四三年七月二十六日）

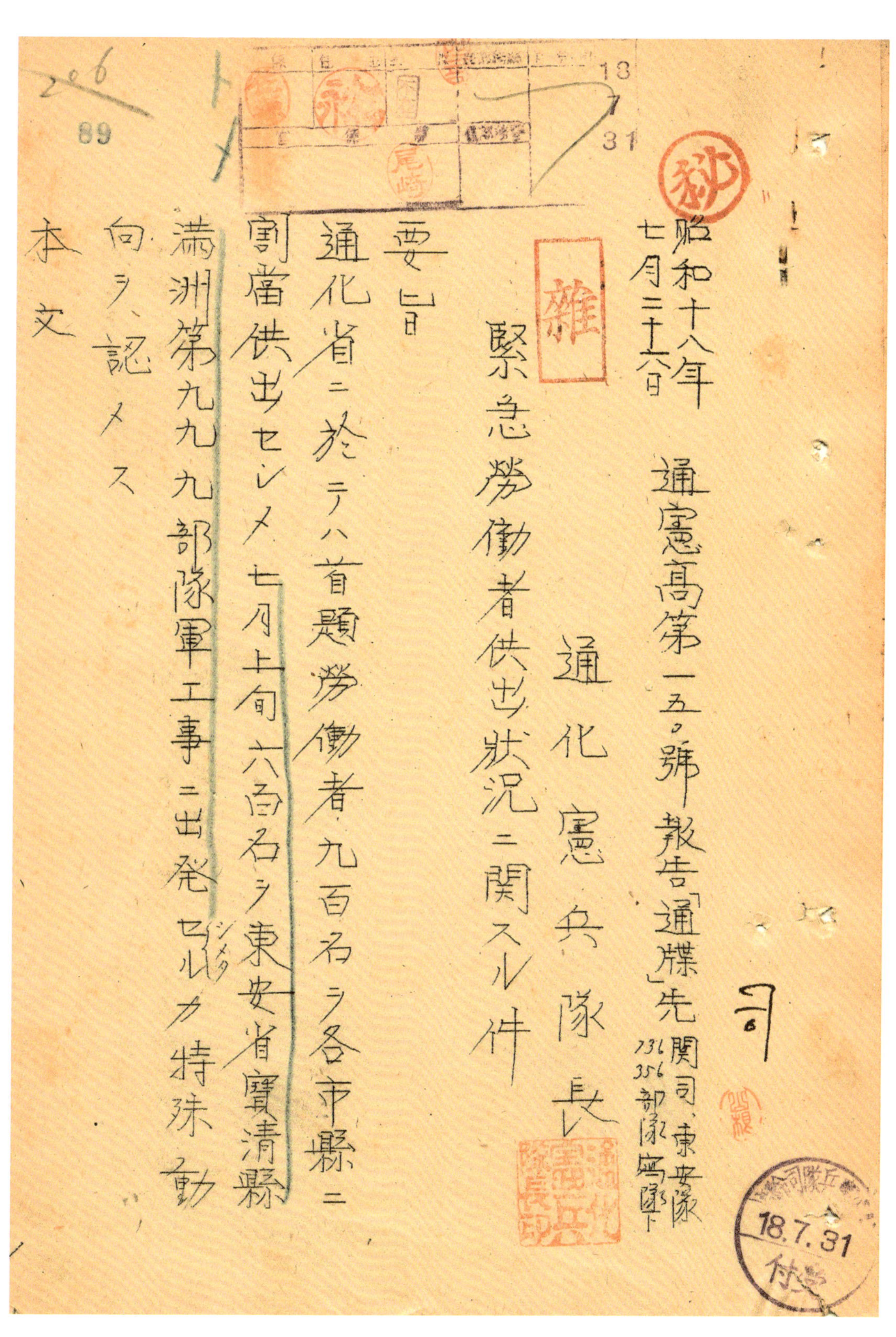
秘

雑

昭和十八年七月二十六日　通憲高第一五〇號　報告「通牒」先　関司、東安隊、731、356部隊、写　隊下

通化憲兵隊長

緊急労働者供出状況ニ関スル件

要旨

通化省ニ於テハ首題労働者九百名ヲ各市縣ニ割當供出セシメ七月上旬六百名ヲ東安省寶清縣満洲第九九九部隊軍工事ニ出発セシメタルカ特殊動向ヲ認メス

本文

18.7.31

一、一般状況

通化省ニ於テハ中央ヨリノ命ニ依ル軍工事緊急労働者ヲ各市縣ニ夫々割當供出ヲ命シ七月自一日至十一日間六百名ヲ現地ニ向ケ出発セシメタリ尚三百名ハ目下準備中ナリ

二、供出期日、割當人員及就労期間

供出市縣	供出人員	供出月日	就労期間
通化市	一〇〇	七月一日	九月中旬迄
〃縣	二〇〇	〃二日	〃
柳河縣	二〇〇	〃三日	〃

90

臨江縣	一〇〇	七月十一日	十月中旬迄
輝南縣	二〇〇	未定	〃
輯安縣	一〇〇	〃	〃

註 輝南、輯安縣ハ目下準備中ナリ

三、就労地

東安省寶清縣満洲第九九九部隊

四、供出工作状況

供出工作ニ関シテハ其ノ都度市縣ニ於テ過去ノ實情ニ検討ヲ加ヘ村屯長隣保組織ヲ通シ主旨ノ徹底ヲ図リタル為今次供出ハ急速ヲ

21

要シタルモ概ネ予想通リノ供出シ見タリ
特ニ注意スヘキ動向認メス
尚通化市ニ於テハ市公署ヨリ各供出者ニ「タオル」
一本地下足袋一足ノ特別支給シ行ヒ工人ノ慰
撫激励シナセリ

五、供出労働者選定状況
各市縣ニ於テハ極力農産部門ニ支障ヲ来サヽ
ル様家庭ノ状況、貧富関係、健康関係等ヲ
充分考慮シ思想堅實ニシテ監視勤務其他

91

農村所要人員ヲ除外シ供出選定ヲ為セリ

六、一般ノ反響

イ、工人ノ言動

◎、供出労働者ノ選定ニハ未タ不合理不適切ナルモノカアル要ハ貧富ノ別ナク非生産階級層ニ選定ノ主力ヲ注ク要カアル

◎官公吏ノ情實ハ依然掃拭サレナイ全ク官公吏ノ世ノ中ダ

◎前債五、六十余トハ有難イ

2 家族近親者ノ言動
特異ナ言動ナシ
3. 地方有力者ノ言動
(の)當縣テハ前ノ事例ニ徵シ軍用労働者ハ食糧モ豊富テ宿舍其他労需諸物資モ配給率ヨリ價格モ安イノテ供出者ハ大体ニ於テ喜ンテイル (通化縣快大茂子村長)
(ロ)官公吏ノ情實ハ断呼拂拭ノ要アリ割當人員ハ國家ノ要請テアリ必ス出ス (臨江街某)
(3)

齐齐哈尔宪兵队长关于军队直佣劳工动向致日本关东宪兵队司令部等的报告（通牒）（一九四三年八月二日）

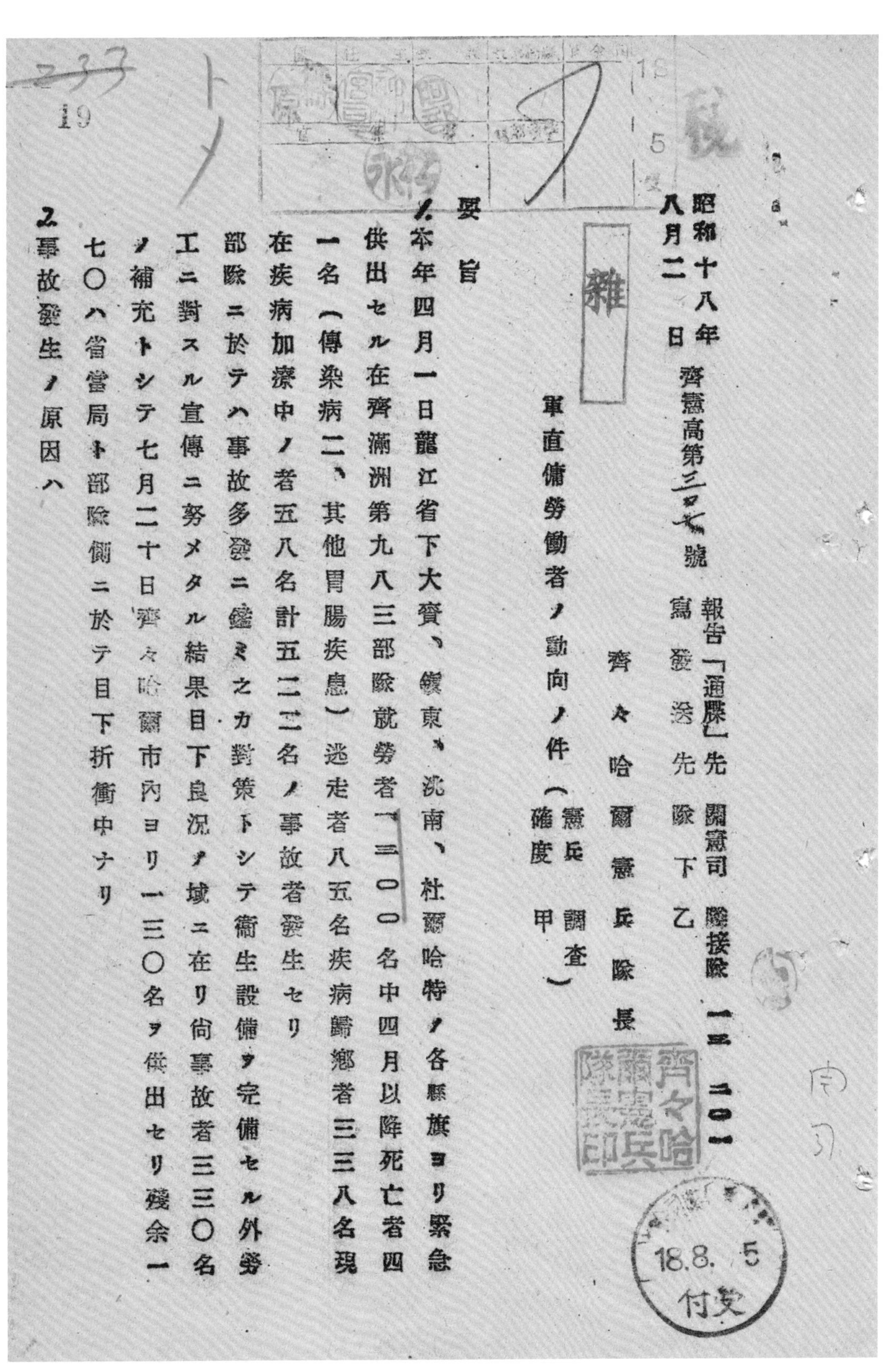

昭和十八年八月二日　齊憲高第三〇七號

報告「通牒」先　關憲司　隣接隊　一二　二〇一

寫發送先　隊下　乙

齊々哈爾憲兵隊長

雑

軍直傭勞働者ノ動向ノ件（憲兵調査　確度甲）

要旨

一、本年四月一日龍江省下大賚、鎭東、洮南、杜爾哈特ノ各縣旗ヨリ緊急供出セル在齊滿洲第九八三部隊就勞者一三〇〇名中四月以降死亡者四一名（傳染病二、其他胃腸疾患）逃走者八五名疾病歸郷者三三八名現在疾病加療中ノ者五八名計五二二名ノ事故者發生セリ

部隊ニ於テハ事故多發ニ鑑ミ之カ對策トシテ衛生設備ヲ完備セル外勞工ニ對スル宣傳ニ努メタル結果目下良況ノ域ニ在リ尚事故者三三〇名ノ補充トシテ七月二十日齊々哈爾市内ヨリ一三〇名ヲ供出セリ殘余一七〇ハ省當局ト部隊側ニ於テ目下折衝中ナリ

二、事故發生ノ原因ハ

〇徵用時ニ於ケル人選或ハ宣傳宣撫ノ不十分及生活態様ノ急變
〇死亡者多發ニ對スル恐怖
〇給養方面ヨリスル營養ノ不足
等ニシテ背後關係ナキモノト認メラル
3．縣當局ニ於テハ他部隊供出ノモノニ比シ九八三部隊ノ事故多發ニ鑑ミ今後同部隊ニ對スル供出ヲ憂慮シアルカ洮南縣長及大賚縣勞務科長ハ七月十四、五日ニ亘リ實情調査ノタメ來齊セリ

本文

一事故日時場所事故人員
1．自四月十日至七月十五日
2．在齊満洲第九八三部隊
3．事故人員

20

供出縣別	供出人員	事故數				
		死亡	逃走	疾病歸鄉者	現在疾病者	計
大賚縣	四五〇	二一	八	一八五	二〇	二三四
鎮東縣	三〇〇	一〇	一七	五七	一八	一〇二
洮南縣	四五〇	一〇	五七	六五	一八	一五〇
特爾哈特旗	一〇〇		三	三一	二	三六
計	一三〇〇	四一	八五	三三八	五八	五二二

二、事故發生ノ原因

イ、逃走者

逃走者ノ大多數ハ洮南縣供出者ニシテ其ノ六割ヲ占メ之カ原因トシテハ徵用時ニ於ケル關係當局ノ宣傳宣撫及人選ノ不十分ト部隊內ニ於ケル規律アル起居ヲ忌ヒ或ハ死亡者多發ニ對スル恐怖等カ主因ナリト看取セラル

ロ、死亡者

現在迄ニ死亡セルモノ四一名中傳染病（發疹チフス）二、其他ハ胃腸疾患ニ依リ死亡セリ、現在加療患者中ニモ傳染病ト認メラル、モノ一四名（高熱者）アリ、其他ノ大部分ハ胃腸疾患ナリ

以上狀況ヲ綜合スルニ之カ主因ハ部隊側ノ衛生設備ニ於テ十全ヲ期シアリト云フモ未タ改善ノ余地アルト給養方面ヨリスル榮養不良並勞働者ノ素質劣レル等ニ基因スルモノト思料セラレ思想乃至謀略的背後關係等認メラレス

三、補充供出狀況

部隊側ニ於テハ事故多發ノタメ補給業務ニ及ホス支障ヲ杞憂シ七月十日當側ニ補充供出方交渉ノ結果七月二十日齊々哈爾市ヨリ一三〇名緊急供出ヲ受ケ殘余一七〇名ハ省當局ト部隊側ニ於テ目下折衝中ナリ

四、處置對策

勞働者供出縣當局ニ於テハ歸鄉者ノ言動ヲ聽取セルニ他部隊ニ比シ九八三部隊ノミ事故者多發スルニ於テハ同部隊ノ勞働者ニ對スル待遇上ニ缺陷アリト思推シ七月十四日洮南縣長ハ勞務科長ヲ滯同七月廿五日

21

大賓縣勞務科長來齊省當局者ト共ニ九八三部隊ニ至リ實情ヲ聽取セリ部隊側ニ於テハ疾病者多發ニ鑑ミ六月中旬部隊勞働者宿舍附近ニ假病棟ヲ設備シ省公署保健科斡旋ニ依リ滿系醫師一、看護婦三ヲ雇傭施療スル外衛生思想ノ普及乃至宣傳宣撫ヲナシタル結果目下良況ヲ域ニアリ

5. 參考事項

縣當局者ノ言動

1. 九八三部隊ヘノ供出勞働者ノミ事故者多ク他部隊ニ供出シタル者ニハ事故者少ナキタメ縣民ハ爾後該部隊ヘノ供出ハ忌避スルタロウ

2. 他部隊（七六部隊）ニ於ケル勞働者ノ監督ハ日系直接之ヲ爲シアル關係上不平不滿ナリ故ニ逃走者等ハ[illegible]九八三部隊ノ直接監督者ハ滿系ナルタメニ苦力頭對苦力間ノ感情問題ト衞生設備等ニ不備カアル

3. 地方側ノ勞働者雇傭主ハ斯種事故アリタル際ハ關係當局ニ報告スルコトニナツテオルカ該部隊ハ何ンノ連絡モナイ省下ノ縣長及勞務科

長カ憂慮シ來齎シタノデ狀況ヲ初メテ知ツタ、イクラ軍タカラトハ云ヒ連絡シテ貰イタイ、省當事者トシテ責任モアリ今後ノ供出ニ多大ノ影響ヲ及ホス昨年モ斯樣ナ事故カアツタノテ連絡シタノタカ該部隊ノ關係者ハ徹底シテ居ラナイ

衛生材料カ不足ナラハ連絡ヲ頂ケハ省保健科ヲシテ出來得ル限リ援助スル方法モアル

六、所　見

狀況敍上ノ如クニシテ之カ事故ノ主ナル原因ハ部隊關係者ノ監督或ハ施設及供出時ニ於ケル縣當局ノ諸施策不十分等ニ基因スルモノト思料セラル、將來勞工供出ニ惡影響ヲ及ホス思想的策謀ニ乘セラル、虞アルヲ以テ被供出者ニ對スル啓蒙、宣撫及部隊ニ於ケル勞務指導管理ハ更ニ徹底スルノ要アリト認ム

（了）

间岛宪兵队长关于军队和煤矿劳工供出状况致日本关东宪兵队司令部等的报告（通报）
（一九四三年八月十八日）

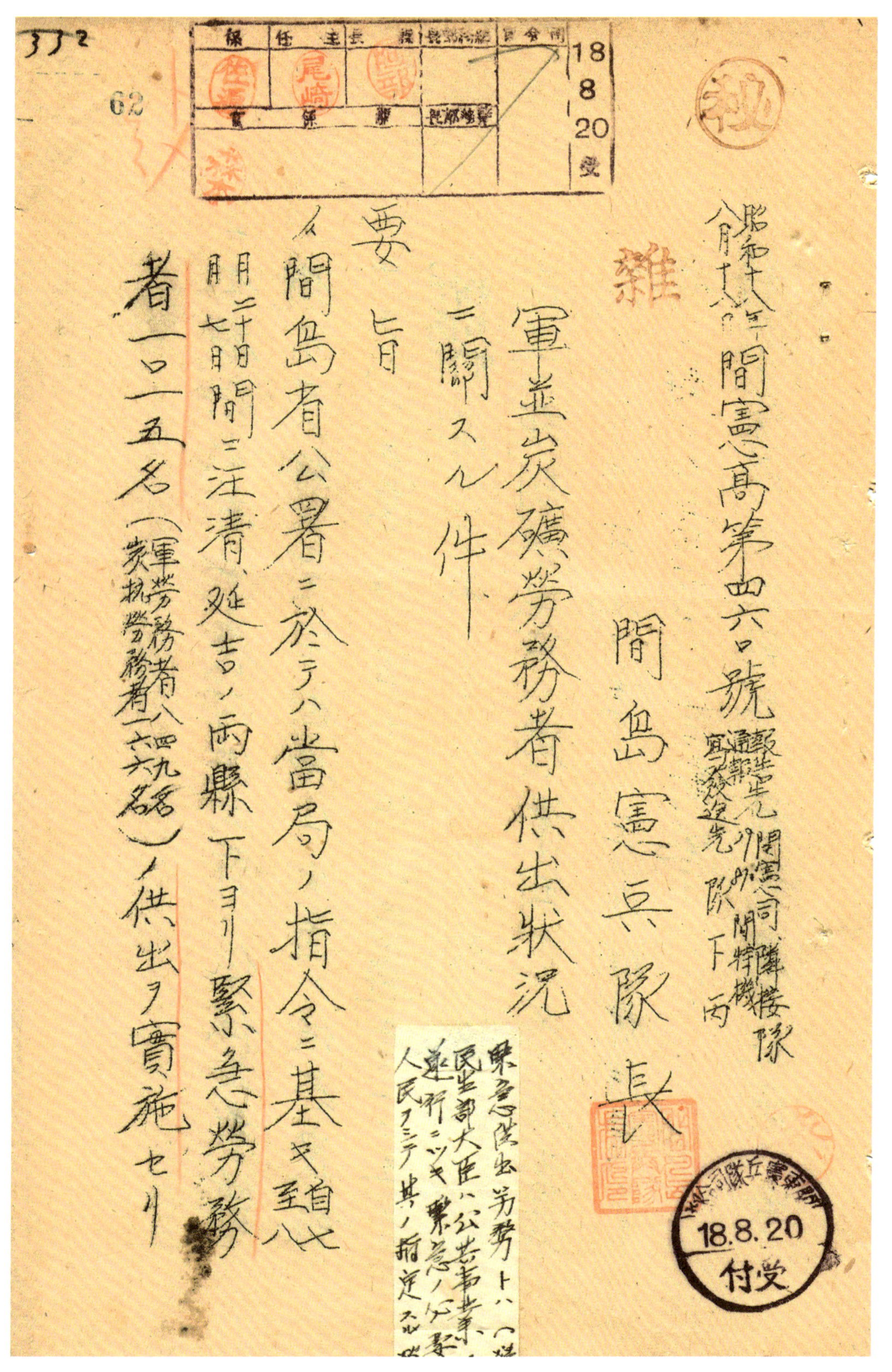
秘

昭和十八年八月十八日 間憲高第四六〇號

通報先 関憲司、隣接隊、間特機
発送先 隊下 兩

雜

間島憲兵隊長

軍並炭礦勞務者供出状況ニ關スル件

要旨

一、間島省公署ニ於テハ當局ノ指令ニ基キ自七月二十日至八月七日間ニ汪清、延吉ノ兩縣下ヨリ緊急勞務者一〇二五名（軍勞務者八四九名 炭礦勞務者一七六名）ノ供出ヲ實施セリ

緊急供出勞務トハ（……）民生部大臣ハ公共事業、……遂行ニツキ緊急ノ必要……人民ヲシテ其ノ指定スル……

緊急供出労務トハ（労働統制法第八條ニ依ル）
民生部大臣ハ公共事業又ハ国策事業ニシテ重要ナルモノヽ
遂行ニツキ緊急ノ必要アル場合ハ其ノ定ムル所ニ依リ
人民ヲシテ其ノ指定スル労働ニ従事セシムルコトヲ得

2.本被供出者中農村供出者ハ体位並素質概ネ良好ナルモ市街地供出者ハ依然ゝ良好ナラス之カ為準備中供出忌避者一二五名（開城府二六名 開豐郡九九名）ヲ出シタル外一般ニ就労期間長期並ニ強制供出或ハ農繁期ナルタメ相當深刻ナル不平不満ヲ王サスルモノ及関係係員ノ業務ニ對スル當惑的言動等アリ

将来ノ勞務供出對策ニ就テハ嚴ニ注視ヲ要

スルモノアリ

本文

一、供出月日区域別及供出先人員期間

供出月日	区域別	供出先	人員	期間
七月二十日	汪清縣	琿春満洲第四二部隊（伊賀ノ牟組現場）	一五名（満鮮九六）	自昭和十八年七月二十日 至〃八月三十日
八月三日	間島市	朝陽川満洲第三六一部隊（直傭）	二〇〇名（満鮮）	自昭和十八年八月三日 至〃十二月末日
	汪清縣	間島満洲第八四部隊（直傭）	二三二名（満鮮）	自昭和十八年八月三日 至〃十二月上旬

2、

二、供出状況

月日	地	供出先	人員	期間
八月四日	圖們街	朝陽川満洲第二六一部隊（直傭）	一五二名（満鮮）	自昭和十八年八月四日 至〃 十二月末日
		間島満洲第二六一部隊（直傭）	五〇名（満鮮）	右同
八月五日	竜井街	朝陽川満洲第二六一部隊（直傭）	二〇〇名（満鮮）	自昭和十八年八月五日 至〃 十二月末日
八月七日	汪清縣	琿春炭砿	一六六名（満鮮）	自昭和十八年八月七日 至〃 十二月末日
合計			一〇、一五名	

334
64

間島省公署ニ於テハ軍並ニ中央部ヨリノ指令ニ基キ前項ノ如ク間島市及延吉、汪清縣下街村ニ之カ供出ヲ命シタリ

關係市街村ニ於テハ緊急勞務者供出計畫ニ基キ供出ヲ實施セルカ屡次ノ供出ニ依リ保有勞力ハ漸次拂底シ就中

ノ市街地供出者ハ体位並ニ素質極メテ低下シ不平不満ニ因ル逃避者多ク準備中

3

供出ヲ忌避シ身体検査ニ應セサル者（一二五名（間島市二六名 図們街九名 竜井街二七名）アリ関係係員ハ警察署ノ協力下ニ強制供出ヲ為シタリ

２、汪清縣下農村ニ於テハ農繁期農村労力ノ確保ヲ考慮シ一家ニ二名以上ノ労働者ヲ有スル者ヨリ供出セル處純朴ニシテ忌避動向等ナキモ一般ニ就労期間ノ長期並農繁期ナルタメ深刻ナル不満動向ヲ窺知セラ

シタリ
而シテ本供出ハ何レモ関係当局ノ積極的
活動乃至宣撫ニ依リ概不支障ナク夫々
定員ヲ充足シ現地或ハ係員引率ノ上部隊
側ニ引渡ヲ完了セリ

三、供出忌避状况
供出者ハ概ネ趣旨ヲ認識セルモ一部市街地
供出者中ニハ依然、軍工事就労畏怖及

4

労働嫌忌等ヨリ忌避的行動ニ出ヅルモノハ或ハ不平不満言辞ヲ弄スルモノアリ忌避的事象左ノ如シ

召集不参者ノ状況

日時場所	人員	概況	處置
自七月二十日 至八月三日 図們街	八四名	圖們街ニ於テハ二〇〇名募集ニ對シ七月三十日各聯合班ヲ通シ適格者二三四名ニ街長發行ノ供出令書ヲ交付シ八月三日圖們白鳳學校ニ集合	街公署警察ト協力事實調査中

		ヲ命ジタルモ参集者一五〇ニシテ上記八四名ハ忌避参集セズ	
自七月三十日 至八月二日 間島市	二六名	間島市ニ於テハ労務者資格者名簿並ニ区事務所民籍簿等ト照合ノ上差出人員二〇〇名ノ處三〇〇名ニ對シ令書ヲ交付八月二日大和國民学校ニ集合ヲ命ジタルカ此ノ間逃走二四名、疾病詐称一名家庭貧困且ツ父病氣中ナル旨陳情書ヲ提出セル者一名計二六名ノ不參ノ者アリ	陳情者ニ就テハ市公署ニ於テ事實調査ノ結果免除セリ
八月四日	二名	供出候補者トシテ通知ヲ受クルヤ之	逃走企図者ハ取押ヘ厳

壹十街		ヲ忌避シ逃走或ハ逃走ヲ企図ス	諭ノ上供出セリ

四、反響

一般ニ就労期間ノ長期ト農繁期ナルタメ家族今後ノ生活ヲ杞憂シ供出ヲ忌避スルモノ就中市街地供出者ハ労働ニ無経験ノ関係ヨリ軍労務作業ヲ畏怖スルモノ多ク又半強制的ニ實施セル関係上當局ノ措置ヲ非難シ一般民モ又早晩自己ノ供出ヲ豫測シ兢々トシ協力氣配無ク注意ヲ要スルモノアリ

337
67

主ナル言動ヲ擧クレハ左ノ如シ

ノ當局者側

◎農繁期ノ労力供出事務ハ最大ノ至難事ナリ直ニ趣旨ヲ理解セス却テ我々當事者カ批難ヲ受クル結果ヲ招来ス

（間島市公署職員）

◎動員股ノ業務ハ軍労務者ニ關スルモノ大部分ハ

6.

ナル為軍ト地方人ノ間ニ存在スル吾々カ一番不
利ナル立場ニ在リ

（右　同）

◎供出労務者ハ鮮満系ナルヲ以テ日系ノ股
長ヲ必要トス

（市行政科長）

二、供出者側

鮮系

328
68

◎供出期間三ケ月ハ長期ナリ加フルニ賃銀低廉ナル爲用後家族ノ生活ヲ如何ニセン
（間島市供出者）

◎當局ノ供出方法ハ余リ苛酷ナリ軍命令トハ謂ヘ今少シク人情的ナ取扱ヒヲ望ム
（右　同）

◎吾々ハ供出ヲ厭フニ非ラス之カ選出ニ當リ公平ヲ缺ク点多々アルハ不満ニ堪ヘス

家庭事情ヲ考慮セス懇意者ヲ除外スルカ如
キハ其ノ證左ナリ
（竜井街供出者）

◎今迄数回ニ亘リ供出セルカ何レノ場合ニ於テモ
積極的ニ應シアルニモ不拘罪人同様ノ取扱ヲ
為スハ苛酷ナリ
（右　同）

◎街ノ役人ハ農作物ノ除草モ終リ農閑期

339/69

ナリトテ吾々農民ヲ供出セルカ農家ハ植付ヨリ收獲迄次々ト仕事ノ絶エルコトナシ無理解モ甚タシ

（汪清縣供出者）

◎屡次ノ供出ニ於テ最モ負担大ナルハ吾人貧困者ニシテ有資有閑者ノ供出ナキハ當局ノ處置適當ナラス

（圖們街供出者）

◎街民ヲ代表シ軍工事ニ就労スル吾人ニ對シ終夜警戒ヲ附シ罪人扱ヒニスルカ如キハ言語道断ナリ

（右　同）

満系

◎靖安区ニ於テハ毎回満系カ多数ヲ占メアリ人口割ヨリシテ眞ニ不公平ナル供出ト言フヘシ

360 70

（竜井街供出者）

㊁此ノ農繁期ニ吾々如キ貧困者カ三ケ月モ安イ賃銀デ働イテ冬期間一家ノ生活ヲ如何ニセン

（汪清縣供出者）

㊁普通労働ヲスレバ一日三、四圓ニナルカ今度吾々ノ行ク炭礦デハ一圓六十銭トノ事ナリ實際馬鹿ラシクテ仕方ナシ

9

（右同）

五、所見

1、状況叙上ノ如ク被供出者ハ一般ニ素質良好ナラス就中市街地供出者ハ労働未経験者多数ヲ擁シアル等ヨリ将来之カ使用者側ニ於ケル労務管理ニ就テハ格段ノ注意ヲ要スルモノアリ

2、又如斯ノ供出事務不圓滑ナルハ一ニ對

供出者ノ時局認識不徹底ニ基因スルモノナリト雖モ反面係吏員ノ活動不充分ノ點ナシトセス将来時局ノ進展ニ伴ヒ勞務者供出ノ要請ハ益々増强ヲ豫想セラルヽヲ以テ速カニ斯種缺陷ヲ是正シ以テ爾後ノ勞務供出對策ニ遺憾ナキヲ期スルノ要アリト認ム

（了）

伪满警务总局长山田俊介关于华北劳工在伪黑河省山神府接连死亡致日本关东宪兵队司令官的报告
（一九四三年八月二十三日）

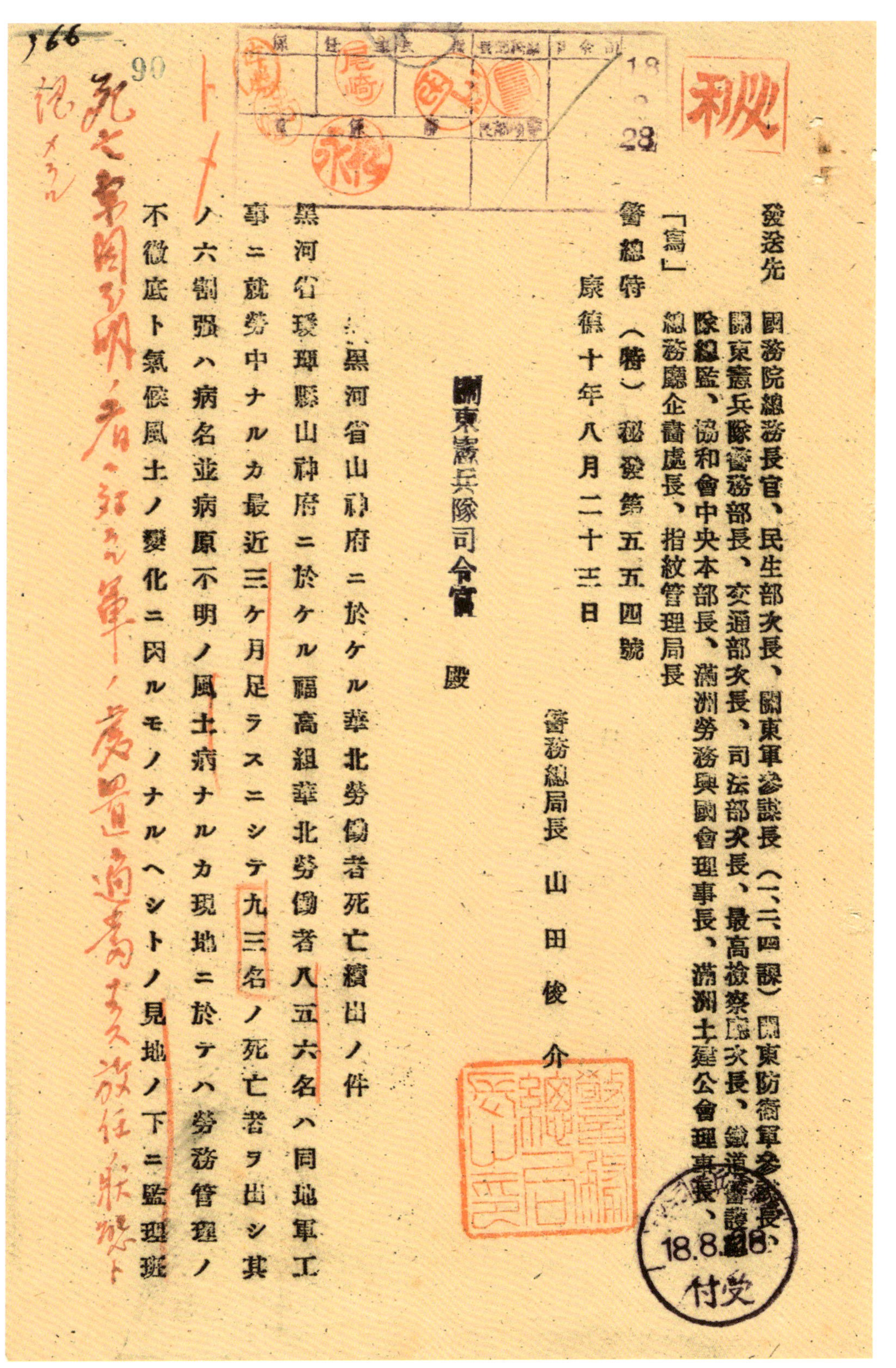

秘

發送先　國務院總務長官、民生部次長、關東軍參謀長（一、二、四課）關東防衛軍參謀長、關東憲兵隊警務部長、交通部次長、司法部次長、最高檢察廳次長、鐵道警護總隊總監、協和會中央本部長、滿洲勞務興國會理事長、滿洲土建公會理事長、總務廳企畫處長、指紋管理局長

「寫」

警總特（特）秘發第五五四號

康德十年八月二十三日

警務總局長　山田俊介

關東憲兵隊司令官　殿

黑河省山神府ニ於ケル華北勞働者死亡續出ノ件

黑河省璦琿縣山神府ニ於ケル福高組華北勞働者八五六名ハ同地軍工事ニ就勞中ナルカ最近三ケ月足ラスニシテ九三名ノ死亡者ヲ出シ其ノ六割強ハ病名並病原不明ノ風土病ナルカ現地ニ於テハ勞務管理ノ不徹底ト氣候風土ノ變化ニ因ルモノナルヘシトノ見地ノ下ニ監理班

367

91

ノ活動ヲ強化シ極力之カ防止ニ努メツツアリ
黑河省警務廳長報告概要左ノ如シ

記

一、日時並就勞場所
康德十年三月下旬ヨリ六月初旬ニ至ル間
於璦琿縣山神府南方二〇粁ノ地點
二、業者並ニ勞工數
福高組山神府出張所
華北勞工八五六名
三、募集並ニ就勞狀況
業者自體華北方面ニ於テ募集シ本年三月十五日ヨリ四月二十三日
ニ亘リ入省セシメ（十三回ニ分チ）前記場所ニ於ケル軍工事ニ稼
働中ナルカ勞工ノ健康狀態不良ニシテ平均就勞率約七五%ナリ
四、死亡狀況（別表參照）

268

92

ノ、現地到着者八五六名中六月十日現在（約三ケ月間）ニ於テ九三名ノ病死者ヲ出シ其ノ六割強（五六名）カ病名因不明ノ風土病ニシテ罹病當初ニ在リテハ一見脚氣ノ如ク下肢腫レ病態亢進スルニ伴ヒ　丸及陰莖腫レ遂次下腹部ニ至リ下腹部堅ク膨張シ死亡ス

而シテ發病當初ニ疼痛ヲ感セサル爲罹病者ハ殆ント無關心ナリ偶腫レカ陰部ノミニテ止ルモノハ快癒シアリ

五、業者側ノ施療狀況

業者自體ニ於テ日系開業醫（衞生兵出身）ヲ雇傭シアルカ主トシテ山神府駐在縣公醫ニ依托治療ヲナシアリ然シ工事現場ト遠距離ノ關係或ハ患者多數ナル爲施療意ノ如クナラス

六、處置

工事ノ性質竝ニ地區ノ關係上一般ノ立入禁止サレアリ當方ノ直接監理不可能ナルヲ以テ現地軍側ト協力シ左ノ如ク業者ノ指導督勵

ニ努メツツアリ

1.施療ノ强化

工事監督部隊ニ連絡軍醫ノ派遣方要請ス

2.罹病者ノ早期發見

現場監督竝ニ専屬醫ヲシテ常ニ勞工宿舍ヲ巡視セシメ罹病者ノ早期發見ニ努メシム

3.衞生觀念ノ徹底

一般勞工ニ對シ衞生觀念ヲ徹底シ寢冷生水暴飮ノ防止室内ノ排濕ニ努メシム

4.宿舍設備ノ改造

床ヲ地面ヨリ二尺以上ニシ小屋ノ周圍ニ排水溝ヲ構築シ室内ノ排濕ニ努メシム

「註」床板材料ハ警察隊ニ於テ購入方斡旋セリ

390
94

別表

死亡者月別表

病名 \ 月別	三月	四月	五月	六月	計	摘要
感冒	一	一	一〇	二	一四	一、六月分ハ六月十日
急性氣管支炎			三		三	現在トス
胸膜炎		二		二	二	二、病名ハ診斷書ニ依
腹膜炎			一		一	ル
黄疸		一			一	
骨		一			一	
肺炎	一	三	五	一	一〇	
風土病	二	八	三〇	一六	五六	
阿片中毒				一	一	
盲腸炎				一	一	
脹病			二	二	二	
計	四	一六	五一	二十三	九三	

伪满警务总局长山田俊介关于镇东县供出的军用车马劳工在当地劳动概况致日本关东宪兵队司令官的特务情报（第五七九报）（一九四三年八月二十四日）

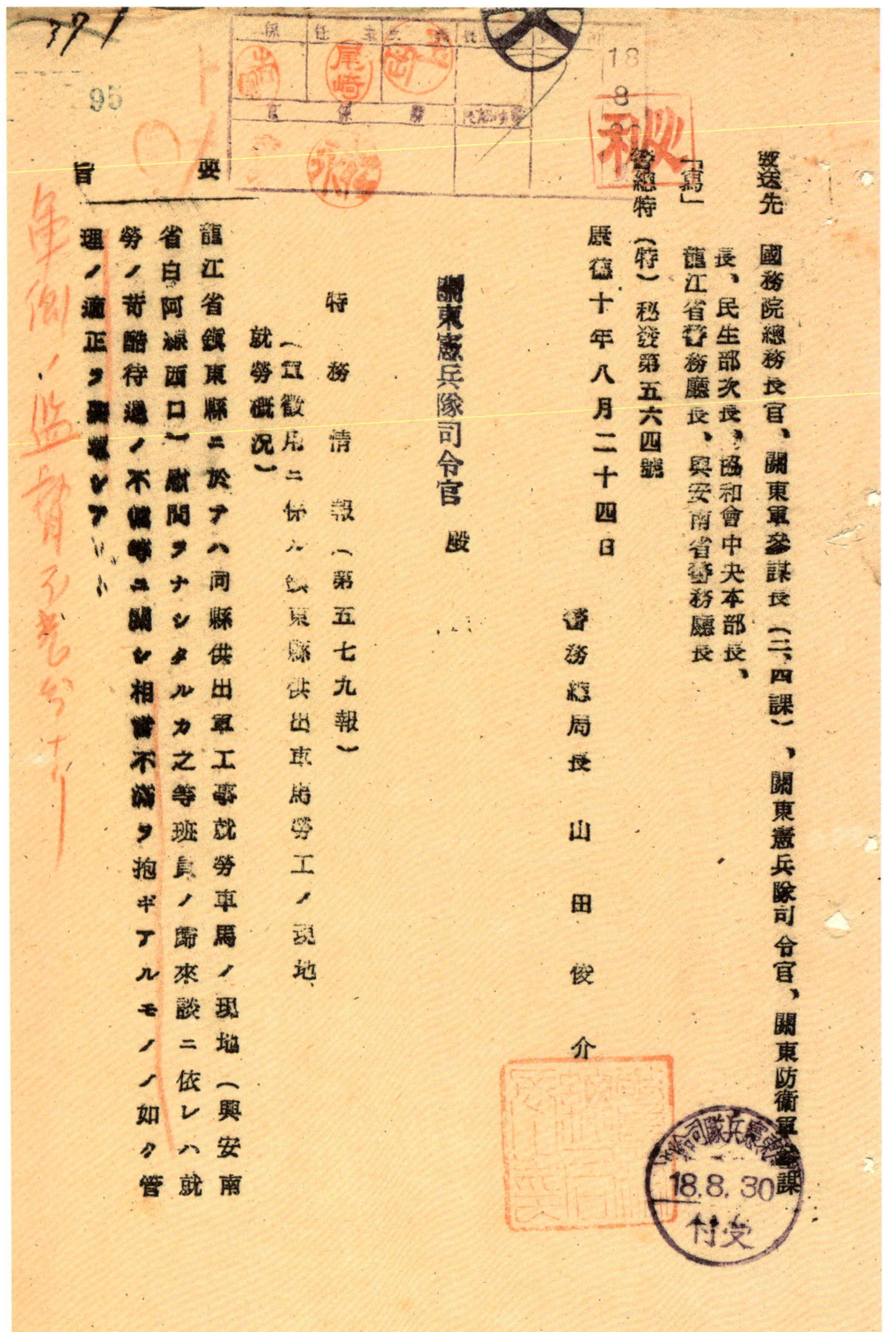

発送先 國務院總務長官、關東軍参謀長（三、四課）、關東憲兵隊司令官、關東防衛軍参謀課長、民生部次長、協和會中央本部長、龍江省警務廳長、興安南省警務廳長

［寫］

警總特（特）秘發第五六四號

康德十年八月二十四日

警務總局長　山田俊介

關東憲兵隊司令官　殿

特務情報（第五七九報）

（軍徴用ニ係ル鎮東縣供出車馬労工ノ現地就労概況）

要旨

龍江省鎮東縣ニ於テハ同縣供出軍工事就労車馬ノ現地（興安南省白阿線西口）献聞ヲナシタルカ之等班長ノ歸來談ニ依レハ就労ノ苛酷待遇ノ不備等ニ關シ相當不滿ヲ抱キアルモノノ如ク管理ノ適正ヲ要望シアリ

龍江省鎮東縣ニ於テハ行政科長全科員並ニ村長等ヲ以テ慰問班ヲ編成シ六月十日ヨリ約五ケ月間軍徴用ヲ受ケ目下興安南省白阿線西口ニ就勞中ノ該縣供出（大車一〇〇、勞工一一〇、馬三〇〇）車馬ノ現地慰問ヲナシタルカ歸來後ノ現地就勞概況ヲ綜合スルニ左ノ如シ

一、就勞狀態

軍工事土砂ノ運搬ニシテ午前六時ヨリ十一時迄五回午後二時ヨリ九時迄七回計一日十二回運搬ナリ

二、待遇

1 宿舍ハバラツク建ニシテ漏雨ス

2 食料　勞工ハ一日高粱米、小米、白面共一斤八兩

　　　　馬ハ一日豆粕、高粮五斤（但馬草ヲ含ム）

3 醫療施設ハ臨泉供出ノ漢醫二名ヲ以テ醫療ニ當リツツアルモ漢藥不足シアリ

獸醫ハ鎮東縣ヨリ巡遣セル一名ヲシテ畜病ニ當ラシメアリ

三、就勞現狀

97

大車百輛供出中二八輛、馬三百頭中八三頭歸還セリ

勞工百十名中二八名病氣歸還三名補充現在八四名ナルモ人馬ノ病患ニ依リ毎日平均約十五台就勞不能ノ現狀ナリ

、勞工ノ動向

◎食料稍々不足ノ感在リ殊ニ配給飼料ノミテハ馬ノ勞力減退ノ虞レアリ餘暇ヲ見テ草刈ヲナシアリ

◎一日十三時間就勞ハ苛酷ナリ殊ニ一日十三回ノ土砂運搬ハ相當馬車ニ無理デ破損ノ度多シ

◎賃銀未タ決定セズ單ニ一日拾圓程度トノミテハ不安ナリ

◎軍直營管理ナラ安心シテ働クカ現地ニ來テ見テ興亜建築會社ノ下働キト聞キ驚イタ之レナラ早ク歸縣シテ增産ニ挺身シタイ

◎病氣シテモ藥ハ無ク寢ル家モ完全デ無イ働イテモ幾ラ賃銀ヲ呉レルノカ判ラヌ之テハ就勞スル氣ニナレヌ

◎斯種就勞ニハ省若ハ縣當局ヨリ係員ヲ現地ニ派遣シ勞務管理ノ監督ハヲシテ貰ヒ度

伪满警务总局长山田俊介关于将军用特殊工人移交至用工团体管理致伪奉天省警务厅长森田贞男的命令（一九四三年十月十四日）

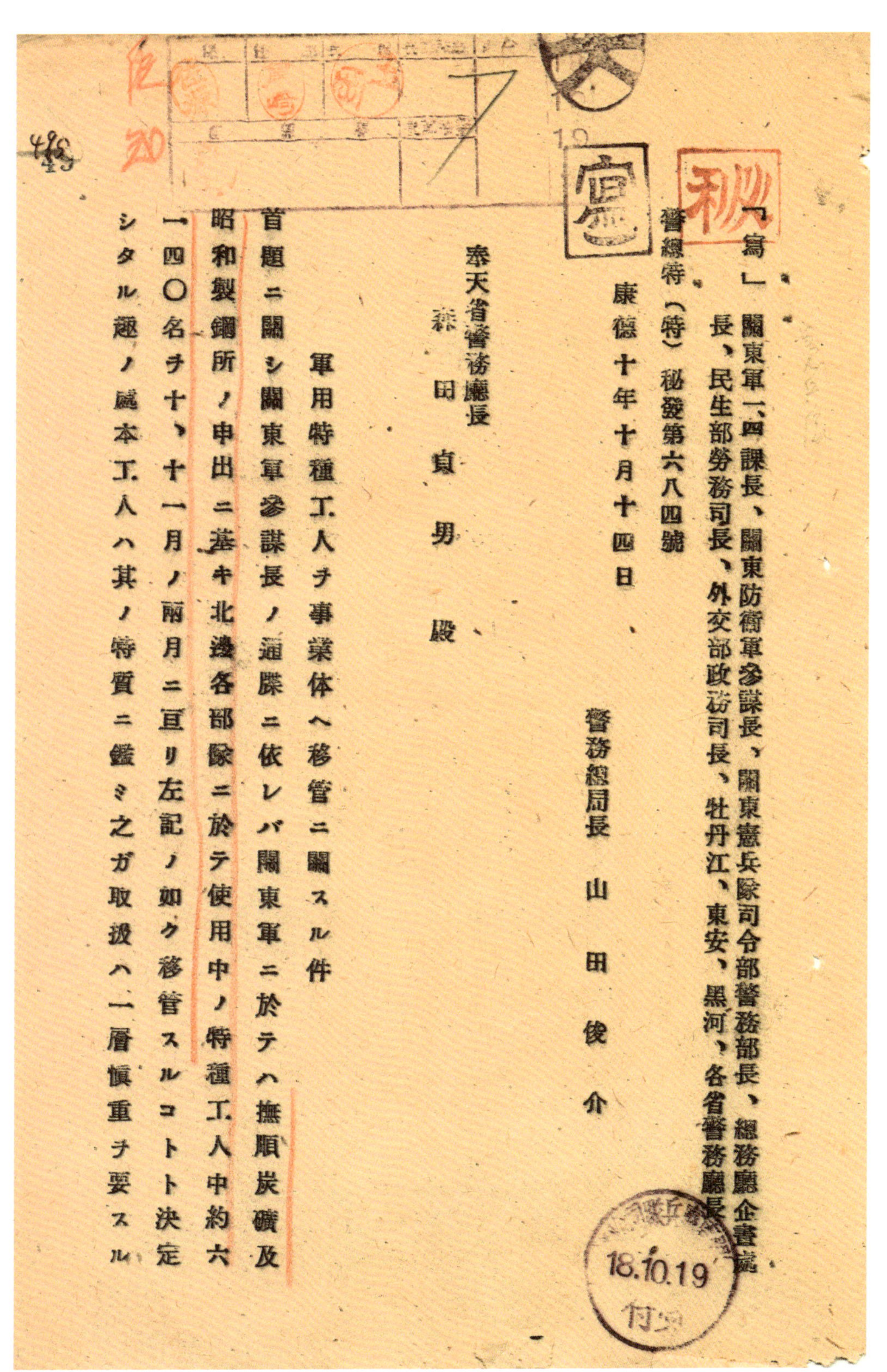

秘

「寫」關東軍一、四課長、關東防衛軍參謀長、關東憲兵隊司令部警務部長、總務廳企畫處長、民生部勞務司長、外交部政務司長、牡丹江、東安、黑河、各省警務廳長

警總特（特）秘發第六八四號

康德十年十月十四日

警務總局長 山田俊介

奉天省警務廳長

森田貞男殿

軍用特種工人ヲ事業体ヘ移管ニ關スル件

首題ニ關シ關東軍參謀長ノ通牒ニ依レバ關東軍ニ於テハ撫順炭礦及昭和製鋼所ノ申出ニ基キ北邊各部隊ニ於テ使用中ノ特種工人中約六一四〇名ヲ十、十一月ノ兩月ニ亘リ左記ノ如ク移管スルコトト決定シタル趣ノ處本工人ハ其ノ特質ニ鑑ミ之ガ取扱ハ一層愼重ヲ要スル

18.10.19

モノアルヲ以テ曩ニ通牒ノ「輔導工人取扱要領」ニ據リ措置致度關係機關トモ篤ト連絡協議ノ上會社側ノ行フ看視警戒ノ指導及强力ナル統制取締ニ任ジ以テ事故ノ絶無ヲ期セラレ度

追テ本工人ノ移管迄ニ於ケル既往就勞期間及思想動向等ニ應ジ豫メ選別シ置キ取扱要領第五及同第六項ノ措置ニ資セラレ度

記

時期／會社名	十月上旬	十月下旬	十一月上旬	十一月下旬	計
撫順炭礦	八六〇	九七〇	一、八九〇	一、〇七〇	四、七九〇
昭和製鋼所	八〇〇			五五〇	一、三五〇
計	一、六六〇	九七〇	一、八九〇	一、六二〇	六、一四〇

備考　右人員ハ概數ニシテ内約一割ノ病休者ヲ含ム

奉天宪兵队长关于委托地方管理军用特殊工人状况致日本关东宪兵队司令官的报告（通牒）
（一九四三年十月二十六日）

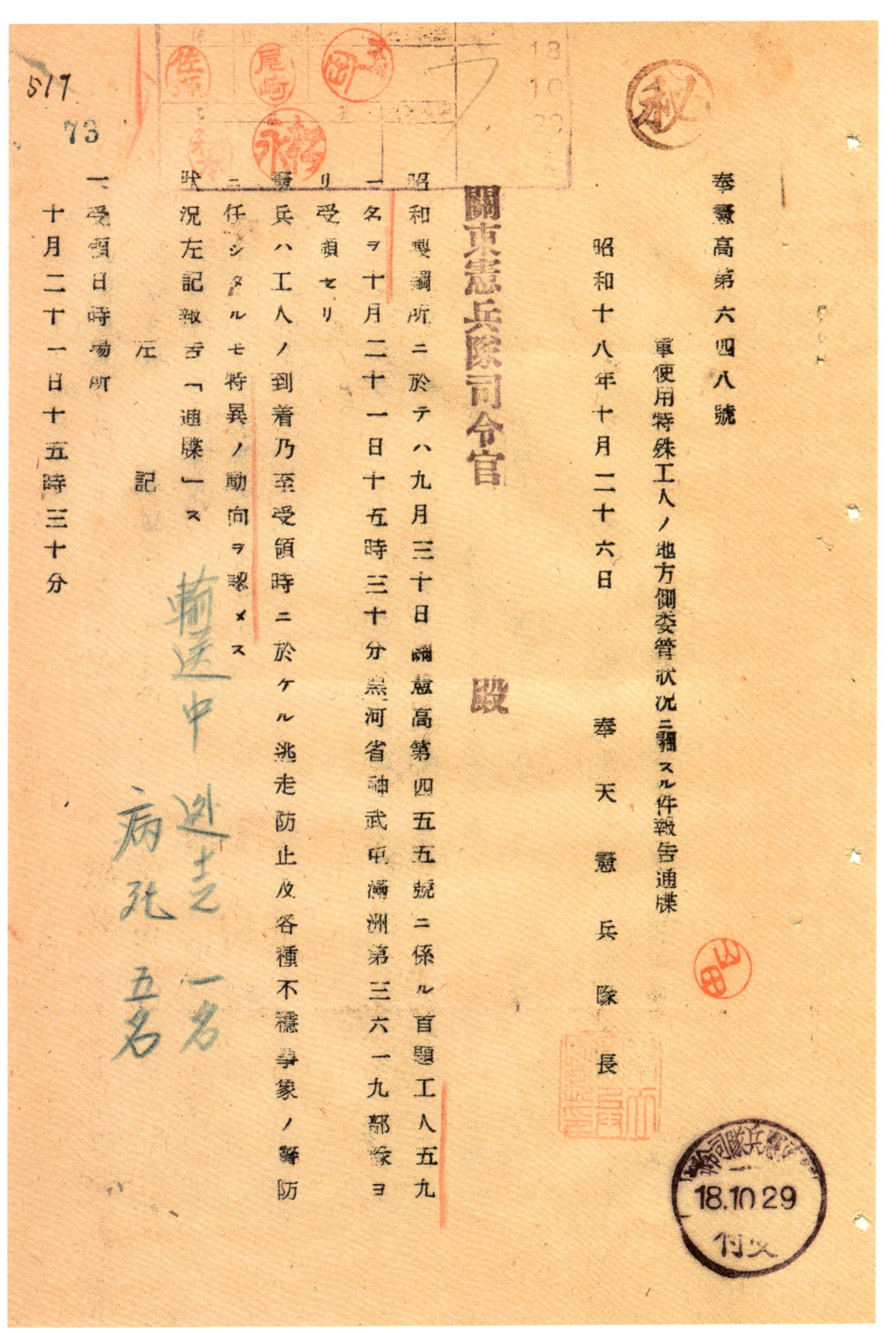

秘

奉憲高第六四八號

昭和十八年十月二十六日　奉天憲兵隊長

軍使用特殊工人ノ地方側委管状況ニ關スル件報告通牒

關東憲兵隊司令官殿

昭和製鋼所ニ於テハ九月三十日關憲高第四五五號ニ係ル首題工人五九一名ヲ十月二十一日十五時三十分熱河省神武屯滿洲第三六一九部隊ヨリ受領セリ

憲兵ハ工人ノ到着乃至受領時ニ於ケル逃走防止及各種不穩事象ノ警防ニ任シタルモ特異ノ動向ヲ認メス

状況左記報告「通牒」ス

左記

一、受領日時場所

十月二十一日十五時三十分

輸送中逃走之一名
病死五名

於昭和製鋼所弓張嶺採鑛所

二、前就勞箇所

熱河省興武屯滿洲第三六一九部隊

三、就勞箇所及作業種別

鞍山昭和製鋼所弓張嶺採鑛所

採鑛作業

四、受領状況

昭和製鋼所弓張嶺採鑛所ニ於テハ軍使用特殊工人五九七名ノ移管ニ當リ之カ警戒及宿舍ノ警備等事前準備ニ遺憾無キヲ期シ十月二十一日十五時三十分部隊輸送指揮官ヨリ工人五九一名ヲ受領セルカ輸送途中病死五名逃走一名（新甕子—新城子間）ノ事故者アリタリ

五、工人ノ動向

(1)部隊側ニ於テハ出發先行先地ヲ告知セサル爲一部ニハ動搖シアリタルモ輸送途中ノ警戒ト宣撫ニヨリ平靜ヲ取戻シ前記事故ノ外特

520

74

異動向ヲ認メス

(2) 工人ハ一般ニ病弱ニシテ輸送ニヨル衰弱ノ為茲数日ハ就勞不能ノ状態ナリ

六、處置

下士官一ヲ現地ニ派遣シ部隊側派遣衛兵及會社側並ニ現地滿警ト密絡逃亡及煽動防止ニ任シタリ

七、所見

該工人ハ悉ク八路軍系ニシテ且北支訓練所ヲ出テアラス思想良好ナラサルヲ以テ之カ管理ニ對シテハ更ニ考究スルト共ニ厳ニ動向内査ノ要アリト認ム

（了）

發送先

關憲司、一三六部隊

爲 奉分、遼陽

孙吴宪兵队长关于特殊工人移管状况致日本关东宪兵队司令部的报告（一九四三年十月二十六日）

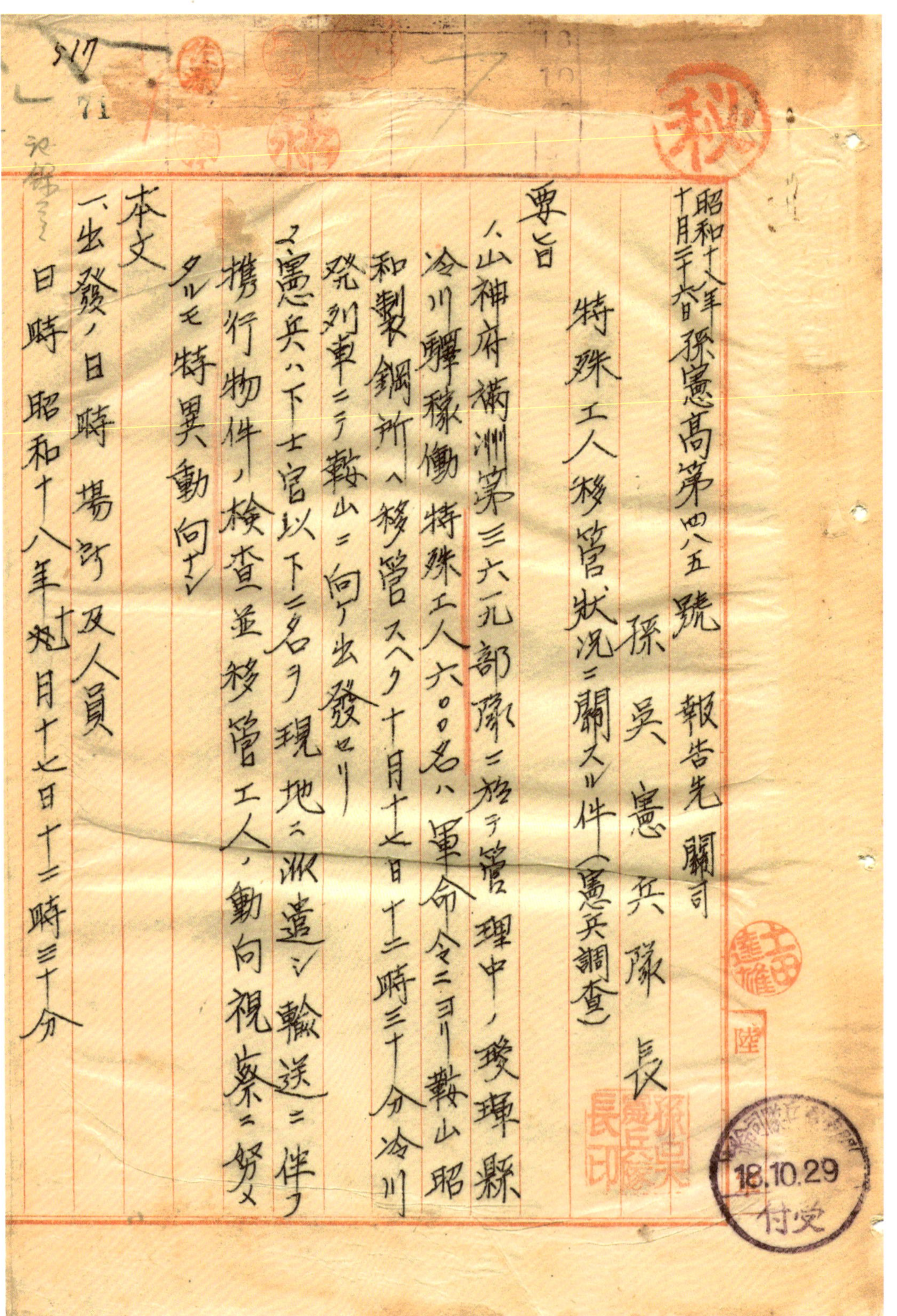
秘

昭和十八年十月二十六日 孫憲高第四八五號

報告先 關司

孫呉憲兵隊長

特殊工人移管状况ニ關スル件（憲兵調査）

要旨

一、山神府満洲第三六一九部隊ニ於テ管理中ノ璦琿縣冷川驛稼働特殊工人六〇〇名ハ軍命令ニヨリ鞍山昭和製鋼所ヘ移管スヘク十月十七日十二時三十分冷川發列車ニテ鞍山ニ向ケ出發セリ

二、憲兵ハ下士官以下二名ヲ現地ニ派遣シ輸送ニ伴フ携行物件ノ檢査並移管工人ノ動向視察ニ努メタルモ特異ノ動向ナシ

本文

一、出發ノ日時場所及人員

日時 昭和十八年十月十七日十二時三十分

孫呉憲兵隊長印

18.10.29 付受

場所　黒河省璦琿縣冷川驛

人員　六〇〇名

二、移管出発狀况

特殊工人ハ第十八集團軍系俘虜ニシテ昭和十八年五月北支派遣軍ヨリ滿洲第七一八部隊道路部ニ移管セラレ山神府滿洲第三六一九部隊ニ於テ管理璦琿縣冷川地区道路工事ニ就勞中ナリシカ今次軍命令ニヨリ病患者一七七名ヲ除キ六〇〇名ヲ鞍山昭和製鋼所ニ移管スヘク十月十七日十二時三十分冷川発列車ニテ鞍山ニ向ケ出發セリ

三、移管工人ノ動向

特殊工人ハ何レモ南滿ニ移管サルヽニ好感ヲ有シアリテ特異ノ動向ナシ

（昭和十一、十、奥谷納）

518

主ナル言動左ノ如シ

◎愈南ニ移動スルコトニナッタ南ハ寒クモナク仕事モ楽ナヤッタ

◎南々ト云フノデ不慣ナ土地ハ何ヲヤラサレルカ心配シタタカ昭和製鋼所デ一般労工ト同シ待遇ヲ受クルトノ事デ安心シタ

◎今度ノ處ハ気候モ暖イシ給料モ食糧モ良イトノ事デ早ク行キタイ

◎北満デ冬ヲ越サス南ニ行クノデ安心シタ今後ハ吾々モ大イニ働カネハナラヌ

四、部隊側ノ處置

管理部隊ニ於テハ出發前憲兵ノ協力ヲ受ケ携行物件ノ検査ヲ實施スルト共ニ輸送間ノ警戒監督ノ為将校以下二十一名ヲ鞍山迄派遣セリ

陸軍

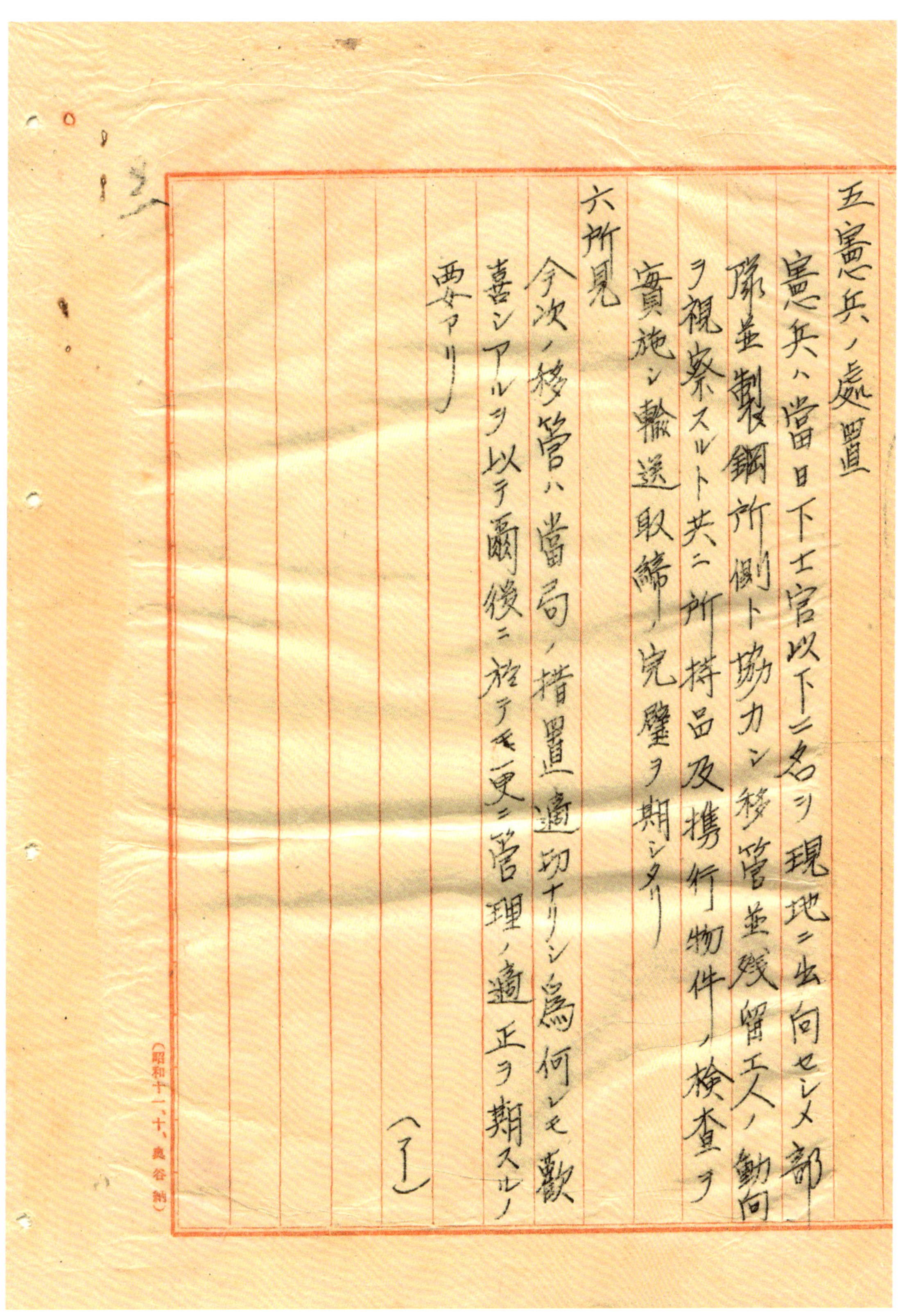

五　憲兵ノ處置

憲兵ハ當日下士官以下ニ名ヲシテ現地ニ出向セシメ部隊並製鋼所側ト協力シ移管並殘留工人ノ動向ヲ視察スルト共ニ所持品及携行物件ノ檢査ヲ實施シ輸送取締ノ完璧ヲ期シタリ

六　所見

今次ノ移管ハ當局ノ措置適切ナリシ爲何レモ歡喜シアルヲ以テ爾後ニ於テモ更ニ管理ノ適正ヲ期スルノ要アリ

（了）

（昭和十一、十、奥谷納）

日本陆军中佐远藤三郎关于最近特殊工人动向的报告（防谍）（一九四三年十月二十九日）

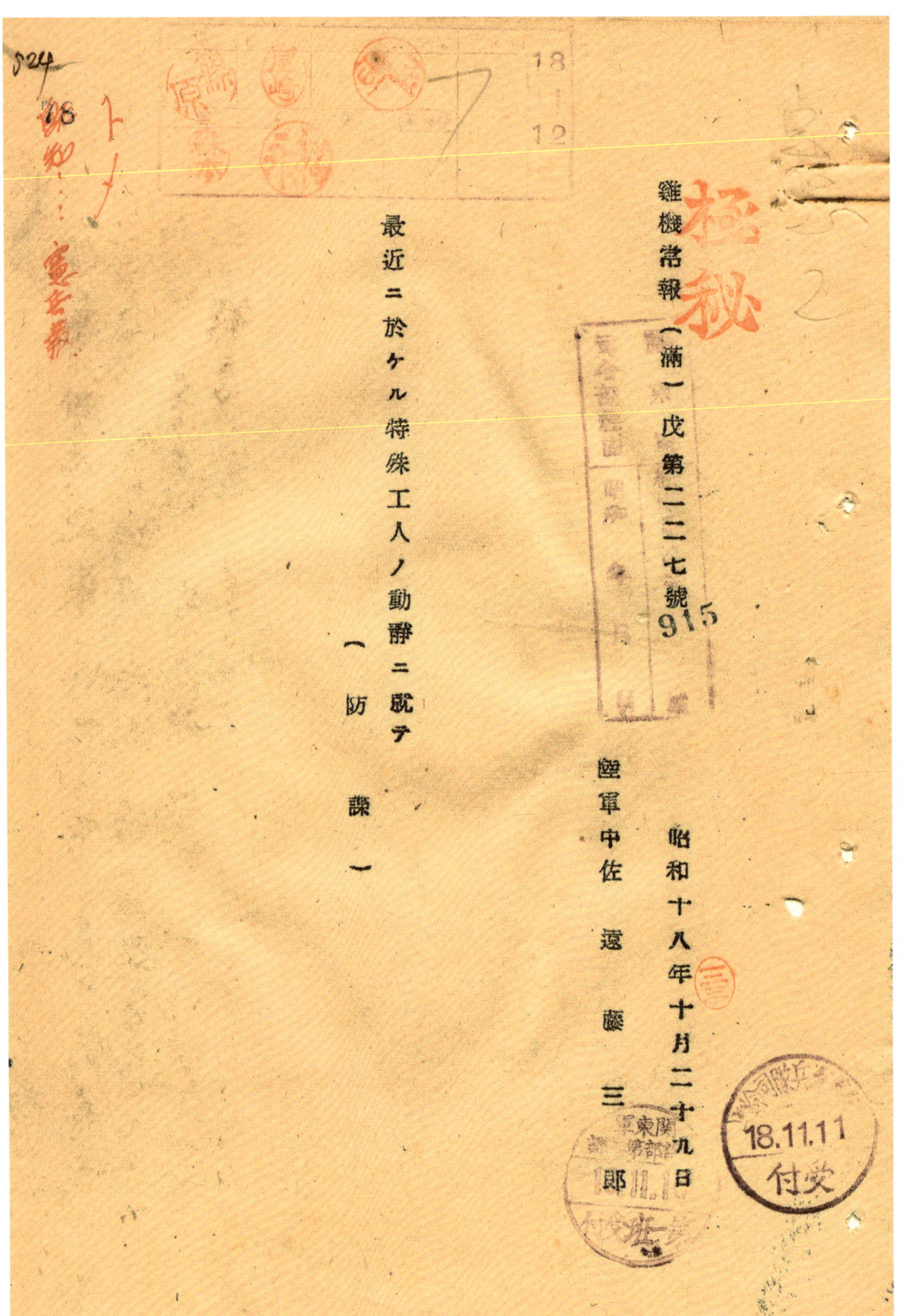
極秘
雑機常報（滿）戊第二二七號
915
昭和十八年十月二十九日
陸軍中佐　遠藤　三郎
最近ニ於ケル特殊工人ノ動静ニ就テ
（防　諜）

配布區分

軍司（一五）哈機（五）七〇（一〇）

五、一一、五五（各三）六三一、八七二、五二〇（各一）

間、東寧、牡、東、佳、黑、綏機（各一）

關防司、雞駐司、牡地局、東地局、雞憲本（各一）

出所

機關員ノ調査並憲兵報綜合

（確度甲）

（防諜）最近ニ於ケル特殊工人ノ動靜ニ就テ

昭和一八、一〇、二九

要旨

一、當管內並近接地區ニ於ケル本年一月以降現在迄ノ特殊工人ノ逃亡ハ二二件一七〇名ニシテ內蘇側ノ策謀ニ因ルト認メラルルモノ二件六一名ナリ

尚逃亡工人中入「ソ」確實ナルモノ三件七〇名ニシテ其ノ他ハ不明ナルモ何レモ陣地工築又ハ國境接壤地帶內ニ於ケル作業ニ從事シアリシ關係上入「ソ」ノ虞レ大ナリ

二、逃亡工人ハ何レモ蔣介石軍ノ捕虜ナルヲ以テ「ソ」側ノ對滿諜報要員トシテ再入滿ノ虞レアリ嚴ニ警戒ノ要アルト共ニ特殊工人所屬部隊ノ監理ニ就キ一層嚴視ノ要アルモノト認メラル

本　文

一、一般狀況

東安省下密山、虎林、半截河、雞寧、滴道及牡丹江省下東寧各駐屯部隊ニ於テハ使用中ノ特殊工人中本年一月以降逃亡激增シ現在迄ニ判明セルモノ二二件、一七〇名ニ及ヒ內「ソ」側ノ策動ニ因ルモノ二件六一名其ノ他給與ノ粗惡及勞働ノ忌避ニ因ルモノ等ナルモ特ニ注目セラルルハ特殊工人監視衞兵下士官以下三名ヲ殺傷兵器ヲ掠奪ノ上逃亡入「ソ」セルモノ等散見セラレアリ其ノ狀況附表ノ如シ

二、逃亡ノ原因

現在迄ニ判明セル處ニ依レハ

○「ソ」側ノ策謀ニ因ルモノ　　二件　　六一名

○給與上ノ不滿勞働忌避ニ因ルモノ　四件　四六名

○煽動ニ乘セラレタルモノ　六件　四〇名

○其ノ他　四件　四名

○不明ナルモノ　六件　一九名

三、逃亡ノ時期

何レモ監視不充分ナル時期ヲ選定シアルモノ之カ主ナルモノ

○作業中監視不充分ナル時　六件　七三名

○風雨ニ依リ監視不充分ナル時　二件　四名

○夜間勤務ニ服務中　二件　七名

○監視兵交替時　一件　四一名

○夜間監視不充分ナル時　一一件　四五名

四、逃亡後ノ狀況

逃亡後「ソ」側ノ策動ニ乘セラレタル者ハ因ヨリ其ノ他大部分ハ場所的觀察依リシテモ何レモ入「ソ」セルモノノ如ク尚逃亡工人一七○名中逃亡直後抑留セルモノ四○名ニ過キス殘餘ハ既ニ入「ソ」シ「ソ」側ノ指令ニ基キ再入滿ヲ企圖シアルニ非ラサルヤト思考セラル

五、所見

狀況敍上ノ如ク現在迄判明セル原因中「ソ」側ノ策謀ニ乘セラレタルモノ二件ナルモ相當觸手ヲ伸シアルカ如ク嚴視ノ要アルモノト認ム

附：特殊工人逃跑情况一览表（截至一九四三年十月二十九日）

特殊工人逃亡状況一覧表

昭和十八年十月二十九日現在

日時	就勞部隊	逃亡者	原因	概況	摘要
三·二二	東安 第七四七部隊	元十四軍新二師 歩上 劉少堂 當三三年	自已ノ非行ヲ比責セラレ且同僚ヨリ異端者扱ヲ受ケアリタルヨリ就勞ヲ嫌忌ス	工人舎三宿舎ニ於テ階徳ヲ偽シタル後自己宿舎ニ歸途途中監視ノ隙ヲ窺ヒ脱柵逃亡ス	
四·五	東寧 第三六一一部隊	林德盛 以下八名	物資不足ニ不満ヲ有シアリタル折柄「近ク黒河ニ送ラレ歸郷不能ナリ」ト煽動セラレタルニ依ル	就勞隊便所裏ヨリ脱柵黨與逃亡ス	
四·七	東寧 第八四四部隊	王鴻儒 以下六名	物資不足ニ對スル不満ニ依ル	監視兵ノ隙ニ乗シ用便ヲ装ヒ便所附近ヨリ脱柵黨與逃亡ス	
四·一三	虎林	李得長	前途ニ對スル不安ニ依ル	日朝點呼時逃亡セルヲ發見ス	
四·一八	虎林	元上尉 王有富 當二八年	一般工人タル地位ニ不満	右同	
四·二三	密山 第五二四五部隊	元上尉 趙雄飛 以下八名	嚴格ナル起居及作業ニ對スル嫌忌不安ニ因ル	首謀者部下ヲ煽動黨與逃亡ス	
四·二六	牛截河 第一八〇部隊 佐藤隊	元第五一軍伍長 張順亭 外二名	勞働忌避及給與ノ粗悪ナルニ因ル	作業實施中監視不充分ナルヲ窺ヒ逃亡ス	
自五·二 至五·一〇	密山 第五二四五部隊	首謀者 〃以下三名 〃以下二名 〃以下四名	食糧ノ不足監督ノ嚴格ニ對スル不満及望郷ノ念ニ驅ラレタルニ因ル	夜間監視不充分ヨリ逃亡ス	
六·四	綏寧 第五八六〇部隊 寺尾隊	元中央軍小組長 金振東 外一名	不明	風雨ニ依リ監視不充分ヨリ逃亡ス	
六·九	密山 第五二四五部隊	元中尉 王光龍 以下六名	給養ニ對スル不満及規律アル起居乃至ハ勞働ヲ嫌ヒタルニ因ル	不寝番勤務中逃亡ス	
六·一三	密山 第五二四五部隊	元上尉 王順祥 當三五年	嚴罰ヲ虞レタルニ因ル	五月下旬逃亡セル為部隊側ニ於テ緊留中再逃亡ス	
六·一六	東安 第三三八部隊	元八路軍 李如 以下三名	不明	日朝點呼時逃亡ヲ發見ス	
六·二一	東寧 第八四四部隊	元上尉 張睿隊 以下二三名	「ソ」諜ニ獲得セラレ入蘇方勧誘セラレタルニ因ル	就務中監視不充分ヨリ逃亡ス	
六·二四	虎林 第七〇一七部隊	赫雲強 當二四年	規律的作業ノ忌避及處過ニ對スル不満ニ因ル	不寝番勤務交代后逃亡ス	
六·二五	東寧 第一二七二部隊	王金山 外四名	不明	軍ノ演習ニ參加中逃亡ス	
七·二	東寧 第一二七二部隊	元第十一支隊 袁富有 外一名	不明	右同	
七·二一	滿道 第七〇〇〇部隊 吉田隊	元教育會小組長 曲石富 外一名	不明	薪採取中驟雨ニ依リ監督不充分ヨリ逃亡ス	
七·二四	東寧 第八四四部隊	元中央第九八軍遊擊師中尉 張生榮 以下三八名	同僚ノ前后ニ亘ル逃亡入蘇ニ刺激セラレタルニ因ル	作業中警戒兵ヲ殺害シ兵器彈藥ヲ掠奪セントシタルモ憲兵ニ探知セラレ未遂	三八名抑留セラル
八·二六	東寧 第二九九部隊	元八路軍中央 李如	不明	作業中逃亡ス	
八·二六	東寧 第三九六部隊	元准尉 以下五名	不明	夕食后監視ノ隙ヲ窺ヒ逃亡ス	
九·一一	東寧 第五七〇部隊	元中央軍 四一名	給與ノ粗悪及勞働ノ忌避ニ因ル	歩哨交代ノ機ヲ窺ヒ衛兵司令下士官以下五名ヲ殺傷シ兵器ヲ掠奪逃亡入「ソ」ス	

伪满民生部劳务司长斋藤武雄关于送交一九四三年四、五、六月出入伪满劳工统计月报致伪满中央银行调查课长的函（一九四三年十一月五日）

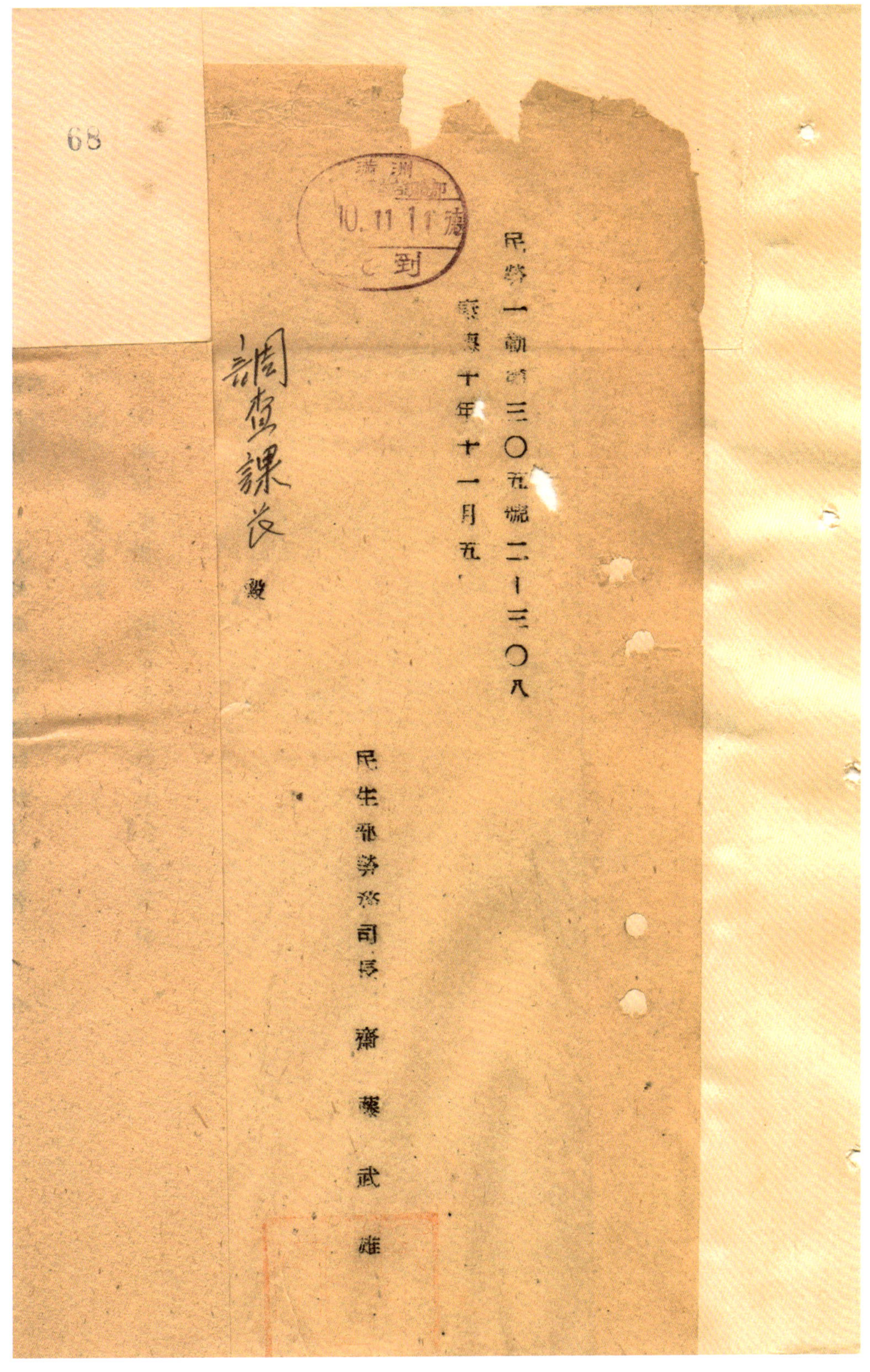

民勞一動第三〇五號二—三〇八

康德十年十一月五

調查課長 殿

民生部勞務司長 齋藤武雄

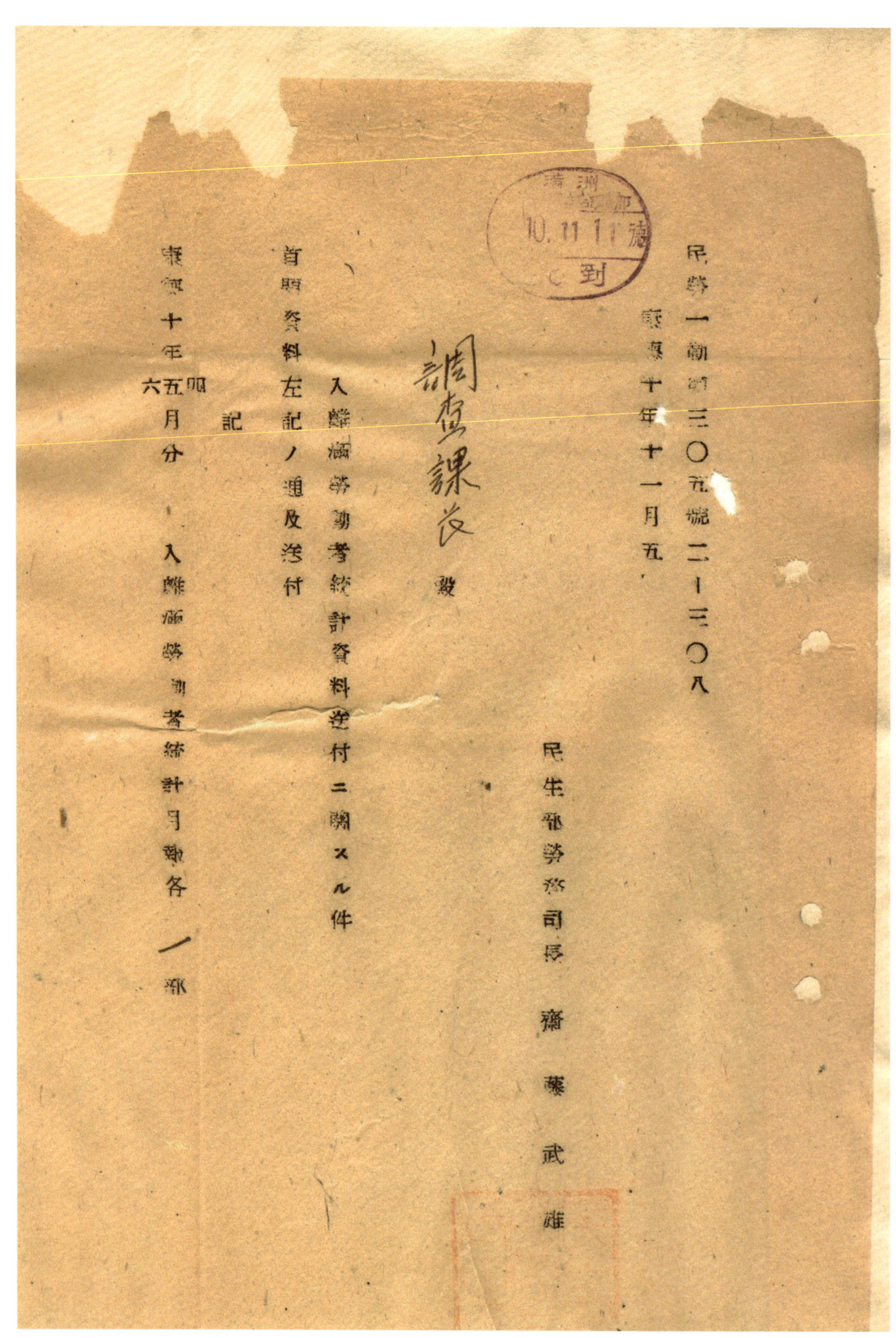

民勞一勤第三〇五號ニ一ー三〇八

康德十年十一月五、

調查課長 殿

民生部勞務司長 齋藤武雄

入離滿勞働者統計資料送付ニ關スル件

首題資料左記ノ通及送付

記

康德十年四五六月分 入離滿勞働者統計月報各一部

離滿勞働者鄕關地(道)別．産業(大分類)別調

康德　　年　　月分

離、鄕、道、産、別、(1)

道別		産業別	本年累計	月計	農業	漁業	鑛業	工業	土建業	交通業	商業	其他ノ産業
本年累計	計		73069	73069	2324	41	3292	19727	22413	2985	890	10227
	河北省	計	15046	15046	663	21	925	4981	6213	801	250	1242
		冀東道	2760	2760	203	15	304	1050	679	126	104	289
		燕京道	569	569	38		46	139	224	31	35	56
		津海道	2562	2562	65	5	117	427	1364	217	44	323
		渤海道	6203	6203	194		218	2280	2740	300	26	389
		保定道	1329	1329	110	1	81	356	628	40	30	83
		眞定道	720	720	20		25	277	315	30	7	46
		順德道	331	331	6		15	135	140	13	4	18
		冀南道	572	572	27		69	231	163	44		38
	山東省	計	56714	56714	1629	20	2159	14586	25508	3169	604	9039
		登州道	25008	25008	269	10	262	7022	10301	1602	435	5307
		萊濰道	14157	14157	315	3	417	3389	7251	591	106	2035
		青州道	1704	1704	74	2	150	341	699	167	9	262
		沂州道	2446	2446	109	2	196	245	1145	164	9	596
		武定道	1351	1351	76		89	500	461	85	13	127
		濟南道	2042	2042	41		117	997	726	71	7	83
		泰安道	3033	3033	189	3	309	591	1475	216	13	237
		兗濟道	1955	1955	115		21	324	1013	125	4	133
		東臨道	2467	2461	229		207	768	924	173	6	154
		曹州道	2551	2557	212		181	459	1413	175	2	115
	山西省	計	266	266	4		47	137	46	6	9	17
		雁門道	172	172	3		23	86	39	5	5	11
		上黨道	69	69	1		23	35	5		1	4
		冀寧道	24	24				16	2	1	3	2
		河東道	1	1			1					
	河南省	計	522	522	14		43	91	337		25	12
		豫北道	326	326	14		40	89	147		25	11
		豫東道	196	196			3	2	190			1
	江蘇省	蘇北道	347	347	13		78	33	203	8		12
	安徽省	淮北道	115	115	1		5	8	97			4
	其他		59	59			35	11	9	1	2	1

職、鄉、道、產、別、(2)

道別		產業別	本年累計	月計	農業	漁業	鑛業	工業	土建業	交通業	商業	其他ノ產業
月計		計	73,069	15,227	647	16	957	4,668	2,870	1,031	305	2,733
	河北省	計	15,046	3,538	216	7	301	1,358	1,068	234	97	367
		冀東道	2,760	858	79	6	97	371	137	36	32	100
		燕京道	569	171	14		13	47	33	12	22	30
		津海道	2,562	617	23	1	36	148	234	65	17	91
		渤海道	6,203	1,291	56		77	533	444	68	10	103
		保定道	1,329	276	26		42	60	109	12	10	17
		冀定道	720	192	5		7	85	67	14	2	12
		順德道	331	79	3		5	41	22	4	2	2
		冀南道	572	154	10		24	73	22	13		12
	山東省	計	56,714	11,288	423	9	599	3,223	3,692	804	190	2,348
		登州道	25,008	4,904	44	4	50	1,593	1,387	325	137	1,364
		萊濰道	14,157	2,675	86	3	135	663	1,045	158	37	535
		青州道	1,704	415	28	1	56	84	104	63	15	74
		沂州道	2,446	558	19	1	58	55	188	59	3	165
		武定道	1,351	232	32		15	74	65	17	3	26
		濟南道	2,042	443	11		29	249	118	15	5	16
		泰安道	3,033	549	64		71	168	128	51	2	65
		兗濟道	1,955	429	21		83	86	181	33	1	24
		東臨道	2,461	485	63		57	182	111	37	2	33
		曹州道	2,557	598	55		45	69	355	46		28
	山西省	計	266	85	2		19	44	12		2	6
		雁門道	172	55	1		12	27	10		1	4
		上黨道	69	16	1		6	8				1
		冀寧道	24	13				9	2		1	1
		河東道	1	1			1					
	河南省	計	522	148	6		18	32	71		15	6
		豫北道	326	102	6		18	31	26		15	6
		豫東道	196	46				1	45			
	江蘇省	蘇北道	347	51			15	7	20	3		6
	安徽省	淮北道	115	11			3	2	6			
	其他		59	6			2	2	1		1	

離滿勞働者．滯滿省別．產業（中分類）別調

康德　　年　　月分

產業中分類 ＼ 滯滿省	本年累計	合計	關東州	計	新京	吉林	龍江	北安	黑河	三江	東安	牡丹江	濱江	間島	通化	安東	四平	奉天	錦州	熱河	興西	興南	興東	興北
本年累計	73,069		25,036	48,033	3739	1,917	1,329	1174	825	1,706	4,760	5,001	3182	674	844	2159	358	14,300	2463	984	58	148	350	362
合計		15,227	5290	9937	747	483	220	157	83	242	1946	775	757	231	225	244	77	2974	425	186	17	75	68	54
農業 計	2324	647	59	588	15	88	25	16	11	27	3	17	96	14	17	4	17	175	28	29	5	5	34	2
農耕	1592	481	59	422	10	53	24	13		7	2	10	60	8	10	4	17	133	28	29	5	5	9	2
畜產業	3	1		1	1																			
林業	729	165		165	4	35	1	3	11	20	1	7	36	6	7			2					22	
漁業	41	16	7	9														1	8					
鑛業 計	3292	957	22	935	3	76	1	3		26	48	36	3	72	109	1	13	430	82			2		70
鐵鑛業	779	297		297		18		1		3	7	3	1	1	10		2	217	34					
炭鑛業	2370	633	6	627		58				23	41	33	2	71	99	1	11	210	47			1		70
其ノ他ノ鑛業	143	27	16	11	3		1	2										3	1			1		
工業 計	19797	4868	1319	3349	457	133	106	73	20	69	166	126	403	25	49	194	20	1301	179	44	7	7	7	13
窯業及土石加工業	4428	918	152	766	175	24	37	17	3	12	108	29	49	5	13	28	7	270	18	6	4	3	2	1
金屬工業	401	204	2	202	12	7	6	12	1		2	4	15	1			6	133	12					1
機械器具製造裝置業	5703	1047	352	695	85	27	15	16	8	25	25	26	99	4	8	13	9	277	49	2		1	1	9
運搬用具製造業	61	33	9	24	10			2	1	1			2				1	9						
精巧工業	67	21	10	11				1					2		1	1		3	1	2				
化學工業	351	88	35	53	2	7	2				1	1	7		4	2	1	29	2			1		
紡織工業	1510	428	132	296	50	8		1		1	1	1	29		4	63	3	129	4	2				
被服身裝品製造業	1648	412	266	146	28	12	3	2		4		3	54	1	1	9	1	20	5	2		1		
紙工業、印刷業	588	147	69	78	9	3	1	2		1	1	8	13		1	4		25	6	4				
皮革、骨、羽毛品類製造業	186	45	11	34	1				1				15	2			1	17	1	1				
木竹、草蔓類製造業	2022	534	119	415	57	23	19	2	5	16	22	24	51	9	6	20		131	10	10				
製鹽業	5	5	3	2														2						
飲食料品製造業	766	226	72	154	16	5	5	7	1	4		10	16		2	1	3	67	5	9	2			1
電氣瓦斯水道業	524	146	14	132	36	4	6	2	1	1	2	5	8	1	5		1	51	8	1				
其ノ他ノ工業	1,537	414	73	341	76	19	12	9	1	4	4	15	45	2	4	13	2	155	18	5	1	1	4	1
土建業 計	32,413	4,870	815	4,055	188	101	68	39	27	88	1,691	530	146	97	32	34	10	806	198	96	7	6	21	5
土木業	19,022	2638	200	2438	93	57	33	23	20	51	1158	207	34	45	17	16	5	552	109	6		4	6	4
建築業	13391	2232	615	1,617	95	44	35	16	7	37	535	323	112	52	15	18	5	254	89	90	2	2	15	1
交通業	3,985	1,031	713	318	29	24	4	8	11	9	3	28	44	11	10	8	4	72	8	12		2	5	
商業	890	305	183	122	5	5	3	2				2	12		2		1	41	2	43	3	8		
其ノ他ノ產業	10,227	[illegible]	2122	511	512	51	13	16	14	23	35	26	[illegible]	[illegible]	[illegible]			[illegible]	[illegible]	[illegible]	1			

入滿勞働者鄉關省別.行先省別.產業(大分類)別調

康德　　年　　月分

入、鄉、行、產、別 (1)

鄉關別	產業別（行先省）	本年累計	合計	關東州	計	新京	吉林	龍江	北安	黑河	三江	東安	牡丹江	濱江	間島	通化	安東	四平	奉天	錦州	熱河	興西	興南	興東	興北
本年累計		198905		23613	175292	12710	15730	6604	2345	444	6672	462	4472	17090	1585	6266	2873	7895	69252	15490	2805	432	1554	331	280
合計	計		104053	12167	91886	6089	7433	2764	982	302	5922	273	2109	8738	700	2218	1747	3144	37859	8507	1729	249	719	203	205
	農業	72503	29466	906	28560	2006	3695	1830	615	55	251	59	679	2833	284	1157	225	1525	9106	1839	473	207	506	106	109
	漁業	244	105	7	98	1	2	12			1			12					10	59			1		
	鑛業	32847	20614	39	20575	9	85	3			2942	12	47	15	127	547	2	733	12048	4002	3				
	工業	29729	17899	3675	14224	1331	630	387	160	16	141	59	324	2129	73	106	442	407	6189	844	783	22	94	30	27
	土建業	34632	16423	1959	14464	1317	2243	201	90	40	2448	86	483	984	99	227	708	155	3915	1147	212	5	52	27	25
	交通業	11505	6126	1900	4226	347	177	65	19	167	32	13	280	449	36	38	104	46	2251	138	28		6	14	16
	商業	5698	2136	374	1762	131	105	46	26		14	4	26	150	12	13	25	83	864	98	127	9	21	5	3
	其他ノ產業	21747	11284	3307	7977	947	496	220	72	24	93	40	270	1166	69	130	211	195	3470	380	103	6	39	21	25
河北	計	59909	31078	973	30105	2076	2516	789	240	127	1669	30	236	1831	110	188	370	839	14110	2292	965	167	387	65	98
	農業	19555	8915	161	8754	579	770	561	133	12	79	7	102	825	53	100	38	431	3428	820	345	140	289	40	52
	漁業	179	62	4	58	1	1	3											9	44					
	鑛業	6887	3693	2	3691	1	39	2			27		1			7	2	21	2034	1154	3				
	工業	9665	5096	241	4855	476	175	60	33	1	10	1	36	306	16	21	71	141	2825	383	249	10	27	6	10
	土建業	9804	6856	150	6706	506	1227	49	25	8	1577	15	40	259	17	36	224	70	1988	460	157	5	32	7	14
	交通業	3649	1892	145	1747	133	56	17	11	103	10	2	14	110	10	2	23	22	1088	104	28		4	4	6
	商業	3072	1245	29	1216	97	74	28	18		7		11	78	9	5	5	61	595	79	116	8	20	3	2
	其他ノ產業	7098	3319	241	3078	283	174	69	20	3	9	5	32	253	5	17	7	93	1743	248	69	4	25	5	14
山東	計	131157	69012	11178	57834	5929	4747	1892	690	175	4476	240	1866	6751	590	2004	1364	2174	22277	3706	636	70	303	138	106
	農業	51043	19854	745	19109	1590	2877	1212	487	43	220	51	594	2938	231	1054	183	1024	5451	962	86	60	194	66	56
	漁業	65	43	3	40		1	9			1			12					1	15			1		
	鑛業	22554	14795	37	14758	8	46	1			2914	12	46	15	127	523		712	8597	1657					
	工業	19313	12434	3427	9007	829	445	317	124	15	129	57	288	1790	57	85	399	247	3193	443	476	8	64	24	19
	土建業	14360	9242	1809	7433	803	924	147	64	32	801	71	443	713	82	189	483	76	1838	666	40		30	20	11
	交通業	7801	4204	1753	2451	213	121	48	8	64	22	11	266	329	26	36	81	24	1148	32			2	10	10
	商業	1784	679	343	336	28	22	14	6		7	4	14	61	3	5	17	7	127	12	5	1		2	1
	其他ノ產業	14237	7761	3061	4700	658	311	144	51	21	82	34	235	893	64	112	201	84		119	29	1	12	16	11
山西	計	476	239	2	237	9	20	9	1		13		3	20				2		6	2	2	1		
	農業	59	46		46		7	4	1				1	8							2	1			
	漁業																								
	鑛業	73	25		25															2					
	工業	126	57	1	56	7	4	2			1			4								1			
	土建業	47	34		34	1	2				10			2											
	交通業	3	2		2																				
	商業	103	27	1	26	1	5	1						2						2					
	其他ノ產業	65	48		48		2	2			2		2	4				2		2			1		

入、鄉、行、產、別 (2)

鄉貫別	產業別＼行先省	本年累計	合計	關東州	計	新京	吉林	龍江	北安	黑河	三江	東安	牡丹江	濱江	間島	通化	安東	四平	奉天	錦州	熱河	興西	興南	興東	興北
河南	計	1820	2290	5	2285	70	136	73	49		50	3	4	108		7	12	122	1101	1488	126	10	25		1
	農業	1784	613		613	36	36	52	42		1	1	2	54		2	4	63	199	54	40	6	20		1
	漁業																								
	鑛業	2987	1884		1884						1					1			504	1378					
	工業	571	289		289	16	6	8	3			1		19			2	19	130	18	60	3	3		
	土建業	387	259		259	7	81	5	1		47			10				9	63	21	15				
	交通業	40	20		20	1								10					8	1					
	商業	739	184		184	5	4	3	2				1	8		3	3	15	127	5	6	1	1		
	其他ノ產業	317	141	5	126	5	9	5	1		1	1	1	7		1	2	16	70	11	5		1		
江蘇	計	358	260	3	257	1	9		2		11			24		19		7	177	4			3		
	農業	62	36		36	1	5		2		1			7		1		7	6	3			3		
	漁業																								
	鑛業	227	173		173											16			156	1					
	工業	24	12	1	11									10					1						
	土建業	26	23		23		4				10					2			7						
	交通業	9	7	2	5														5						
	商業	1	1		1									1											
	其他ノ產業	9	8		8									6					2						
安徽	計	72	41		41		4	1			1			1			1		27	6					
	農業	2	2		2			1						1											
	漁業																								
	鑛業	59	30		30														24	6					
	工業	3	1		1														1						
	土建業	6	6		6		4				1						1								
	交通業																								
	商業																								
	其他ノ產業	2	2		2														2						
其他	計	115	33	6	27	4	1				2			3					12	5					
	農業																								
	漁業																								
	鑛業	60	14		14														10	4					
	工業	22	10	5	5														2						
	土建業	3	3		3	3	1				2														
	交通業	1	1		1															1					
	商業	1	1	1																					
	其他ノ產業	22	4		4	1								3											

勞働者入滿概況

康德　　年　　月分

區別／經由地	勞働者			隨伴家族									特別証所持者	特種証所持者
				計			團體			個人				
	計	團體	個人	計	男	女	計	男	女	計	男	女		
本年累計	198905	39021	159884	182636	57473	125163							358	
前年同月增減比較(△印ハ減)	66613			73062	22993	50069								
月計	104053	27013	77040	85126	26193	58933							106	
大連	27249	1316	25933	22945	6519	16426							15	
營口													86	
安東														
山海關	75045	25697	49348	60976	19305	41671								
古北口	1759		1759	1205	369	836							5	

勞働者離滿概況

康德　　年　　月分

區別／經由地	勞働者			隨伴家族									特別証所持者	特種証所持者
				計			團體			個人				
	計	團體	個人	計	男	女	計	男	女	計	男	女		
本年累計	73069	16280	56789	15044	5660	9384							41	
前年同月增減比較(△印ハ減)	△30971	-		△431	385	△816								
月計	15227	2458	12769	4687	1815	2872							10	
大連	8223	1243	6980	775	155	620							10	
營口	-													
安東														
山海關	6763	1215	5548	3870	1642	2228								
古北口	241		241	18	18	24								

入満勞働者.行先.省別.產業（中分類）別調

康德　　年　　月分

產業中分類 ＼ 行先省		本年累計	合計	關東州	計	新京	吉林	龍江	北安	黑河	三江	東安	牡丹江	濱江	間島	通化	安東	四平	奉天	錦州	熱河	興西	興南	興東	北
本年累計		198905		23613	175292	12710	15730	6604	2345	444	6672	462	4472	17096	1585	6244	2873	7295	69252	18490	2805	432	1554	331	250
合計			104053	13167	91686	6689	7433	2764	982	302	5922	293	2169	8938	700	2219	1767	3144	27853	8507	1729	249	719	203	206
農業	計	72503	29466	906	28560	2006	3695	1830	615	55	251	59	679	3837	284	1157	225	1525	9106	1839	473	207	506	106	109
	農耕	72195	29319	902	28417	2003	3682	1827	614	49	242	59	676	3816	284	1156	224	1524	9044	1833	473	207	506	89	108
	畜產業	151	58	4	54	2	4							3					45						
	林業	157	89		89	1	9	3	1	6	9		3	14		1		1	19	6				17	1
漁業		244	105	7	98	1	2	12			1			12					10	59			1		
鑛業	計	32847	20614	39	20575	9	85	3			2962	12	47	15	127	547	2	733	12048	3032	3				
	鐵鑛業	12146	11039		11039											16		60	10960	1	2				
	炭鑛業	24102	8999	4	8995	9	81	3			2962	12	47	3	126	531		673	951	2646	1				
	其ノ他ノ鑛業	599	576	35	541		4							12	1		2		137	385					
工業	計	39729	17899	3675	14224	1331	680	387	160	16	141	59	734	2129	73	106	1002	409	6189	844	783	22	94	20	27
	窯業及土石加工業	3884	2160	198	1962	179	111	108	22	2	11	10	30	211	25	31	21	95	296	193	84	3	18	10	2
	金屬工業	211	186	6	180												1		179						
	機械器具製造裝置業	8691	5571	1160	4411	294	226	122	95	2	48	24	80	492	12	23	48	136	1022	361	579	11	53	2	6
	運搬用具製造業	318	159	84	75	14	2	1			1		2	10		2	4	1	37					1	
	精巧工業	177	108	29	79	6	1	1	2			1	3	16			3	1	37		5		1	2	
	化學工業	480	262	87	175	4	26	8	2		1	1	6	39		1	6	3	71	5				1	1
	紡織工業	3746	2264	334	1930	166	79	19	4		4	2	12	292		11	186	70	1072	30	12	1	4	2	4
	被服身製品製造業	2060	1972	634	1338	110	47	25	7	2	13	1	46	444	4	9	36	18	510	48	13		3	1	1
	紙工業、印刷業	806	483	165	318	39	21	5		1	5	1	10	43	1	2	15	7	169	19	6			1	
	皮革、骨、羽毛品類製造業	508	279	32	247	14	8	6			2		2	60	1		5	7	130	10	3	1	1	1	1
	木竹、草蔓類製造業	4361	2482	522	1960	238	85	50	15	4	22	13	84	304	19	15	109	32	773	104	68	3	7	7	8
	製鹽業	27	27	10	17														17						
	飲食料品製造業	1901	1012	239	773	79	47	26	9	3	8	3	17	134	6	8	28	15	336	34	8	3	4	2	3
	電氣瓦斯水道業	376	220	49	171	26	5			2	13		4	13	9			3	81	21					
	其他ノ工業	1183	714	126	588	82	17	16	4		13	3	28	71	2	4	10	24	286	19	10		3		1
土建業	計	24632	16423	1959	14464	1317	2243	201	90	40	2448	86	483	784	99	227	708	155	3915	1147	212	5	52	27	25
	土木業	12130	8927	551	8376	455	2030	64	42	19	2354	34	107	295	37	74	259	78	1580	813	96	2	32	6	9
	建築業	12502	7496	1408	6088	862	213	137	48	21	96	52	376	689	62	153	455	77	2335	334	116	3	20	23	16
交通業		11505	6126	1900	4226	347	177	65	19	117	32	13	280	449	36	38	104	46	2251	138	28		6	14	16
商業		5698	2136	374	1762	131	105	46	26		14	4	20	150	12	13	25	83	864	98	127	9	41	5	3
其ノ他ノ產業		21947	11234	3307	7927	947	496	220	72	24	93	40	270	1166	69	130	211	195	2420	380	103	1	39	21	25

入、郷、經、行、別 (2)

省別	經由地	本年累計	合計	關東州	計	新京	吉林	龍江	北安	黑河	三江	東安	牡丹江	濱江	間島	通化	安東	四平	奉天	錦州	熱河	興西	興南	興東	興北
江蘇	計	354	260	3	257	1	9		2		11			24		19		7	177	4			3		
	大連	36	25	3	22									16		3			3						
	營口																								
	安東																								
	山海關	322	235		235	1	9		2		11			8		16		7	174	4			3		
	古北口																								
安徽	計	72	41		41		4	1			1			1			1		27	6					
	大連	1																							
	營口																								
	安東																								
	山海關	71	41		41		4	1			1			1			1		27	6					
	古北口																								
其他	計	115	33	6	27	4	1				2			3					12	5					
	大連	44	12	6	6	2								3					1						
	營口																								
	安東																								
	山海關	71	21		21	2	1				2								11	5					
	古北口																								

入滿勞働者鄉關省別、經由地別、行先省別調

康德　　年　　月分

入、鄉、經、行、別 (1)

鄉關省別	經由地	本年累計	合計	關東州	計	新京	吉林	龍江	北安	黑河	三江	東安	牡丹江	濱江	間島	通化	安東	四平	奉天	錦州	熱河	興西	興南	興東	興北
本年累計		198,905		23,613	175,292	12,710	15,730	6,604	2,345	444	6,672	462	4,472	17,090	1,585	6,266	2,873	7,895	59,252	15,490	2,805	432	1,554	331	280
合計	計		104,053	12,167	91,880	6,589	7,433	2,764	982	302	5,922	273	2,109	8,738	700	2,219	1,747	2,744	32,853	8,507	1,729	249	719	203	205
	大連	53,917	27,249	12,006	15,243	1,868	959	352	99	94	313	176	1,008	2,091	409	1,089	861	378	4,376	454	1		33	59	33
	營口																								
	安東																								
	山海關	142,261	75,045	161	74,884	4,721	6,492	2,412	883	208	5,609	97	1,101	6,641	291	1,129	886	2,766	28,465	8,031	154	112	690	144	172
	古北口	2,727	1,759		1,759		2							6					12	22	1,574	137	6		
河北	計	69,906	31,078	973	30,105	2,076	2,546	789	240	127	1,669	80	236	1,831	110	188	370	839	14,110	3,292	965	167	287	65	98
	大連	2,901	1,064	942	122	4	2	9				7	1	1		9	1	3	83	1			1		
	營口																								
	安東																								
	山海關	55,293	29,017	31	28,986	2,572	2,512	780	240	127	1,669	73	235	1,825	110	179	369	836	14,015	3,278	103	64	286	65	98
	古北口	1,712	997		997		2							5					12	13	862	103			
山東	計	131,160	69,012	11,178	57,834	3,929	4,747	1,892	690	175	4,176	240	1,866	6,751	590	2,014	1,364	2,174	17,797	3,706	636	70	308	138	106
	大連	50,798	26,142	11,050	15,092	1,862	957	343	99	94	313	168	1,007	2,671	409	1,077	860	375	4,289	453	1		32	59	33
	營口																								
	安東																								
	山海關	79,547	42,246	128	42,118	2,067	3,790	1,549	591	81	3,863	72	859	4,079	181	927	504	1,799	12,988	3,247	48	46	275	79	73
	古北口	815	624		624									1						6	587	24	6		
山西	計	476	239	2	237	9	20	9	1		13		3	20				2	149	6	2	9	1		
	大連	1																							
	營口																								
	安東																								
	山海關	465	236	2	234	9	20	9	1		13		3	20				2	149	6		1	1		
	古北口	10	3		3																2	1			
河南	計	6,824	3,390	5	3,385	70	136	73	49		50	3	4	108		7	12	122	1,101	1,088	126	10	25		1
	大連	138	6	5	1							1													
	營口																								
	安東																								
	山海關	6,492	3,249		3,249	70	136	73	49		50	2	4	108		7	12	122	1,101	1,085	3	1	25		1
	古北口	190	135		135															3	133	9			

勞働者入滿概況

康德　　年　　月分

區別／經由地	勞働者 計	勞働者 團體	勞働者 個人	隨伴家族 計 計	隨伴家族 計 男	隨伴家族 計 女	隨伴家族 團體 計	隨伴家族 團體 男	隨伴家族 團體 女	隨伴家族 個人 計	隨伴家族 個人 男	隨伴家族 個人 女	特別証所持者	特種証所持者
本年累計	432989			281886	89963	191923							491	
前年同月增減比較（△印ハ減）	53343			99250	32490	66760							△907	
月計	234084	105794	128290	145721	45239	100482	9660	2567	5093	138061	42672	95389	133	
大連	51502	14415	37087	34718	9811	24907	1232	354	878	33486	9457	24029	31	
營口	179601													
安東														
山海關	179601	31283	88318	108914	34599	74215	6422	2212	4210	102492	32487	70005	107	
古北口	2981	96	2885	2089	729	1360	6	1	5	2083	728	1355	5	

勞働者離滿概況

康德　　年　　月分

區別／經由地	勞働者 計	勞働者 團體	勞働者 個人	隨伴家族 計 計	隨伴家族 計 男	隨伴家族 計 女	隨伴家族 團體 計	隨伴家族 團體 男	隨伴家族 團體 女	隨伴家族 個人 計	隨伴家族 個人 男	隨伴家族 個人 女	特別証所持者	特種証所持者
本年累計	85536			17955	6598	11357							48	
前年同月增減比較（△印ハ減）	△43032			△4803	△1220	△3583							△345	
月計	12467	281	12186	2911	938	1973	6		6	2905	938	1867	7	
大連	7355	190	7165	753	158	595				753	158	595	7	
營口														
安東														
山海關	4733	91	4642	2124	764	1360	6		6	2118	764	1354		
古北口	379		379	34	16	18				34	16	18		

入滿勞働者鄉關省別、經由地別、行先省別調

康德　年　月分

郷關別	經由地＼行先省	本年累計	合計	關東州	計	新京	吉林	龍江	北安	黑河	三江	東安	牡丹江	濱江	間島	通化	安東	四平	奉天	錦州	熱河	興西	興南	興東	興北
本年累計		432,989		43,432	389,557	22,885	30,476	18,321	5,970	3,889	13,106	6,950	15,631	38,543	3,435	11,423	15,112	13,436	135,464	36,606	5,658	1,057	2,776	615	5,004
合計	計		234,084	19,819	214,265	13,175	14,746	11,917	3,625	3,445	6,434	6,488	11,159	21,453	1,850	5,457	12,239	5,541	66,212	21,116	2,853	62	1,422	284	4,724
	大連	105,417	51,502	17,001	34,501	3,044	2,106	1,040	260	467	1,048	3,151	3,409	4,972	454	1,305	2,472	410	8,380	1,347			74	104	58
	營口																								
	安東																								
	山海關	321,862	179,601	2,818	176,783	10,127	12,630	10,674	3,361	2,978	5,385	3,337	7,748	16,478	1,396	3,452	9,764	5,129	57,796	19,731	316	289	1,346	180	4,666
計	古北口	5,708	2,951		2,981	4	10	3	4		1		2	3			3	2	36	38	2,537	336	2		
河北	計	132,846	72,940	2,857	70,083	4,586	3,871	2,341	1,413	1,685	1,691	986	2,156	5,887	267	765	2,006	1,911	27,306	8,290	2,002	436	937	72	1,495
	大連	5,088	2,187	1,829	358	17	7	2	2	5	11	23	10	7	1		7	2	258	6					
	營口																								
	安東																								
	山海關	123,966	68,673	1,028	67,645	4,565	3,854	2,336	1,407	1,680	1,679	963	2,144	5,877	266	765	1,999	1,907	27,017	8,251	240	215	935	72	1,495
	古北口	3,792	2,080		2,080	4	10	3	4		1		2	3			2	2	31	33	1,762	221	2		
山東	計	283,104	151,944	16,845	135,099	8,435	10,478	8,039	1,898	1,649	4,368	5,296	8,828	15,171	1,419	3,920	9,599	3,179	36,853	11,213	716	159	437	208	3,245
	大連	100,069	49,271	15,148	30,123	3,025	2,099	1,038	258	462	1,037	3,125	3,399	4,962	454	1,703	2,464	408	8,114	1,341			74	104	58
	營口																								
	安東	1																							
	山海關	[illegible]	101,934	1,697	100,237	5,410	8,377	6,992	1,640	1,187	3,331	2,171	5,029	10,209	965	2,217	7,134	2,771	28,739	9,867	75	67	363	104	3,187
	古北口	[illegible]	739		739												1			5	641	92			
山西	計	1,252	776	1	775	12	36	26	104		4		8	58	1	3	7	8	440	25	20	22	1		
	大連	2	1	1																					
	營口																								
	安東																								
	山海關	1,176	731		731	12	36	26	104		4		8	58	1	3	7	8	435	25	1	2	1		
	古北口	54	44		44														5		19	20			
河南	計	14,900	8,080	102	7,978	135	352	1,263	196	110	368	203	167	328	164	388	543	436	1,565	1,585	115	8	45	4	3
	大連	147	11	9	2							1							1						
	營口																								
	安東																								
	山海關	14,443	7,951	93	7,858	135	352	1,263	196	110	368	202	167	328	164	388	543	436	1,564	1,585		5	45	4	3
	古北口	308	118		118																115	3			

入、鄉、經、行、別(2)

入、鄉、經、行、別 (2)

省別	經由地 \ 行先省	本年累計	合計	關東州	計	新京	吉林	龍江	北安	黑河	三江	東安	牡丹江	濱江	間島	通化	安東	四平	奉天	錦州	熱河	興西	興南	興東	興北
江蘇	計	460	102	14	88	3	9	1	6		2	3		7		1	2	7	41	3			2		1
	大連	60	24	14	10							2		1		1	1		5						
	營口																								
	安東																								
	山海關	400	78		78	3	9	1	6		2	1		6			1	7	36	3			2		1
	古北口																								
安徽	計	300	228		228	1		54	8		1				1	79	82		2						
	大連	2	1		1										1										
	營口																								
	安東																								
	山海關	298	227		227	1		54	8		1					79	82		2						
	古北口																								
其他	計	129	14		14	3		2		1				2		1			5						
	大連	51	7		7	2								2		1			2						
	營口																								
	安東																								
	山海關	78	7		7	1		2		1									3						
	古北口																								

入滿勞働者.行先.省別.產業（中分類）別調

康德　　年　　月分

產業中分類＼行先省		本年累計	合計	關東州	計	新京	吉林	龍江	北安	黑河	三江	東安	牡丹江	濱江	間島	通化	安東	四平	奉天	錦州	熱河	興西	興南	興東	興北
本年累計		432987		43432	389557	25885	30496	18321	5970	3879	13106	6950	15631	37543	3435	11423	15112	13436	135464	36606	5658	1057	2976	615	5004
合計			234084	19819	214265	13175	14746	11717	3625	3445	6434	6488	11159	21453	1850	5157	12239	5548	66212	21116	2853	625	1422	264	4724
農業	計	129025	56522	1214	55308	3538	7113	3728	1097	126	542	101	1424	7097	360	1612	335	3301	17900	3712	1504	526	945	148	199
	農耕	128525	56330	1207	55123	3531	7101	3724	1092	124	527	101	1418	7067	359	1605	334	3297	17830	3704	1504	523	943	140	179
	畜產業	190	39	5	34	7	1							2				1	20	2			1		
	林業	310	153	2	151		11	4	5	2	15		6	28	1	7	1	3	50	6		3	1	8	
漁業		380	136	17	119		3	13						16		1	5		11	70					
鑛業	計	42765	9918	33	9885	23	157	1	2	2	12	18	59	16	36	776	2	510	5402	2432	11		3	1	432
	鐵鑛業	15262	3116		3116	1				1					1	324	1	56	2721		11				
	炭鑛業	26839	6737	32	6705	14	153		1	1	11	18	59	15	35	450	1	453	2643	2426			2	1	432
	其ノ他ノ鑛業	664	65	1	64	8	4	1	1		1			1		2		1	38	6			1		
工業	計	69545	39816	4286	35530	4034	1494	572	481	58	298	275	1311	7235	274	229	813	463	12893	3862	667	26	132	49	236
	窯業及土石加工業	20587	16703	259	16444	2376	616	197	286		41	164	783	3765	184	71	198	241	4245	2897	179	3	46	13	139
	金屬工業	925	514	1	513	1	3											1	203	5	299	1			
	機械器具製造裝置業	15586	6895	1312	5583	510	275	139	99	27	94	23	151	848	20	41	94	145	2669	383	23	4	28	11	18
	運搬用具製造業	602	284	112	172	21	6	2	2		2	2	4	23		1	10	4	87	7			1		
	精巧工業	330	153	43	110	4	3	4	1		3	2	3	21		1	5	1	54	2	5		1		
	化學工業	850	370	96	274	12	35	5	5		9		2	60	1	3	13	3	113	9	2		1	1	
	紡織工業	7082	3336	414	2922	216	90	26	9		7	3	23	501	6	18	240	71	1582	73	15	6	11	4	21
	被服身裝品製造業	6421	3361	813	2548	223	102	37	20	4	36	11	52	791	7	19	65	48	960	116	28	1	18	2	13
	紙工業、印刷業	1634	828	210	618	47	9	10	3		12	1	40	150	1	4	35	8	237	25	29		2	3	2
	皮革、骨、羽毛品類製造業	1099	591	34	557	23	13	3	3	1	5	1	7	113	1	2	8	6	321	33	3	2	2	2	8
	木竹、草藁類製造業	8395	4034	563	3471	389	200	88	25	20	55	14	136	572	42	39	99	52	1496	158	42	2	14	2	26
	製鹽業	124	97	8	89		1												43	45					
	飲食料品製造業	3414	1513	241	1272	115	89	44	15	5	24	2	58	251	8	11	28	37	480	51	22	7	8	9	8
	電氣瓦斯水道業	671	295	40	255	19	8	8	3		19	1	15	32	1	9	4	3	108	22	2			1	
	其他ノ工業	2025	842	140	702	78	43	14	10	1	11	1	37	108	3	8	14	23	455	36	18			1	1
土建業	計	123792	99160	5932	93228	3707	4731	6878	1876	3112	5376	6055	7599	3779	1050	2187	10505	579	21197	10200	290	20	225	42	3820
	土木業	95476	83346	3939	79407	2365	4228	6448	1525	2922	5135	4431	5697	2372	899	1954	10137	319	17736	9200	138	13	80	15	3793
	建築業	28316	15814	1993	13821	1342	503	430	351	190	241	1624	1902	1407	151	233	368	260	3461	1000	152	7	145	27	27
交通業		21321	9816	3512	6204	478	249	107	30	85	45	21	380	1249	26	105	148	112	2826	206	72	7	30	13	13
商業		7563	1865	341	1524	129	81	43	23	3	13	3	25	193	8	15	73	57	609	55	207	25	9	1	2
其ノ他ノ產業		38598	16851	4384	12467	1266	918	375	116	59	148	65	361	1868	74	234	408	339	5374	579	102	21	78	30	32

入滿勞働者鄉關省別.行先省別.產業(大分類)別調

康德　　年　　月分

入、鄉、行、產、別(1)

鄉關省別	行先省／產業別	本年累計	合計	關東州	計	新京	吉林	龍江	北安	黑河	三江	東安	牡丹江	濱江	間島	通化	安東	四平	奉天	錦州	熱河	興西	興南	興東	興北
本年累計		432989		43432	389557	25865	30476	18321	5970	3889	13106	6950	15631	30543	3435	11423	15112	13436	135464	36606	5656	1057	2776	615	5004
合計	計		230084	19819	214265	13175	10746	11717	3625	3445	6434	6488	11159	21453	1650	5157	12239	5541	66212	21116	2253	625	1432	284	4720
	農業	129025	56522	1214	55308	3536	7113	3728	1097	126	542	101	1424	7099	368	1612	335	3301	17900	3712	1504	526	905	156	199
	漁業	380	136	19	119		3	13						16		1	5		11	70					
	鑛業	42765	9918	33	9885	23	157	1	2	2	12	18	59	16	34	776	2	510	5402	2032	11		3	7	422
	工業	69545	39816	4286	35530	4034	1494	572	481	58	298	225	1311	7235	274	227	613	643	12693	3262	667	26	132	69	236
	土建業	123792	99160	5933	93227	3707	4731	6878	1876	3112	5376	6055	7599	3779	1080	2107	10505	579	21159	10200	290	20	225	42	3820
	交通業	21321	9816	3612	6204	476	249	107	30	85	45	21	380	1249	28	105	148	112	2626	206	72	7	30	13	13
	商業	7563	1865	341	1524	129	81	43	23	3	13	3	25	153		15	23	57	609	55	307	25	9	1	2
	其他ノ產業	38598	16851	4384	12067	1266	910	375	116	59	146	65	361	1868	14	234	200	379	5374	579	102	21	98	30	32
河北	計	132847	72940	2857	70083	4586	3871	2341	1413	1665	1691	986	2156	5887	[illegible]	765	2006	1911	27306	8270	2002	436	737	72	1475
	農業	43348	23789	332	23457	1510	2251	1397	325	35	124	28	274	2253	[illegible]	262	100	1127	9081	2291	1174	375	613	54	134
	漁業	216	37	7	30			2						1			3		8	16					
	鑛業	9887	3000	2	2998	9	67	1		1	7	4		1	[illegible]	92	2	779	1202	991	11		1		271
	工業	22074	12409	491	11918	1286	440	135	43	2	34	41	65	1704	[illegible]	27	48	193	3973	1296	284	14	63	6	198
	土建業	34626	24822	1018	23804	1013	699	658	990	1636	1496	900	1743	1100	[illegible]	337	1101	[illegible]	6624	3157	259	12	195	7	655
	交通業	6341	2692	544	2148	204	86	28	5	1	8		21	305	[illegible]	7	27	60	1160	140	69	5	7	3	3
	商業	3980	908	34	874	86	34	23	12	3	7	1	10	74	[illegible]	7	5	23	335	39	190	17	6		1
	其他ノ產業	12381	5283	429	4854	448	301	97	36	7	15	4	43	449	[illegible]	11	34	137	2703	362	74	13	52	2	13
山東	計	263101	151944	16845	135099	8435	10478	8030	1890	1649	4368	5296	8628	15171	47	3820	7599	3177	36653	11213	116	159	437	208	1365
	農業	81215	30172	868	29304	1945	4717	1984	678	91	397	71	1136	4563	61	1317	217	1947	7651	1246	232	139	268	70	64
	漁業	164	99	10	89		3	11						15		1	2		3	54					
	鑛業	29400	6846	31	6815	14	73		2	1	5	14	59	15	32	683	1	390	3698	1456			2	1	149
	工業	46006	26693	3786	22907	2719	1030	433	334	56	261	95	1245	5518	10	798	764	283	6773	2521	358	9	69	43	38
	土建業	83411	69057	4829	64222	2651	3844	5750	778	1365	3530	5032	5699	2626	10	1398	8103	335	14056	5677	36	5	30	35	2964
	交通業	14882	7081	3067	4014	271	162	98	25	48	37	21	359	935	11	98	121	52	1644	65	1	1	23	10	10
	商業	2468	684	306	378	30	30	15	7		6	2	14	107	3	3	16	7	125	9	4	1	2	1	1
	其他ノ產業	25555	11318	3948	7370	805	597	259	74	52	132	61	318	1397	4	222	373	165	2545	153	25	6	23	28	19
山西	計	1252	976	1	975	12	36	26	104		4		8	58	1	3	7	8	440	25	20	22	1		
	農業	506	447		447	6	28	19	2		3		7	46		3	1	4	298	11	12	8			
	漁業																								
	鑛業	78	5		5														5						
	工業	279	153		153	3		1	100					1				1	43	2		2			
	土建業	93	46		46	3	1	2	2		1		1	3			6	1	16	5		3			
	交通業	15	12		12		1							1					7		2	1			
	商業	167	64	1	63	1	3	1						4	1			2	38	1	6	6			
	其他ノ產業	114	49		49		3	3						3					31	6		2	1		

入、郷、行、産、別 (2)

出身省別	業別 \ 行先省	本年累計	合計	關東州	計	新京	吉林	龍江	北安	黑河	三江	東安	牡丹江	濱江	間島	通化	安東	四平	奉天	錦州	熱河	興西	興南	興東	興北
河南	計	[illegible]	[illegible]	[illegible]	[illegible]	[illegible]	352	1213	196	110	368	203	167	328	134	388	543	435	1565	1585	115	8	45	4	3
	農業	3846	2262	11	2051	75	107	325	86		15	1	7	230		10	15	215	669	160	76	6	42	4	1
	漁業																								
	鑛業	3042	55		55		2											1	46	5					1
	工業	1105	534	2	532	25	24	3	4		3	84	1	9			1	166	137	42	25	1			1
	土建業	5390	5003	83	4920	9	189	713	98	110	349	113	158	56	161	372	524	13	475	1361	4				
	交通業	68	28		28	3								8	2				14	1					1
	商業	947	208		268	12	14	4	4				1	13	1	5	2	25	110	8	7	1	1		
	其他ノ産業	502	190	6	184	10	14	15	4		1			18		1	1	5	92	8	3		2		
江蘇	計	460	102	14	88	3	9	1	6		2	3		7		1	2	9	41	3			2		
	農業	113	51	3	48	2	8		6		2	1		5				9	13	2			2		1
	漁業																								
	鑛業	239	12		12																				
	工業	45	21	7	14														11						1
	土建業	37	11	2	9	1								1					12	1					
	交通業	11	2	1	1			1				2				1	2		3						
	商業	1																							
	其他ノ産業	14	5	1	4		1							1											
安徽	計	300	228		228	1		54	8		1				1	97	82		2						
	農業	3	1		1						1								2						
	漁業																								
	鑛業	59																							
	工業	3																							
	土建業	230	224		224			54	8							97	82		1						
	交通業	1	1		1														1						
	商業																								
	其他ノ産業	4	2		2	1									1										
其他	計	129	14		14	3		2		1				2		1			5						
	農業																								
	漁業																								
	鑛業	60																							
	工業	33	6		6	1								2					3						
	土建業	6	3		3			1		1						1									
	交通業	1																							
	商業	2	1		1														1						
	其他ノ産業	29	4		4	2		1											1						

離滿勞働者．滯滿省別．產業（中分類）別調

康德　　年　　月分

產業中分類＼滯滿省	本年累計	合計	關東州	計	新京	吉林	龍江	北安	黑河	三江	東安	牡丹江	濱江	間島	通化	安東	四平	奉天	錦州	熱河	興西	興南	興東	興北
本年累計	85536		30936	54600	4245	2328	1527	1320	1056	1966	4965	5395	9700	722	993	2388	442	18621	2764	1114	87	176	334	427
合計		12467	5900	6567	506	411	198	146	231	260	205	394	518	98	129	229	84	2331	301	330	29	26	84	65
農業 計	2989	663	60	603	13	68	18	14	7	30	2	22	116	8	12	2	19	104	28	94	12	5	29	
農業 農耕	2056	464	56	408	13	39	18	11		6	1	5	46	5	6	2	18	100	27	94	12	5		
農業 畜產業	8	5	3	2		1																	1	
農業 林業	223	194	1	193		28		3	7	24	1	17	70	3	6		1	4	1				28	
漁業	49	8	5	3						1									1					1
鑛業 計	4173	881	12	869	2	71			1	34	105	15	6	21	45	1	15	452	91	1			1	8
鑛業 鐵鑛業	889	110		110		1				1	2				10			83	13					
鑛業 炭鑛業	3055	685	12	673	1	56			1	23	107	14	6	10	33	1	14	322	71	1			1	7
鑛業 其ノ他ノ鑛業	229	86		86	1	14				10	1	1		1	2		1	47	7					1
工業 計	23671	3874	1346	2528	274	122	86	93	18	85	33	124	255	[illegible]	24	144	25	1022	87	87	10	12	12	4
工業 窯業及土石加工業	4752	524	100	424	53	17	26	20	5	10	13	21	33	[illegible]	1	10	2	176	12	12	2		5	
工業 金屬工業	494	98	2	96	2	2	2	2		2	1	1	4	[illegible]		1	1	50	7	18	2			
工業 機械器具製造裝置業	6666	963	354	609	45	32	21	24	2	25	5	38	63	[illegible]	6	8	3	292	31	1		6	2	
工業 運搬用具製造業	104	43	25	18	1	1	1		1	2	1		4			2		3	1	1				
工業 精巧工業	99	32	16	16				1			2	3	4	[illegible]				3	1	1				
工業 化學工業	468	119	69	50	2	5	2			1	2	1	6		1	2		27					1	
工業 紡織工業	1921	411	137	274	27	7		2		1		3	26			66	7	120	1	9	1	1		
工業 被服身製品製造業	2006	358	245	113	18	6	2	3	1	4		4	22		1	15	1	23	1	3	1	1		1
工業 紙工業、印刷業	758	170	75	95	10	12	1	1	1	3		2	6			8		45	2	4				
工業 皮革、骨、羽毛品類製造業	229	43	9	34	4	1		1			1	1	7		1		3	11	1	2				3
工業 木竹、草藁類製造業	2413	391	96	295	47	10	10	8	2	19	3	14	25	[illegible]	3	24		99	7	11	2	4	1	1
工業 製鹽業	18	13	7	6			2					1						2	1					
工業 飲食料品製造業	1066	300	102	198	29	9	10	6	3	6	2	16	25	3	4	5	5	59	2	9	2		1	2
工業 電氣瓦斯水道業	652	128	19	109	19	4	1	1	2	8	2	10	4	2	3	2		36	13				1	1
工業 其ノ他ノ工業	1820	283	92	191	16	16	8	4	1	4	1	9	26	2	4	1	1	76	7	11				1
土建業 計	34644	2231	805	1426	128	43	61	32	186	57	46	140	68	23	18	40	11	452	59	27	1	2	14	8
土建業 土木業	20046	1024	165	859	64	22	26	21	181	35	33	47	21	16	15	8	6	298	43	6			12	5
土建業 建築業	14598	1207	640	567	46	21	35	11	5	22	13	39	47	7	3	32	5	154	16	21	1	2	12	3
交通業	5225	1240	830	410	32	50	16	5	10	15	9	18	18	9	24	17	8	132	14	9		1	5	5
商業	1179	289	153	136	2	6	2	5		2		9	9	1		1		20	6	23	4	2		
其ノ他ノ產業	13608	3281	2689	592	55	51	15	17	9	22	10	72	45	12	6	24	6	138	15	41	2	6	1	34

離滿勞働者鄉關地(道)別．產業(大分類)別調

康德　　年　　月分

道別 ＼ 產業別			本年累計	月計	農業	漁業	鑛業	工業	土建業	交通業	商業	其他ノ產業
本年累計	計		85.536	85.536	2.987	49	4.173	23671	36644	5.225	1.197	13.608
	河北省	計	18.347	18.327	931	27	1285	6085	6.850	1.100	364	1725
		冀東道	3.513	3.513	291	16	423	1398	717	166	139	383
		燕京道	755	755	77		66	187	260	38	55	72
		津海道	3.116	3.116	92	9	159	546	1.462	295	76	483
		勃海道	7.359	7359	266		383	2.703	3.002	428	44	533
		保定道	1.533	1.533	133	2	99	418	683	58	34	106
		眞定道	914	914	36		37	358	361	40	15	67
		順德道	389	389	12		25	154	150	19	4	25
		冀南道	768	768	44		93	321	195	56	3	56
	山東省	計	65.500	65.500	1.989	22	2.623	17203	26.980	4.088	772	11.823
		登州道	29.368	29.368	320	10	298	8338	11.006	1802	557	7.037
		萊濰道	16.003	16.003	380	4	554	3.964	7.678	722	132	2.569
		青州道	2.013	2013	96	2	195	409	734	238	12	347
		沂州道	2.893	2.893	131	2	201	308	1.208	244	12	787
		武定道	1.558	1.558	95		115	555	516	100	16	161
		濟南道	2.274	2.274	51		144	1.118	755	76	9	101
		泰安道	3.501	3.501	238	3	364	700	1.581	291	17	307
		兗濟道	2.209	2209	143	1	306	385	1.049	153	5	167
		東臨道	2.912	2912	295		253	910	1.004	236	9	205
		曹州道	2.769	2.769	240		213	516	1.449	206	3	142
	山西省	計	379	379	16		64	194	56	10	15	24
		雁門道	257	257	11		35	132	48	9	9	15
		上黨道	87	87	3		28	43	5	2	1	5
		冀寧道	34	34	2			19	3	1	5	4
		河東道	1	1			1					
	河南省	計	660	660	36		68	127	83	6	25	15
		豫北道	423	423	36		62	124	158	4	25	14
		豫東道	239	237			6	3	225	2		1
	江蘇省	蘇北道	459	459	14		90	38	287	16		14
	安徽省	淮北道	121	121	1		8	10	98			4
	其他		70	70			35	14	10	5		3

離、鄉、道、產、別、(1)

離、鄉、道、產、別、(2)

道別 \ 產業別		本年累計	月計	農業	漁業	鑛業	工業	土建業	交通業	商業	其他ノ產業
月計	計	85536	12467	663	8	881	3874	2231	1240	289	3281
河北省	計	18347	3301	268	6	360	1154	617	299	114	403
河北省	冀東道	3513	753	68	1	119	316	78	40	35	34
河北省	燕京道	755	168	39		20	48	36	7	20	16
河北省	津海道	3116	554	27	4	42	119	98	78	26	160
河北省	渤海道	7359	1156	72		115	417	282	128	18	144
河北省	保定道	1533	204	23	1	18	62	55	16	4	23
河北省	冀定道	914	194	16		12	81	46	10	8	21
河北省	順德道	389	58	6		10	19	10	6		7
河北省	冀南道	768	196	17		24	90	32	12	3	18
山東省	計	65500	8786	360	2	464	2617	1492	919	168	2784
山東省	登州道	11366	4360	51		36	1316	705	400	122	1730
山東省	萊濰道	16003	1846	65	1	137	625	327	131	26	534
山東省	青州道	2013	309	22		25	68	35	71	3	85
山東省	沂州道	2893	447	22		25	63	63	80	3	191
山東省	武定道	1558	207	19		26	55	55	15	3	34
山東省	濟南道	2274	232	10		27	121	29	25	2	18
山東省	泰安道	3501	468	49		55	109	106	75	4	70
山東省	兗濟道	2209	254	28	1	55	61	36	28	1	44
山東省	東臨道	2912	451	66		46	142	80	63	3	51
山東省	曹州道	2769	212	28		32	57	36	31	1	27
山西省	計	379	113	12		17	57	10	4	6	7
山西省	雁門道	257	85	8		12	46	9	2	4	4
山西省	上黨道	87	18	2		5	8		2		1
山西省	冀寧道	34	10	2			3	1		2	2
山西省	河東道	1									
河南省	計	660	138	22		25	36	46	6		3
河南省	豫北道	423	97	22		22	35	11	4		3
河南省	豫東道	237	41			3	1	35	2		
江蘇省	蘇北道	459	112	1		12	5	84	7		2
安徽省	淮北道	121	6			3	2	1			
其他		70	11				3	1	4	1	2